语法化与语法研究

（五）

吴福祥　张谊生　主编

商务印书馆
2011年·北京

主编与编委

主编：吴福祥　张谊生
编委：洪　波　李宗江　刘丹青　潘悟云
　　　彭　睿　齐沪扬　沈家煊　吴福祥
　　　张谊生

目 录

"否则"类连词的语法化梯度及其功能表现 …… 曹秀玲 张 磊 1
"从来"的词汇化历程及其指称化机制 ……… 陈昌来 张长永 26
南方方言"有"字句的多功能性分析 ………… 陈前瑞 王继红 55
从"完结"到"周遍" …………………………………… 董正存 75
周秦汉语"之s"可及性问题再研究 ……………………… 洪 波 94
"在里面"的语法化 ……………………………………… 胡 勇 115
时间副词"正在"的形成再探 …………………… 雷冬平 胡丽珍 129
当传闻不再是传闻
　　——论上海话表示"惊异"的语用标记"伊讲" … 李佳樑 144
关于话语标记来源研究的两点看法
　　——从"我说"类话语标记的来源说起 ………… 李宗江 164
"加以"的多元词汇化与语法化 ………………………… 刘红妮 176
临界频率和非临界频率
　　——频率和语法化关系的重新审视 ……………… 彭 睿 198
"来"和"去"的语法化:对称与不对称 ………………… 宋文辉 231
从语义地图谈"然后" …………………………… 王慧萍 潘秋平 254
多功能语素与语义图模型 ……………………………… 吴福祥 312
汉语结构的"前松后紧"规则和语法化的不对称现象 … 吴为善 351

1

试说"连 X+都 VP"构式的语法化 ………………… 杨永龙 369
汉语的一种逆被动式 …………………………… 张　定 392
助词"了"再语法化的路径和后果 ………… 张国宪　卢　建 415
从错配到脱落:附缀"于"的零形化后果与形容词、动词的
　　及物化 ……………………………………… 张谊生 448
后记 ………………………………………………………… 479

"否则"类连词的
语法化梯度及其功能表现

曹秀玲 张 磊

(上海师范大学对外汉语学院
江苏省苏州市人民广播电台)

0 引言

连词可以连接词、词组、分句、句子等多种语言单位,在造句谋篇方面起着非常重要的作用。"否则"类连词[①]因前后小句间语义关系的复杂性及自身语义所蕴涵的否定假设义,备受学界关注(见陈昌仪 1990;景士俊 1992;孟建安 1996;王元祥 2000;陈若君 2000;郑荣华 2001;侯巍 2005;史金生 2005;于娜 2007;王灿龙 2008 等)。关于"否则"类连词前后小句之间的语义关系,各家看法并不相同,如相反条件关系(廖秋忠 1992)、特殊条件关系(丁声树 1961)、前后逆转(邢福义 2002)、假设关系(《现代汉语虚词例释》)、条件和选择关系(吕叔湘 1980)等。

本文考察"否则"类连词的语法化轨迹,探讨共时层面"否则"类连词用法的不对称格局,通过语法化梯度和主观化等级及三域表现对"否则"类连词在现代汉语中的共性和差异作出解释。

1 "否则"类连词的语义功能

关于"否则"类连词,各辞书均未详加辨析,《现代汉语八百词》对"否则"的释义为"(连)如果不是这样";对"不然"的第一种解释是"如果不是这样;否则",第二种解释是"引进与上文交替的情况";对"要不"(要不然)则直接说"见'不然'"条。《现代汉语虚词例释》也认为"要不然"和"要不"的用法相同,"否则"有"不然""要不然"或"如果不是这样"的意思,表示对上文作假设性的否定,同时指出否定的结果。该书指出:"否则"和"不然"的第一个用法相当,而没有"不然"表示选择的用法。

由上可见,"否则"类连词在辞书中几乎都是互训的,其中"不然""要不""要不然"基本相同,[②]"否则"和这三个词的差别仅仅在于前者能否用于表示选择。史金生(2005)还发现,"要不"除了这两种用法外,还有表建议(如:"他今天休息,你要不明天再来?")和醒悟(同"难怪",如:"要不他没来呢,原来他生病了。")两种功能。

张磊(2009)考察了"否则"类连词在日常生活、文艺语体、科学语体和新闻语体中的分布情况,提出"否则"是一个具有书面语色彩的连词,"要不然"(实际用例有限)和"要不"是一个具有口语色彩的连词,"不然"在语体上是一个中性成分。同时,我们还注意到,"否则"类连词内部成员的语义功能分布呈现如下格局:

	假设义	选择义	建议义	醒悟义
否 则	＋	（＋）③	－	－
不 然	＋	＋	＋	－
要不然	＋	＋	＋	（＋）④
要 不	＋	＋	＋	＋

这样,"否则"类连词内部成员之间呈现出的语体差异,恰好与这组词共时层面上的语义功能多寡密切相关,"否则"类连词的语体色彩和语义功能其实可以归结为各含三个层次的两个链条:

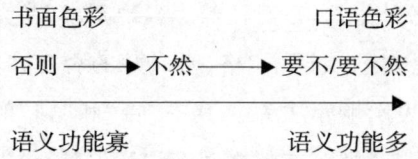

"否则"类连词内部语义功能不同,反映该集合中各成员语法化程度的差异,并形成一个语法化程度由低到高的等级序列,而语法化程度受制于诸多因素,并决定词项在共时层面的功能表现。

2 "否则"类连词的语法化轨迹

"否则"类连词主要是由跨层结构("不然"除外)经过语法化而成为现代汉语中的篇章连接成分的。Brinton ＆ Traugott(2005)指出,词汇化和语法化既有共通之处,也有不同之处,并不是截然对立的。鉴别进入词库的过程到底是语法化还是词汇化的一个非常直接的方法是看其输出的特点:语法化的输出是功能性的,而词汇化的输出则是实词性的。"否则"类连词具有篇章衔接功能,符合语法化输出的特点,因此其成词过程属于语法化的范畴。

2.1 "否则"的语法化过程

周代时,"否"与"则"开始连用,但却是作为独立的两个词:"否"字以否定词而兼含动词或形容词于其内,具有称代性(吕叔湘 1982);"则"为表顺承关系的连词。例如:

(1)工以纳言,时而扬之;格则承之庸之,否则威之。(《今文尚书·虞书·尧典》)

(2)听则进,否则退。(《国语·晋语》)

(3)民归于德,德则民戴,否则民雠。(《逸周书》卷九)

上面各例中的"否"是对前项谓语"格、听、德"的否定,"则"作为连词与"就"意思相当,表示顺承关系。其中"否"和"则"的关系犹如前项动词"格、听、德"与"则",二者之间有语音停顿,虽然在线形序列上连续出现,但分属前后两个不同的小句。诚如吕先生所言,上面各例中的"否"具有指代性,这一时期,"否"的指代范围仅限于前项中的简单谓词(动词或形容词)。

从汉代开始,"否"与"则"虽然保持上述连用方式,但有新发展。例如:

(4)龙堆以西,大漠以北,乌夷、兽夷,郡劳王师,汉家不为也。朱崖之绝,捐之之力也。否则介鳞易我衣裳。(《法言·孝至》)

(5)儒林之官,四海渊原,宜皆明于古今,温故知新,通达国体,故谓之博士。否则学者无述焉,为下所轻,非所以尊道德也。(《全汉文》卷八)

上面两例中,"否"与"则"不再与前项形成对举形式,之间的语音停顿和界限消失,"否则"领起后一小句。这时"否"的否定指代范围扩大了:由单指前项中的简单谓词,扩大为前项所述命题。无论从分布上还是从功能上看,这时的"否则"都已经初步具备衔接功能:"否"否定前项所述命题,"则"引出这一否定假设下可能出现的结果,形成后项,从而实现前后小句的衔接。

同一时期还有单独用"否"连接前后两个分句的用例:

(6)愿君留意臣之计。否,必为二子所擒矣。(《史记·淮阴侯列传》)

由此可见,虽然此时"否"与"则"的关系较之以往更加紧密,连用频率增加,但仍为两个词的连用,尚未凝固为一个功能词。

六朝至唐代,"否则"上述两种用法并存,体现了语法化过程中"形式比它的概念内容存活得长久"(萨丕尔1921)的规律。例如:

(7)及其失也,蒸则生热,否则生寒,结而为瘤赘,陷而为痈疽……(《大唐新语》卷十)

(8)今岂有贤智之士处於下位乎?否则斯鸟何为而至?(《三国志·魏书·画眉鸟传奇》)

到了宋代,"否则"用例开始大量增加,"则"自身的语义继续弱化,"否"和"则"之间的界限消失,具体表现为"否则"后又出现其他表示顺承关系的词语,这可以作为"否则"语法化过程最后完成的标志。例如:

(9)试验之平日,常常看书,否则便思索义理,其他邪妄不见来;才心下稍空闲,便思量别所在去。(《朱子语类》卷一百一十四)

此后,"否则"进入新旧用法叠加阶段,对举形式和其后出现"就/便"等顺承副词的用法并存。例如:

(10)南师出江陵,利则进取,否则退保硖口。(《旧五代史》卷一百三十六)

(11)秋后处决,否则,就便打死。(韩邦奇《大同纪事》)

明清之际,"否""则"连用与前项对举用法逐渐消失,"否则"的前项出现了与其配合使用的"除非""幸亏"和"可惜"等词语,与现代汉语中的"否则"更加接近。例如:

(12)幸亏英相罗士勃雷婉言谢绝,否则一个女儿受了两家茶,不特破坏垂成的和局,而且丧失大信。(《孽海花》第三十二回)

(13)可惜今日之会短一个人!要有那个人,否则我定然叫你俩知道他作的惊天动地之事。(《彭公案》第三十二回)

2.2 "不然"的语法化

《汉语大词典》(1980)收录了"不然"的8种意义,这里只考察"然"作为指示代词与"不"组合表示"不是这样""不如此"义的用法。⑤"不"和"然"的这种连用形式最早出现于周代。例如:

(14)太史书曰:"赵盾弑其君。"以示于朝。宣子曰:"不然。"(《左传·宣公二年》)

(15)一合诸侯,而有再逆政,余惧其无后。不然,余何私于卫侯?(《国语·周语》)

上面两例中的"不然"均为"不是这样"的意思,但例(14)中的"不然"只是对前述内容的单纯否定,而例(15)中的"不然"不仅对前项内容进行否定,而且引出后项推导性内容,通过"否定性假设"连接前后两个分句,前后小句之间这一特殊位置为"不然"的进一步虚化提供了条件。

汉代开始,作衔接之用的"不然"用例增加,"不然"前后项之间基本上形成了"原因-逆结果"和"条件-逆结果"的关系。例如:

(16)此沛公左司马曹无伤言之;不然,籍何以至此。(《史

记·项羽本纪》)

(17)与我下东国,吾为王杀太子;<u>不然</u>,吾将与三国共立之。(《战国策》卷十)

六朝至隋唐五代时期,"不然"前后项之间还形成了析取关系。例如:

(18)年才长大,稍会东西,<u>不然</u>遣学经营,或即令习文笔,男须如此,女又别论。(《敦煌变文集新书》卷五)

(19)<u>不然</u>尽信忠,早绝邪臣窥。<u>不然</u>尽信邪,早使忠臣知。(白居易《读〈汉书〉》)

上面例(18)是"不然"与"或"对举表选择,例(19)则是由"不然"引领前后两个选择性命题。

宋元时期,"不然"做谓语、表否定假设和表示选择等三种用法并行使用,但否定假设用法占优势。明代时,由于"不然"频繁连用,其间的界限消失,逐渐凝固成词。具体表现是"不然"的前一小句中出现与其配合使用的"除非""可惜"和"幸亏"等类词语。例如:

(20)这做媒乃是冰人撮合,一天好事,<u>除非</u>他女儿不要嫁人便罢休,<u>不然</u>,少不得男媒女妁。(《今古奇观》卷四十一)

(21)<u>可惜</u>弟不能为女,谁知兄果然是女,却瞒了小弟,<u>不然</u>娶兄多时了。(《二刻拍案惊奇》卷十七)

明代时,"不然"还发展出了表建议的用法。例如:

(22)三藏道:"这一伙拦路的,把我拦住,要买路钱。因身边无物,遂把我吊在这里,只等你来计较计较。<u>不然</u>,把这匹马送与他罢。"(《西游记》第五十六回)

到了清代,"不然"更是向着连词的方向发展,《红楼梦》中97个"不然"用例,只有6个是表否定判断的。

2.3 "要不"和"要不然"的语法化

"要不"和"要不然"词形相关、用法相近,有学者认为"要不"的形成与"要不然"密切相关,其中"要不 X"结构中"X"的代词化或省略是二者词汇化的直接诱因,即当"不"后成分在上文已经出现时,这个旧信息可以用指示代词"然"来代替并进而省略。这一变化使得"要不"构成了一个双音节的音步,为其进一步凝固为词提供了条件。(史金生 2005)

历时考察表明,两词是先秦时期和汉代即已出现的"若不然"和"若不"等组合形式中假设连词更替的结果。唐宋时期,"要"已经发展出假设连词的用法(马贝加 2002),此后使用频率逐渐增加,明代时"要"替换掉其中的"若、如"等连词。因此,"要不""要不然"几乎同时并存,语法化过程也大体相当。

2.3.1 "要不"的语法化

汉代时就有大量用"若不"表示否定假设的用例。例如:

(23)君若不许,臣不敢将。(《淮南子·兵略训》)

(24)君以道则可;若不,则楚方城以为城,江、汉以为沟,君安能进乎?(《史记·楚世家》)

上面例(23)中"若不"出现在前一小句中,而例(24)中"若不"则处于前后两个小句之间,其后还有一个表示顺承关系的"则",说明这时的"若不"仍是一个假设小句,其后谓词承前省略。

"要"语法化为假设连词后逐渐取代"若不",抑制了"若不"的发展,使"若不"始终停留在非词阶段,而"要不"则随着使用频率的增加迅速发展起来,当然替换也是需要一个过程的。

同"若不"一样,"要不"由跨层成分词汇化形成,最初的"要不 X"应当分析为"要/不 X","要"表示意愿或假设,"不"表示否定。

比较下面的例句:

(25)致重慎所言,以善为谈首,书意有信相与,要不负有心善进之人言也。(《太平经》卷一百一十四)

(26)要放你也在我这里。要不放你也在我这里。(《古尊宿语录》卷六)

上面两例中的"要"和"不"在线形序列上连续出现,但例(25)中的"要"是情态动词,而例(26)中的"要不放你"与"要放你"是肯定和否定对举形式,"要"为假设义。两例中的"要"与"不"分属不同的层次,并未成词。

"要不"的否定假设连词用法明代中后期才开始出现。例如:

(27)西门庆道:"你要不打紧,少不的也与你大姐裁一件。"(《金瓶梅》第四十一回)

(28)叫员外快快的追了还他,要不,连员外都要告着哩。(《醒世姻缘传》第六十七回)

这时,"要不"的用例为数有限,"若不"(还有"若要不"等形式)的用量仍然远远超过"要不"。尽管如此,"要不"的选择义用法也在这时出现了。例如:

(29)你们家去罢,我看头年里不知有工夫没有,要不就是过了年,我还有话与你们讲。(《醒世姻缘传》第二十一回)

清代,"要不"发展出表建议的用法。例如:

(30)宝玉笑着挨近袭人坐下,瞧他打结子,问道:"这么长天,你也该歇息歇息,或和他们顽笑,要不,瞧瞧林妹妹去也好。"(《红楼梦》第六十四回)

(31)珍哥道:"他说的也是,要不你自己去,我不去罢。"(《醒世姻缘传》第七回)

清末民初,"要不"还发展出表"醒悟"的用法。例如:

(32)不过孙亮是个有心的人,他暗暗地记了不少的招数,<u>要不</u>他在常德府看白洁练枪的时候,马上就认出来是连环枪哪。(《雍正剑侠图》第十七回)

2.3.2 "要不然"的语法化

"不然"在先秦出现了与假设连词"若"复合使用的用。例:

(33)叔父其懋昭明德,物将自至,余何敢以私劳变前之大章,以忝天下,其若先王与百姓何?何政令之为也?<u>若不然</u>,叔父有地而隧焉,余安能知之?(《国语·周语》)

上面例句中的"若"为假设连词,"不然"意义比较实在,相当于一个假设小句,"然"指代前一小句所述命题。类似的组合还有"如不然"等。例如:

(34)珍重我术,珍重我言;<u>如不然</u>,天夺尔算。(《太平广记》卷七十三)

"要"虚化为假设连词之后,也和"若"等连词一样,逐渐与"不然"组合连接前后小句,明代便出现了"要不然"形式。例如:

(35)李铭道:"齐香儿还在王皇亲宅内躲着哩。桂姐在爹这里好,谁人敢来寻?"伯爵道:"<u>要不然</u>也费手,亏我和你谢爹再三央劝你爹:'你不替他处处儿,教他那里寻头脑去!'"(《金瓶梅》第五十二回)

杨永发、莫超(2007)提出,"要不然"在明代小说中就成熟了,可是就我们所掌握的文献资料来看,明代小说中"要不然"用例有限。这一时期"若不然"出现的频率远远高于"要不然"。

清代时"要不然"表建议的用法出现了。例如:

(36)狄员外说:"官说你得的不止这个,掏着一五一十的要。你没的给他,刑拷起来,也是有的。<u>要不然</u>,你出些甚么给他也罢,难得只叫乡约堵住颡子不言语,别的旁人也不怕他再有闲话……"(《醒世姻缘传》第三十四回)

(37)薛蟠听说,便道:"妈妈说的很是。……<u>要不然</u>定了明儿后儿下帖儿请罢。"薛姨妈道:"由你办去罢。"(《红楼梦》第六十七回)

清代起,"要不然"的用例才开始大量增加,使用频率逐渐超过"若不然"。不过此时"要不然"的词形仍不稳定,多种同义形式并存。例如:

(38)你告诉我在哪里,<u>如要不然</u>,我就把你结果性命!(《康熙侠义传》第五十五回)

(39)从此改过,<u>若要不然</u>,我将你赶出门去!(《康熙侠义传》第七回)

(40)他既然特地叫阿金回来把我留在这里,自然就要回来的,<u>如若不然</u>,他又何必这样的骗我呢?(《九尾龟》第九十三回)

(41)老公公你有所不知,城中不足十日之粮,若十日之内杀退贼军,还不妨事,<u>倘若不然</u>,必有内变……(《七剑十三侠》第八十八回)

清代后期,"要不然"经过语法化的竞争和择一过程,战胜其他形式。下表是北京大学语料库清代文献中各种"假设连词+不然"类组合的出现频率:

连词形式	要不然	如若不然	若不然	如要不然
用例数量	172	121	49	49

综观"否则""不然""要不"和"要不然"的语法化过程,"否则"和"不然"连用形式出现较早,汉代就出现连接前后项的用法,但"否则"的语法化始终停留在"否定假设"层次,"不然"则在此基础上先后于隋唐和明代发展出表选择和建议的用法。"要不"和"要不然"的前身是"若不""若不然"等组合,随着"要"语法化为假设连词并取代文言形式"如""若"等与"不/不然"组合。"要不"在"否定假设"基础上先后产生选择、建议、醒悟等用法,但"要不然"由于出现频率所限,功能发展相对滞后,建议用法与"要不"同期产生,选择和醒悟两种用法则是后来受词形相近、表义相关的"要不""感染"上的。"否则"类连词以"否定假设"为基点聚合成群,各个词项的语法化进程各不相同,使它们在共时语言系统中功能呈有序的梯度增加状态。

3 "否则"类连词语法化的动因与机制

"否则"类连词的来源、构成和语法化过程虽然有所不同,但最终发展为同一类连词,其间有着相似的动因和机制。

3.1 共同的语义基础

"否则""不然""要不"和"要不然"因具有相近的衔接功能而类聚成群,其衔接功能的内部统一机制为其共同的语义基础——"否则"类连词都表达否定假设关系,即对前项内容进行逆向推导。这种共同的语义基础使"否则"类连词起到"承前启后"的作用(否定假设承前,推论启后),从而实现篇章的衔接。

"否则"类连词根据其最初与前后小句之间的语义联系可以分成两类:承前类和启后类。"不然""要不(然)"本为独立的假设小句,是承接前一小句的回指成分;"否则"则是后一小句的导引。无论是承前还是启后,其语义都是不自足的,内在地需要后续结论小句的出现。因此,"否则"类连词在这种独特的语境之中(X,如果X,那么Y),假设小句和推论导引之间的差别被"中和"。

需要特别指出的是,"否则"类连词语义基础中的"否定"意义对其衔接功能的形成具有重要的作用。这是因为,否定表达的断言内容是不确定的,它并没有直接规定所指的事物,只是排除了某一其他事物。(戴耀晶 2000)因此,否定形式所传达的信息是不足量的,所以说话者说出一个否定句之后,往往后面还有一个修正和补充的信息,不过这种信息在形式上有时是隐现的。

3.2 经济原则的驱使

语言学中的经济原则来源于索绪尔的省力原则(The Principle of Least Effort),法国语言学家 Martinet 在《语音演变的经济原则》一书中明确提出这一原则。"否则"类连词的语法化过程受到经济原则的推动。以"否则"为例,"否"最初是对前文核心谓词的否定指代,其扩展形式应为"不X",而指代作用本身就是语言经济原则的体现。关于这一点,《马氏文通》曾经指出,"凡行文所以用代字者,免重复,求简洁耳"。在经济原则的推动下,"否"的指代范围进一步扩大,由单纯谓词到指代前项条件或原因小句,这一经济组合使得篇章形式得以精简,顺应了语言发展的内在要求,随着频繁使用最终语法化为一个词。

"不然"自身及其语法化也是经济原则作用的结果。周代时"不""然"开始连用,"然"的代词用法已经发展成熟,这使得"不然"可以否定指代其前述内容,并且很快作为一个固定搭配,衔接前后小句形成篇章。由于"否定指代"符合经济原则的要求,"不然"的使用得到推广,由于高频复现而凝固为一个词。"要不然"和"要不"这两种晚起形式同样也是经济原则作用的结果:前者有"然"作为回指的内容,后者则干脆直接省略谓词项。

3.3 重新分析的确认

"否则"类连词的语法化伴随着重新分析。Langacker(1977)认为,"change in the structure of an expression or class of expressions that does not involve any immediate or intrinsic modification of its surface manifestation."这里实际上指出了重新分析的两个重要特征:(一)重新分析是一种表达结构的变化;(二)这种变化不会立刻引起表层形式的改变。Hopper & Traugott(2003)认为,最典型、最常见的重新分析是两个成分的融合,使得原来的边界消失。"否则"类连词的语法化就体现了这种重新分析过程,重新分析确认了"否则"类连词的身份,而重新分析自身也是多种因素共同作用的结果。

首先,"否则"类连词具备语法化的先决条件,即语义相宜(semantic suitability)、结构邻近(constructional contiguity)和高频使用(frequency)(刘丹青 2005)。在语义相宜方面,如前所述,"否则"类连词最初实际上是一个假设小句——对前一小句命题的否定假设,由后一小句给出逆向的推论结果。"否则"类连词中,只有"不然"原来是一对直接成分,"否则"和"要不(然)"都是跨层结构。由于各词的组成成分在线形序列上频繁连续出现,最终"仪式化"。Haiman(1994)用"仪式化"(ritualization)来概括由重复导致的三个相关的演变过程:1)"适应"(habituation)、2)"解放"(emancipation)和 3)"自动化"(automatization)。而"适应""自动化"和"解放"分别是心理学和生态学的重要机制。在"适应"过程中,刺激(stimulus)的高频重复使得反应者对刺激物的反应持续减弱,最终导致刺激物的形式和意义被磨蚀,逐渐自由地表达传递功能,并进一步获得意义,变成一个符号。(引自吴福祥 2004)

其次,"否则"类组合分布在前后两个小句之间,这种边界位置为重新分析提供了条件,也是"否则"类连词具有篇章衔接功能的前提。"否则"类组合前后项所提供的语境直接促成重新分析的发生。"否则"在语法化过程中,其所处的语言环境发生变化,渐渐脱离最初所属的推论小句,独立性增强。这样,"否"与"则"便被重新分析为具有衔接功能的一个词组。当"否则"后项出现其他顺承性连词"就""便"等,"则"开始被语境吸收⑥为一个功能上弱化的成分,依附于"否",二者逐渐融合、边界(词界)消失,进而被重新分析为一个词。

"不然""要不然"和"要不"的重新分析也与前后项所提供的语境密切相关。"不然"作为一个词组表示"不是这样"的意义,"要不"和"要不然"则由于假设连词的参与具有更强的假设意味,最初虽是独立的假设小句,但因处于前后两个小句之间,这种语言环境为其衔接功能的获得奠定了基础。"然"的指代作用最初是实在的,人们通过"否定假设"推导出结果,随着长期固定组合,人们不再探寻"不然"的具体回指对象,而是"自动化"得出"抄近路"的语义来,进而最终都被重新分析为一个词。

最后,汉语词汇双音化是"否则"类组合最终被重新分析为连词的重要原因。"否则"类组合经历语法化后,在汉语词汇双音节趋势下或者直接被重新分析为一个词(要不),或者词的身份得到进一步巩固(否则、不然)。这是韵律因素对语法化过程产生影响的表现。"要不然"的存留对于汉语词汇双音化趋势来说似乎是个反例,可是我们也注意到,"要不然"与其他三个词相比,出现频率一直非常低。这也说明三音节形式确实不是汉语词的优选形式,受经济原则影响,人们宁愿使用与之功能接近而音节形式更为俭省的"要不"。

4 "否则"类连词的主观化和三域表现

4.1 "否则"类连词的主观化等级序列

Traugott 较早把主观化纳入语法化的研究框架,强调主观化是语法化的一个重要机制,认为语法化中的主观化表现在如下几个互相联系的方面:

> 由命题功能变为言谈功能;由客观意义变为主观意义;由非认识情态变为认识情态;由非句子主语变为句子主语;由句子主语变为言者主语;由自由形式变为黏着形式。(Traugott 1995)

沈家煊(2001)指出,语言的主观性(subjectivity)指的是说话人在说出一段话的同时表明自己对这段话的立场、态度和感情,从而在话语中留下"自我"的印记。语言为表现这种主观性而采用相应的结构形式或经历相应的演变过程就是主观化(subjectification)。主观化程度不断增加是"否则"类连词语法化的重要表现之一,反映着"否则"类连词各成员语法化的梯度和进程。

"否则"类连词前后小句之间是广义的因果关系,说写者可以表达对条件或原因的确定性,从而表明自己的主观态度和意图。"否则"类连词内部成员的语法化梯度不同:"否则"一直停留在"否定假设"阶段,"不然""要不"和"要不然"发展出表选择和建议的用法,"要不(然)"还发展出"醒悟"义。"否则"类连词从客观逆向推论到明示一种选择,提供一种建议,再到表明一种主观认识,形成一个主观化程度不断增加的连续统。

"否则"类连词主观化程度的不同导致其内部成员的用法呈现不对称格局,那么影响其语法化梯度和主观性强弱的内在因素又是怎样的呢?为什么后起的"要不"和"要不然"衍生出多种功能,"否则"这种比较古老和典型的文言格式则保持最基本的否定假设用法,而"若不"更是始终停留在非词阶段呢?

对于这些问题,我们恐怕只能从"否则"类组合的语体色彩来考虑,因为语体色彩决定使用范围和使用频率,而后者又决定着语法化的进度和方向。书面语比较保守,而且为了凸显书面语体色彩,说写者甚至刻意避免变化;口语则比较随意,变异随时可以发生。语言演变是渐进的,一种语法形式产生之初,往往发生在特定的句法环境和特定的语体当中。(方梅 2007)

"否则"类连词作为一个连词小类,其内部成员的功能是有差异的,由此形成语义功能多寡和主观化程度强弱相关的等级序列:

〔(要不/要不然)＞不然〕＞否则(" ＞ "表示优于)

这一序列中,"不然""要不(然)"的主观化程度高于"否则",具有表建议和醒悟〔限于"要不(然)"〕的用法,这是交互主观化(inter subjectification)的表现。吴福祥(2003)指出,历时地看,交互主观化通常比主观化出现得晚并来源于主观化,所谓交互主观化指的是这样的一个符号学过程:意义经由时间变成对"说话人/作者在认识意义和社会意义上对听话人/读者'自我'的关注"这样的隐含义加以编码或使之外在化。

由"不然""要不(然)"构成的建议性篇章,篇章意义更强烈地聚焦于听读者,凸显对听读者的关注。"否则"不具备交互主观性与其语体分布有很大的关系,因为建议某人做某事总是在交际过程中体现的,而"否则"较少用于日常交际语体,自然就缺少相应的主观化环境。交互主观化还表现在反证性篇章中,此时说话人可以在"不然""要不(然)"后面加"你说",从而有意引起受话人的关注,使其参与到言语信息发出之后所形成的思考之中。例如:

(42)于　观:你一难受就要去吃东西吗?

刘美萍:你怎么知道?(刘美萍咬着吸管看着于观)要不(你说)去干吗?总不能去死。(王朔《顽主》)

"要不"和"要不然"所具备的"醒悟"义,是传达对于一个已然事实或说法的醒悟或再肯定。例如:

(43)"不止这一辆车,李白玲卖车卖多了",杨金丽愤愤地说,"要不她怎么那么有钱。"(王朔《橡皮人》)

(44)要不说你们嫩点儿呢。(王朔《编辑部的故事》)

(45)要不古人说"贵易友,富易妻"呢,一走红,哥们儿交情全撒脑勺子后边儿了不是!(陈建功、赵大年《皇城根》)

上面例(43)表示对"她有钱"这一事实原因的"醒悟","要不"前面可以加上"我说"或者直接用"我说"替代"要不"。例(44)是对一种日常说法的确认,而例(45)则是对前人成说的认同。

表醒悟的"要不(然)"[⑦]后面常常出现一个表引用的"说",据沈家煊(1998),引述的用意不在于传递某种命题内容,而在于对已知内容表明一种主观态度。邢福义(2002:99)也指出,复句语义关系具有二重性:既反映客观实际,又反映主观视点。客观实际和主观视点有时重合,有时不完全等同,不管二者是否等同,在对复句格式的选用中,起主导作用的是主观视点。

综观"否则"类连词的四种用法——否定假设、选择、建议和醒悟,是一个主观化渐进的过程。众所周知,假设要根据事实提出并进行推导,因此具有较强的客观性;选择则是从若干人或事物中找出适合要求的,也需要以一定的客观标准和要求作为依据,只是这种标准和要求可能见仁见智,因此选择是主客观综合作用的结果;建议,是向集体、领导等提出自己的主张,这种主张当然需要具有一定的合理性(否则不可能被接受),但必然带有比较浓厚的个人色彩;醒悟是指人们在认识上由模糊而清楚,由错误而正确,但作为一种主观认识,其主观性是显而易见的(有时所谓"醒悟"恰恰违背和歪曲事实)。"否则"类连词功能不尽相同,但都以"否定假设"这一语义作为基础,这种主观性渐强的过程决定"否则"类连词的三域表现。

4.2 "否则"类连词的三域表现

人们的概念系统中存在三个不同的概念域,即行域、知域、言域。沈家煊(2003)指出,语词的行域义是基本的,知域义和言域义都是从这个基本意义引申出来的,引申途径之一是"隐喻"。"行、知、言"三域的区分有利于说明"否则"类连词构成的复句所表达的语义关系及其内在联系。"否则"类连词构成的复句可以表达多种交际意图,分属行、知、言等概念域。

4.2.1 表达行域的交际意图

4.2.1.1 传达提示和要求

"否则"类篇章可以传达说写者的一般性提示或要求,包括敦促、禁止听话人做某事,语势增强则表达命令或威胁。例如:

(46)作为人民公仆,共产党的干部要把群众的疾苦时刻挂在心上,否则//不然/要不/要不然,还算什么共产党员!

(《人民日报》1994)

(47)"讲话不要那么大声啦,<u>要不//否则/不然/要不然</u>你就把她吵醒了。"老癞蛤蟆说。(《安徒生童话故事集》)

(48)告诉我实话,<u>不然//否则/要不然/要不的话</u>,我准教你出不去这个门!(老舍《残雾》)

(49)你如果能考上研究生,留在西安工作,我就答应将妹妹嫁给你,<u>否则//不然/要不/要不然</u>……(沙琳《情系陕北苍生》)

例(46)提示共产党员的义务,例(47)表达一种禁止性要求,例(48)是一种命令和威胁,例(49)威胁内容被省略,但对听话人来说是不言自明的。

4.2.1.2　提供选择的意图

选择可以分为意欲性和析实性选择两种,这两种选择性意图都可以通过"否则"类连词来传达。例如:

(50)离开京城,走进了河北境内,六七天时间里,饿了就向人家讨一点,<u>要不//？否则/要不然/不然</u>就自己掏钱买一点。(李福田《农妇京城走失记》)

(51)我虽然挡着门,但你随时都可以将我打倒的呀,<u>要不然//？否则/要不/不然</u>,那边有窗子,你也可以像小偷一样跳窗子逃出去……(古龙《小李飞刀》第六十九章)

上面例(50)为析实性选择,例(51)为意欲性选择。"否则"类连词都可以出现其中,只有"否则"稍嫌不自然。

4.2.2　表达知域的交际意图

4.2.2.1　用于推测和判断

"否则"类篇章可以传达判断和推测的意图,通过"否则"小句,反向给出判断或推测所依据的事实或者另外一种结果。例如:

(52)一定是石匠哥哥给嫂子买来了贴己的东西,<u>要不然//不然/否则/要不</u>她不会脸上有笑意。(老舍《柳家大院》)

(53)结果和昨天一样,里德咬着牙根将吉米释放了,他觉得吉米是个疯子,<u>不然//否则/要不然/要不</u>就是个运动狂什么的。(《故事会2005》)

上面例(52)前项用以说明说写者的判断和推测,后项说明判断和推测所倚赖的证据,例(53)"否则"前后分句各表明一种推测,依据句内未说。

4.2.2.2 用于解释和说明

"否则"类篇章的前项有时用来解释和说明某事发生与否的原因。例如:

(54)因为他已经发现那个人也想见他,<u>否则//不然/要不然/要不</u>也就不会故意在他面前出现三次了。(古龙《英雄无泪》)

(55)很可惜南京没有把这些人才留下来,<u>要不然//否则/不然/要不</u>今天南京的作家就更热闹。(叶兆言《闲话南京的作家》)

上面例(54)说明事情发生的原因,而例(55)则说明前事未发生的结果。

当"否则"类篇章中前项用于解释某个定义时,解释性意图更加明显。例如:

(56)两个单位之间用了逗号表示停顿的,是复句;<u>否则</u>,就是单句。(转引自邢福义1986)

我们注意到,上面例句中的"否则"很难替换为"不然/要不(然)",这是语体制约的结果。

4.2.3 表达言域的交际意图
4.2.3.1 提出建议和意见

说写者可以使用"否则"类连词来组织话语,"否则"前后小句各向对方提出一个建议,传达建议性意图。⑧例如:

(57)我绝不是叛徒,让组织去审查好罗,<u>要不//*否则/要不然/不然</u>,我们可以离婚,免得你连我,我连你,说不清楚!(《徐向前在十年动乱中》)

(58)那怎么办呢,<u>要不然//*否则/不然/要不</u>,学你姑姑,当修女去。(李英儒《野火春风斗古城》)

4.2.3.2 表示醒悟或断言

"否则"类篇章可以表达说话人对已然事实或者对某种公认状况、说法的醒悟或者断言。例如:

(59)这样,他们就可以把公路的中心点,水路的浮桥以及小李庄村完全控制在魔爪之下。<u>要不然//*否则/*不然/要不</u>,他们就这样重视小李庄村吗?(刘流《烈火金刚》)

(60)<u>要不//*否则/*不然/要不然</u>怎么说,东西文化不能调和呢!看,小棉袄和洋裤子就弄不到一块儿!(老舍《二马》)

5 小结

"否则"类连词可以传达从行域到言域的多种交际意图,但是不同的词项在行、知、言域中的表现并不相同——"否则"只能出现于行域和知域,"不然、要不(然)"还可以用于言域("不然"不能用于醒悟、断言类言语行为)。这种不同源于历史上各词所发生的语法化,从假设到醒悟是一个主观化渐强的过程,而各词的语法化进度和主观化程度与语体色彩密切相关,从而形成语体色彩、语用功能和主观性强弱相关的三个连续统。

由"否则"类篇章所传达的交际意图,通过其他形式也可以传达。然而,"否则"类篇章的推导和反证功能确是其他形式所不具有的。这种推导过程是由"否则"类连词触发的:"否则"类连词否定假设前项的条件或原因部分,并引出后项表示逆结果的部分,以此为基础便可反向推导出前项隐含的正结果。"否则"类连词所具有的这种"反向推导"功能,使其具有不可替代性。这种反向推导功能同时使篇章在形式上得以精简,即使前项隐含正结果部分,这种正结果也可以通过推导被识解出来。

附　注

① 邢福义(2002)认为,"否则"类关联词语包括"否则、不然、要不然、要不、若不"等5个。其实,"若不"虽然偶尔也用于现代汉语复句,但并未凝固成词,所以本文只讨论前4个,必要时也谈及"若不"。

② "否则"类连词都可与"的话"组合,但组合后一般只局限于假设关系,为使研究对象纯化,本文暂不考虑"否则"类连词与"的话"组合的情况。

③ 表格中的"(+)"表示有此用法,但用例不多或有争议。《现代汉语八百词》认为"否则"有"选择"用法,如"最好今天下午去,否则明天一早去",而《现代汉语虚词例释》认为这一点恰恰是"否则"和"不然"等的区别所在。我们认为,"否则"之所以难以表示选择,主要受制于其自身过强的书面语色彩,并非不合法。

④ 史金生(2005)认为"要不然"和"不然"不能表"难怪"义,但我们在语料检索过程中发现,"要不然"表"难怪"的用例虽少但很自然,如"要不然他花钱那么大方,原来有个大款的爹"。其实,"要不然"用例本来也很少,根据张磊(2009)对封闭语料的统计,"要不然"和"要不"的频率比为29∶215。

⑤ 《古代汉语虚词词典》(中国社会科学院语言研究所古代汉语研究室 2004)和《古代汉语虚词词典》(何乐士 2006)也都指出,"不然"是由副词"不"和代词"然"组成的词组。

⑥ "语境吸收"(absorbing)中的语境就是指在词语的使用过程中诱发某个成分虚化的上下文,吸收是指某些成分在这个上下文不断影响下自身发生变化,由实及虚。

⑦ 史金生(2005)提出,"醒悟"义仅为"要不"所有,"要不"的选择和醒悟义用法是副词,理由是其意义分别等同于"或者"和"难怪",由此提出"要不"违背语法化的单向性原则。根据我们的调查,"要不然"也可以表达醒悟义,只是用例相对较少,而且"要不然"的用例整体就很少。词类划分的依据是语法功能,不能单凭意义与某个词相似就推导二者语法属性也相同。"要不"的这两种功能也是连接前后小句,并不违背语法化单向性原则。

⑧ "否则"类连词的选择和建议功能其实是交叉的,言域中是对听读者的建议,在行域和知域中则是选择。

参考文献

北京大学中文系 1955、1957 级语言班　1982　《现代汉语虚词例释》,北京:商务印书馆。
陈昌仪　1990　谈谈"否则"在复句中所表示的意义关系,《南昌大学学报》第 3 期。
陈若君　2000　"要不(要不然)"的篇章连接功能,《语言教学与研究》第 3 期。
戴耀晶　2000　试论现代汉语的否定范畴,《语言教学与研究》第 3 期。
丁声树　1961　《现代汉语语法讲话》,北京:商务印书馆。
段茂升　2005　《古汉语"如、若、然、焉、尔"语法化过程考察》,西南师范大学学位论文。
方　梅　2007　语体动因对句法的塑造,《修辞学习》第 6 期。
侯　巍　2005　《汉语否定虚拟条件句研究》,吉林大学硕士学位论文。
景士俊　1992　也析"否则句",《内蒙古师范大学学报》第 3 期。
廖秋忠　1992　《廖秋忠文集》,北京:北京语言学院出版社。
刘丹青　2005　《语言学前沿与汉语研究》,上海:上海教育出版社。

吕叔湘 1942 《中国文法要略》,北京:商务印出馆。
—— 1980 《现代汉语八百词》(增订本),北京:商务印书馆。
罗竹风 1980 《汉语大词典》,上海:上海辞书出版社。
孟建安 1996 "否则"句中"否则"后的成分,《语文学刊》第1期。
沈家煊 1998 实词虚化的机制,《当代语言学》第3期。
—— 2001 语言的"主观性"与"主观化",《外语教学与研究》第4期。
—— 2003 复句三域"行、知、言",《中国语文》第3期。
史金生 2005 "要不"的语法化——语用机制及相关的形式变化,《解放军外语学院学报》第6期。
王灿龙 2008 "否则"的篇章衔接功能及其词性问题,《汉语学习》第4期。
王元祥 2000 试说"否则"前后的结构关系,《遵义师范学院学报》第1期。
吴福祥 2003 语法化"问题",《中国社会科学院院报》第1期。
—— 2004 近年来语法化研究的进展,《外语教学与研究》第1期。
邢福义 2002 《汉语复句研究》,北京:商务印书馆。
杨永发、莫 超 2007 语法重新分析与关联词的构成,《西北师大学报》(社会科学版)第2期。
于 娜 2007 现代汉语假设和条件连词研究综述,《现代语文》(语言研究版)第7期。
张 磊 2009 《"否则"类关联词的篇章衔接功能及其历史演化》,延边大学硕士学位论文。
郑荣华 2001 "否则"和逆假句——兼论邢福义先生的"假言逆转句",《荆门职业技术学院学报》第2期。
Austin, J. L. 1962 *How to Do Things with Words*. Oxford: Clarendon Press.
Brinton, Laurel J. & Elizabeth Closs Traugott 2005 *Lexicalization and Language Change*. Cambridge: Cambridge University Press.
Grice, H. P. 1975 Logic and conversation. In P. Cole & J. L. Morgan (eds) *Syntax and Semantics 3: Speech Acts*. New York: Academic Press.
Hopper, P. J. 1991 On some principles of grammaticalization. In E. C. Traugott & B. Heine (eds) *Approaches to Grammaticalization*. 2 Vols. Amsterdam: John Benjamins. 17—36.
Hopper, P. J. & Traugott, E. C. 2003 *Grammaticalization*. Cambridge: Cambridge University Press.
Langacker, Ronald W. 1977 Syntactic reanalysis. In Charles N. Li (ed.) *Mechanisms of Syntactic Change*. Austin: University of Texas Press. 57—139.

"从来"的词汇化历程及其指称化机制[*]

陈昌来　张长永

(上海师范大学对外汉语学院
上海对外贸易学院商务信息学院)

0 引言

词汇化和语法化是语言演变的两条主要路径,词汇化和语法化虽然角度不同,但常常交织在一起。(陈昌来、朱峰 2009;王静 2010)本文拟探讨现代汉语时间副词"从来"的词汇化及语法化的历程。"从来"是现代汉语表示时间的"X来"式双音词中的典型成员之一。(陈昌来、张长永 2009、2010)据对《现代汉语词典》(第5版)等常用辞书的调查来看,这类"X来"式双音词一共有17个,分类列举如下:

　　A. 从来、由来、自来

　　B. 将来、后来、未来

　　C. 本来、近来、古来、历来、年来、日来、生来、素来、向来、

---

[*] 基金项目:本文为国家社科基金项目(编号:05BYY001)的部分成果,并受到上海市高等学校人文社会科学重点研究基地"应用语言学研究所"(编号:SJ0705)资助。

夜来、原来

从其来源和演化路径来看,A 类由"介词短语＋来"构成的偏正短语演化而来;B 类由同形的偏正短语演化而来;C 类由本来就表达时间概念的单音词加类后缀"来"演化发展而成。限于篇幅,本文仅讨论"从来"的词汇化历程及相关问题,其他类别的"X 来"词汇化历程将另文讨论。

1 古汉语中的"从……来"短语

我们认为"从来"词汇化的起点是上古汉语中的"从……来"短语,因此,本文将以古汉语中的"从……来"短语为起点来展开讨论。在先秦文献中"从……来"短语中的插入成分(记作 L)多为表达方位或处所的词语——"外、中、四方、远方"等,未见三音节以上的插入成分。例如:

(1)公从外来而有不乐之色;何也?(《韩非子·十过》)[①]

(2)齐景公游少海,传骑从中来谒曰:"婴疾甚,且死,恐公后之。"(《韩非子·外储说左上》)

(3)汤见祝网者,置四面,其祝曰:"从天坠者,从地出者,从四方来者,皆离吾网。"(《吕氏春秋·异用》)

(4)孔子之弟子从远方来者,孔子荷杖而问之曰:"子之公不有恙乎?"(《吕氏春秋·异用》)

先秦时期的"从……来"是动词性偏正短语,"从＋L"形成一个介词短语修饰动词"来","来"的意义较为实在,具有明显的位移义和动作性;而介词"从"是源点题元标记(刘丹青 2003),表示动作的起点(陈昌来 2002)。

两汉时期,"从……来"短语中的插入成分 L 逐渐丰富,出现了"晋、齐、代、楚、秦、梁、赵、长安、颍川、旁舍、东方、西方、南方、北方、西北、东南"等表示处所或方位的词语。下面是出自《史记》的例句:

(5) 怀公从晋来。(《秦始皇本纪》)

(6) 上从代来,初即位,施德惠天下。(《孝文本纪》)

(7) 老父已去,高祖适从旁舍来,吕后具言客有过,相我子母皆大贵。(《高祖本纪》)

(8) 江都大暴风从西方来,坏城十二丈。(《孝景本纪》)

先秦两汉时期,L 位置上出现的词语主要是表达处所的。到了六朝时期,"后、南、北、东、中"等表达方位的词语较多地出现在 L 位置上。这一变化表明,介词"从"的意义在空间范畴内有了虚化的痕迹,即,它所表达的"动作的起点"变得不再那么具体明确。这种语义变化对后世"从"的意义的抽象化和多样化具有重要的作用。

此后,越来越多表示方位和处所的词语进入了该位置,至唐代以后几乎所有的现代汉语中的方位处所词语都可见于"从……来"短语。如在宋代的《朱子语类》中,"古、仁、公"等表示时间和抽象事物的成分开始出现。总之,介词"从"的语法意义越来越丰富,充当 L 的成分越来越抽象,"从"的意义也随之变得抽象。

"从……来"短语的这些用法一直保留下来并延续到现代汉语中。

2 古汉语中的"所从来"短语

先秦汉语中,"所从来"短语也较为常见。例如:

(9)寇所从来,若眤道、俇近,若城场,皆为扈楼,立竹箭水中。(《墨子·备城门第七十》)

(10)诸侯有善,庆之于天子;大夫有善,纳之于君;民有善,本于父,庆之于长老。此道法之所从来,是治本也。(《管子·君臣上》)

(11)视其前,则酒未清,肴未晞。王问所从来。左右曰:"王默存耳。"(《列子·周穆王》)

(12)有识则有不备矣,有事则有不恢矣。不备不恢,此官之所以疑,而邪之所从来也。(《吕氏春秋·君守》)

那么,"所从来"和"从……来"之间是什么关系呢?要弄清它们之间的关系,还得从古汉语中"所"字的功能谈起。

2.1 关于古汉语中"所"字的功能

古汉语中"所"字的功能十分丰富复杂。王克仲(1982)指出,"所"字有六种不同的用法,其中最主要的是与别的成分结合组成"所"字结构,"所"字为"结构助词",并认为"'所'字在造句中起着把动词、动词性词组或主谓词组改变为名词性词组的作用。"所举例句转引如下(序号为本文所加):

(13)故克其国不及其民,独诛所诛而已矣。(《吕氏春秋·怀宠》)

(14)非所取而取之谓之盗。(《谷梁传·哀公四年》)

(15)今众人之不能至于其所欲至,故曰谜。(《韩非子·解老》)

(16)天行其所行,而万物被其利;圣人亦行其所行,而百姓被其利。(《管子·白心》)

通过对比上面例句中的"诛""取""欲至""行"和"所诛""所取"

"所欲至""所行",就很容易发现在先秦汉语中"所"字的主要功能就是"名词化"。

朱德熙(1983)明确地把这种"所"字称作名词化标记,并指出它具有句法成分"提取"功能和指称化作用:谓词性成分加上"所"字"造成表示转指的名词性结构",并且语义功能也由"陈述"转向"指称"。为了突出这种"指称形式"的转指功能和转指对象,朱先生在举例的时候,同时也列出了其相应的"陈述形式"。下面转引部分例句(略有改动):

指称形式	陈述形式
(17)耳目之官不思……心之官则思……此天之所与我者。(《孟子·告子上》)	天与我耳目心。
(18)其北陵,文王之所辟风雨也。(《左传·僖公三十二年》)	文王辟风雨其北陵。
(19)彼审乎禁过,而不知过之所由生。(《庄子·天地》)	过由此生。
(20)吾闻:上,君所与居,皆其所畏也。(《韩非子·外储说左下》)	君与其所畏居。

前两例是"所"与其后的动词直接组合,后两例"所"字与动词之间插入了一个介词。对比上述例句中的"所"字短语与其相应的陈述形式,不难发现"所"字短语的转指对象就是动词的其中一个宾语或者介词宾语,而它在功能上也由"陈述"转成了"指称"。

姚振武(1998)、董秀芳(1998)、殷国光(2006)继承了朱德熙

(1983)的观点,也把"所"字看做名词化标记。殷国光(2006)还以《庄子》为研究对象详细讨论了"所"字短语的转指对象,他认为,"所"字短语的转指对象或者是动词的其中一个配价成分;或者是介词宾语,但受动词配价成分的制约。

综上所述,古汉语中"所"字的功能主要体现在如下两个方面:句法上的名词化和语义上的指称化。"所"和其后的动词性成分或介词加动词性成分相结合而形成的"所"字短语,在句法上是名词性短语,而在语义上则转指动词的某一个配价成分或介词的宾语。

2.2 "所从来"与"从……来"的内在联系

通过对古汉语中含"所从来"例句的考察,我们发现其在句法和语义上基本符合上述前贤的论述,即"所从来"是"从……来"的指称形式,而"从……来"是"所从来"对应的陈述形式;它们二者之间不是演化关系而是生成关系,也就是说,"所从来"是"从……来"通过特定的句法操作——"提取宾语"和有标记名词化而形成的,"所从来"的转指对象与"从……来"短语的插入成分L所表达的内容是相同的。如上文例(5)"怀公从晋来"中,这个"晋"就是怀公之"所从来"——"晋,怀公之所从来也"。朱德熙(1983)对汉语(主要是先秦汉语)中"所"字的转指功能进行了深入细致的讨论,并专门讨论了"所"字后头紧跟介词的格式:"所JV"。他指出:"这类'所'字结构提取的是介词的宾语,所以介词J后头宾语必须缺位。与此类格式相应的陈述形式是JOV。""所从来"正符合朱先生所讨论的"所JV"格式的特征。按照他的观点,这里的"所"就是名词化标记,而"所从来"是从"从……来"中"提取出来的宾语部分",即"宾语表达式"。这就是二者的内在联系。下面结合实例具体论证。

从汉语史的事实来看,"所从来"和"从……来"的插入成分 L 在语言运用过程中的确有所不同——L 倾向于由表示方位或处所的名词性成分充当,意义明确、具体;而"所从来"多表示"来源、起因"等,意义相对较为抽象。但是,先秦语料中"所从来"的转指对象与 L 在语义表达上却没有明显的差异,二者所表达的内容基本相同而且都很具体。如:

(21)闻寇所从来,审知寇形必攻,论小城不自守通者,尽葆其老弱、粟米、畜产。(《墨子·号令第七十》)

(22)寇所从来,若昵道、僕近,若城场,皆为扈楼,立竹箭水中。(《墨子·备城门第七十》)

(23)郑贾人弦高、奚施将西市于周,道遇秦师,曰:"嘻!师所从来者远矣,此必袭郑。"(《吕氏春秋·悔过》)

从例(21)和(22)来看,"所从来"显然表示的是某个处所或地点,尽管我们无法悉知究竟是何处何地,但是这个处所或地点具有真实的空间维度却是很明显的。因此,这里的"所从来"表义仍是具体的。同样,结合上下文我们知道,例(23)中的"所从来"表示的处所是空间上具体的一个地点——此处指"秦"。

以上分析告诉我们,先秦时期"所从来"结构与 L 都可以表达具体的空间义,这种情况下二者在语义上的"分工"并不是那么泾渭分明。这也恰恰说明,"所从来"结构和"从……来"结构只是为了适应语言表达的需要而采用的不同形式而已。

总之,我们认为"所从来"和"从……来"的关系如下:形式上"所从来"是指称形式,而"从……来"是其对应的陈述形式;语义表达上二者存在相通之处,即"所从来"的转指对象与"从……来"的插入成分 L 所表达的内容是相同的;从衍生关系的角度来看,"所从来"是"从……来"通过有标记名词化和宾语提取而生成的。

2.3 "所从来"的性质和功能

尽管语义上联系密切,但"所从来"和"从……来"句法功能的差别还是比较明显的。这不难理解,句法功能的实现取决于形式和意义两方面,形式发生了改变,功能自然也会相应有所变化。

王克仲(1982)指出:"'所'字结构是一个名词性的词组,在句子中可以充当名词所能充当的任何句子成分。"王文列举了"所"字结构所能充当的七种句法成分,并对"所"字结构的类型进行了分析,其中就包括了含有介词的"B类型:所+介+动±者"。按照这一看法,作为"B类型"中的一员,"所从来"也应具有相应的语法功能。根据对先秦文献的考察,"所从来"主要充当主语(或主语中心语)、宾语(或宾语中心语)和判断句的谓语。例如:

(24)故善为君者无识,其次无事。有识则有不备矣,有事则有不恢矣。不备不恢,此官之所以疑,而邪之<u>所从来</u>也。(《吕氏春秋·君守》)

(25)是故天子有善,让德于天;诸侯有善,庆之于天子;大夫有善,纳之于君;民有善,本于父,庆之于长老。此道法之<u>所从来</u>,是治本也。(《管子·君臣上》)

(26)既寤,所坐犹向者之处,侍御犹向者之人。视其前,则酒未清,肴未晞。王问<u>所从来</u>。左右曰:"王默存耳。"(《列子·周穆王》)

不难看出,例(24)的"邪之所从来"和"官之所以疑"并列充当判断句的谓语。这一点完全符合古汉语判断句的谓语由名词性成分充当的事实。根据朱德熙(1984)对向心结构的定义,此处的"邪之所从来"是名词性的向心结构,作为中心语的"所从来"应该与整个结构具有完全相同的句法功能。例(25)同(24),而例(26)"所从来"做"问"的宾语。

就例(23)中的"师所从来者远矣"来看,也是个判断句,"师所从来"充当了判断句的主语,那么,作为该主语的中心语,"所从来"也应该是名词性的。对时间稍晚的《史记》加以考察就会发现,"所从来"短语作为主语的用法是较为常见的。例如:

(27)有司皆曰:"民不能自治,故为法以禁之。相坐坐收,所以累其心,使重犯法,<u>所从来</u>远矣。如故便。"(《孝文本纪》)

(28)立嗣必子,<u>所从来</u>远矣。(《孝文本纪》)

(29)二十八舍主十二州,斗秉兼之,<u>所从来</u>久矣。(《天官书》)

《史记》中"所从来"做宾语(或宾语中心语)的例子也较多。如:

(30)至如少弟者,生而见我富,乘坚驱良逐狡兔,岂知财<u>所从来</u>,故轻弃之,非所惜吝。(《越王勾践世家》)

(31)及元狩元年,博望侯张骞使大夏来,言居大夏时见蜀布、邛竹、杖,使问<u>所从来</u>,曰"东南身毒国,可数千里,得蜀贾人市"。(《西南夷列传》)

可见,从句法功能看,"所从来"是名词性短语,主要充当主语(或主语中心语)、宾语(或宾语中心语)和判断句的谓语。下面着重分析"所从来"在语言运用中的功能。

根据 Halliday(1975)和 Lyons(1977)的观点,语言的功能有三:指称功能、表述功能和表情功能。(转引自沈家煊 2001)我们知道,一方面,语言的功能是言语表达的需要在语言中的体现;另一方面,它的实现又必须借助于特定的语言形式。换句话说,语言之所以会具有指称、表述或者表情功能,是因为人们在实际的言语交际中会有进行指称、表述或者表情的需要;同时,这些功能在语言中都会拥有其特定的表现手段或形式。按照这种分析,我们就可以说"所从来"实现的是语言的指称功能(少数情况下充当判断句的谓语,具有表述功能),而其对应的陈述形式"从……来"实现的是语言的表述功能。

前面我们在分析"所从来"和"从……来"的关系时曾经指出,"所从来"和"从……来"中的 L 所指的内容常常是相同的。但是,这仅仅是就两者的语义内容而言的。毕竟,"所从来"和 L 是两个有着本质差别的语言单位。它们在句法功能上的差别悬殊自不待言,在语用功能上二者的差别也很明显——前者在言语表达上的功能要比后者丰富得多。这表现为"所从来"既有指称功能,又有陈述功能(做判断句的谓语),而 L 只有指称功能;另外,"所从来"的指称范围远远不止地点或处所,而是大大超出了具体的空间范畴。所以朱德熙(1983)认为"所从来"和 L 是两种不同的指称形式。L 是直接用名词表示的指称形式,而"所从来"是"通过陈述形式表示出来的一种分析形式"。两种指称形式的差别在于,直接用名词表示的指称形式所指称的对象大多是具体而明确的;而"分析形式"的指称对象相对比较抽象模糊。反过来说,如果需要指称的对象具体而又明确,可以直接用名词加以指称;如果指称对象比较抽象模糊,则往往需要采用"分析形式"。看来,对于语言的同一种功能也要根据具体对象的不同而采用不同的实现形式。加之语言的功能是人们言语表达的需要在语言中的具体体现,那么,当需要指称的对象:a)不够明确具体,b)尽管很明确但说话人出于交际策略而故意采用模糊表达,c)是抽象的"来源、起因"等非空间概念时,便只能采用"所从来"这一结构来加以指称了。"所从来"的这种功能上的丰富性决定了它在言语运用中的优势,并为它自身的进一步发展创造了条件。下面结合实例加以论证:

(32)寇所从来,若昵道、僎近,若城场,皆为扈楼,立竹箭水中。(《墨子·备城门第七十》)

显然,在这个句子中,"所从来"的所指是不确定的;因为根据原文的意思,"寇"尚未来,只是提前加以防备,所以根本无从得知"寇"所从来的具体方位和路径。这对应于上述 a。再看下面的例句:

(33)师所从来者远矣,此必袭郑。(《吕氏春秋·悔过》)

该句中,说话人明明知道"师"就是从秦国来(原文所述为《春秋左传》中"蹇叔哭师"事),却故意采用模糊表达,用"师所从来"来转指"秦"。这是当时比较盛行的一种"外交辞令"手法,说话人采用的是一种较为委婉的表达方式。这对应于上述 b。再看下面的例子:

(34)立嗣必子,所从来远矣。(《史记·孝文本纪》)

(35)王之问臣也卒,而患之所从来微,愿王受之而勿备称也。(《史记·田敬仲完世家》)

前一例句是说"立嗣必子"这种规矩或习俗由来已久,它的"来源"离说话的当时已经很远;后一例句是说,"患"出现或发生的"起因"往往不是那么明显。这对应于上述 c。

以上为"所从来"的语用功能。

综上所述,从句法功能来看,"所从来"具有很明显的名词性特征,而"所"字的名词化功能更是确保了它作为名词性短语的性质;从语用功能来看,"所从来"实现的是语言的指称功能,而且指称对象较为丰富。

3 从"所从来"到"从来"

本节拟讨论从名词性短语"所从来"到名词"从来",再到时间词"从来",最后到时间副词"从来"的演变过程。这一阶段大约发生在公元5～10世纪,是"从来"词汇化演变的关键阶段。这一阶段的演变涉及以下几方面的因素:语义基础、句法环境和语言系统的整体演变对词汇化进程的影响。不过,这几个方面的因素对"从来"词汇化进程的作用是综合的:既不是单独发挥作用,也没有明显的时间先后顺序。本节的讨论拟以时间顺序为线索,不同程度地涉及上述几个方面的因素。

3.1 从名词性短语"所从来"到名词"从来"

根据朱德熙(1983)的分析,"所 Vp"转指的语义角色是受制于它所"提取"的 Vp 的宾语的。殷国光(2006)认为,有介词标记的"所"字结构转指介词引进的语义角色,无介词标记的"所"字结构转指对象取决于动词的配价,"一价有标记指称形式转指 V1 所涉及的、由介词引进的补事 Nj,或原因,或空间,或与事,等等,依介词标记 P 而确定。"殷文所论及的"转指空间"的介词涉及"乎""自""由"。例句转引如下(序号为本文所加):

(36)生有所乎萌。(《庄子·田子方》)
(37)财用有余而不知其所自来。(《庄子·天地》)
(38)不知其所由来。(《庄子·齐物论》)

同样,"所从来"所转指的语义角色也必定受制于它所提取的介词"从"的宾语,"所从来"所转指的也是空间范畴,具体说就是转指"来"这个动作的起点。结合该短语对应的陈述形式——"从……来"来考虑,我们认为表示"动作的起点"就是"所从来"的源点意义。在这个源点意义的基础上,"所从来"受其他相关成分,尤其是它所依附的"本体成分"(姚振武 1996)的影响,而逐渐引申或分化出"来源""起因"等意义。

"所从来"的源点意义或者所转指的内容是"动作的起点",这至少包含两方面的含义:空间上的起点和时间上的起点,或者说是空间起点和时间起点。现代汉语时间副词"从来"就是在时间起点这个语义基础上演变而来的,而发生这一演变的句法环境就是古汉语中用于表达时间概念的主谓结构——"所从来+Ap"。(Ap 指形容词性谓语)我们注意到,两汉时期由"所从来+Ap"构成的这种主谓结构大量出现。下面是《史记》和《汉书》的例句:

(39)立嗣必子,所从来远矣。(《史记·孝文本纪》)

(40)以故城中益空无人,又困贫,所从来久远矣。(《史记·滑稽列传》)

(41)自雅颂声兴,则已好郑卫之音,郑卫之音所从来久矣。(《史记·太史公自序》)

(42)夷狄无义,所从来久。(《汉书·武帝纪》)

(43)故郊祀社稷,所从来尚矣。(《汉书·郊祀志》)

(44)刑余之人,无所比数,非一也,所从来远矣!(《汉书·司马迁传》)

这一时期,Ap 主要由"久""远""尚"或者"久远"等表达时间的词语来充当,它们作为所在结构的谓语对"所从来"加以陈述,表达"时间久远"这样的含义。"所从来"长期和上述表达时间久远的词语组合并在语言中高频率地使用,由于"语义感染"的作用,"所

"从来"的转指意义中的时间因素得到凸显和强化。也就是说,在实际的语言运用中,该主谓结构中"所从来"的转指意义更为突出地表现为"时间上的起点"。

魏晋南北朝以后,作为主谓结构也同样表达时间的"从来＋Ap"开始出现,②与"所从来＋Ap"平行使用。这是一个非常重要的变化。请先看例句:

(45) a. 盖盗憎其主,<u>从来</u>旧矣。(《后汉书》卷四十一)

b. 鲜卑犯塞,<u>所从来</u>远,今之出师,未见其利。(《后汉书》卷六十)

(46) a. 既自暗浊,又<u>从来</u>久远,所载卜占事,虽不识本卦,捃拾残馀,十得二焉。(《三国志》卷二十九裴注)

b. 魏略西戎传曰:氐人有王,<u>所从来</u>久矣。(《三国志》卷三十裴注)

(47) a. 又以职在地官,以《禹贡》山川地名,<u>从来</u>久远,多有变易。(《晋书》卷三十五)

b. 由斯而谈,其<u>所从来</u>远矣。(《晋书》卷三十一)

通过对比上面的例句,很容易看出"从来＋Ap"与"所从来＋Ap"所组成的结构在性质和功能上都完全是一样的,所表达的语义也基本相同。这意味着在相同的语言环境中,"从来"已经可以取代"所从来"来承担相同的句法语义功能。更具启发性的是下面这个例子:

(48) a. 二十八舍主十二州,斗秉兼之,<u>所从来</u>久矣。(《史记·天官书》)

b. [正义]曰:言北斗所建秉十二辰兼十二州,二十八宿,自古所用,<u>从来</u>久远矣。

同样表达"时间久远"的概念,《史记》原文中为"所从来久矣",而到了唐代张守节的"正义"中却表述成"从来久远矣"。可见,两者之间有着十分密切的继承关系,它们在功能和语义上是完全相同的。通过上面的例(45)—(48)我们还看到,"从来+Ap"结构中的 Ap 多为双音节形式,而"所从来+Ap"结构中的 Ap 仍以单音节为主。同时我们也注意到,随着时间的推移,"从来+Ap"结构在实际的语言运用中逐渐占了优势。我们选择了从汉代到唐代的几本有代表性的史书,用"汉籍全文检索系统"(第四版)进行了穷尽式搜索,发现这类用于表达时间概念的主谓结构在《史记》和《汉书》中的 12 例全部是"所从来+Ap",在《后汉书》中则是两例"所从来+Ap"和 1 例"从来+Ap",到了唐代的《晋书》就只有两例"从来+Ap"而没有"所从来+Ap"的用例了。

不仅如此,唐代以后,"从来"独立用于句中做句法成分的用例越来越多,例见下文,这里仅举两例如:

(49)主人<u>从来</u>发心,长设斋饭供养师僧,不限多少。(《入唐求法巡礼行记》)

(50)相看白刃血纷纷,死节<u>从来</u>岂顾勋?(《寒山诗校注》)

从"所从来"到"从来"的这一转变,表面看来只不过是"脱落"了一个"所"字,可事实上这一转变的完成对"从来"的词汇化进程至关重要。其一,它使得"从来"获得了汉语中词的最典型的语音形式——双音节形式;其二,由于作为指称化标记的"所"字的脱落,本属于"所从来"转指意义的"时间上的起点"就有可能被理解为"从来"所独立拥有的词汇意义。这样,"从来"在形式和意义上都获得了成词的必要条件。那么,促成这一重要转变的因素有哪些呢？

首先，双音化趋势的强烈推动作用。大约从东汉时期开始的汉语双音化进程，在公元5～10世纪这一历史时期方兴未艾，这已经成为学界的共识。在双音化进程迅速推进的大背景下，"所从来"这样"不合时宜"的结构必然会受到强烈冲击。本来就只是作为标记成分附着于其上的"所"字，在遭受冲击的过程中自然是首当其冲。由于自身没有实在意义，"所"字要么选择与别的成分重新组合，要么被淘汰。具体到"所从来"这一结构中，"所"字遭遇了后一种命运。

其次，"所"字自身语义的虚化和功能的弱化。这是"所"字脱落的更为重要的原因，主要表现在以下两个方面。第一，随着"所从来"的转指意义从空间范畴向时间范畴的过度，"所"字的表义作用也呈现出由强到弱的变化。表现在语言运用中，当"所从来"的转指内容为空间范畴时，"所"字的表义作用最强；为时间范畴时，表义作用最弱；为"来源""起因"等非时空范畴时，表义作用介于二者之间。这是因为作为指称化标记的"所"字，本来就是由表达空间范畴（处所义）的名词"所"演变而来的。王克仲(1982)对此已经有了明确的论述，这里不再赘述。由于语义"保持原则"(Hopper 1991；转引自沈家煊1994)的作用，"所"字在空间范畴的表义作用比在其他范畴更突出。由于"所"字在时间范畴的表义作用本来就十分微弱，所以，当它受到其他因素冲击的时候，很容易脱落。第二，随着指称化手段的多样化，"所"字的指称化功能受到冲击而日益衰弱。古汉语中实现指称化的手段有很多，具有指称化功能的除了"所"之外，还有"之""者"等。另外，"加定语"(刘斌2006)也是实现指称化的方式之一。随着语言系统的整体演变，各种新兴的语言表现手段与语言中原有的表现手段此消彼长,"所"由于自身功能的弱化而遭到淘汰。正如董秀芳(2002)所言:"名词化标记'所'与谓词性成分组成的结构本来是很能产的,但后来'所'的名词化功能逐渐衰退了,现代汉语中'所'的名词化功能基本由'的'来实现了。"董秀芳(1998)曾言"在现代汉语中,'所'已变为一种可选(optional)成分,而非必有(obligatory)成分","出现'所'和不出现'所',只造成一些风格上的差异"。事实上,"所"字名词化功能衰退始于魏晋南北朝以后。

上述两方面因素的共同作用,最终促成了从"所从来"到"从来"的转变。伴随着这一转变的完成,"从来"获得了双音节的外在语音形式;同时,"所从来"的转指意义也转变成为"从来"自身拥有的独立的词汇意义。到此时为止,我们可以说"从来"已经成词了。

大约在同一时期,与"从来"的词汇化演变相类似的"由来"也完成了从"所由来+Ap"到"由来+Ap"的转变。下面是按时间先后列出的例句:

(51)是以形势强而王室安。自古至今,<u>所由来久矣</u>。(《史记·三王世家》)

(52)先帝旧典,贡税多少,<u>所由来久矣</u>。今猥增之,必有怨叛。(《后汉书》卷八十六)

(53)夫功名重赏,士之所竞,不平致怨,<u>由来久矣</u>。(《晋书》卷四十八)

(54)a.周建懿亲,汉开盘石,内以敦睦九族,外以辑宁亿兆,深根固本,崇奖王室,安则有以同其乐,衰则有以恤其危,<u>所由来久矣</u>。(《北史》卷七十一)

b.盖兼济独善,显晦之殊,其事不同,<u>由来久矣</u>。

(《北史》卷七十六)

    c.夫间阎者有优游之美,朝廷者有簪佩之累,盖<u>由来</u>久矣。(《北史》卷二十九)

《后汉书》以前的用例全部是"所由来+Ap",到了唐代的《晋书》,"由来+Ap"开始出现并在实际语言运用中占据了优势。直到今天,现代汉语中依然保留着"由来已久"的说法。可见,"所从来"到"从来"的演变不是孤立的语言现象。

不过,需要说明的是,只要"从来"依然用于"从来久远"这种句法结构,它就仍然只是个普通的表示时间的名词。因为,该结构的时间概念意义是其谓语部分"久远"所表达出来的,而"从来"的词汇意义仅仅是"时间上的起点"。

3.2 从名词"从来"到时间词"从来"

当"从来"用于"从来久远"这样的"从来+Ap"式的主谓结构时,"从来"还只是个普通名词而不能算时间词;当"从来"不再依赖于"从来久远"这样的句法结构,而是能够独立地表达时间概念的时候,就可以称为地道的"时间词"③了。"从来"成为时间词后,组合搭配更加自由,词汇意义更加独立并得到进一步虚化。"从来"这一阶段的词汇化进程主要表现在句法分布环境的改变以及由此引起的语义的变化,其中分布环境的改变体现在两个方面:一是后面充当谓语的部分由 Ap 扩展到了 Np,二是"从来"的分布超出了主谓结构而扩展到其他句法结构中。下面就以"从来"句法环境的改变为线索加以分析和论证。

首先,南北朝以后,"从来"不仅可以和 Ap 结合,而且也能够和 Np 组成"从来+Np"这样的结构,用以表达"时间久远"意义。例如:

(55)承服风问,从来有年,故不待介者而谒大君子之门,冀一见龙光,以叙腹心之愿。(《后汉书》卷八十下)

(56)前所遣使,浮海以抚荒外之国,从来积年,往而不返,存亡达否,未能审悉。(《魏书》卷一百)

(57)臣昔上行肉刑,从来积年,遂寝不论。(《晋书》卷三十)

(58)从来六十余年,尸如故不朽,竺芝目见之。(《水经注》卷一)

上述例(55)—(57)中的"从来有年/积年"与"从来久远",无论在结构性质还是在语义表达上,都没有明显差异。可是,从 Ap 到 Np 的这一变化却使得"从来"在语义上发生了一些细微的变化:"从来"的词汇意义由"时间上的起点"演变成了较为笼统的"过去的时间"。例(58)为我们的推断提供了佐证,句中的"六十余年"与前句对应结构中的"有年/积年"是完全同质的,只不过是更为具体的"一段时间"罢了,"从来六十余年"中的"从来"与现代汉语"过去六十年"中的"过去",在句法性质和语义功能上已经十分接近了。

通过句法环境上的细微改变,"从来"的词汇意义中融入了更多的时间因素。不过,此时的"从来"的分布范围和搭配对象依然有限。

其次,"从来"开始出现在主谓结构以外的其他性质的句法结构中,由陈述的对象转变为其他成分的修饰成分。如:

(59)我常秉许为家,从来颇得此力。(《宋书》卷七十二)

(60)永明六年,赤城山云雾开朗,见石桥瀑布,从来所罕睹也。(《南齐书》卷十一)

(61)我从来待卿不先馀人,今日见卿,可谓岁寒知松柏后

涸也。(《陈书》卷二十四)

例(59)中,"从来"出现在动词性成分的前面,作为状语修饰后面的动词性成分;例(60)中,虽然"从来"后是个名词性成分,但是由于它充当的是判断句的谓语,"从来"依然是做状语;例(61)中,"从来"出现在主谓之间,这充分表明"从来"所出现的句法环境发生了质的变化。可以说,这种性质的"从来"已经是典型的时间词了,不过它在性质和语义上与现代汉语的时间副词"从来"还很不一样:性质上它依然属于名词,语义上则是"当初、此前"的意思。我们称其为时间词而不是时间副词就是考虑到二者之间的这种差异。下面的例句支持了这一观点:

(62)寻休若<u>从来</u>心迹,殊有可嫌。(《宋书》卷七十二)

(63)荩定是才子,翻恐卿<u>从来</u>文章假手于荩。(《梁书》卷四十)

(64)故乡逾万里,客思倍<u>从来</u>。(杜审言诗)

前两个例句中,"从来"作为定语修饰后面的名词性成分;例(64)中,"从来"充当的是动词"倍"的宾语。这两种句法功能显然都不是时间副词所具有的。此外,中古时期汉语中出现了大量"X来"式表达时间的双音词,有些发展到现代汉语依然是表达时间的名词。从历时演变的角度考虑,我们倾向于认为此时的"从来"仍然是名词;不过,由于"从来"的词汇化演变路径本身形成一个连续的渐变轨迹,表达时间的名词和副词又因功能上存在交叉而难以截然分开,因此,我们采用"时间词"这一介于时间名词和时间副词中间的称谓。

时间词"从来"和现代汉语时间副词"从来"不仅在句法功能上有差异,而且二者的语义差别也是很明显的。随着分布环境的变化,"从来"的词汇意义也逐渐发生了改变——由笼统的"过去的时间"变为相对实在的"当初、此前",如例(59)—(64)各例。再如:

(65)<u>从来</u>巡绕四边,忽逢两个神仙。(《游仙窟》)

需要说明的是,这个"当初、此前"表达的还是一个只属于"过去"范畴的时间概念,而现代汉语时间副词"从来"的意义却是一定要涉及"现在或当前"的。因此,此时的"从来"最终演变成现代汉语时间副词,还要经历一次语义上的引申和发展。事实上,上述例(59)—(65)中有些例句已经具备了"双重分析"的可能:我们可以把其中的"从来"分析成上述"当初、此前"的意思,也可以把它看做和现代汉语时间副词一样,表示"从过去到现在都是如此"(《现代汉语八百词》)的意思。

3.3 从时间词"从来"到时间副词"从来"

当"从来"演变成为时间词的时候,它在功能上已经和时间副词有了一个共同点——做状语。这种功能上的相通是"从来"从时间词向时间副词演变的重要基础和条件。由于分布环境完全相同,"从来"这一阶段的演变主要体现在语义的变化上;而一旦具有了适宜的句法环境,语义的演变也随之发生。根据董秀芳(2002)的论述,如果过去存在而某一个状态一直持续到现在,语境就会赋予时间词以"从过去到现在一直延续"的时段意义。当时间词"从来"出现在下面的语境中时,由于"语境赋值"的作用,"从来"也就逐渐获得了"从过去到现在"这样的意义。请看下面的例句:

(66)<u>从来</u>谬音"专旭",当音"专翾"耳。(《颜氏家训·勉学》)

(67)既见其根,知人生人,悟鸟生鸟,乌<u>从来</u>黑,鹊<u>从来</u>白,人天本竖,畜生本横,白非洗成,黑非染造,从八万劫,无复

改移。(《楞严经》卷十)

(68)早知今日读书是,悔作从来任侠非。(李颀诗)

(69)纵使从来不相识,错相识认有何妨。(《敦煌变文集·伍子胥变文》)

上例中,"从来"均可作"双重分析"——既可以理解为过去的某一时点,也可以理解为"从过去到现在"这样一个时段。而例(69)中,"从来"的用法已经和现代汉语时间副词没什么差异了。

不过,我们也注意到,最初的"从来"在语义和句法功能上却更接近现代汉语的"历来",它在肯定句和否定句中的出现频率并无明显差异。下面是用于肯定句的例子:

(70)从来赴甲第,两起一双飞。(《大唐新语》卷八)

(71)老人从来见事多,直言劝谏均平理。(《敦煌变文集新书》卷三)

(72)嘉禾未必春前熟,君子从来用有时。(《祖堂集》卷七)

(73)管内所获贼人,从来籍没财产,请止之。(《旧五代史》卷七十八)

(74)气运从来一盛了又一衰,一衰了又一盛,只管恁地循环去,无有衰而不盛者。(《朱子语类》卷一)

(75)三间茅屋从来住,一道神光万境闲。莫把是非来辨我,浮生穿凿不相关。(《五灯会元》卷三)

(76)从来天子建都之处,人杰地灵,自然名山胜水,凑着赏心乐事。(《今古奇观》卷三十八)

至于"从来"何时开始在分布上呈现出明显的否定句倾向,这个问题与它的词汇化并没有太多联系。根据初步观察,这与"从来"用于"申辩"和"驳斥"语境有关:既是申辩和驳斥,自然语气强烈,因而"从来""感染"上了强调语气;同时,为了申辩和驳斥,总要先对对方的观点或预设加以否定,所以"从来"需要经常和否定性词语共现。大约在明代时,"从来"的这种用法开始多了起来。略举数例:

(77)妙观变起脸来道:"休得如此胡说!奴是清清白白之人,从来没半点邪处,所以受得朝廷册封,王亲贵戚供养,偌多门生弟子尊奉。"(《二刻拍案惊奇》卷二)

(78)那子弟多则住一二月,最少也住半月二十日,只有金二员外侵早出门,是从来未有之事。(《醒世恒言》卷三)

(79)得贵摇手道:"从来不曾出中门,莫说看街,罪过罪过!"(《今古奇观》卷五十七)

上面的例句中,"从来"的用法已经和现代汉语完全一样了。

4 结语和余论

董秀芳(2002)在论及汉语双音词的主要衍生方式时指出:"双音词有三个主要来源:一是从短语变来,这是双音词的最主要的来源;二是从由语法性成分参与组成的句法结构固化而来;三是由本不在同一句法层次上而只是在线性顺序上相邻接的成分变来。"通过上面的分析不难看出,"从来"的词汇化不属于上述情形中的任何一种。"从来"的词汇化不属于前两种情形是显而易见的。关于第三种衍生方式,董秀芳(2002)又称之为"由跨层结构演变为双音词"。关于"跨层结构",目前虽说法不一,但都强调这种结构的组成成分在句法上分属不同的句法层次,在线性序列上相互邻接这一特征(董秀芳1997、2002;江蓝生2004;彭睿2007)。根据这一认识,"从来"的词汇化不能算是"由跨层结构演变为双音词"。因为在处于演变起点的"从……来"短语中,"从"和"来"既不属于同一结构层次,也不是线性序列上的邻接成分,这也正是"从来"词汇化历程的最为鲜明的个性特征。

大致说来,现代汉语的时间副词"从来"是由中古汉语中用作名词的"从来"发展而来;而中古汉语中用作名词的"从来"由名词性的"所从来"短语中"所"的"脱落"而形成的;而"所从来"是"从……来"短语为了适应语言表达的要求,在特定语言机制的作用下形成的一种常用表达方式。据此,我们认为,现代汉语的时间副词"从来"是古汉语中的偏正短语"从……来"通过词汇化演变而来的。具体演化路径如下:

动词性偏正短语(从……来)——名词性短语(所从来)——名词(从来)——时间词(从来)——时间副词(从来)

伴随着这一演变过程,语义也在不断发展变化:由转指"动作的起点"到转指"时间上的起点",然后开始独立表达"时间起点",再到表达笼统的"过去的时间",再到表达独立的时间概念"当初、此前",最后演化成表达"从过去到现在一直如此"的时间概念。当然,"从来"的词汇化与古汉语中"所"字的名词化功能及其演变紧密相关。

"从来"的词汇化有着鲜明的个性特征,它代表了现代汉语表达时间概念的"X来"式双音词中某一类别的演化路径,也在一定程度上表明了现代汉语中时间名词和时间副词之间的历时演变关系。

陈昌来、张长永(2009)讨论了"X来"式双音合成词中的另外一个小类中的"后来"的词汇化历程。从对"从来"和"后来"等双音词的词汇化历程分析中，我们注意到这两类词语在词汇化演变的过程中都是借助于指称化实现了从短语到词的转变，而从短语到词的转变恰恰是词汇化演变过程中至关重要的一个环节。由此可见，指称化在这两类词的词汇化过程中发挥了十分重要的作用。

指称最初是个语义学概念，语言哲学对词语的意义进行探讨时，常用它来表示语言符号与其所指之间的关系，有时甚至直接把词语的意义等同于它的所指的对象，即语言符号的指称。语义学上的指称，主要指的是名词和它所指对象之间的关系。朱德熙(1983)采用指称这一术语来研究动词性成分充当主语和宾语而造成的所谓"名物化"现象，并把它与陈述并举，作为一组相互对立的概念。朱德熙(1983)把指称化，即动词性成分名词化的现象分成两类——自指和转指，并着重对转指现象进行了系统而深入的分析。此后，姚振武(1996、1998)、王冬梅(2004)、殷国光(2006)等也都对古代汉语中的转指现象进行了深入分析；沈家煊(1999)则从认知语言学的角度对汉语中的转指现象进行了理论探讨。这些研究促成了汉语指称化理论的成熟，使我们对汉语转指现象的理解更加深入。

我们认为，一个动词性成分用来充当主语或宾语，就是它的指称化用法。换句话说，当一个动词性成分出现在主宾语位置上的时候，该动词性成分就指称化了。指称化不等于名词化，但很可能促成该动词性成分向名词性成分转化。现代汉语中大量的兼类词都是因此而形成的，如"编辑、导演、刹车、存款"等等。(详见姚振武1996和王冬梅2004)我们所说的指称化也主要是针对动词性成分的转指现象而言的。根据陈平(1994)和沈家煊(1999)的研究,"施事-动作-受事"是人类认识外部世界时最容易形成的认知框架,而施事和受事则是最具有代表性、最容易被激活的论元。所以,动词性成分在转指其论元时倾向于首先选择施事或受事。尽管在实际语言操作中还会受到其他因素的影响,但这一倾向性是基本保持稳定的,这也是为什么实际言语活动中动词性成分转指施事或受事较多的原因。

　　转指又可以细分为有标记转指和无标记转指。有标记转指转指标记(常见的有"所"和"者")所代表的配价成分,也就是论元;无标记转指遵循一定的规律转指动词的某一个配价成分(即论元)。(参看殷国光2006)具体到"从来"类和"后来"类双音词的词汇化来看,这两类词的词汇化过程所涉及的正好是上述两种转指现象:"从来"类,有标记转指;"后来"类,无标记转指。

　　"从来"类双音词所涉及的指称化现象(具体说来是有标记转指)主要是指下面这种情形:动词性短语"从……来"到名词性短语"所从来"的转变过程实质上是借助于动词"来"对介词(从)宾语的有标记转指而实现的。具体说来,"所"是指称化标记,"从"是"处所格"标记,"所从来"作为动词"来"的指称化形式转指处所。按照朱德熙(1983)的说法,这是句法操作上的一种"宾语提取",在这里"所从来"提取的是介词"从"的宾语,所以其转指内容也就是"从"的宾语(具有处所义)。问题是动词的有标记指称形式通常是由指称化标记加上动词构成"所Vp"或者"Vp者"的形式,这里动词"来"的指称化形式为什么不是"所来"而是"所从来"呢?这个问题涉及动词的配价成分(价语)问题。根据陈昌来(1997)的研究,动核结构中的语义成分有两类,一类是必有语义成分(动元),一类是可有语义成分(状态元)。动元是动核结构中的配价成分,即价语,而状态元则不是价语。但是在特定的动核结构中,"处所"完全可以成为动词的价语——处所价语。

根据这一研究,我们来对"所从来"的情形进行一下简单分析。按照配价语法的观点,"来"属于一价动词;可是从语义角度来看,"来"又是个典型的运动动词。作为一价动词,"来"只有一个价语(施事),但动词转指对象必须是它自身的一个配价成分,而"所"又主要用来转指受事(朱德熙 1983);因此,"所来"这种形式不能转指动词"来"的任何配价成分,也没有存在的合理依据。可是从另一方面来看,"来"作为运动动词又有着与一般动词不同的特点:一般动词最容易激活的是"施事-动作-受事"这一常见的认知框架,而运动动词最容易激活的是"源点-运动-终点"这一"场景"。(详见杨成凯 1986)因此,对于运动动词来说,"源点"(处所价语)就像一般动词的"施事价语"那样具有重要性。而"从"又恰恰是个"源点题元标记"(刘丹青 2003),所以,在动词"来"的指称化形式中,"从"的存在既有合理性,又有必要性。换言之,"所从来"是转指"来"的处所价语(表现为"从"的宾语)的唯一正确的指称化形式。

再看"后来"类。陈昌来、张长永(2009)认为这一类双音词的词汇化过程主要涉及的是无标记转指现象,偶尔也会涉及有标记转指现象(Vp 者)。作为短语的动词性的"后来",本来是指"晚到";后来出现了有标记转指"后来者"的形式(转指"施事"),意义上指"晚到的人"或"后来的人"(如:"陛下用群臣如积薪耳,后来者居上。");由于离开具体语境"后来者"可以指"稍晚于当下而来者",也可以指"晚于当世而来者"("来"的意义也有所发展),所以"后来"又发展出"后来之世"或"晚于当下"之义,并逐步发展成现代汉语时间词"后来"。当然,无标记转指(施事)现象也是存在的,如:"画图以示后来。"(《太平经》)无论有无标记,转指现象在"后来"的词汇化过程中都发挥了至关重要的作用,因为正是通过转指这种指称化形式才完成了该类词语从短语到词的转化,而这一转化是"后来"类双音词词汇化过程中最具决定意义的变化。

总之,对于"从来"类和"后来"类双音词来说,指称化(转指)对它们的词汇化历程有着至关重要的作用。

附 注

① 本文语料来自北京大学语料库和"汉籍全文检索系统"(第四版)。

② 在魏晋南北朝以前的文献中我们仅发现数例"从来"单独使用例,如:

《逸周书·大武》:"五虞:一鼓走疑,二备从来,三佐车举旗,四采虞人谋,五后动撚之。"

《阿难问事佛吉凶经》:"愚人盲盲,不思宿行因缘所之,精神报应,根本从来,谓言事佛致其衰耗。"

《黄帝内经·灵枢》:"愿闻营卫之所行,皆何道从来?"

《黄帝内经·素问》:"别于阳者,知病从来;别于阴者,知死生之期,言知至其所困而死。"

以上例句限于文献的版本争议,存疑待考。这些文献中使用"所从来"的比例远远高于"从来"。另外,"行诏门著引籍,通到谒太后。太后曰:'帝倦矣,何从来?'帝曰:'今者至长陵得臣姊,与俱来。'"(《史记·外戚世家》)和"今言告以阴盛阳微,攻尊之难,奚从来哉?"(《论衡·顺鼓》)两例中的"何从来""奚从来"是疑问代词做"从"的宾语而提前。

③ 关于"时间词",采用《现代汉语词典》(第5版)的说法。

参考文献

陈昌来　1997　汉语处所价语的初步考察,《语言教学与研究》第3期。

———　2002　《介词与介引功能》,安徽教育出版社。

陈昌来、杨丹毅　2009　介词框架"对/对于……来说/而言"的形成和语法化机制,《华东师范大学学报》第1期。
陈昌来、占云芬 2009 "多少"的词汇化、虚化及其主观量,《汉语学报》第3期。
陈昌来、张长永 2009 "后来"的词汇化及相关问题,《汉语学习》第4期。
——— 2010 "由来"的词汇化历程及其相关问题,《世界汉语教学》第2期。
陈昌来、朱峰 2009 "除"类介词及"除"类介词框架的产生和发展,《上海师范大学学报》第2期。
陈 平 1994 试论汉语中三种句子成分与语义成分的配位原则,《中国语文》第3期。
董秀芳 1997 跨层结构的形成与语言系统的调整,《河北师范大学学报》第3期。
——— 1998 重新分析与"所"字功能的发展,《古汉语研究》第3期。
——— 2002a 《词汇化:汉语双音词的衍生与发展》,四川民族出版社。
——— 2002b 论句法结构的词汇化,《语言科学》第3期。
江蓝生 2004 跨层非短语结构"的话"的词汇化,《中国语文》第5期。
梁银峰 2009 现代汉语"X来"式合成词溯源,《语言科学》第4期。
刘 斌 2006 古代汉语谓词性成分指称化方式和原因探究,《语文学刊》第24期。
刘丹青 2003 《语序类型学与介词理论》,商务印书馆。
彭 睿 2007 构式语法化的机制和后果,《汉语学报》第3期。
沈家煊 1994 "语法化"研究综观,《外语教学与研究》第4期。
——— 1999 转喻和转指,《当代语言学》第1期。
——— 2001 语言的"主观性"和"主观化",《外语教学与研究》第4期。
王冬梅 2004 动词转指名词的类型及相关解释,《汉语学习》第4期。
王 静 2010 汉语词汇化研究综述,《汉语学习》第3期。
王克仲 1982 关于先秦"所"字词性的调查报告,见《古汉语研究论文集》,北京出版社。
杨成凯 1986 Fillmore的格语法理论(上),《国外语言学》第1期。
姚振武 1996 汉语谓词性成分名词化的原因及规律,《中国语文》第1期。
——— 1998 个别性指称与"所"字结构,《古汉语研究》第3期。
殷国光 2006 "所"字结构的转指对象与动词配价,《语言研究》第3期。
志村良治 1995 《中国中世语法史研究》,江蓝生、白维国译,中华书局(2005重印)。
朱德熙 1983 自指和转指,《方言》第1期。
——— 1984 关于向心结构的定义,《中国语文》第6期。

南方方言"有"字句的多功能性分析*

陈前瑞　王继红

(北京语言大学对外汉语研究中心
北京外国语大学中文学院)

1　引言

1.1　南方方言"有"字句的四种用法

汉语闽、客、粤等南方方言的"有"字句有多种用法(意义或功能),是一种典型的具有多功能性(multifunctionality,Haspelmath 2003)的语法形式。仅以"有"前置于谓词构成的"有"字句跟体貌有关的用法而言,本文在前人研究的基础上将其概括为以下四种:[①]

(一)"有＋动态谓词(dynamic predicate)"表示肯定事件(event,

---

* 本文初稿曾在语言教学与研究国际学术研讨会暨《语言教学与研究》创刊30周年庆典(北京,2009年7月)、第五届汉语语法化问题国际学术讨论会(上海,2009年8月)上宣读,定稿有较大改动。论文先后得到曹逢甫教授、项梦冰教授、邢志群教授、王洪君教授、储泽祥教授、吴福祥教授、张敏教授、洪波教授、张世芳博士等的指教与帮助。本研究得到国家社科基金项目(08BYY050)、教育部新世纪优秀人才支持计划(NCET-08-0744)及教育部社科基金(05JC740036)的资助。谨此一并致谢!本文在《语言教学与研究》2010年第4期发表时限于篇幅,删除了部分内容,这次予以补全。

简称 E)的现实性,记作"有 DP$_E$",如闽南话的例(1)。

(1)早昏伊有来。(昨天晚上他来了)[张振兴(1983:150)例 143]

(二)"有+静态谓词(static predicate)"肯定状态(state,简称 S)的现实性,记作"有 SP$_S$"。静态谓词分为两类,一类是形容词,如闽南话例(2)的"水"(漂亮);一类是状态动词,如心理动词"了解、喜欢"等,如(3)。

(2)这双鞋有水。(这双鞋漂亮)[张振兴(1983:150)例 160]

(3)伊有了解我。(他了解我)[Cheng(1981:157)例 14a]

(三)"有+动态谓词"表示肯定状态的现实性,记作"有 DP$_S$"。如福州话的例(4)(5)的"去"本身为动态谓词,但是例(4)"有+动态谓词"表示愿望,例(5)是根据既定的行车安排作出的确定性判断,是一种具有确定性的可能性;连城客家话的例(6)的"来"本身为动态谓词,但小句表示惯常性的行为。这些句子的情状(situation)根据 Smith(1991:38)的判断标准,都属于状态情状(stative situation)。

(4)有去看电影其,快滴团!(要去看电影的,快点儿)[郑懿德(1985)例 28]

(5)只架车有去泉州。(这趟车会经过泉州的)[郑懿德(1985)例 29]

(6)佢不时都有来新泉。(他常来新泉)[连城客家话,项梦冰(1997:319)例 82]

(四)"有+动态谓词"肯定状态变化的结果或状态变化的完成。现有研究仅陈淑环、陈小枫(2006:13)在讨论惠州话的"有"字句时明确指出,在"红"类表示变化的形容词前,"有"肯定"某种客观事件的已然结果","肯定某种状态或表示变化的完成"。这类形容词包括"白、臭、热、冷、轻、重、肥、瘦"等等。因此,此类用法具体记为"有 DA_E",其中 DA 代表变化形容词。

(7)——你睇我块面有红冇/你睇我块面有冇红?(你看看我的脸红不红?)

——有(红了)/冇。(红了/没有红)[陈淑环、陈小枫(2006)例 22]

(8)□([hɔi^{22}])水有冇冷?(那水冷了吗?)[陈淑环、陈小枫(2006)例 24]

1.2 现有研究存在的问题

汉语方言学界对南方方言的"有"字句已有很多的研究,这些研究不仅为本文进行跨方言的比较研究奠定了很好的语料基础,提出了许多有启发性的看法,而且也留下了不少问题,比如:

(一)关于南方方言"有"字句的体貌定位,学术界有两种截然不同的观点。一种观点认为"有"字句与体或体貌无关,如李如龙(1986)、施其生(1996)、陈淑环和陈小枫(2006)等。另一种观点认为"有"字句表示跟"体"相关的范畴,"有"字句表事件发生的用法为 perfect(完成体)或其他类似的术语(如已然貌),而表状态存在的用法为"强调"用法,这一观点以曹逢甫和郑萦(1995)、曹志耘(2008:79)为代表。即使是认同部分"有"字句为体貌用法的学者对"有"字句不同用法之间的共时和历时关系也缺乏深入的讨论。本文认为"有"字句的四种用法均为体貌用法,并试图进一步确认所谓"强调"用法的体貌地位及其与完成体的关系。

(二)对于南方方言"有"字句不同用法之间的历时关系,学术界仅有初步探讨。中岛干起(Nakajima 1971)很早就提出了"有"字句多种结构的发展顺序,认为"有+动"先于"有+形",但没有展开论证。②蔡维天(2003)则认为"有"既然可以表示事件的存在,就应该可以表示状态的存在;其引申推演的方向(亦即完成-强调)也正与其原始意涵暗合。但是,笔者认为这种逻辑上的推测还有待进一步研究,因为这种推测与类型学中完成体语法化的路径是相互冲突的。

(三)对于南方方言"有"字句的跨语言和跨方言的研究还不够深入。施其生(1996)虽然比较了闽、粤、客方言"有"字句的不同用法,但并没有将"有"字句的共时分布与历时演变结合起来考虑。石毓智(2004)虽然将汉语的"有"与类型学中"有"义动词作为完成体(anterior,相当于 perfect)的词汇源头联系起来,但并没有实际考察南方方言"有"字句语法化的具体路径。实际上,现有的方言"有"字句的研究为跨方言的研究提供了很好的基础,并有可能据此构拟"有"字句的语法化路径。

1.3 本文的研究思路

语法形式的多功能性既是语言共时使用的普遍现象,也是语言历时演变的产物。语义地图模型(Semantic Map Model,参见 Haspelmath 2003 及 Croft 2001:92—104)为分析跨语言的多功能性、解释语义演变和语法化的内在规律提供了有效的分析手段。近年来,语义地图模型开始引入汉语历史句法和汉语方言研究,如吴福祥(2009)、张敏(2009)等,取得了令人瞩目的成绩。限于篇幅,本文对语义地图模型的基本概念和操作方法不作详细介绍,详情可参阅吴福祥(2009)、张敏(2009)等。

受类型学中多功能性分析和语义地图模型的启发,本文基于现有的汉语方言材料,分析"有"字句四种用法在闽、粤、客、吴、湘、赣等方言中的分布,从中概括出"有"字句体貌用法的概念空间(conceptual space)和若干方言点"有"字句的语义地图。通过跨语言和跨方言的材料讨论"有"字句的体貌性质,构拟"有"字句体貌用法的语法化路径,并对现有研究存在的问题进行针对性的分析和讨论。本文的方言材料主要来自已经发表的专题论文,也适当参照李荣主编的《现代汉语方言大词典》(2004)及本人对方言说话人的咨询。

2 南方方言的"有"字句的概念空间和语义地图

2.1 南方方言"有"字句的概念空间

概念空间是语言中特定编码形式(语法语素、语法范畴、句法结构及词汇形式)的不同功能及其关系所构成的几何性概念网络;语义地图则是特定语言相关编码形式的多功能模式在概念空间上的实际表征,体现的是不同语言对同一概念空间的不同切割方式。③概念空间可以有不同的表述方式。一种是用一维或二维的线性的节点和连线来表示,节点代表不同语言中对应语素的不同功能,连线表示两种功能之间的直接关联,Haspelmath(2003)主要介绍和运用这种方式构建概念空间和语义地图。另一种是用横轴和纵轴构成的非线性的二维空间来表示,不同语法形式在这一空间中占据不同的区域,Croft(2001:92—104)是运用这种方式来表征概念空间和语义地图的代表。本文根据所研究的具体问题的特点,尝试兼用这两种方法来构建汉语不同方言"有"字句的概念空间和语义地图。

从前文介绍的汉语南方方言"有"字句的四种用法中,可以提取两个不同的维度:一是形式范畴的维度,它们形成两种形式范畴即"有+静态谓词"和"有+动态谓词";一是功能范畴的维度,它们分别表达"确认状态"和"确认事件"。我们认为,"确认"比"肯定"更能概括"有"字句各种用法较为抽象的语法意义。按照 Croft(2001)的惯例,我们以形式范畴为纵轴,以功能范畴为横轴,得到了一个二维的概念空间,并将"有"字句的四种用法分布其中,形成不带任何连线的底图,即图1。在这一概念空间的底图中,四种用法之间的关系如果用连线来表示,理论上除了形成四边形之外,还可以有两条对角线。下面,我们将根据汉语部分南方方言"有"字句的实际用法分布最终来确定这四种用法之间的关系。

	确认事件	确认状态
有+动态谓词	有 DP_E	有 DP_S
有+静态谓词	有 DA_E	有 SP_S

图 1　汉语部分南方方言"有"字句的概念空间底图

2.2　南方方言"有"字句的语义地图

依据现有材料,我们把南方方言"有"字句四种用法在不同方言的组合分为以下四种情况,并分别描绘它们的语义地图:

(一)惠州话"有"字句的语义地图

惠州话的归属学术界有不同的意见,黄雪贞(1987)等归为客家话,刘叔新(1993)归为粤语。根据陈淑环、陈小枫(2006:13)的研究,惠州话"有"具备本文概括的"有 SP_S、有 DP_S、有 DP_E、有 DA_E"四种用法,其语义地图覆盖整个"有"字句的概念空间,即图2的实线框。

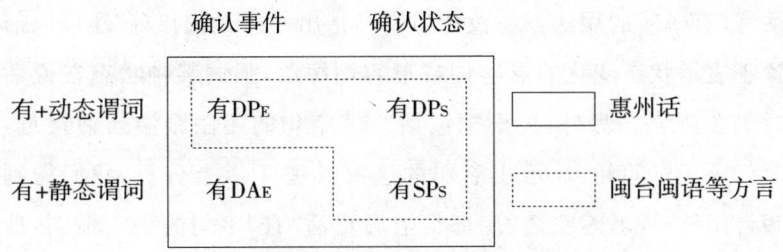

图 2 惠州话和闽台闽语等方言"有"字句的语义地图

(二)闽台闽语、连城客家话、南部吴语温州话"有"字句的语义地图

依据郑懿德(1985)对福州话、曹逢甫、郑萦(1995)对台湾闽南话、项梦冰(1997:319)对连城客家话、游汝杰(1999)对南部吴语温州话的研究,这些方言的"有"字句具备"有 SP_S、有 DP_S、有 DP_E"三种用法。(例证参见引言部分)在闽台闽语中,如果形容词是"热、红"等可以表示状态变化的变化形容词时,"有+形"在"表示一种状态的存在"的同时,"当然还表示一种已然的状态",(张振兴1983:150)这一点从例(9)的普通话注释中的"红了"可以体会出来:

(9)这蕊花有红。(这朵花红了)[张振兴(1983:150)例159]

但是这种"红了"的意思还只能说是"状态的存在"的一种话语蕴涵,不可以说闽南话中的"有+形"可以肯定状态的变化或变化的完成。郑懿德(1985)在报道福州话的"有+形"时虽然也有些例句的普通话翻译中出现了"了",但仍然认为福州话的"有+形"是对后面的形容词起强调或申辩作用。因此,闽台闽语的"有+形"还没有"有 DA_E"的用法。项梦冰(个人通讯)中明确否定连城客家

话有"A_E"的用法。游汝杰(1999)指出,温州话的"有"还可以前置于表示状态变化的形容词或形容词短语,强调某种状态在说话时仍在持续。④另外,吴语宁波话"有"字句的用法跟温州话接近,但仅限于疑问句,显示出衰弱的迹象。⑤基于以上分析,我们得到闽台闽语、连城客家话、南部吴语温州话"有"字句的语义地图,即图2的虚线框。

(三)粤语、粤东闽语"有"字句的语义地图

根据施其生(1996)的研究,粤语与以汕头话为代表的粤东闽语只有"有DP_S、有DP_E"两种,没有"有SP_S、有DA_E"的用法。周国正(2008)指出,广州话的"有+形"必须有表经历的"过"与之共现,否则句子不成立;"有+动"的动词词组必须是蕴涵起讫的行为,并可以用动量词计量。在粤东闽语汕头话里,除了"有"字句之外,另有一个"会","有"和"会"在意义和用法上又有所分工:"有"用在动词性成分之前,肯定事件的现实性,如同粤语的"有";"会"用在心理活动动词和形容词性成分之前,肯定性质状态的现实性,如例(10)。汕头话的"会"通用于"会+静态谓词"表示确认状态,这也是我们根据语义地图模型的操作方法(Haspelmath 2003)不进一步区分"有+形容词"表示确认状态和"有+静态动词"表示确认状态的原因之一。

(10)者花会雅。(这种花好看)[施其生(1996)例19]

下面将粤语、粤东闽语的"有"字句的语义地图在图3中用实线框一并体现,其中实线框未覆盖而虚线框所覆盖的"有SP_S"所在的区域就是汕头话"会"的语义功能,为了避免图3过于复杂,这里没有将"会"的语义地图表现出来。

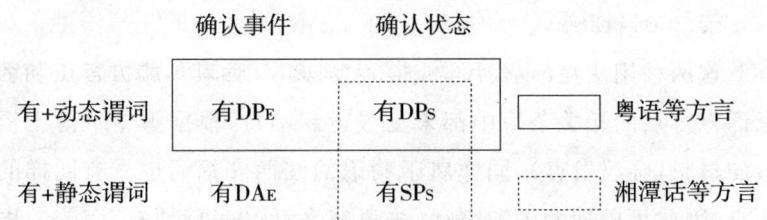

图3 粤语等方言和湘潭话等方言"有"字句的语义地图

(四)湘语湘潭话和赣语萍乡话"有"字句的语义地图

根据丁健纯(2008),湘潭话的"有"在跟部分形容词和心理动词共现表示确认状态时,必须在"有"和形容词及心理动词前加上"好"或"蛮",构成"有+好(蛮)+形容词或心理动词",如例(11)(12);而"有+动态谓词"表示确认某种属性即本文的"有 DP_S"时,则不需要"好"或"蛮",如例(13)。这也说明湘潭话是将"有+好(蛮)+形容词"和"有+好(蛮)+心理动词"看做一类,两者具有共同的句法语义特点,从而进一步支持本文将这种用法概括为"有 SP_S"的处理方式。湘语其他部分地区如长沙话与衡阳话的"有"字句与湘潭话的格局基本相当。[参见丁健纯(2008)、王洁(个人访谈)]

(11)他为人有好古板。(他为人很古板)[丁健纯(2008)例6]

(12)他有好恨我。(他很恨我)[丁健纯(2008)例16]

(13)秋天来哒,树叶子到处都有捡。(秋天来了,到处都有树叶捡)[丁健纯(2008)例14]

赣语萍乡话有"有 SP_S"与"有 DP_S",但"有 DP_S"的动词仅限于不及物动词,表示可能实现,如例(14);这说明相对于湘语湘潭话的"有 DP_S"而言,赣语萍乡话的"有 DP_S"还处于早期发展阶段。

(14)淋滴水,(菜秧)还有活。(浇点水,菜秧还会活)(李

荣 2004:1285)

这两种用法在《现代汉语方言大词典》江西其他赣方言点和客家话方言点的相关条目中都未见报道。不过,根据雷冬平博士提供的材料(会议发言),同样属于赣语的江西安福话也具有同样的特点,因此可以把湘语湘潭话、赣语萍乡话、安福话"有"字句的语义地图用图3的虚线框来表现。

2.3 南方方言"有"字句语义地图的理论意义

根据语义地图连续性假设(Semantic Map Connectivity Hypothesis),与特定语言或特定构式相关的任何范畴都必须映射到概念空间里的一个连续区域。(Croft 2001:96)⑥据此,我们可以从"有"字句的语义地图中获得一些新的理论认识。

纵观上文3幅南方方言"有"字句的语义地图,可以发现只有惠州话有"有 DA_E"的用法,所以核心问题是"1)有 SP_S、2)有 DP_S、3)有 DP_E"三者之间的关系。从理论上讲,如果不考虑用法之间的语法化方向性的关系,三者可以形成以下三种关系:

(15) a. 2)有 DP_S—3)有 DP_E—1)有 SP_S

b. 3)有 DP_E—1)有 SP_S—2)有 DP_S

c. 1)有 SP_S—2)有 DP_S—3)有 DP_E

粤语、粤东闽语"有"字句仅有"有 DP_E"和"有 DP_S"的用法,所以排除了(15b)中这两种用法没有直接关系的可能。湘语湘潭话和赣语萍乡话"有"字句仅有"有 DP_S"和"有 SP_S"的用法,所以排除了(15a)中两者没有直接关系的可能。因此,跨方言的材料可以证明,三者只有(15c)一种可能。

上文排除(15a)(15b)两种可能实际上就是排除了图4中1)和3)之间的对角线。根据现有的方言材料,没有发现哪种方言"有"字句只有2)和4)的用法,实际上也就排除了2)和4)之间的对角线。更没有发现哪种方言只具有1)和4)两种用法,所以也排除了1)和4)之间的连线。所排除的对角线和边线也就说明两组对角及1)和4)三组"有"字句用法之间缺乏概念上的邻近关系。基于惠州话的材料及前文排除的可能,可以在3)和4)之间建立直接联系。综合以上分析,我们得出图4带有连线和序列号的"有"字句的概念空间。

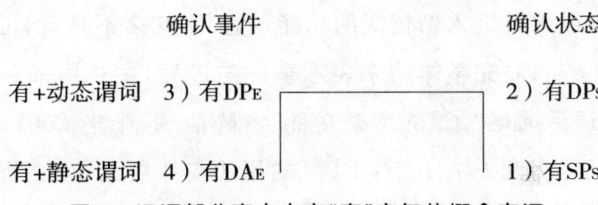

图4 汉语部分南方方言"有"字句的概念空间

可见,概念空间和语义地图模型研究不但可以在"有"字句不同用法之间确认可能的直接关系,而且还可以排除某些可能的关系,显示了较强的解释力。从语义地图模型还可以得到一些蕴涵共性(Haspelmath 2003):

  (16)如果某个汉语方言的"有"字句有3)和1)的用法,那么一定会有2)的用法。闽台闽语、连城客家话、南部吴语温州话就是这种情况。

  (17)如果某个汉语方言的"有"字句有4)和2)的用法,那么一定会有3)的用法。惠州话就是这样。

3 南方方言"有"字句的体貌性质与语法化路径

3.1 南方方言"有"字句的体貌定位

如前所述,关于南方方言"有"字句的体貌地位,学术界是有争议的。本节基于曹逢甫、郑萦(1995)的研究,将"有 DP_E"看做一种完成体用法,并着重讨论所谓"强调"用法即本文的"有 SP_S"的体貌属性。

(一)完成体(perfect)不等于完整体(perfective)。体貌类型学一般认为,完成体主要用来确认事件的发生,并具有现实相关性,多用来表示旧信息,如普通话句尾"了"的部分功能[句尾"了"表示进入或即将进入新情况的功能,"有"字句多不具备,可参见曹逢甫(1998)];而完整体用来表示事件的进程,主要用来表示新信息,如普通话词尾"了"的主要功能。(陈前瑞、张华 2007)部分学者之所以认为南方方言"有 DP_E"的用法与体貌无关,主要是因为南方主要方言中"有 DP_E"中的"有"不同于词尾"了"或句尾"了",且各方言中均另有类似于词尾"了"或句尾"了"的成分。因此,如果我们不把"有 DP_E"归入完整体,而归入与"肯定事件的现实性"类似的完成体这样一个类的概念,那么阻力会相对小一些。

(二)状态的存在也是一种广义的体貌意义。国内学者大多认同状态的变化属于体貌的意义,但是,一般不把状态或性质的存在也看做一种体貌意义(如郭锐 1997)。实际上根据辩证法的一般认识,状态的存在与变化是矛盾的两个方面,两者既有对立的一面,又有统一的一面,矛盾的对立面在一定条件下可以发生转化。两个对立面的范畴往往同属于一个上位范畴。英语的结果体结构(resultative construction)be +-ed 如 He is gone,就是表示由过去动作带来的状态还存在(他此刻不在这里),后来发展为完成体。源于"有、是"义的动词经由结果体结构演变为完成体具有类型学上的普遍性。(Bybee et al. 1994:63)像英语那样的结果体结构由于强调状态是由过去动作带来的,所以又称为狭义的结果体。(参

见 Nedjalkov & Jaxontov 1988)

（三）单纯强调某种状态的存在，而不强调带来状态的动作，这种表现形式类型学中称为状态体（stative），也称为广义的结果体。（Nedjalkov & Jaxontov 1988）南方方言中的"有 SP_S"是典型的强调状态存在的用法，"有 DP_S"所表示的意志、愿望、确定的可能性、惯常用法都是一种状态情状。因此，南方方言中的"有 SP_S"和"有 DP_S"也可以笼统地归为广义的结果体，其中的"有"也可以看成是广义结果体的一种形式标记。

（四）"有"字句的用法分与合的方法论意义。部分研究者之所以不承认"有"字句的体貌功能，另一个重要原因是无法处理表惯常的"有 SP_S"与表事件已然发生的"有 DP_E"的关系，无法把这两者归入现有的某一体貌范畴，因而笼而统之地将"有＋动/形"中的"有"概括为"肯定一种情况的客观存在和现实性"，认为"有"无关体貌。（陈淑环、陈小枫 2006）这种概括化的研究范式的代价是得到了一个特有的语法范畴——"肯定一种情况的客观存在和现实性"，增加了语法系统的复杂性和语法解释的抽象性，减少了语法解释的可理解性。反之，如果按照本文所依据的基于功能或用法的研究范式（关于两种研究范式的讨论参见 Haspelmath 2003），将"有 DP_S、有 SP_S"和"有 DP_E、有 DA_E"分别归入类型学已有的广义结果体和完成体范畴，不仅可以更加简单地归纳南方各个方言"有"字句的不同用法，而且还有可能解释同一方言中这两类用法之间的历史联系：即这些方言的完成体用法是从广义结果体用法发展而来的，甚至可以更好地解释不同方言在具体用法上的微观差异，从而看出它们处于语法化路径的不同阶段。（参见 3.3）

（五）"有"所表示的完成体与其他体貌意义的关系。有些学者

(如施其生 1996)不赞成"有"表完成体的理由,除了前面提到的之外,就是"有"字句中可以出现经历体、进行体和持续体标记,并用于不同的时制。经历体在类型学上一般视为完成体的一种特殊用法,经历体与"有"的共现可以视为两个处于不同句法位置、具有不同来源、意义范围略微有别的标记的共现。进行体与完成体的共现在英语中体现为教学语法的完成进行时,在普通话中体现为"已经在 V 了"这样的格式,并不构成"有"表完成体的反例,如闽南话的例(18),其中的"咧"表进行:

(18)伊即久有咧写。(他现在正在写)[李如龙(1986)例 33]

汕头话在类似于普通话"他俩是不是躺着?"这样的句子中出现"有"以及持续体标记"在块",如例(19)。

(19)——伊人两人□[k'aʔ²]有夗在块?(他俩是不是躺着)

——无,伊人坐在块。(没有,他们坐着)[施其生(1996)例 8]

其实这里的"躺"义动词为状态动词,其中的"有"为广义结果体的标记,是"有"的早期用法的表现。而所谓的"持续体"其意义实际上也是接近于广义结果体(Jaxontov 1988),两者的共现可以看成双重标记的现象。而"有"用于不同的时制并不影响其体貌地位。

3.2 南方方言"有"字句体貌用法的语法化路径

一旦对南方方言"有"字句的体貌性质从类型学的角度进行了适当的定性,基于类型学中现有的语法化的研究成果特别是从结果体到完成体的演化路径,以及语义地图与语法化路径的对应关系,我们直接在语义地图上加上箭头并括注四种用法的体貌地位就可以形成假定的"有"字句语法化的主要路径,即图5。这一路径与中岛干起(Nakajima 1971)、蔡维天(2003)分别推测的从"有+动"到"有+形"或"完成-强调"的路径正好相反。

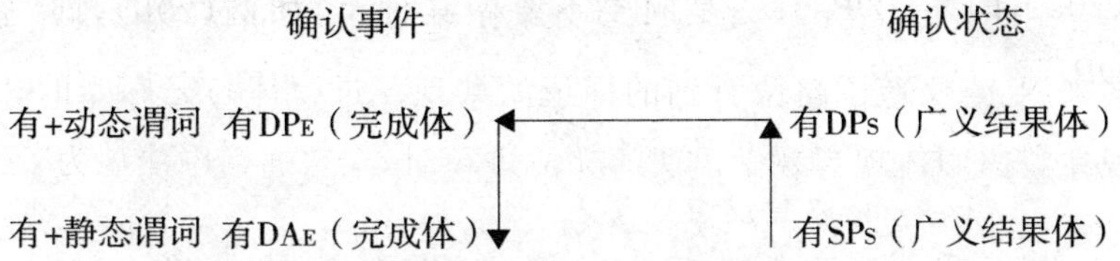

```
         确认事件                            确认状态

有+动态谓词  有DP_E（完成体） ◄─────────  有DP_S（广义结果体）

有+静态谓词  有DA_E（完成体） ▼           有SP_S（广义结果体）
```

图5 汉语南方方言"有"字句语法化的主要路径

由于篇幅和方言历时材料的限制,我们无法对这一路径进行充分论证,这里只是补充汉语方言里几个有意思的旁证材料。

(一)现代南方方言仅闽台闽语以及与闽台闽语密切联系的南部吴语温州话和部分客家话(含惠州话)保留包括"有 SP_S"在内的三种以上的"有"字句用法,而粤东闽语汕头话、粤语都没有保留"有 SP_S"的用法,这与闽台闽语、南部吴语保留较多古代语言成分的倾向是一致的,并从另一个侧面说明"有 SP_S"更有可能属于"有"字句语法化早期阶段的现象。

(二)粤东闽语汕头话、粤语没有"有 SP_S"的现象,可以从当代正在发生的语言接触现象得到有益的启示。台湾"国语"显然受闽南话的影响,但台湾"国语"却没有"有+形"的用法。(蔡维天2003)惠州人说普通话时,"有+动"的结构会迁移到惠州普通话中,而当"有"后为形容词性成分时,该结构一般不产生迁移。(陈淑环2009)可见,"有 SP_S"是一种更"土"、更"老"、更难迁移的用法。由此推测,闽语在进入广东并逐步形成粤东闽语的过程中,在粤语和北方话的影响下放弃了"有 SP_S"的用法。至于粤语没有"有 SP_S"的现象,则可能是在粤东闽语形成之前所经受的北方话影响的结果。

（三）郑懿德(1985)指出,福州话的"有＋动＋名＋无"疑问句,有的可以表示两种意思:一是问是否有过某种动作、行为,如例(20a),即"有 DP_E";一是问要不要做某件事,如例(20b),即"有 DP_S"。

(20)你有看电影无?
　　a.你看没看电影?
　　b.你看不看电影?[郑懿德(1985)例 32]

这种歧义现象为"有 DP_S"与"有 DP_E"在概念空间上的邻近性以及语法化路径上的相继性提供了很好的证据。

（四）"有"表肯定事件现实性用法的进一步发展。在完成体的语法化过程中,体标记首先适用于达成情状的动词,然后在较晚时期再扩展到状态情状的动词。(Carey 1994:149)在汉语南方方言中,只有惠州话中才有明显的"有 DA_E"的用法,这种用法还有待于进一步扩展。总的看来,汉语南方方言的"有"字句与类型学中完成体进一步语法化的规律是一致的,在类型学视野的汉语研究中,很难把"有"字句看成与体或体貌无关的现象。

3.3　南方方言"有"字句的共时变异及其原因

根据前文语义地图和语法化路径的分析,我们可以将汉语部分南方方言"有"字句用法的共时变异和语法化阶段用图 6 来显现。

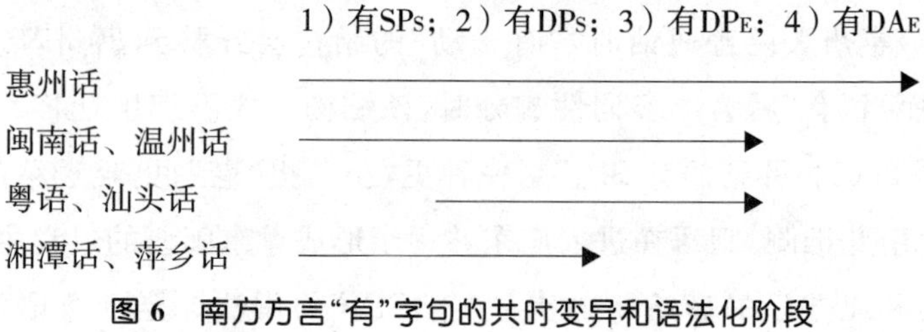

　　　　　　　　1）有SP_S; 2）有DP_S; 3）有DP_E; 4）有DA_E

惠州话　　　————————————————→
闽南话、温州话　————————————→
粤语、汕头话　　　　———————————→
湘潭话、萍乡话　　　　————————→

图 6　南方方言"有"字句的共时变异和语法化阶段

图 6 线条覆盖的用法区域显现的是各方言"有"字句的用法变

异,从这些变异可以看出,其变异的范围是相当受限的,各方言"有"字句的用法都分布在相应的线条所覆盖的一个连续的区域中。各线条箭头所在位置显现的是各方言"有"字句在语法化过程中所抵达的最高阶段。惠州话、闽南话及温州话、湘潭话及萍乡话三者之间的差异是由各自"有"字句语法化所达到的阶段决定的。而闽南话及温州话与粤语及汕头话之间的差异则是由粤语及汕头话可能失去的"有 SPs"的用法带来的,可见,某种形式的语言接触会导致特定语言形式的某种用法的缺失,但是这仍然没有改变该语言形式语义地图分布的连续性,这一现象是否具有普遍性还有待进一步验证。

4 结语

本文依据现有的方言材料,构建了汉语南方方言"有"字句四种用法的概念空间,绘制了部分方言"有"字句的语义地图和语法化路径,并以此解释汉语方言"有"字句的共时变异以及变异的范围、原因。依据多功能性分析的思路,本文认为,先有"有＋静态谓词"确认状态存在,后有"有＋动态谓词"确认事件的现实性。这一观点虽然不同于前贤对汉语方言"有"字句的观察,但与类型学中完成体语法化的一般规律是一致的。本文在应用现有的概念空间和语义地图分析方法时,也结合汉语方言的实际情况在研究方法上作出了一些新的尝试。本文综合运用了线性和非线性的两种方法,将线性的概念关联与语法化路径置于非线性的空间中,这样便于把握线性演变背后的体貌范畴的关联及其形式上的扩展规律。语义地图模型公认的一项优点就是:所有的语义地图分析都是可以证伪的。(Haspelmath 2003)根据曹志耘(2008:79),汉语方言的"有"字句分布范围较广,形式变化丰富。我们期待汉语方言学界能够在本文分析的基础上发掘更多、更细致的方言材料来丰富或修正本文提出的"有"字句的语义地图和概念空间。

附 注

① 本文对"有"字句的用法描述是在施其生(1996)、Cheng(1981)和郑懿德(1985)等的基础上加以扩展的。粤西闽语海口话的"有"在谓词之后,有表示动作持续的用法,限于篇幅,本文暂不涉及。

② 该文是目前所知的国内外最早的专门研究闽语"有"字句的论文,并具有语法化研究的思想萌芽。本文对该文的引用来自东京大学博士生野村和之的英文评述稿。

③ 此处对概念空间和语义地图的介绍以及随后对语义地图表述方法的介绍直接引用和参照了吴福祥(2009),详情可参 Haspelmath(2003)。

④ 游汝杰(1999)指出"有"前置于动词或形容词,肯定动作或状态已经发生。不过,文中所举例证均为动词,比较接近于形容词的"破"在"手表破了"中为不及物动词。所以本文采用正文所引的观点。

⑤ 根据《现代汉语方言大词典》的材料,宁波话的"有"用在反复问句中,词义虚化,表示肯定一种情况的存在,所举例句存在"有"用于形容词与动词前表状态的情况。不过,该词条没有提到"有 DP_E"的情况。本文采用汪维辉教授和阮桂君博士的看法。游汝杰(1999)还引用 20 世纪初的资料说明在古代北部吴语区里应该存在"有"字句的肯定用法。

⑥ 此处的中文表述及下文的分析方法引用并参照了张敏(2009)。

参考文献

蔡维天 2003 普通话和台湾方言中的"有"——谈语法学中的社会因缘与历史意识,见《汉语方言语法研究与探索——首届国际汉语方言语法学术讨论会论文集》,黑龙江人民出版社。

曹逢甫 1998 台湾闽南语中与时貌有关的语词"有"、"φ"和"啊"试析,《清华学报》第 3 期。

曹逢甫、郑 萦 1995 谈闽南语"有"的五种用法及其间的关系,《中国语文研究》第 2 期。

曹志耘主编 2008 《汉语方言地图集·语法卷》,商务印书馆。

陈前瑞、张 华 2007 从句尾"了"到词尾"了"——《祖堂集》《三朝北盟会编》中"了"用法的发展,《语言教学与研究》第 3 期。

陈淑环 2009 负迁移根源探讨——以惠州方言的"有"字句为例,《宜宾学院学报》第 4 期。

陈淑环、陈小枫 2006 试论惠州话的"有"字句,《中国语文研究》第 1 期。

丁健纯 2008 湘潭话中的"有"字句,《湘南学院学报》第 6 期。

郭 锐 1997 过程和非过程——汉语谓词性成分的两种外在时间类型,《中国语文》第 3 期。

黄雪贞 1987 客家话的分布与内部异同,《方言》第 2 期。

李 荣主编 2004 《现代汉语方言大词典》(全六卷),江苏教育出版社。

李如龙 1986 闽南话的"有"和"无",《福建师范大学学报》第 2 期。

刘叔新 1993 惠州话系属考,《语言学论辑》(一),天津人民出版社。

施其生 1996 论"有"字句,《语言研究》第 1 期。

石毓智 2004 汉语的领有动词与完成体的表达,《语言研究》第 2 期。

吴福祥 2009 从"得"义动词到补语标记——东南亚语言的一种语法化区域,《中国语文》第 3 期。

项梦冰 1997 《连城客家话语法研究》,语文出版社。

游汝杰 1999 温州方言的"有字句"和过去时标志,见《游汝杰自选集》,广西师范大学出版社。

张 敏 2009 《语义地图模型及其在汉语多义语法形式研究中的运用》,第五届汉语语法化问题国际学术讨论会论文,上海,2009 年 8 月。

张振兴 1983 《台湾闽南方言记略》,福建人民出版社。

郑懿德 1985 福州方言的"有"字句,《方言》第 4 期。

周国正 2008 "有+VP"的功能特性,《语言学论丛》第三十八辑,商务印书馆。

Bybee, J., R. Perkins & W. Pagliuca 1994 *The Evolution of Grammar: Tense, Aspect, and Modality in the Languages of the World*. Chicago: The University of Chicago Press.

Carey, K. 1994 Pragmatics, subjectivity and the grammaticalization of the

English perfect. Doctoral dissertation at University of California, San Diego.

Cheng, Robert L. 1981 Taiwanese 'u' and Mandarin 'you'. *Papers from the 1979 Asian and Pacific Conference on Linguistics and Language Teaching*. Taipei: Student Book Co. 141—180.

Croft, W. 2001 *Radical Construction Grammar: Syntactic Theory in Typological Perspective*. Oxford: Oxford University Press.

Haspelmath, M. 2003 The geometry of grammatical meaning: Semantic maps and cross-linguistic comparison. In Michael Tomasello (ed.) *The New Psychology of Language*. Vol. 2. Mahwah, NJ: Lawrence Erlbaum. 211—242.

Jaxontov, S. 1988 Resultative in Chinese. In Vladimir P. Nedjalkov (ed.) *Typology of Resultative Constructions*. Amsterdam: John Benjamins. 113—134.

Nakajima, M. (中島干起) 1971 Fukkengo ni okeru u/bə no gohoo hantyuu ni tuite (On the grammatical category of u/bə in Fukien dialect). *Azia Afurika Gengo Bunka Kenkyuu* (*Journal of Asian and African Studies*) 4: 75—85.

Nedjalkov, Vladimir P. & Sergej Je Jaxontov 1988 The typology of resultative constructions. In Vladimir P. Nedjalkov (ed.) *Typology of Resultative Construction*. Amsterdam: John Benjamins. 3—62.

Smith, C. S. 1991 *The Parameter of Aspect*. Dordrecht: Kluwer.

从"完结"到"周遍"*

董正存

[中国人民大学文学院/国际学院(苏州研究院)]

1 引言

在汉语中,"毕""尽""讫""竟""终""罄"等表达"完毕"或"结束"(下文简称"完结")义的动词词形也可以表达"全部""全都"或"整""全""所有""每(一)"这两种周遍意义。①在表达周遍意义时,上述各词出现在如下两种句法格式中:

(1)"S+~+VP"格式,②出现其中的为"毕""尽"和"讫",位于谓语核心之前;

(2)"(S)+~+NP+VP"格式,出现其中的为"毕""尽""竟""终"和"罄",其后出现名词性成分NP,二者一起位于谓语核心之前。

---

* 本文在洪波教授指导下写作而成,初稿曾在第五届汉语语法化问题国际学术讨论会(上海师范大学,2009年8月)上宣读并得到张谊生、高顺全、龙国富等先生的指点,北京师范大学谢永芳博士、上海师范大学张巍博士及南开大学硕士生盛益民和徐挥在论文修改过程中给予了修改建议,本人均获益良多。本研究得到了教育部人文社会科学研究青年项目"汉语全称量限表达研究"(项目批准号:10YJC740027)的资助,在此一并致谢。

我们认为,上述各词周遍意义的产生与动词的"完结"义密切相关。下面先按所出现的句法格式来说明上述各词的周遍用法,然后再探讨"完结"义动词发展出周遍意义的演变过程以及制约其演变的机制,最后谈谈我们对"周遍"的看法和认识。

2 "毕""尽"等的句法表现

2.1 "S+～+VP"格式中的"毕""尽"等

出现于"S+～+VP"格式的"毕""尽"和"讫"为总括范围副词,占据谓语核心之前的状语位置,修饰谓语核心 VP,义为"全部"或"全都",如:

(1)师毕入,众知之。(《左传·哀公二年》)

(2)民讫自若是多盘。(《尚书·秦誓》)

(3)室中有呼万岁者,堂上尽应;堂上已应,堂下尽应;门外庭中闻之,莫敢不应。(《吕氏春秋·过理》)

(4)越国之宝器毕从,寡君帅越国之众,以从君之师徒,唯君左右之。(《国语·越语上》)

(5)五谷尽收,则五味尽御於主,不尽收则不尽御。(《墨子·七患》)

(6)已诛征舒,因县陈而有之,群臣毕贺。(《史记·陈杞世家》)

(7)天下大乱,无有安国;一国尽乱,无有安家;一家皆乱,无有安身。(《吕氏春秋·谕大》)

(8)今越人起师,臣与之战,战而败,贤良尽死,不死者不敢入于国。(《吕氏春秋·似顺》)

(9)皇帝并宇,兼听万事,远近毕清。(《史记·秦始皇本纪》)

(10)二公命邦人凡大木所偃,尽起而筑之,岁则大熟。(《尚书·金縢》)

由上述各例可以看出,第一,"毕""尽"和"讫"的左侧成分S是一个在语义上具有复数意义的名词性成分,并且这个名词性成分就是它们的指向目标;第二,由于左侧成分S具有复数意义,复数由不同的单数个体组合而成,即复数成分具有离散性,因而,"毕""尽"和"讫"所在的"S+~+VP"格式的语义可归纳为:"毕""尽"和"讫"所指向的目标构成一个集合,并且所构成的集合能够离散为N个不同的个体,具有可离散性。集合中的所有个体全部参与VP所表示的事件或所表示的状态,通过对不同个体的周延以实现对整个集合的周延;(董秀芳,2002)第三,"毕""尽"和"讫"的左侧成分S可由类指光杆名词、方所成分、具有领属关系的"NP_1+(之)+NP_2"结构、由复数数词构成的"Num+NP"结构、由复数限定词构成的"Adj+NP"结构、由全量数词"一"构成的"一+NP"结构、由范围副词"凡"构成的"凡+NP"结构等充当。

除了常常居左外,"毕""尽"的指向目标也可居右。当指向目标居右时,指向目标为"毕""尽"后面动词的宾语,宾语包含表示复数意义的名词性成分,如:

(11)冬,晋侯围聚,尽杀群公子。(《左传·庄公二十五年》)

(12)尽知万物之性,毕睹千道之要也。(《论衡·实知篇》)

2.2 "(S)+~+NP+VP"格式中的"毕""尽"等

出现于"(S)+~+NP+VP"格式的"毕""尽""竟""终"和"罄"

后要求出现名词性成分 NP,它们与名词性成分 NP 一起出现于谓语核心 VP 之前,对谓语核心起修饰作用。与出现在"S+～+VP"中与谓词性成分 VP 关系紧密不同,此种句法格式中的"毕""尽"等与谓词性成分 VP 的关系十分松散,它们与其后名词性成分 NP 的内部联系甚为紧密,已明显呈现出词汇化为一个整体的倾向。

"毕""尽"等起限定作用,修饰其后的名词性成分 NP,名词性成分 NP 为核心成分,表明"毕""尽"等的指称范围。按照自身是否包含"范围"义,名词性成分 NP 可大致分为两类:(1)自身内含"范围"义,如某些时间名词或空间名词等;(2)自身不内含"范围"义,如指人或指物名词等,但其可以以个体或部分的身份参与构成一个"范围"。首先需要说明的是,此处讨论的名词性成分 NP 是否内含"范围"义专门针对的是核心名词性成分,这是因为"尽"后既可以出现一个名词性成分也可以出现两个名词性成分。当其后为一个名词性成分时,这一名词性成分无疑是核心名词性成分,但当其后为两个名词性成分时,远离"尽"的第二个名词性成分即 NP_2 为核心名词性成分,例证详下。下文所言的"名词性成分"均为核心名词性成分。另外,不管名词性成分 NP 自身是否内含"范围"义,"～+NP"表达周遍义时都要求名词性成分 NP 必须可以离散为不同的个体或部分,这是表达周遍的语义前提。[③]

"毕""尽"等后名词性成分 NP 按语义特征可分为两类:(1)表时间段的名词性成分,常见的有"世""生""日""夕""岁""夜""月""冬""身""晚上",以前五者最为常见。由于时间段名词自身内含"范围"义,因而"毕""尽""竟""终"宜作"整"或"全"解,如:

(13)<u>毕世</u>唯高卧,无人说是非。(王贞白《忆张处士》)

(14)深斋竹木合,<u>毕夕</u>风雨急。(贾岛《重酬姚少府》)

(15)此是我悟处,<u>毕生</u>不易。(《五灯会元·瑞鹿遇安禅师》)

(16)竹林二君子,<u>尽日</u>竟沈吟。(李从谦《观棋》)

(17)世上只有状元是个第一等的人,我今日拿住了他,<u>尽晚上</u>和他鸾交凤友。(《三宝太监西洋记》第四十七回)

(18)二鬼纷纭,<u>竟月</u>不能使平。(《百喻经·毗舍阇鬼喻》)

(19)龙蛇蛟螭,狙猬鼍蟊,皆能<u>竟冬</u>不食,不食之时,乃肥于食时也。(《抱朴子内篇·对俗》)

(20)有一言而可以<u>终身</u>行之者乎?(《论语·卫灵公》)

(2)其他语义类型的名词性成分,只有"毕"和"尽"后可以出现此类名词性成分。④"毕"后除了时间段名词外,还可以出现"家""身"等名词性成分,用例极少见,如:

(21)其夕,<u>毕家</u>咸闻窗牖间,窣然有物声,犬亦迎吠。(《太平广记》卷三百七十九)

(22)人间得蒜食者颇多,而<u>毕身</u>无病,寿皆八九十。(《太平广记》卷四十七)

两例中"家"和"身"都可以看成是内含了"范围"义的名词,因而"毕家""毕身"宜理解为"全家""全身"或"整个身体",即两例中"毕"对应的语义为"整"或"全"。

"尽"后出现其他语义类型的名词性成分时,用例比"毕"多见,情况比"毕"复杂。如果名词性成分自身内含"范围"义,"尽"作"整"或"全"解,如:

(23)<u>尽室</u>兹游玩,盈门几乐哉。(张说《奉酬韦祭酒嗣立偶游龙门北溪忽怀》)

(24)<u>尽大地</u>未有一人不闻。(《五灯会元·曹山本寂禅师》)

如果名词性成分自身不内含"范围"义,"尽"宜解为"每(一)"或"所有",如:

(25)输与渊明陶陶醉,<u>尽黄菊</u>围绕东篱。(滕斌《普天乐》)

(26)自是朱温纵横朝廷,谋立异志,<u>尽人</u>皆知,内外之兵,尽归掌握。(《五代秘史》第三十五回)

有时,"尽"后出现两个名词性成分,形成"[尽+NP_1]+NP_2"格式。NP_1构成一个集合,具有"范围"义,修饰其后的核心名词性成分NP_2,而NP_2为NP_1离散出来的个体成员,本身不具有"范围"义,此时,"尽"仍宜理解为"每(一)"或"所有",如:

(27)少顷,<u>尽宦官</u>者,逃在人家夹壁中底,也一齐捉出来杀。(《朱子语类》卷一百二十七)

(28)今日南明乍此住持,只得放过,若不放过,<u>尽大地人</u>并皆乞命始得。(《五灯会元·护国景元禅师》)

(29)<u>尽襄阳男女</u>各置一问。(《古尊宿语录·石门山慈照禅师凤岩集》卷九)

2.3 小结

2.3.1 "毕""尽"等词在搭配不同语义类型的名词性成分NP时,作何理解取决于其后名词性成分NP的词义。若名词性成分自身内含"范围"义,宜作"整"或"全"解;若其自身不内含"范围"义,宜解作"每(一)"或"所有"。

2.3.2 在表达周遍时,与"S+～+VP"中"毕""尽"等左侧出现周遍成分的指称范围不同,"(S)+～+NP+VP"是在"毕""尽"等右侧出现周遍成分的指称范围。前一种格式周遍成分的指称范围由其左侧的 S 充当,因而 S 一般必须出现,否则句子会因缺乏周遍成分的指称范围而无法正常表达周遍,而后一种格式周遍成分的指称范围与其左侧的 S 关系不大,S 既可以出现也可以不出现,句子不会因为没有它而无法表达周遍。对此种周遍表达格式来说,最为重要的是"毕""尽"等右侧、充当周遍成分指称范围的名词性成分 NP。

2.3.3 徐通锵(1997)曾指出,周遍性的事物都被认为是有定的,必须搁在动词前头。"S+～+VP"和"(S)+～+NP+VP"中周遍性成分的出现位置也证明了这一看法。周遍性成分位于谓语核心之前反映了句子信息的分布规律。一般而言,句子是从左至右的线性序列,旧信息靠左,新信息靠右。旧信息倾向于有定,新信息倾向于无定。在句子从左至右的线性序列中,越靠左越倾向于有定,越靠右越倾向于无定。周遍要求穷尽某一范围内的所有个体或部分,在"S+～+VP"格式中,"某一范围"由其左侧的 S 充当;而在"(S)+～+NP+VP"格式中则由名词性成分 NP 来充当。这个"范围"是有定的旧信息,因而它倾向于选择句子线性序列的左侧。在两种格式中,谓语核心都是 VP,"～"或"～+NP"位于谓语核心之前,谓语核心之前的位置比谓语核心的位置在句子线性序列上靠左,此位置倾向于出现有定的旧信息,因而,表达周遍意义的成分宜出现于此。试比较以下两例:

(30)终日力战,斩首捕虏,上功莫府,一言不相应,文吏以法绳之。(《史记·张释之冯唐列传》)

(31)合兵三千人,从太祖入荥阳,力战终日,失利,身殁。(《三国志裴注·魏书二十二》)

(30)中"终日"在线性序列上较"力战"靠左,不是表达的自然焦点,应理解为旧信息,占据着周遍表达的常规句法位置,具有指称性;
(31)中"终日"在线性序列上较"力战"靠右,为表达的自然焦点,应理解为新信息,未占据周遍表达的常规句法位置,具有述谓性。

3 "完结"义动词发展出"周遍"义的演变过程及演变机制

3.1 "完结"义动词发展出"周遍"义的演变过程

3.1.1 "全部、全都"等周遍义的产生过程

"完结"义动词"毕""尽"和"讫"常用作不及物动词,占据谓语核心位置,即出现在"S+～"格式中,所陈述的事件或动作行为 S 不可离散为不同的个体或部分,在语义上表现为单数,以"毕"为例,如:

(32)康王命作册毕,分居里,成周郊。(《尚书·毕命》)

(33)事毕,不与王言。(《左传·僖公十三年》)

当所陈述的事件 S 可以离散为不同的个体或部分,在语义上表现为复数时,就为"全部"或"全都"这种周遍意义的产生奠定了语义前提,如:

(34)八卦而小成,引而伸之,触类而长之,天下之能事毕矣。(《周易·系辞上》)

"毕"占据谓语核心,陈述位于其左侧具有复数意义的"天下之能事"。"毕"应理解为"齐备"或"完备","齐备"或"完备"意即所陈述事件或事物的不同部分或个体全部都已具备,缺一不能称之为"齐

备"或"完备",可见,此种语境中的"毕"已经隐含了"全部"或"全都"这种周遍意义。

当"毕"不再占据谓语核心、不再表示陈述,其后出现其他谓词性成分时,那么"全部"或"全都"这种周遍意义就产生了,如:

(35)王乃淳濯飨醴,及期,郁人荐鬯,牺人荐醴,王裸鬯,飨醴乃行,<u>百吏、庶民毕从</u>。(《国语·周语上》)

(36)<u>是</u>月也,耕者少舍,乃修阖扇,<u>寝庙毕备</u>。(《礼记·月令》)

(35)中"毕"位于谓词性成分"从"前,指称目标为其左侧的"百吏、庶民","毕"指称"百吏、庶民"这一范围内的所有成员。需要说明的是,(36)中"毕"位于谓词性成分"备"前,"毕"左侧的"寝"和"庙"分别指宗庙的正殿和后殿,虽在语义上为复数,但并不是"毕"的指向目标,"毕"的指向目标为"阖扇"。"阖"和"扇"是用两种不同材质做成的门(郑玄注:"用木曰阖,用竹苇曰扇"),二者构成了一个指称范围。根据孙希旦集解"毕备,谓寝庙之阖扇皆备也"可知,"毕备"不能作同义语素构成的并列式双音节词解,而应理解为"毕"修饰其后的形容词"备",指称"阖扇"范围内的所有成员。两例中"毕"均表达"全部"或"全都"这一周遍意义。

3.1.2 "整、全"等周遍义的产生过程

"完结"义动词"毕""尽""竟"和"终"后都可以出现名词性成分NP,二者一起构成谓语核心,即出现在"S+～+NP"中。按照所陈述的主语性成分 S 的性质可大体分为两类:

(1)主语性成分 S 为名词性的,如:

(37)书<u>不尽言</u>,言<u>不尽意</u>。(《周易·系辞上》)

(38)任人,则贤者<u>毕力</u>。(《吕氏春秋·知度》)

(39)臣闻忠臣<u>毕其忠</u>,而不敢远其死。(《吕氏春秋·自知》)

(40)今彗星长<u>竟天</u>,天下兵当大起。(《史记·淮南衡山列传》)

(37)—(39)"～+NP"中的名词性成分NP均具有抽象性,不可离散为不同的个体或部分,但此种语境隐含了周遍意义,"～+NP"的意义可概括为:(V)尽NP,如"说尽好话""用尽力气"等。(40)"～+NP"中的名词性成分NP自身内含"范围"义,陈述其前的名词性成分"彗星长"。彗星长度要依靠"竟"后名词性成分NP的长度来决定,"彗星长竟天"表示天有多长彗星就有多长,即天的尽头或终点就是彗星的长度,"～+NP"的意义可概括为:到了NP的尽头(终点)。

(2)主语性成分S为谓词性的,如:

(41)吾与回言<u>终日</u>,不违如愚。(《论语·为政》)

(42)居数日,独见侍中刘晔,语<u>尽日</u>。(《三国志裴注·魏书三》)

(43)到中路风变无定,漂流<u>终日竟夜</u>。(《入唐求法巡礼行记》)

各例中"～+NP"中的名词性成分NP多为自身内含"范围"义的时间段名词。"～+NP"陈述其前的谓词性成分,NP的终点为谓词性成分所表示的动作行为的终点,"～+NP"的意义同样可概括为:到了NP的尽头(终点)。

以上两种情况"～+NP"的意义都可概括为"到了NP的尽头(终点)",在此基础上可进一步引申出"整个NP"或"所有NP"的周遍意义。需要说明的是,虽然这两种情况"～+NP"在语义上可作周遍意义理解,但它们周遍意义的获得是由句法环境赋予的,并不是由"毕""尽"等自身表现出来的。另外,周遍性成分常出现的句法位置为谓语核心之前,而这两种情况中"～+NP"常常占据谓语核心位置,此位置与周遍性成分的常规句法位置不同,因而,这两种情况中"毕""尽"等词仍具有述谓功能。

当具有述谓功能的"～+NP"后出现其他谓词性成分 VP 时,"～+NP"的述谓功能因失去谓语核心的位置而日益减弱,当弱到不再具有述谓功能时,整个结构就会成为其后谓词性成分 VP 的修饰成分,如:

(44)吾与汝<u>毕力</u>平险,指通豫南,达于汉阴,可乎?(《列子·汤问》)

(45)黄金入火,百炼不消;埋之,<u>毕天</u>不朽。(《抱朴子内篇·金丹》)

(44)"毕力平险"既可以作连动结构解,也可作偏正结构解。作连动结构解时,强调的是占据谓语核心的"毕力平险","毕力"宜作"(用)尽力"解;作偏正结构解时,强调的是"平险",而不是"毕力","毕力"是谓语核心"平险"的修饰语,"毕力"宜作"全力"解。两种理解的存在表明"毕"还未完全丧失述谓功能,处在从"完结"义动词向"周遍"义过渡的两可阶段。(45)中"毕天"与"百炼"对举,"入火"与"埋之"对举。"百炼"意在强调炼的次数多,即"黄金放入火中(无论)炼多少次都不会消","毕天"则意在强调埋的时间长,即"黄金(无论)埋多长时间都不会朽"。由此可知,"毕天"宜理解为"永世""永远"或"一辈子","毕"不表"完结",而表"周遍"。

3.2 "完结"义动词发展出周遍义的演变机制

我们认为,"完结"义动词发展出"全部"或"全都"这种周遍意义是由隐喻(metaphor)造成的,而发展出"整""全"或"所有"这种周遍意义是由转喻(metonymy)造成的。

3.2.1 "全部、全都"等周遍义的产生机制

"毕"等"完结"义动词发展出"全部"或"全都"这种周遍意义,大致经历了如下的演变过程:

阶段一:S+~(S不可离散,"~"为谓语核心)

↓

阶段二:S+~(S可以离散,"~"为谓语核心)

↓

阶段三:S+~+VP(S可以离散,"~"位于谓语核心前,起修饰谓语核心的作用)

在第一阶段,"毕"等词为动词,陈述其前的事件或动作行为S的结束或完毕,在认知上属于动作域;到了第二阶段,"毕"等词依然陈述其前的事件,但并不表示事件的结束或完毕,而是表示事件的齐备或完备,"毕"等词为形容词,在认知上属于性状域。从第一阶段到第二阶段,"毕"等词都始终占据着谓语核心位置,但句首主语性成分S经历了从不可离散发展到可以离散的变化,这是周遍意义产生的语义前提。此种句法环境和语义条件为周遍意义"全部"或"全都"的产生奠定了基础。在第三阶段,主语性成分S依然可以离散,"毕"等词产生了"全部"或"全都"等周遍意义,修饰其后的谓语核心VP,在认知上属于量域,这是因为"周遍"的意义本质为"量"。

三个演变阶段说明,"毕"等词的认知域经历了"动作＞性状＞量"的演变,其中"性状＞量"的演变是周遍意义产生的关键阶段,也是隐喻起决定性作用的阶段。"隐喻是用一个概念来表达另一

个相似的概念,或者说,是从一个概念到另一个概念的'投射'","投射是一种突变"。(沈家煊 2009)"性状域"所对应的词义为"齐备"或"完备","量域"所对应的词义为"全部"或"全都"。前者意在强调所陈述的主语性成分 S 构成的集合下的每一个个体或部分全部具备,缺一不能称之为"齐备"或"完备",此种意义暗含了"量";而"全部"或"全都"义本身就表量,二者在表量上具有相似性。另外,在从第二阶段到第三阶段的演变过程中,未见"毕"等词既可作"齐备"或"完备"解又可作"全部"或"全都"解的两可阶段,可见,从"性状"到"量"的演变不是渐变的,而是突变的。因而可知,"完结"义动词发展出"全部"或"全都"义是由隐喻造成的。

3.2.2 "整、全"等周遍义的产生机制

"毕"等"完结"义动词发展出"整""全"或"所有"这种周遍意义,大致经历了如下的演变过程:

阶段一:S+～("～"为谓语核心,其后不出现名词性成分NP)

↓

阶段二:S+～+NP("～+NP"为谓语核心,"～"和"NP"关系松散)

↓

阶段三:(S)+～+NP+VP("～+NP"既可以是谓语核心的一部分,也可以不是谓语核心。前一种情况"～"和"NP"关系松散,后一种情况二者关系紧密)

↓

阶段四:(S)+[～+NP]+VP("～+NP"位于谓语核心前,有的已高度词汇化为修饰谓语核心的成分)

在第一阶段,"～"为"完结"义动词,占据谓语核心;第二阶段,

"～"后出现名词性成分NP,二者一起占据谓语核心位置,可理解为"(V)尽"或"到……尽头(终点)";"～"与NP的关系较为松散;到了第三阶段,"～+NP"出现了两解,可理解为"(V)尽"或"到……尽头(终点)",也可理解为"整""全"或"所有"。在句法功能上,"～+NP"既可以作为谓语核心的一部分,也可以作为谓语核心的修饰语。前一种用法"～"与NP的关系较为松散,后一种用法二者的关系较为紧密。第三阶段应该是"毕"等"完结"义动词发展出"整""全"或"所有"这种周遍意义的过渡阶段。到了第四阶段,"～+NP"只有周遍意义一种理解,位于谓语核心前,"～"与NP的关系十分紧密,已高度词汇化为修饰谓语核心的成分。需要说明的是,在前两个阶段,主语性成分S一般必须出现,而在后两个阶段则可以不出现。

上述表明,"毕"等词经历了"完结＞(V)尽＞到……尽头(终点)＞整、全或所有"的演变,这种演变过程是由转喻造成的。"转喻是用一个概念来指称另一个相关的概念,或者说,是从一个概念到另一个概念的'过渡'","过渡是一种渐变"(沈家煊2009),会存在一个语义理解两可的过渡阶段。从"完结"义动词本身来看,"完结"义动词表示动作的完毕或结束,经历了从开始、持续到结束的整个过程,动作的完毕或结束意味着整个动作过程的完毕或结束,见下图:

```
开始          持续/进行         完毕/结束
0              0.5                1
|—————————整个动作过程—————————|
```

从"完结"义动词所陈述的事件来看,事件发展到终点则表示事件经历了从起点、中点到终点的整个过程,事件的完毕或结束意

味着整个事件过程的完毕或结束,见下图:

```
        起点          中点              终点
         0           0.5                1
         └────── 整个事件过程 ──────┘
```

"完结"义动词与事件搭配用来陈述事件的完毕或结束,事件完毕或结束则表明事件到了终点,即整个事件的完毕或结束。事件的终点是整个事件即整体的一部分,此时,终点和整体具有相关性,根据转喻理论,部分可以用来转喻整体,用终点来转喻整个事件无疑是可以成立的。另外,从"完结"到"周遍"的演变不是突变,而是渐变,在其演变过程中确实存在着一个语义理解两可的过渡阶段,这也表明"完结"义动词发展出"整""全"或"所有"这种周遍意义是由转喻造成的。

4 余论

以往关于"周遍"的定义都强调"某一集合或范围内的没有例外"(朱德熙1998;韩志刚2002等),但都未明确"集合或范围"的性质。石毓智(2005)认为,周遍性由"既定的范围"和"每一个成员"两个义项组成,但这两个义项并不是反映"周遍"本质的核心要素,因而该看法也未能真正揭示"周遍"的含义。根据周遍用法"毕""尽"等的语言事实,可以总结出"周遍"的两个特性:一为"有定性"(definiteness),一为"离散性"(discreteness),这两个特性应该是"周遍"含义的深层制约因素,是判断一个词或格式是否具有周遍用法的关键所在。

通过上文可知,"全部"或"全都"和"整""全"或"所有""每

(一)"虽然都表达周遍意义,但在具体使用时却存在差异,如图示:

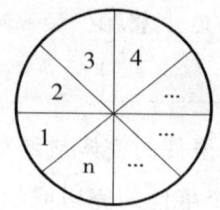 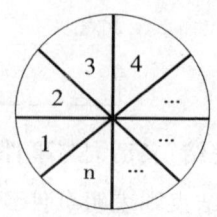

圆形表示一个集合,加黑的粗体构成的区域表示得到凸显的对象,1,2,3…n所占据的区域为集合的个体或部分。从两个图可知,左图凸显的是整个集合,将这一集合看成是未作分割的一个整体,集合内部的每一个个体或部分并未得到凸显,对应的周遍意义为"整"或"全",对应的句法格式是"S+～+NP+VP",表达类型为"一体性周遍";右图同样是整个集合得到了凸显,但这一集合分割成了若干个体或部分,通过对每一个个体或部分的凸显来实现对整个集合的凸显,对应的周遍意义为"全部"或"全都""所有"或"每(一)",对应的句法格式是"S+～+VP"和"S+～+NP+VP",表达类型为"叠加性周遍"。[5] "一体性周遍"和"叠加性周遍"的表达机制实际上反映了人类认识过程中的两种基本的认知模式:一种是Synoptic Mode,人类的视点静止在一个空间范围内,是一种静态的内部视点;另一种是Sequential Mode,人类的视点在若干个空间范围内转换,是一种动态的外部视点。(Talmy 2000)"一体性周遍"对应于前一种机制,"叠加性周遍"对应于后一种机制。"一体性周遍"自身含有一个内部全量,通过未作分割的整个集合来表达周遍意义,而"叠加性周遍"则通过集合内每一个体或部分的逐一叠加来表达周遍意义。从意象图式(image scheme)的角度来看,"一体式周遍"对应的意象图式为"浑然图

式"(whole scheme),而"叠加性周遍"对应的意象图式为"套件图式"(set scheme)。以"～＋NP"为例,上文已述,在"～＋NP"中,NP若内含"范围"义,应理解为"一体性周遍",对应的意象图式为"浑然图式",这是因为浑然图式"突出整体性、忽略构成上的细节",即"不追究'部分-整体'这一构型"(袁毓林 2004);NP若不内含"范围"义,应理解为"叠加性周遍",对应的意象图式为"套件图式",这是因为"套件图式由一个整体和若干个部分、一个体现各部分如何构成整体的构型组成"(袁毓林 2004)。上文例(24)中"尽大地"和(28)中"尽大地人"分别对应于"浑然图式"和"套件图式",是表明二者差异的最好例证。上述说明可总结为下表:

	对应的句法格式	对应的意象图式	"～"的意义
一体性周遍	S+～+NP+VP	浑然图式	"整""全"
叠加性周遍	S+～+VP S+～+NP+VP	套件图式	"每""所有"

此外,"一体性周遍"和"叠加性周遍"都可能会对应于"S＋～＋NP＋VP"格式,此格式在具体使用中到底属于何种周遍、用哪一种方式凸显整个集合,取决于名词性成分 NP 自身是否内含"范围"义。如果名词性成分 NP 自身内含"范围"义,周遍类型为"一体性周遍";如果名词性成分 NP 自身不内含"范围"义,周遍类型为"叠加性周遍"。当然,有时候名词性成分 NP 虽自身内含"范围"义,但其可以以个体或部分的身份参与构成更大的集合,此种情况宜理解为"叠加性周遍"。这样一来,我们就可以解释现代汉语中某个语言形式为何既可以表示"整"或"全"义,又可以表示"所有"或"每(一)"义,如"整天"中的"整":

(46)他整天读书。

(47)他整天都读书。

(46)中"整天"应理解为"天天"或"每一天",而(47)中"整天"除与(46)有相同的理解外,还可以理解为"一整天"或"全天",这表明"整"或"全"义与"所有"或"每(一)"义有所纠结。正是因为这种纠结,如果使用"整指"或"统指"等这样专指一种现象的术语,就不能涵盖另外一种与之纠结的现象,因而弃以"周遍"代之。

附 注

① 本文的"周遍"为"全量"的同义词,二者可自由替换,这一看法的理论基础为朱德熙(1998)和韩志刚(2002)的相关论述。朱德熙认为,"周遍性""即表示在所涉及的范围之内没有例外";而韩志刚认为,"周遍义,又称全量义,是指在一定范围内所有对象都怎么样或都不怎么样,没有例外"。按曹秀玲(2005)及多数学者的看法,"全部""所有"等表"统指","整"表"整指",但徐颂列(1993)认为"'整'也是表示统指的词语"。本文重点不在讨论"统指"与"整指"的异同,故而用"周遍"来统称。

② "~"代表"毕""尽"等词所出现的位置,VP代表谓词性成分,包括动词和动词性短语,也包括形容词和形容词性短语。

③ 此种格式中,若"~+NP"与谓语核心VP之间插入其他成分时,虽然名词性成分NP可以离散为不同的个体或部分,但"~+NP"格式不宜理解为表达"周遍"义,如:

所为贵镞矢者,为其应声而至,终日而至,则与无至同。(《吕氏春秋·贵卒》)

所居院异香芬郁,仙乐缤纷,有青烟直上烛天,竟日方灭。(《太平广记》卷二十六)

言讫而灭,二人去之数百步,顾视,见青黑气覆地,竟日乃散。(《太平广记》卷三百三十八)

以上三例中"~+NP"与其后谓词性成分之间插入了关联副词或连词。关联副词或连词的使用表明了前后两项的时间先后顺序,先出现或发生的在前,后出现或发生的在后,顺序不能颠倒,因此,"~+NP"与其后谓词性成分应看做连动短语。"~+NP"为第一个动作行为,义为"到NP的尽头(或终点)",关联副词或连词后的谓词性成分为第二个动作行为。

④ 因"罄"用例极为少见,故不在正文说明,姑录在此。根据考察,"罄"后名词性成分只为"地""宇",如:

率天奉赞,罄地来宾。(《南齐书·乐志》)

浃地奉渥,罄宇承秋灵。(谢庄《宋明堂歌·歌白帝》)

先王桑梓,罄宇来归。(《晋书·地理志上》)

⑤ "一体性周遍"和"叠加性周遍"两个概念借自张占山、张孟梅(2008)。

参考文献

曹秀玲　2005　《现代汉语量限研究》,延边大学出版社。

董秀芳　2002　"都"的指向目标及相关问题,《中国语文》第6期。

韩志刚　2002　表事物周遍义时"每"与"各"的差异,见郭继懋、郑天刚主编《似同实异——汉语近义表达方式的认知语用分析》,中国社会科学出版社。

沈家煊　2009　跟语法化机制有关的三对概念,吴福祥、崔希亮主编《语法化与语法研究》(四),商务印书馆。

石毓智　[2001]2005　《语法的形式和理据》,江西教育出版社。

徐颂列　1993　表总括的"都"的语义分析,《语言教学与研究》第4期。

徐通锵　1997　《语言论》,东北师范大学出版社。

袁毓林　2004　容器隐喻、套件隐喻及相关的语法现象——词语同现限制的认知解释和计算分析,《中国语文》第3期。

张占山、张孟梅　2008　表存在的"有"与"是"的分布条件及其认知解释,《同济大学学报》第1期。

朱德熙　[1982]1998　《语法讲义》,商务印书馆。

Talmy, L. 2000 *Toward A Cognitive Semantics: Concept Structuring System*. Cambridge, Massachusetts: The MIT Press.

周秦汉语"之 s"可及性问题再研究

洪 波

(首都师范大学文学院)

拙作(洪波 2008)运用 Mira Ariel 的可及性理论阐释了周秦汉语"之 s"的产生根源,并分析了周秦汉语"之 s"的可及性及其逐步衰微的原因。沈家煊、完权(2009)对拙作提出了批评,他们的批评意见主要涉及以下三个方面:

(1)"可及性"概念问题;
(2)"之"字的性质和功能问题;
(3)某些语言现象的认识问题。

本文就沈、完二位所涉及的上述三个方面展开讨论。

1 关于"可及性"概念问题

沈、完文的主要目的之一是"要廓清'可及性'这个概念"(P3)。他们认为拙文混淆了"可及性"概念与"已知"概念,把"可及性"跟"已知"信息等同起来。他们将"可及性"(accessibility)改称"可及度"。对"可及度"的定义如下:

> 说话人推测,听话人听到一个指称词语后,从头脑记忆中或周围环境中搜索、找出目标事物或事件的难易程度。容易

找出的可及度高,不容易找出的可及度低。(P5)

"可及性"概念是 Sperber & Wilson(1986)首先使用的,而对这一概念加以阐发并形成一种理论的则是 Mira Ariel(1985、1988、1990、1991、1994),因此,我们要弄清"可及性"这个概念,必须回到 Ariel 的文本中去。

Ariel 的可及性理论是从传统的"已知"(givenness)发展而来,因此她早期的"可及性"研究就直接冠名为"已知",她的博士论文题目就叫 *Givenness Marking*(1985),同年发表的另一篇文章也名为 *The Discourse Function of Given Information*。她正式使用 accessibility 这个概念是从 1988 年开始的,这一年她发表 *Referring and Accessibility*,首次在标题中放弃"已知"(givenness)这个术语,而采用"可及性"(accessibility)这个概念。我们没有看到 Ariel 给"可及性"(accessibility)下一个简单明了的定义,但是我们根据 Ariel(1988、1990)的阐述,可以明确提取出"可及性"的基本涵义。所谓"可及性"(accessibility),实际上就是听话人将所听到的有定名词或名词短语的所指与语境中存在的或者自己的知识储备中存在的某种具体对象联系起来的反应速度。传统的"已知"(givenness)或者"定指"(definiteness)概念都无法区分听话人接受有定名词短语时将其与特定所指对象联系起来的反应速度的差异,而"可及性"这个概念能够体现这种差异,Ariel 的研究目的就要找出话语中有定名词短语的在听话人一方的这种反应速度的差异及其形式标记。她特别强调语境的重要性,她把语境区分为三类(Ariel 1990、1991、1994):文本语境(context)、物理语境(physical environment)、百科语境(encyclopaedic knowledge)。在文本语境中,"先行词"(antecedent)的位置对于可及性起重要作用,先行词的距离越近,可及性程度越高,反之则越低,因而她把自己的这种主张叫做"文本地理观"(geographic view of context)(Ariel 1990:5)。可及性不仅仅跟语境有密切关系,跟不同类的有定名词或者有定名词短语也有直接关系,因为不同类的有定名词或名词短语对上述三种语境的依赖性、依赖程度以及相关性(relevance)、相关程度不尽相同。她通过对英语、希伯来语、汉语等多种语言有定名词短语语境相关性、依赖性的观察和分析,认为传统划入"已知"范畴的名词性成分实际上是一个可及性程度不等的连续统,这个连续统由低及高是:完整姓名+修饰语>完整姓名>长的有定描述名词短语>短的有定描述名词短语>姓氏>名字>远指代词+修饰语>近指代词+修饰语>远指代词(+NP)>近指代词(+NP)>重读代词+手势>重读代词>非重读代词>附着化代词>极高可及性标记(包括省略空位、反身称代和一致性标记等)。总之,综观 Ariel 在 1985 至 1994 年近十年间的主要研究成果,她的可及性理论都是在有定名词(或有定名词短语)也就是"已知"(givenness)范畴内展开的,从未提出过表达新信息的名词(或名词短语)也存在可及性问题。沈、完的"可及度"概念显然跟 Ariel 的"可及性"概念不同,他们认为不仅"已知"信息有可及度,未知信息(new)也有可及度。在这里我们不打算对沈、完的观点作出评判,只想说明一点:我们的研究是在 Ariel"可及性"理论框架下展开的,并非我们自己的杜撰或者歪曲。

2 关于"之"的性质和功能问题

拙文基本接受传统对"之 s"中"之"的性质的看法,认为这里的"之"跟定语标记"之"的性质是一样的,它们都来自指示代词"之",但是已经语法化为定语标记,只是这种语法化还不很彻底,还具有指示代词的一些印迹。沈、完文则认为"之 s"中的"之"仍是一个地道的指示代词。这个观点与我们的观点不完全冲突,但是,要把这里的"之"看做地道的指示代词,我们需要逾越一个很大的障碍:除了时代较早的《尚书》《诗经》里有"朕其弟"(《尚书·康诰》)"千斯仓""万斯箱"(《诗经·小雅·甫田》)之外,为什么在《左传》《论语》以下文献里根本见不到其他指示代词进入这个位置?如果这个障碍不能找到有力证据克服掉,那么把名词修饰语和中心语之间的"之"和"之 s"里的"之"看做地道的指示代词是无法令人信服的。语法化的规律之一就是择一性,择一性也往往作为语法化成熟的一个显著表现。他们采纳张敏(2003)的一个测试办法,得到的结论是古代汉语定语和中心语之间的"之"还是指示代词,而现代汉语定语和中心语之间的"的"是定语标记。但是张敏的测试办法是有问题的。因为现代汉语的定语标记"的"的早期形式是"底",其最初来源是方位词"底"(江蓝生 1999),而古代汉语定语标记"之"来自指示代词,这两种不同来源的定语标记在用法上出现差异,跟它们所从来的词的用法直接相关。方位词"底"是后置的,演化为定语标记也是后置的,即它是附着在定语之后的,所以有"鸡的、狗的、马的血";而指示代词"之"是前置的,演化为定语标记也是前置的,即它是附着在中心语之前的,所以不会有"鸡之、狗之、马之血"。反过来,在古代汉语里我们可以看到像下面这样的例子:

> 羊与牛唯异,羊有齿,牛无齿。而羊牛之非羊也,之非牛也,未可。是不俱有,而或类焉。(《公孙龙子·通变论》)

但在现代汉语里我们却看不到"羊牛的非羊、的非牛"这样的说法。显然我们不能因为现代汉语不能说"羊牛的非羊、的非牛"就说现代汉语的"的"不是定语标记;同样的道理我们也不能根据现代汉语有"鸡的、狗的、马的血"而古代汉语不能说"鸡之、狗之、马之血"就断定古代汉语"之"不是定语标记。

拙文认为"之 s"中的"之"不是一个单纯的定语标记,由于它来自指示代词,它还是一个"可及性"标记。根据 Ariel 的可及性等级标记序列,我们认为"之"标记指称性小句具有"较高可及性"(中度可及性)。沈、完文认为这里的"之"不是标记可及性,而是"提高指别度"。他们首先引入一个新的概念"指别度",并定义如下:

> 说话人觉得,他提供的指称词语指示听话人从头脑记忆中或周围环境中搜索、找出目标事物或事件的指示强度。指示强度高的指别度高,指示强度低的指别度低。(P5)

他们指出:

> "指别度"和"可及度"的联系是:指称目标对听话人来说可及度低,说话人所用指称词语的指别度应该高;指称目标对听话人来说可及度高,说话人所用指称词语的指别度可以低。要提高指称目标的可及度就要提高指称词语的指别度,提高了指称词语的指别度也就提高了指称目标的可及度。(P5)

在这个基础上,他们认为:"正如指示词'这'和手指起到提高指别度的作用,主谓结构加上'之'字也是起提高指别度的作用。"(P5)他们这样来看主谓结构中"之"字的作用与他们把"之"看做地道指示代词的看法是一贯的。

这里的关键问题是,提高可及度的预设是指称结构都是可及的,沈、完二位也正是这样表述的,"已知信息不一定可及度高,未知信息不一定可及度低"(P6)。看来他们是把"可及性"跟概念认知混同起来了。"可及性"跟概念认知实际上是两回事,"可及性"属于语用指称范畴,概念认知属于认知语义范畴。举个简单的例子:

我来了个同学。

"同学"这个名词的概念意义一般人都知道,但是在这个句子里,作为交际载体,"同学"所指的具体对象听话人是不知道的(至少说话人推测听话人不知道),所以这里的"同学"在指称上是不可及的,即听话人不能将这个指称形式跟特定的所指对象联系起来。

由于沈、完混同了可及性和意义理解,所以他们在分析"之 s"时有很多看法跟我们的认识不同,这里我们只提出一点来讨论。

照沈、完二位的观点,下面两个例子将得到跟事实和事理都完全相反的认识:

赤之适齐也,乘肥马,衣轻裘。(《论语·雍也》)
夫子至于是邦也,必闻其政。(《论语·学而》)

这两句都有一个表示时间的指称性小句,前一例的"赤之适齐也"是"之 s",后一例的"夫子至于是邦也"是非"之 s"。前一例指称的是一个既成事实,因为前文有交代——"子华使於齐"。后一例指称的是一个虚拟事件,表示的是"夫子到某一个国家的时候"。按照沈、完的说法,"赤之适齐也"因为可及度低,所以要加"之"提高可及度;"夫子至于是邦也"因为可及度高,所以不加"之"。其结果是:听话人知道的事实性事件比听话人不知道的虚拟事件的可及度低。这显然与事理完全相悖谬。为了说明问题,我们把上两例的全文抄录于下:

> 子华使於齐,冉子为其母请粟。子曰:"与之釜。"请益。曰:"与之庾。"冉子与之粟五秉。子曰:"赤之适齐也,乘肥马,衣轻裘。吾闻之也:君子周急不继富。"
>
> 子禽问於子贡曰:"夫子至於是邦也,必闻其政。求之与?抑与之与?"子贡曰:"夫子温、良、恭、俭、让以得之。夫子之求之也,其诸异乎人之求之与?"

根据两例的上下文,实际情况是,孔子跟冉有说"赤之适齐也"的时候,冉有早就知道公西华到齐国去了,因而是可及性事件。相反,子禽跟子贡说"夫子至于是邦也"的时候,上下文没有任何交代说夫子去了哪个国家或者去过哪个国家,子禽完全是虚拟一种情形用以引出下文,子贡完全不清楚夫子是否真的去了哪个国家,因此句子指称的是一个不可及的事件。

拙文指出让步从句中有两种情形:事实让步和虚拟让步,前一种让步从句如果连词"虽"出现在从句句首,则一般都使用"之 s",后一种让步从句如果连词"虽"出现在句首,主谓之间并不加"之"。如果按照沈、完的分析,得到的结果也是跟事理和事实相违背的:事实让步从句的可及度反而低,虚拟让步从句的可及度反而高。

3 关于一些语言现象的认识问题

拙文对周秦汉语"之 s"的隐现规律进行了调查分析,着重分析了"之 s"在宾语位置上的隐现规律。"之 s"主要充当感知动词、心理动词和比较动词的宾语,我们定量分析了感知动词"知""见""闻"带小句宾语的情况和心理动词"恐""惧""患""恶""愿"带小句宾语的情况,发现这两类动词带与不带"之 s"小句宾语不是随机的,呈现出某种规律性。在感知动词中,"知"最倾向于带"之 s"宾语而"闻"最不倾向于带"之 s"宾语,"见"所带小句宾语是"之 s"和非"之 s"两种情况大致均衡,呈现出随机性特点。我们从说话人的场景预设角度对这三个动词带"之 s"宾语的规律性进行了解释,认为"知"的场景预设倾向于确认说话人所知道的某种事实,而"闻"的场景预设倾向于报道一种新情况,"见"则介乎"知""闻"之间,既可以是确认说话人所见的某种事实,也可以是向听话人报道一种所见的新情况。对我们的这种解释沈、完提出不同看法。他们认为:"我知道的事情你不一定知道,'知'的宾语代表的事件可及度低,所以倾向于加'之',而我听说的事情你很可能也已听说,'闻'的宾语代表的事件可及度高,所以倾向于不加'之'。"(P6)

根据 Ariel 的可及性理论,已知信息是可及性信息,但存在可及性高低的差异;新信息是不可及信息,因而也无所谓可及性高低的问题。那我们就来看一看"知""闻"所带宾语的实际情形。"知"和"闻"在《左传》中都是高频动词,用例丰富,我们就以《左传》为对象对"知""闻"所带的宾语进行穷尽性考察。"知"共出现 280 例,其中带宾语的 222 例,不带宾语的 58 例。根据语境(上下文语境和百科语境),"知"所带宾语表达已知信息的 188 例,表达新信息的 34 例。表达已知信息的宾语情况如下表:

之 s	非之 s	之	一、二身代词	专名	"所"字结构	"其"字名词短语	名词	动词短语
46	1	43	6	2	6	9	59	16

其中非"之 s"小句宾语表达已知信息的例子是:

(华亥)使少司寇轻以归,曰:"子之齿长矣,不能事人,以三公子为质,必免。"公子既入,华轻将自门行,公遽见之,执其

手曰:"余知而无罪也。入,复而所。"(昭公20)

宋国大夫华定、华亥和向宁合谋反叛宋元公,导致宋国内乱,少司寇华䫸虽为华氏同族,但未参与反叛,所以华亥请他将扣押的宋元公的三个儿子送还给宋元公,他送去之后宋元公特意会见他,就是要告诉他,他没有参与反叛,没有罪过。华䫸没有罪,自己心里很清楚,宋元公跟他说"余知而无罪也",其中的"而无罪"并不表达新信息,而是交际双方的共享信息。宋元公之所以要这样说,按我们的说法就是一种确认,以表明自己分得清谁有罪谁无罪。此例之所以未用"之 s",应该与宾语小句的主语是第二人称代词"而"有关,第二人称代词的可及性等级高于源于指示代词的可及性标记"之"。

代词"之"充当"知"的宾语,全部为回指性称代,称代前文或物理语境中存在的事物。例如:

祭仲专,郑伯患之,使其婿雍纠杀之。将享诸郊,雍姬知之。(桓公15)

子犯以璧授公子,曰:"臣负羁绁,从君巡於天下。臣之罪甚多矣,臣犹知之,而况君乎?请由此亡。"(僖公24)

前例"之"回指前文"郑伯患之,使其婿雍纠杀之"。后例"之"回指前文"臣之罪多矣"。

第一、二人称代词和专有名词都是定指的,表达已知信息。在周秦汉语里专有名词如果要表达新信息,要加不定指被饰代词"者",如"齐人有冯谖者"(《战国策·齐策四》)。"所"字结构相当于一个普通名词短语,其本身不一定表达已知信息。"所"字结构充当"知"的宾语,如果是肯定句,则皆表示已知信息,如果是否定句或者反问句,则皆表示新信息。这里的6例全部是肯定

句。例如:

　　晋灵公不君:厚敛以彫墙,从台上弹人而观其辟丸也……三进及溜,而后视之,曰:"余知所过矣,将改之。"(宣公2)

　　吴子使其弟蹶由犒师,楚人执之,将以衅鼓。王使问焉,曰:"女卜来吉乎?"对曰:"吉。寡君闻君将治兵於敝邑,卜之以守龟,曰:'余亟使人犒师,请行以观王怒之疾徐而为之备,尚克知之?'龟兆告吉,曰:'克可知也。'君若欢焉好逆使臣,滋敝邑休息而忘其死,亡无日矣。今君奋焉震电冯怒,虐执使臣,将以衅鼓,则吴知所备矣。"(昭公5)

前例"所过"有"先行词"——"厚敛以彫墙,从台上弹人而观其辟丸也……",所以表达的是已知信息;后例"所备"有"先行词"——"使人犒师,请行以观王怒之疾徐而为之备……",因而"所备"表达的是可推知信息。

"其"字名词短语指带领属定语"其"的名词短语,这种短语以及后面的名词、动词短语都跟"所"字结构一样,根据语境才能判断出是否表达已知信息。值得指出的是,"知"带普通名词宾语大多数都是光杆名词,其中表示已知信息的多是表示当时礼仪制度的名词如"礼""命""义""政""罪"等,"知+名词"往往具有熟语性。这些名词所指称的事物都存在于交际双方的百科语境中,因而是可及的。"知"带表示已知信息的动词性短语做宾语,该动词性短语实际上相当于一个"之s",只是小句的主语没有出现而已。例如:

　　佚之狐言於郑伯曰:"国危矣!若使烛之武见秦君,师必退。"公从之。辞曰:"臣之壮也,犹不如人;今老矣,无能为也已。"公曰:"吾不能早用子,今急而求子,是寡人之过也。然郑

亡,子亦有不利焉。"许之。夜缒而出,见秦伯,曰:"秦、晋围郑,郑既知亡矣……"(僖公30)

晋师归,范文子後入。武子曰:"无为吾望尔也乎?"对曰:"师有功,国人喜以逆之,先入,必属耳目焉,是代帅受名也,故不敢。"武子曰:"吾知免矣。"(成公2)

前例"知亡"有先行词——"然郑亡",且据前文"秦、晋围郑"亦可推知,因为秦、晋是当时的超级大国,他们共同围郑,郑国灭亡是可推知的。后例"知免","免"有特定含义,即指免于刑戮。范武子看到自己的儿子如此谦恭让誉,就知道自己不会因为儿子犯错误而遭受刑戮了。"免"所表示的事件根据范文子的话即可推知,而且"知免"也是当时的一个成言。

在《左传》里,"知"的宾语表达新信息有很严格的条件限制:只有在否定句、反问句中才表达新信息。例如:

公曰:"寡人有子,未知其谁立焉。"(闵公2)

公曰:"君王何如?"对曰:"非小人之所得知也。"固问之,对曰:"其为大子也,师保奉之,以朝於婴齐,而夕於侧也,不知其他。"(成公9)

甲午晦,楚晨压晋军而陈。军吏患之,范匄趋进,曰:"塞井夷灶,陈於军中而疏行首。晋、楚唯天所授,何患焉?"文子执戈逐之,曰:"国之存亡,天也。童子何知焉!"(成公16)

献子曰:"若王室何?"对曰:"老夫其国家不能恤,敢及王室?抑人亦有言曰:'嫠不恤其纬,而忧宗周之陨,为将及焉。'今王室实蠢蠢焉,吾小国惧矣,然大国之忧也,吾侪何知焉?吾子其早图之。"(昭公24)

前两例为否定句,"知"的宾语分别是"其谁立焉"和"其他"。"其谁立焉"是小句宾语,其中疑问代词"谁"是小句动词"立"的宾语前置,疑问代词是表达新信息的,整个宾语小句也是表达新信息的;"其他"的"他"是旁指代词,旁指代词属于不定指,只能表达新信息。后两例为反问句,"何知焉"相当于现代北京话里的"知道什么呀",疑问代词"何"是"知"的宾语前置,疑问代词是表达新信息的。

还有一个非常有证明力的例子:

> 楚屈瑕伐罗,斗伯比送之还,谓其御曰:"莫敖必败。举趾高,心不固矣。"遂见楚子曰:"必济师。"楚子辞焉,入告夫人邓曼。邓曼曰:"大夫其非众之谓,其谓君抚小民以信,训诸司以德,而威莫敖以刑也。莫敖狃於蒲骚之役,将自用也,必小罗。君若不镇抚,其不设备乎?夫固谓君训众而好镇抚之,召诸司而劝之以令德,见莫敖而告诸天之不假易也。不然,夫岂不知楚师之尽行也?"楚子使赖人追之,不及。(桓公13)

例中"夫岂不知楚师之尽行也"是一个反问句,也是一个否定句。反问含有否定意义,否定之否定遂为肯定,"知"的宾语"楚师之尽行"是个"之 s",所表示的事件是斗伯比、楚子以及楚子夫人邓曼的共享信息,因而是已知信息。

"闻"的宾语与"知"的宾语有显著差异。"闻"的宾语并不像"知"的宾语那样有截然的分野:在肯定句中表达已知信息,在否定和反问句中表达新信息。"闻"的宾语在肯定句和否定句里都既可以表达已知信息也可以表达新信息。表达已知信息的例如:

> 遂寘姜氏于城颍,而誓之曰:"不及黄泉,无相见也!"既而悔之。颍考叔为颍谷封人,闻之,有献於公。(隐公1)

> 秦伯使辞焉,曰:"二三子何其戚也!寡人之从君而西也,亦晋之妖梦是践,岂敢以至?"晋大夫三拜稽首,曰:"君履后土

而戴皇天,皇天后土实闻君之言,群臣敢在下风?"(僖公 15)
前例"闻之"之"之"回指前文郑庄公对其母亲发誓而后又后悔的情况。后例"闻君之言"之"君之言"即指前文秦伯所说之言。

"闻"的宾语表达新信息的例如:

> 大叔完聚,缮甲兵,具卒乘,将袭郑,夫人将启之。公闻其期。(隐公 1)

> 介葛卢闻牛鸣,曰:"'是生三牺皆用之矣',其音云。"(僖公 29)

前例"闻其期"的"其期"指大叔袭郑的日期,但这个日期具体哪一天上文没有交代,因此表达的是新信息。后例"闻牛鸣"之"牛鸣"在语境中也是第一次出现,也是新信息。

下面这个例子中"闻"肯定与否定并存,肯定句"闻"的宾语表达新信息,而否定句"闻"的宾语表达已知信息:

> 及卫州吁立,将脩先君之怨於郑,而求宠於诸侯,以和其民。使告於宋曰:"君若伐郑以除君害,君为主,敝邑以赋与陈蔡从,则卫国之愿也。"宋人许之。於是陈蔡方睦於卫,故宋公、陈侯、蔡人、卫人伐郑,围其东门,五日而还。公问於众仲曰:"卫州吁其成乎!"对曰:"臣闻以德和民,不闻以乱。以乱,犹治丝而棼之也!"(隐公 4)

例中肯定句"闻"的宾语"以德和民"没有语境支持,表达的是新信息。否定句"闻"的宾语"以乱(和民)"主体部分"和民"承上省略了,因为上文出现了,因而是已知信息;保留的"以乱"有语境支持,即指前文"脩先君之怨於郑",因而也是已知信息。

我们说"知"的场景预设是确认某种已知信息,而"闻"的场景预设是报道新信息。这种差别在第一人称主语的句子中体现得最为充分。

"知"在第一人称主语句子中出现14次,所带宾语基本涵盖了前文所列的各种类型。无论是哪种类型的宾语,一律都表示已知信息。例如:

吴子问於伍员曰:"初而言伐楚,余知其可也,而恐其使余往也,又恶人之有余之功也。今余将自有之矣,伐楚何如?"(昭公30)

秋,郯子来朝,公与之宴。昭子问焉,曰:"少皞氏鸟名官。何故也?"郯子曰:"吾祖也,我知之。……"(昭公17)

初,申侯,申出也,有宠於楚文王。文王将死,与之璧,使行,曰:"唯我知女。……"(僖公7)

白公奔山而缢,其徒微之。生拘石乞而问白公之死焉。对曰:"余知其死所,而长者使余勿言。"(哀公16)

秦伯曰:"国谓君何?"对曰:"小人戚,谓之不免;君子恕,以为必归。小人曰:'我毒秦,秦岂归君?'君子曰:'我知罪矣,秦必归君。'"(僖公15)

宋合左师曰:"大国令,小国共。吾知共而已。"(昭公1)

"闻"在第一人称主语句子出现89次,其中带小句或者语段宾语87例,名词宾语两例。小句宾语或者语段宾语一律为非"之s",且都是说话人第一次引述一个事件或者一种说法,没有任何语境支持,因而一律表示新信息。具体又有以下几种情况:

(1)小句或者语段宾语直接接于"闻"之后。例如:

吾闻姬姓唐叔之後,其后衰者也,其将由晋公子乎!(僖公23)

其子曰胜,在吴,子西欲召之。叶公曰:"吾闻胜也诈而乱,无乃害乎?"子西曰:"吾闻胜也信而勇,不为不利。舍诸边竟,使卫藩焉。"叶公曰:"周仁之谓信,率义之谓勇。吾闻胜也好复言,而求死士。殆有私乎?复言,非信也;期死,非勇也。子必悔之。"(哀公 16)

　　叔詹谏曰:"臣闻天之所启,人弗及也。"(僖公 23)

　　侨闻为国非不能事大字小之难,无礼以定其位之患。(昭公 16)

(2)"闻"后有"之",这个"之"虽然仍是个称代性指代词,称代后面引述的内容,实际上它已经接近一个标补词(complementizer),类似于英语的宾语从句标补词 that,因而它不是一个可及性标记。例如:

　　吾闻之:文不犯顺。武不违敌。(僖公 33)

　　吾闻之:宋灾,於是乎知有天道。何故?(襄公 9)

　　臣闻之:俭,德之共也;侈,恶之大也。(庄公 24)

　　侨闻之:大适小,有五美:宥其罪戾,赦其过失,救其菑患,赏其德刑,教其不及。(襄公 28)

(3)"之"后有"曰"或"……曰"。例如:

　　吾闻之曰:"忠信,礼之器也;卑让,礼之宗也。"(昭公 2)

　　吾闻诸叔向曰:"好恶不愆,民知所适,事无不济。"(昭公 15)

　　吾闻前志有之曰:"敌惠敌怨,不在后嗣,忠之道也。"(文公 6)

"闻"的宾语是名词的两例如下:

　　陈书曰:"此行也,吾闻鼓而已,不闻金矣。"(哀公 11)

吴齐交战之前,齐国将士相励必死之志,所以陈书说了这样的话。

杜预注曰:"鼓以进军,金以退军。不闻金,言将死也。《传》言吴师强,齐人皆自知将败。"例中"鼓""金"皆无语境支持,均表示新信息。

比较第一人称句子中"知""闻"所带宾语,可谓判然有别。第一,最重要的一点是"知"的宾语一律表示已知信息,而"闻"的宾语一律表示新信息。第二,"知"的宾语在形式上很驳杂,各种类型的宾语都有,而"闻"的宾语绝大多数都是非"之 s"小句或者语段。第三,"知"有回指性代词"之"和人称代词宾语,"闻"没有这样的宾语,"闻"后出现的"之"均不是回指性称代。以 89∶14 的悬殊频率比例,"闻"没有一例带回指性代词"之"和人称代词宾语,这个事实就已经充分显示出"闻"和"知"所带宾语的信息类别差异。第四,"知"的宾语最长不过 4 个词,这是因为已知信息没有必要长篇大论,符合"不过量准则";"闻"的宾语除了两例名词宾语外,没有少于 5 个词的,长的可以是很长的一段话:

> 侨闻文公之为盟主也,宫室卑庳,无观台榭,以崇大诸侯之馆,馆如公寝;库厩缮修,司空以时平易道路,圬人以时塓馆宫室;诸侯宾至,甸设庭燎,仆人巡宫,车马有所,宾从有代,巾车脂辖,隶人牧圉,各瞻其事,百官之属,各展其物;公不留宾,而亦无废事,忧乐同之,事则巡之,教其不知,而恤其不足;宾至如归,无宁菑患,不畏寇盗,而亦不患燥湿。(襄公 31)

这是因为新信息要根据信息本身的量度给足,符合"足量准则"。

以上四种情况充分证明我们的分析是对的,"知"的场景预设在于确认所知道的事物或者事件,而"闻"的场景预设在于报道一种新的信息。[①]沈、完二位说"我知道的事情你不一定知道……而我听说的事情你很可能也已听说……",这个看法也许是有道理的,但是他们忽视了认知情况与交际行为的区别。我知道的事情之所以需要用"我知道……"的言语形式跟听话人说一遍,不是想告诉对方所不知道的事情,而是想向对方表明我已经知道了,因而是一种确认。我听说的事情之所以需要用"我听说……"这样的言语形式跟听话人说一遍,不是想向对方确认我听说了,而是预设对方可能没听说,所以需要告诉他。拙文已经指出古代汉语"知""闻"的这种区别在现代汉语的对应词"知道""听说"之间也存在,现代汉语口语通过焦点重音来显示这种区别。比较:

　　我知道他去美国了。
　　我听说他去美国了。

一般情况下,前例的句重音一定在"知道"上,而后例的句重音一定不在"听说"上。句重音体现焦点,说明前例的焦点在"知道"上,而后例的焦点不在"听说"上。焦点落在"知道"上就是为了强调"知道",也就是确认"(我)知道",而焦点不在"听说"上则显然不是想确认"(我)听说"。后例的焦点一般会落在"去美国"上,这显然是说话人预设听话人不知道"他去美国"这件事,是向他报道一个新信息。

　　沈、完还对拙文关于心理动词"恐""惧""患""恶""愿"带与不带"之 s"宾语的分析提出不同看法。他们认为:"由于人的'趋利避害'心理,希望发生的事情跟人的心理距离近,可及度高,倾向于不加'之',害怕发生的事情跟人的心理距离远,可及度低,倾向于加'之'。"(P6)问题还是出在对"可及性"概念的认识上。只有已知信息才有"可及性"(按他们的说法是"可及度"),新信息为不可及信息,因而不存在"可及性"问题。我们的调查结果显示,"恐""惧""患""恶"所带宾语是原因宾语,而"愿"带的是目的宾语。原因宾语所表示的一般是交际双方的共享信息,以"患"字为例,在《左传》里"患"除了带"之 s"宾语外,还带体词宾语和谓词性宾语,所带的体词宾语主要是如下两类:回指性代词"之"(28 例)和专有名词(7 例),回指性代词"之"回指前文出现的事件或者事物,专有名词为人名或者国名,都是表示已知信息。例如:

> 祭仲专,郑伯患之。(桓公 15)
> 宣子骤谏,公患之。(宣公 2)
> 宣子与诸大夫皆患穆嬴。(文公 7)
> 鲁人患阳虎矣。(定公 6)

其他体词宾语(1 例)和谓词性宾语(8 例)也都是表示已知信息的。例如:

> 卫侯欲叛晋,而患诸大夫。(定公 8)
> 刘子谓苌弘曰:"甘氏又往矣。"对曰:"何害?同德度义。《大誓》曰:'纣有亿兆夷人,亦有离德;余有乱臣十人,同心同德。'此周所以兴也。君其务德,无患无人。"(昭公 24)

前例"患诸大夫"之"诸大夫"即卫国之诸大夫,且下文有卫国大夫支持卫君叛晋之语,因而是可及性信息;后例"无患无人"之"无人"有前文语境支持,为可及性信息。

"愿"则与"患"形成鲜明对照。《左传》里"愿"带宾语共 28 例,其中 26 例为表达新信息的非"之 s"小句或者谓词性短语。例如:

> 我襄公未忘君之旧勋,而惧社稷之陨,是以有殽之师。犹愿赦罪于穆公,穆公弗听,而即楚谋我。(成公 13)
> 寡君使匄,以岁之不易,不虞之不戒,寡君愿与一二兄弟相见,以谋不协。(襄公 3)

辞曰:"夫和戎狄,国之福也;八年之中九合诸侯,诸侯无慝,君之灵也,二三子之劳也,臣何力之有焉?抑臣愿君安其乐而思其终也。"(襄公11)

楚子成章华之台,愿以诸侯落之。(昭公7)

寡君欲徼福於周公,愿乞灵於臧氏。(哀公24)

只有两例"愿"的宾语是表示已知信息的:

宣伯曰:"鲁以先子之故,将存吾宗,必召女。召女何如?"对曰:"愿之久矣。"(昭公4)

齐侯执阳虎,将东之。阳虎愿东,乃囚诸西鄙。(定公9)

前例"愿之"之"之"称代前文提到的"鲁召"之事,是已知信息,不过此例"愿之"实为句子的话题,并非句子的谓语部分。后例"愿东"之"东"名词用为动词,与前文"东之"之"东"用法同,所指同,因而是已知信息。

"患""愿"在《左传》里的使用情况说明,用"趋利避害"心理来解释"恐""惧""患""恶"与"愿"的差异显然是不确的,无论如何也不能认为回指性代词"之"和专有名词的可及性还低于表示新信息的小句或者谓词性短语。

最后一点,拙文对周秦文献(注意,仅限于周秦文献)里某些表示已知信息充当主语(话题)、宾语或者从句的小句不是"之s"而是非"之s"的现象从语言系统内部和系统外部两个角度提出了几种可能的解释,其中外部因素我们提到了文献流传过程中的失真,所举的例子是《论语·季氏》里的"禄之去公室五世矣,政逮於大夫四世矣,故夫三桓之子孙微矣"。这个例子中"政逮於大夫四世矣"与"禄之去公室五世矣"是并列关系,"政逮於大夫"与前面小句中的"禄之去公室"的句法功能相同,都是充当主语(话题),而且都是表述当时大家都知道的历史事实,是已知信息,但是"禄之去公室"是"之 s",而"政逮於大夫"却是非"之 s",我们认为一个很可能的原因是文献失真所致。沈、完对这个例子提出了另外的解释,他们的解释也许是有道理的,但是他们说"这种并列的例子不是少数几个而是大量的……难道都归因于文献失真?"(P3)这个说法既不符合事实,也不符合我们的分析。从事实角度说,在周秦文献里,像上面这样并列的例子一个使用"之 s"一个不使用"之 s"的情况是非常罕见,至少在我们调查统计的三部文献里这是仅见。他们说"上面列出的已经不少",我们检视他们所列的例子,其例(6)有"若事之捷"与"不捷"对举,他们认为"不捷"是"若事不捷"的省略,安知不是"若事之不捷"的省略?其例(12)"德之不修,学之不讲,闻义不能徙,不善不能改,是吾忧也"。其中"德之不修,学之不讲,闻义不能徙,不善不能改"确实是并列关系,但这四个句子的内部关系并不一致,"德之不修""学之不讲"是"之 s",其中"德""学"都是后面动词受事成分的话题化;而"闻义不能徙""不善不能改"则是紧缩复句,最起码"闻义"显然不是"徙"的受事成分话题化,因而不能看做句子的主语(话题)。其例(13)(14)所并列或对举的都是"之 s",其例(15)a/b 是《史记》的例子,既不在我们所论范围之内,也不能作为反驳我们的证据,因为前人早有充分论述,《史记》时代"之 s"已经大为衰微了。而且严格说来,其例(15)a/b 也不能算并列,虽然在同一篇中出现,却不是在同一语境当中,更不在上下句中。这样他们的"不少"实例实际上没有一个是真正的反例。从我们的分析角度说,我们更侧重从语言系统内部找原因,提出了四点语言系统内部因素,沈、完似乎将我们所谈的语言系统内部因素都忽略掉了。

附 注

① 张家骅(2009)对现代汉语"知道""认为"的研究也支持了我们的认识。他综合其他一些学者的相关研究,指出:"知道"是叙实谓词,语义中不仅包含(a)"认知状态主体在其意识中有命题 P",而且包含事实预设——(b)"对于言语行为主体(我),P 的所指在现实世界里是有的";他知道 P="他知道 P+我知道 P"……换言之,"知道"句向受话人通报的不是 P 本身,而是 P 在认知主体中有;P 本身则被作为语用预设处置,即被"我"看做在该交际情景中已给受话人的信息。(张家骅 2009:244—245)

参考文献

洪　波　2008　周秦汉语"之 s"的可及性及相关问题,《中国语文》第 4 期。

沈家煊、完　权　2009　也谈"之"字结构和"之"字的功能,《语言研究》第 2 期。

张家骅　2009　"知道"与"认为"句法差异的语义、语用解释,《当代语言学》第 3 期。

张　敏　2003　从类型学看上古汉语定语标记"之"语法化的来源,《语法化与语法研究》(一)。

Ariel, M. 1985 The discourse functions of given information. *The Oretical Linguistics* 12.2/3:99—113.

———1988 Referring and accessibility. *Journal of Linguistics* 24:65—87.

———1990 *Accessing Noun-Phrase Antecedents*. London & N.Y.: Routledge.

———1991 The function of accessibility in a theory grammar. *Journal of Pragmatics* 16:443—463.

———1994 Interpreting anaphoric expressions: A cognitive versus a pragmatic approach. *Journal of Linguistics* 30:3—42.

Sperber, D. and Wilson, D. 1986 *Relevance*. Oxford: Blackwell.

"在里面"的语法化

胡 勇

(北京语言大学人文学院)

0 引言

现代汉语口语中,短语"在里面"作为一个整体表现出了一些语法化的迹象。在中国传媒大学传媒语言文本语料库里可以看到这样的例子:

(1)那其实她的歌声其实是,在她的歌声里面可以听到她的一些阅历在里面。

(2)你比如像美国的芝麻街,其实里面有很多美国文化和道德在里面。

(3)这里面呢,必然性、偶然性有一个辩证法在里面。

这三个例句中都含有一个"VO 在里面"结构,其中"在里面"的使用特点是:句法上用在句末,既像是谓语中心的补语,又像是全句的一个语气词;语义上明显虚化,不再表达空间上的方位处所,不与"在外面"相对,不能成为疑问焦点,即使删除也不会改变句子的意思;语音上弱化,不能重读。可见,"在里面"已经初步语法化。

语法化通常和高频使用有高度的相关性。"在里面"语法化的句法条件是高频用于"VO在里面"结构。"VO在里面"是"VO在L(location)"的一个实例,在现代汉语中,"VO在L"结构的绝对使用频率不高。张赪(2001)把引进与动作有关的场所的介词短语"在L"和动词的宾语一般不能同时位于动词之后的现象看做一种词序规律,并认为这种词序规律在元明时期最终确立。张赪(1997)穷尽统计了老舍7部作品(包括1部小说和6部话剧)中的"在L"用例,结果在用于及物小句SVO的全部107个"在L"用例中,没有一例"VO在L",只有1例是"V在LO"。与此形成鲜明对照的是,中国传媒大学传媒语言文本语料库的全部682个"在里面"用例中有231个用于"VO在里面"结构。也就是说,"在里面"的绝对使用频率虽然也不高,但它却是所有"在L"实例中用于"VO在L"结构频率最高的。可以说,在该结构中的高频使用是"在里面"先于其他"在L"实例语法化的句法原因。

"在里面"的语法化是现代汉语中的一种新的语法现象,目前还主要在口语中使用,书面语的用例也在逐渐增加,值得学术界加以关注。本文旨在对"在里面"语法化的来龙去脉作全面分析。

1 "VO在里面"与"VO在L":共性与个性

1.1 宗丽(1999)考察了"VO在L"结构中的动词语,总结出了两条规律:第一,单音节动词语比双音节动词语更容易进入该结构;第二,动词语表示的动作越简单,力度越小,越倾向于静态,也越容易进入。传媒语言文本语料的231个"VO在里面"结构中,单音节动词语与双音节动词语之比为196∶35,符合第一点。动词语的种类和频次见表1。

表1　传媒语言文本语料 231 个"VO 在里面"结构中动词语的种类和频次

频次	1	2	3	4	6	8	178
动词语	看到、含有、取得、投入、补充、出于、接受、包括、洋溢、包含、承载、平摊、听到、讲、存在、给、形成、夹带、放、牵涉、需要、处于、听出来、提、放上、多	带有、隐藏、藏	加	有没有	没有	是	有

表1中动态性最强的动词语是"放、加、提、放上、夹带",不但使用频率极小,而且和真正的动态动词相比,它们的动态性明显偏弱,其中静态的"放"被崔希亮(1995)看做静态存在动词,而表1中出现 191 次的"有"类动词(包括"有、没有、有没有、带有、含有")更是典型的静态存在动词,因此也符合第二点。宗丽(1999)所提到的动词语以动态动词为主,其所划分出来的行为他动词的 7 个小类中,有 5 个小类的动词语(包括放置类、写画类、烧煮类、扔吐类、添加类)构成的"VO 在 L"结构可以转换为"把 OV 在 L",宗文没有提到典型的静态动词,如"有、是"等,而根据崔希亮(1995)的考察,静态动词不能构成"把"字句。可见,"VO 在里面"结构中动词语的静态性要明显高于"VO 在 L"结构中的动词语。

我们认为,动词动态性的强弱会影响对"VO 在 L"结构的性质的判定。当 V 为动态动词时,"VO 在 L"结构会被看做"动词+宾语+补语"式,其中做补语的"在 L"是介宾短语;当 V 为静态动词时,"VO 在 L"结构会被看做兼语式,其中做谓语的"在 L"是动宾短语。以往的研究多把"VO 在 L"结构中的"在 L"看做介宾短语(参看范继淹 1982;张赪 2001),正是因为"VO 在 L"结构中的 V 多由动态动词充当。而上文统计显示,"VO 在里面"结构中的

V绝大多数为静态动词,即其中的"在里面"多为动宾短语,这就意味着,语气词"在里面"的直接来源很可能是动宾短语"在里面"。

(4)替他们化妆的是团委和宣传部的几个干事,因都是业余水平,所谓化妆也只是抹点红色在他们面颊上,由于没打底色,那些保养得不好的中老年人的面孔上蓦地出现两小块红云,显得十分滑稽。(方方《行云流水》)

(5)一个小孩放几粒苞谷在头顶上,他的父亲拿着照相机在远处瞄准着,等鸽子飞来孩子的头上吃苞谷时,好按下快门。(阿城《威尼斯日记》)

例(4)(5)中的动词"抹""放"是动态动词。例(4)中的"抹点红色在他们面颊上"可以变换为"抹在他们面颊上(一)点红色",例(5)中的"放几粒苞谷在头顶上"可以变换为"放在头顶上几粒苞谷"。这说明,"VO在L"结构中做补语的介宾短语"在L"在语义上修饰谓语核心,在句法上也可以提前到谓语核心之后。与此形成鲜明对照的是,例(2)(3)中的动词"有"是静态动词,句中的"VO在里面"均不能变换成"V在里面O"。这说明,兼语式"VO在里面"中的第二谓语"在里面"在语义上不修饰第一谓语,在句法上也就不能提前到第一谓语核心之后。

"VO在里面"中的"在里面"若为介宾短语,则其语义上要修饰谓语核心,它要想逐步褪去表处所的实在意义,虚化为语气词,会受到谓语核心的很大限制。"VO在里面"若为兼语式,则动宾短语"在里面"语义上不修饰第一谓语,仅以O为外部论元,形成一种主谓关系。语言中主谓之间的联系要弱于动补之间的联系,也就是说第二谓语"在里面"若要语法化,它受其主语的约束比较小。而且,O在做第二谓语"在里面"的主语的同时,还是第一谓语核心的宾语,即使它失去第二谓语,它仍然具有由第一谓语动词赋予的题元身份,整个小句仍然成立。况且,VO之间的动宾关系的联系强度高于O和"在里面"之间的主谓关系的联系强度,这表明第二谓语"在里面"的语法化几乎不受什么限制。据此,我们坚定地认为,语气词"在里面"的直接来源是动宾短语"在里面"。

1.2 张赪(2001)指出现代汉语中,只有当宾语是名词且有数量结构修饰时,才有极少数"在L"可以位于"VO"之后,并且认为在元明时期的标准语里这一规律非常严格,但在某些方言里还不太严格。张文将《近代汉语语法资料汇编》(元明卷)看做元明时期的标准语语料,可惜其中只有6例"VO在L"结构,数量太少,作为证据分量稍显不足。《金瓶梅》中用例虽多,却被张文看做方言语料。我们认为,在《金瓶梅》作者的身份尚未确定的情况下,各种可能性都难以排除。因此,不妨把上面两种语料加合起来以反映元明时期语言的面貌。据张文的统计,上面两种语料中共有"VO在L"结构92例,其中45例的动词宾语是带有数量修饰语的名词,占49%。按此标准,231个"VO在里面"用例中,92例的动词宾语是带有数量修饰语的名词,占40%。与元明时期相比,减少了近10个百分点,这是否说明张文总结出来的规律在现代汉语中约束力减弱了呢?我们认为,"VO在L"结构中的宾语倾向于由受数量结构修饰的名词充当只是表层现象,其背后的语言学含义是,"VO在L"结构中的宾语倾向于由无定有指(indefinite specific)成分充当。当宾语为有定成分时,倾向于用"把/将OV在L"结构表达。上面两种元明时期的语料中共有127例"把/将OV在L",多于"VO在L"的92例。无定有指成分除了数量名结构以外,还包括其他一些形式。这样算来,231个"VO在里面"用例中,

150例的动词宾语由无定有指成分充当,占65%,较好地体现出了与"把/将OV在L"结构之间的语用分工。

1.3 "VO在L"结构中的"在L"语义上既可以前指施事,也可以后指受事。"VO在里面"中的"在里面"总是指向广义的受事宾语,表示滞留的场所(即受事宾语[-位移]的[原点])或动作的归结点(即受事宾语[+位移]的[终点])。

"在L"短语根据"L"中是否包含参照物可以分为两类。包含参照物的"在L"又可细分为两小类:"在+参照物"(如"在北京"),"在+参照物+方位词"(如"在家里")。不包含参照物的"在L"即为"在+方位词"(如"在里面")。包含参照物的"在L"不需要借助小句以外的他物作参照就可以确定其所指,对语境的依赖性弱,自足性强,能表达意义实在的处所。不包含参照物的"在L"需要借助上下文提供的,甚至语言之外的语境所提供的参照物才能确定所指,对语境的依赖性强,自足性弱,其本身只能表达方位,不能表达处所。两相比较,不包含参照物的"在L"由于表义不够实在,高度依赖语境,所以更容易发生语法化。

双音方位词"里面"自产生至今,其"在里面"用法的使用频率一直是"在+参照物+里面"的数倍,表达相同的意义人们多用"在+参照物+里",而非"在+参照物+里面",从而极大降低了后者的使用频率。"在里面"的相对高频使用必然会加强其对语境的依赖程度,不同的人依据相同的语境可能会得出对"在里面"不同的理解,这也会增加其语法化的可能性。

1.4 在迄今为止对"VO在L"结构的研究中,很少有关注其主语的。我们将宗丽(1999)文中编码了的全部29个合法"VO在L"用例的主语进行了分类,与传媒语言文本语料的231个"VO在里面"用例的主语情况进行比较。

表2　宗丽(1999)29个"VO在L"用例的主语分类

主语类别		数量	总计	
小句内有主语	主语指人	15	17	29
	主语指事物	2		
小句内无主语		12	12	

表3　传媒语言文本语料231个"VO在里面"用例的主语分类

主语类别		数量	总计	
小句内有主语	主语指人	39	145	231
	主语指事物	106		
小句内无主语		86	86	

表2、表3显示,"VO在L"和"VO在里面"两种结构中,小句内有主语和无主语的用例之比分别为1.4和1.7,大致相当。而主语指人和主语指事物的数量之比则恰好相反,在"VO在L"结构中,前者是后者的7.5倍,在"VO在里面"结构中,后者是前者的2.7倍。这和两种结构中动词的动态性情况相关,"VO在L"结构中动词的动态性稍强,多为人发出的行为动作,所以主语主要指人,"VO在里面"结构中静态动词占绝对多数,多描述物体与事态,所以主语主要指事物。

2 "VO在里面"结构的古今对比

方位词"里面"产生得较晚,初见于唐代,"在里面"则初见于北宋。在北京大学CCL语料库里的《朱子语类》中的前100个"在里面"用例中,有18例"VO在里面"结构,占18%;而传媒语言文本语料库的全部682个"在里面"用例中有231个"VO在里面"结构,占34%,其现代汉语中的相对使用频率是北宋时期的近两倍。

北宋语料中充当 V 的动词为:"有(9 例)、藏(2 例)、无、包、添、插、说、收合、安顿(以上各 1 例)"。"有"类动词(包括"有"和"无")10 例,占 56%;表 1 显示,现代汉语中的"有"类动词(包括"有、没有、有没有、带有、含有")出现 191 次,占 83%,远超北宋近 30 个百分点。北宋语料中宾语名词带数量修饰语的有 6 例,占 33%,现代汉语中占 40%,略有提高。

可见,"VO 在里面"结构于北宋时期即有用例,到了现代汉语其中的"在里面"才开始有了语法化的迹象,主要是和该结构相对使用频率的提高以及静态动词所占比例的提高这两个因素有关。这也符合高频使用容易引发语法化这个大的规律。

3 兼语式"VO 在里面"的生成机制

(6)我洒了一些葱花在汤里面。

(7)汤里面有一些葱花在里面。

现代汉语的"VO 在 L"结构中,动词以动态动词居多,如例(6)。当动词为静态动词时,如例(7),有一些情况是为了描述某个动作[如例(6)]所造成的结果状态的。

沈家煊(2006b)指出了一类叫做"噬同"的截搭口误,并认为其心理机制很可能就是生成兼语式的心理机制。例如:

(8)我买了一本旧书。旧书缺两页。→我买了一本旧书缺两页。

截搭型概念整合的基础是相邻,例(8)箭头前的两个小句各自表达了一个独立的意思,两句共有一个同类项"旧书",且这个同类项位于两个小句相邻的边界上,因而具备了"噬同"和截搭的基础。我

们认为,兼语式例(7)是糅合型概念整合的产物,其生成方式如下:

(9)汤里面有一些葱花。/有一些葱花在汤里面。→汤里面有一些葱花在里面。

糅合型整合的基础是相似,例(8)箭头前的两个小句表达的是相似的意思,二者之间是竞争待选的关系。在糅合造句的过程中,也存在合并同类项"有一些葱花"的现象,因而也是一种"噬同"。

可见,像"我买了一本旧书缺两页"这样的典型的兼语式是截搭型整合的产物,而"汤里面有一些葱花在里面"这样略显语义重复、句式杂糅(存现句和无定 NP 主语句杂糅)的不典型的兼语式则是靠糅合型整合生成。不同的兼语式在生成过程中都伴有"噬同"现象。

沈家煊(2006c)指出,概念的整合必须有概念的压缩。兼语式的形成总伴随有"噬同"现象,这是概念压缩造成的句法形式上的后果。概念整合的过程中还会有概念的隐退。兼语式"VO在里面"在使用过程中,第二谓语"在里面"逐渐隐退,从而衬托出对第一谓语的凸显。

沈家煊(2006c)认为,一个概念隐退,相应的表达形式发生相应隐退的方式主要有三种:1)由重读变轻读,2)由长大变短小,3)由自由变黏着。"在里面"正是由可以重读变为只能轻读,由动宾短语变为语气词,由可独立使用变为只能黏附于整个小句,完全符合概念隐退的典型特征。

4 "在里面"的语法化

4.1 叠加

(10)我们所有受到资助的同学,都有一种苦干,一种很实在的精神在里面。

（11）但是我们可以看到，在我身后就是一些比较靠近海边的地方，这些饭店并没有停止营业，里面也有一些做生意的老板和员工在里面，而他们采取了一些比较简易的措施，来预防台风。

（12）它的字体，有一种力量，一种气魄，然后有一种文化在里面，当时看着就特喜欢，就买回来了。

（13）业主叶如俊：既然你说2/3已经同意炒了，很简单了，你就把2/3的名单公布出来，有什么不可能，你既然不敢公布，就是这里面你有难言之隐，你觉得有不可告人的东西在里面。

（14）到现在我们还不知道，但是我相信里面也会还有一些科技含量在里面。另外一定会给大家一个惊喜，这个惊喜只能在期待中，也有保密的色彩在里面，这方面的期待就是跟我们国家现在经济建设的大局是完全顺应的。

表1显示，传媒语言文本语料231个"VO在里面"结构中，动词为"有"的为178个，占77％。这些"有O在里面"所在小句的主语究竟指人还是指事物，有着这样一种规律：当O为具体的人或物时，如例（11）中的"一些做生意的老板和员工"，其主语倾向于由事物当中的一种特殊成员——处所来充当，如此例中的"里面"，从而使该小句成为存现句；当O为抽象事物时，其主语则既可能指人，如例（10）中的"我们所有受到资助的同学"，也可能指事物，如例（12）中的"它的字体"。

例（13）中的O是抽象事物"不可告人的东西"，"有O在里面"所在小句的主语没有出现，若补上一个，则既可以是事物"这件事",也可以是抽象的处所"这件事里面",从而整个小句成为"你觉得这件事(里面)有不可告人的东西在里面"。

例(14)中的两个 O 都是抽象事物,前一个"有 O 在里面"所在小句的主语是处所"里面",后一个"有 O 在里面"所在小句的主语没有出现,若补上一个,则既可以是事物"这个惊喜",也可以是抽象的处所"这个惊喜里面"。

上面的例句分析说明,"有 O 在里面"最自然的主语是处所,整个小句表达"某处(具体处所或抽象处所)有某人/物/性质在里面"的存在意义。即使小句中实际出现的主语是人或处所以外的事物,它们多数情况下也可以理解为转指人或事物所在的处所。

以处所为主语,表示存在的句子为存现句。"VO 在里面"结构句首的处所和句尾的处所形成了叠加,(参看刘丹青 2001)读起来拗口,语义略显重复,句法上又有杂糅的嫌疑,强烈要求解决之道。这种语言自身生发出来的变革的需求可以看做是语法化的动因。"在里面"处于句尾,在句法位置上没有句首重要,表义上又是对句首处所意义的重复,因而在竞争中隐退,丧失了实在意义,从短语凝固成词,形式缩小,读音轻化,从而一举解决了语音、语义、语法上的问题,达到了新的和谐。

至于"在里面"这个语气词所表示的语气,当和赵元任(1926)所说的北京话的"呐(哩)"相似,为"申明有"。赵文所举例句如下:

(15)有三十万呐,阔得很呐。

(16)听说还有个姓张的呐。

这两例中分别包含一个"VO 呐"结构,其中的动词又都是表示存在的"有","呐"的句法语义环境和"VO 在里面"中的"在里面"极像。我们认为,"申明有"就是对存在的肯定语气,表达了说话人对命题的主观态度,是一种主观化。和不用语气词"在里面"的存现句相比,句尾用了语气词"在里面",能够标记小句的完成和结束,并为听话人争取一些解码的时间,体现出了说话人对听话人"自我"的关照,因而具备交互主观性。

4.2 更新

从汉语史上看,具有"在里面"语义的"焉"和"在里"都曾经演变出了像现代汉语中的"在里面"一样的句末语气词用法。(参看太田辰夫 1958;吕叔湘 1941;江蓝生 1986)例如:

(17)三人行,必有我师<u>焉</u>。(《论语·述而》)

(18)且如一草一木,向阳处便生,向阴处便憔悴,他有个好恶<u>在里</u>。(《朱子语类》卷四)

这种"实义同,其虚化义亦同"的现象,叫"平行虚化"。(参看洪波 2000)"焉""在里"和"在里面"三者之间还存在着以新代旧起同样的语法作用的现象,这被称为语法化中的更新。(参看刘丹青 2001)

4.3 强化

语法化中的强化指在已有的虚词虚语素上再加上同类或相关的虚化要素,使原有虚化单位的句法语义作用得到加强。强化是抵消语法化损耗的有用机制。(参看刘丹青 2001)

黄晓雪(2007)指出,位于句末的助词"在"有四种语法意义:A.对事态出现某种变化加以确认;B.表静态持续;C.表动作进行;D.表确信或申明语气。并认为 D 类"在"由位于句末的存在义动词"在"语法化而来。可见现代汉语的"在"是个高度语法化的助词,语法功能多样。因此,当说话人真想强调"确信或申明语气"

时,会觉得"在"的意义太宽泛,所以会选用"在里面"这样在"在"的基础上增加词汇性成分组成的复合语气词。类似于英语中用 on top of 对 on 所进行的强化。例如:

(19) a. Peter is standing on the table.(彼得站在桌子上)
  b. Peter is standing on top of the table.(彼得站在桌子的上面)

这种类型的强化叫做具体强化,即用更加具体的词项来强化较抽象的、语法化程度更高的单位。

5　结语

兼语式"VO 在里面"的生成机制是糅合型概念整合。整合过程中作为第二谓语的"在里面"隐退,从而解决了读起来拗口、语义略显重复、句法上又有杂糅嫌疑的问题,达到了新的和谐状态。

"在里面"语法化的起点是动宾短语,终点是起"申明有"作用的语气词。"在里面"的语法化过程中伴随着叠加、更新和强化现象。"在里面"还经历了主观化和交互主观化。

参考文献

崔希亮　1995　"把"字句的若干句法语义问题,《世界汉语教学》第 3 期。
范继淹　1982　论介词短语"在＋处所",《语言研究》第 1 期。
高增霞　2005　处所动词、处所介词和未完成体标记——体标记"在"和"着"语法化的类型学研究,《中国社会科学院研究生院学报》第 4 期。
洪　波　2000　论平行虚化,《汉语史研究集刊》第二辑,巴蜀书社。
荒木典子　2007　《金瓶梅词话》"VO 在 L"形式的结构考察,见王建华、张涌泉主编《汉语语言学探索》,浙江大学出版社。

黄晓雪 2007 说句末助词"在",《方言》第 3 期。
江蓝生 1986 疑问语气词"呢"的来源,《语文研究》第 2 期。
李亚非 2009 汉语方位词的词性及其理论意义,《中国语文》第 2 期。
刘丹青 2001 语法化中的更新、强化与叠加,《语言研究》第 2 期。
吕叔湘 1941 释《景德传灯录》中在、著二助词,见《汉语语法论文集》,商务印书馆,1984。
罗自群 1999 现代汉语方言"VP＋(O)＋在里/在/哩"格式的比较研究,《语言研究》第 2 期。
沈家煊 1992 口误类例,《中国语文》第 4 期。
—— 1999 转指和转喻,《当代语言学》第 1 期。
—— 2006a "王冕死了父亲"的生成方式——兼说汉语"糅合"造句,《中国语文》第 4 期。
—— 2006b "糅合"和"截搭",《世界汉语教学》第 4 期。
—— 2006c 《语法与认知:概念整合与浮现意义》,复旦大学"望道论坛"报告。
孙锡信 1999 《近代汉语语气词:汉语语气词的历史考察》,语文出版社。
太田辰夫 1958 《中国语历史文法》,蒋绍愚、徐昌华译,北京大学出版社,2003。
汪国胜 1999 湖北方言的"在"和"在里",《方言》第 2 期。
汪维辉 1999 方位词"里"考源,《古汉语研究》第 2 期。
王灿龙 2008 试论"在"字方所短语的句法分布,《世界汉语教学》第 1 期。
俞咏梅 1999 论"在＋处所"的语义功能和语序制约原则,《中国语文》第 1 期。
张　赪 1997 论决定"在 L＋VP"或"VP＋在 L"的因素,《语言教学与研究》第 2 期。
—— 2001 现代汉语介词词组"在 L"与动词宾语的词序规律的形成,《中国语文》第 2 期。
—— 2002 《汉语介词词组词序的历史演变》,北京语言文化大学出版社。
张国宪 2009 "在＋处所"构式的动词标量取值及其意义浮现,《中国语文》第 4 期。
赵元任 1926 北京,苏州,常州语助词的研究,《清华学报》第 2 期。
宗　丽 1999 "VO 在 L"格式中的动词语,《华中师范大学学报》(人文社会科学版)第 5 期。
Traugott, Elizabeth C. 1995 Subjectification in grammaticalization. In Dieter Stein and Susan Wright (eds) *Subjectivity and Subjectivisation*. Cambridge: Cambridge University Press. 31—54.

时间副词"正在"的形成再探*

雷冬平　胡丽珍

（湘潭大学文学与新闻学院）

1　引言

学界对时间副词"正在"的研究颇多,但对其形成过程研究并不多,概括起来可分为两派：一派持脱落说,另一派主合成说。

脱落说中认为是脱落处所宾语的有萧斧(1955),他认为"正在"来源于"正在＋NL＋VP"中介词"在"后处所宾语的虚化脱落；认为是脱落时间词的有：伊原大策(1986)认为"正在"来源于"正在＋VP＋之间/之时"中"之间/之时"的脱落,付义琴、赵家栋(2007)通过明清小说中的用例调查认为时间副词"正在"的形成更可能源于"正＋在＋VP＋之时"结构脱落了"之时"的结果；还有认

---

* 本文研究得到湖南省哲学社会科学基金项目(08YBB073)、湖南省教育厅资助科研项目（08C853）以及教育部人文社会科学重点研究基地基金资助项目(06JJD740014)的资助。本文初稿《时间副词"正在"的形成及其相关问题》曾在第五届汉语语法化问题国际学术讨论会(上海师范大学,2009 年 8 月)上宣读,会前承张谊生、李宗江、董秀芳等先生提出过宝贵修改意见,会中讨论又承杨永龙、宗守云等先生提出了建设性修改意见,在此一并表达谢意！失误之处由作者本人负责。

为两种脱落都有可能的有仇志群(1991)和张亚军(2002a、2002b)。

脱落说需要解决的问题是脱落的动因,处所脱落说存在的问题正如付义琴、赵家栋(2007:237)对张亚军第一条形成途径质疑时所说:"'在+宾'结构一般是语义焦点,不易脱落,且处所介词包括'在'的宾语一般是不能省略的。"而"之时/之间"脱落的动因在伊原文、仇文以及张文中均未说明。付文虽然给出了动因,认为"正在"的形成是受"正+VP+之时"脱落"之时"类推的结果,但其说值得商榷,因为在付文用例中,"正+VP"结构(南北朝)比"正+VP+之时"结构(明代)出现得更早,故推导的顺序不正确,且"正"在"之时"脱落前后性质没有发生变化,故副词"正"的形成不是"正+VP+之时"结构脱落了"之时"的结果,因而就不能用来类推"正在"的形成。另外,"正在+VP+之时"结构在背景句中比"正在+VP"结构在表示时点的作用上更突出、更明确,这也是"之时/之间"脱落说不能很好解决的问题。

合成说以何瑛为代表[①]。何瑛(2007:25)认为"时间副词'正在'是'正'和'在'直接叠加使用的结果"。"'正'的时间副词用法在魏晋南北朝时期已经发展成熟,而'在'作时间副词的用法也萌芽于魏晋时期,'正'与'在 VP'连用就像副词'尚'、'还'等与'VP'连用一样是很正常的。"合成说需要解决的问题是判定标准的问题。如果是"正"与"在"二词的"直接叠加",那么是词汇层面的问题;如果是"'正'与'在 VP'连用",然后再形成"正在"的话,那么涉及语法层面的问题,则需要解释从"[正[在 VP]]"切分到"[正在[VP]]"切分这个重新分析过程的动因及其判定标准。因此,合成说还有一些关键问题需要解决。

那么,时间副词"正在"究竟是怎么形成的呢? 我们赞成脱落说,认为是在"正+在+这里/那里+VP"的结构中形成的。过程是:第一步,在"在+这里/那里+VP"结构中,当 V 是表示心理等动作性不强的动词时,"在这里/那里"虚化为进行体标记;第二步,表示时点的时间副词"正"与进行体标记"在这里/那里"强化连用,由于韵律的作用,"正+在这里/那里"重新分析成"正在+这里/那里";第三步,已经虚化的"这里/那里"成为羡余成分而脱落,新的时间副词"正在"才产生。

2 近代汉语中的进行体标记"在这里/那里"

在近代汉语中,"在这里/那里"可以作为进行体标记位于动词(包括心理动词)之前,构成"在这里/那里+VP"结构表示动作正在进行。该功能始见于宋代,相当于现代汉语中的时间副词"在、正在"。先看"在这里"用例:

(1)自有天地,便只是这物事在这里流转,一日便有一日之运,一月便有一月之运,一岁便有一岁之运。(《朱子语类》卷一百一十六)

(2)宋江道:"小可寻思,有三个安身之处……。那三处在这里踌躇未定,不知投何处去好?"(《水浒传》第二十二回)

(3)熊汉江道:"正是不死不活,在这里淘气。医人再没个医得,只自听天罢了。"(《型世言》第三十八回)

以上三例中,"在这里"已经不再表示地点状语。如例(1)中"流转"的主语是"这事物",也就是指"天地",是无生命的事物,原句即为"天地在这里流转","在这里"因为无所指而虚化;例(2)从句法上看,主语是"那三处",从语义上看是省略了言说主语宋江,但"在这里"无论是从表层句法还是从深层语义关系分析都是虚指的,因而其语义已经虚化,在句中只表达动作"踌躇"正在发生或者呈现;例(3)的主语是熊汉江的女儿文姬,被蒋日休的仙草致病,无人医得,正不死不活,正让人淘气(怄气之义),"在这里"无实指地点,只能看成是表示动作进行的标记。

再看"在那里"用例:

(4)而今说天有个人在那里批判罪恶,固不可;说道全无主之者,又不可。(《朱子语类》卷一)

(5)行者笑道:"他在那里编谎哩,就待来也。"(《西游记》第三十二回)

(6)陆婆依旧回到家中,恰好陆五汉要杀一口猪,因副手出去了,在那里焦躁。(《醒世恒言》卷一六)

"那里"是表示"较远处所"的远指代词。与"在"结合一起放在动词前面做状语,表示动作发生在离说话者较远的地方。但是例(4)已无处所可指,故"在那里"已不能理解为地点状语,而只能理解为表示动作的进行;例(5)中的"在那里"已无远指处所,因而处所义受到抑制而只表示时间义,并与后一分句的将来时间相互照应。例(6)中"焦躁"是个心理动词,其发生地自然是心里,当其前的"在那里"无法确指主语的具体地点时,它只能理解为动作的进行体标记,义同"在"或者"正在"。

表处所的"在这里/那里"介宾短语何以能语法化成进行体标记呢?

第一,从认知的角度来看,一个动作在某地发生,一般来说,如果没有特别的时间说明,都认为是动作正在某地发生。如问:你在干什么?答:我在教室上课。那么上课应该是现在正在进行。方

言中同样存在这种情况,刘纶鑫(2001:297)曾指出"在+处所宾语+V"结构仍然有"正在某处+V"的意思。例如:

(7)渠在教室里写字。他正在教室里写字。

而"在+这里/那里+VP"结构,因为其中表示处所的不是具体名词,而是更为抽象的指代名词"这里/那里",故而就更容易表示"正在+VP"的意思。吕叔湘先生(1980:574)指出"'在那里、在这里'等的处所意义有时很不明显,主要表示'正在进行'"。如:

(8)人身上时时刻刻在那里消耗水。

(9)我在这里想明天的工作安排。

第二,介宾短语"在这里/那里"语法化成进行体标记还受到"在这里/那里"表持续体标记用法的同步语法化影响。在近代汉语中,"在这里/那里"同样可以放在动词之后,构成"VP+在这里/那里"结构表示动作状态的持续,这种功能同样始见于宋代。"在这里"之用例如:

(10)明是万物收敛醒定在这里,通是万物初发达,公是万物齐盛,溥是秋来万物溥遍成遂,各自分去,所谓"各正性命"。(《朱子语类》卷九十四)

(11)我不去,我有些破腹,你替我一替。你不替,我就作践在这里。(无名氏《朱砂担滴水浮沤记》第一折)

(12)定哥叹口气道:"你去得这几日,我惹下一桩事在这里,要和你商议,故此叫你来。及至你到我跟前,我又说不出了。"(《醒世恒言》卷二三)

"在那里"之用例如:

(13)如市,便不放教人四散去买卖;他只立得一市在那里,要买物事,便入那市中去。(《朱子语类》卷八十六)

(14)可悲可耻,妇人家直恁的无仁义,多淫奔,少志气;亏杀前人<u>在那里</u>,更休说本性难移。(《窦娥冤》第二折)

(15)讨这花枝般的女儿,自家也得精神对付他,终不然担误他<u>在那里</u>,有名无实。(《喻世明言》卷十)

进行体和持续体是两种意义相通的时间范畴。因为进行体的表现是动作正在进行,但是参照一定的时间,这种进行也是一种持续。因此,同一个词既用来表示进行体标记,又用来表示持续体标记的话,那么它们的形成应该是同步的,所不同的是采取附着在动词的不同位置来区别动作的进行和持续。

"在这里/那里"表进行体和持续体的同步语法化在方言中亦有很多体现。例如孙叶林(2008:56、58)指出的湖南邵东方言中的"在咯里/那里+V",丁雪欢(2007:54—55)指出的湖南沅江话中的"在咯里/哦里+V",夏俐萍(2007:109)指出的湖南益阳方言中的"在咯里/哦里",邱震强(1994:34)指出的湖南宁乡方言里的"在个里/那里"等均能位于动词前表示进行和用于动词后表示持续的两个语法范畴。

除了湖南方言,其他方言同样存在这样的情况,李小凡(1998:202)曾指出在苏州话中由表示存在意义的动词虚化而来的"勒海"就既可以表示进行也可以表示持续;彭小川(2003:47)指出广州话中由表处所的介词短语虚化而来的"嚟处$_{在这/那儿}$",失去表示处所的功能,也可以表示动作的进行和持续;张亚军(2002b:264)也曾指出"上海话中用'拉V'表达进行,而用'V拉'表示持续与存续"。他还列表指出杭州话、泉州话、福州话、温州话、苏州话、金华话、绍兴话都是利用相同的语法成分分别通过附着在动词的前后而表达动作的进行和持续。这些语法成分都是与汉语表示处所的介词短语"在……"相对应的不同的方言表达形式。

方言中存在大量这种用表示处所的短语表示动作的进行和持续是近代汉语"在这里/那里"表示动作进行和持续这种语言现象的有力佐证。这种语法化过程是典型的从空间域向时间域映射的过程,同时也符合戴浩一(1988:10)提出来的"时间顺序原则"(PTS):"两个句法单位的相对次序决定于它们所表示的概念领域里的状态的时间顺序。"戴文(1988:14)谈到了我们所关心的介词"在"带处所状语的位置,认为"总诀是:它出现在动词之前表示事情发生的地点,它出现在动词之后表示事情过后参与者所处的位置"。戴文(1988:15)举例说:"小猴子在马背上跳。""在马背上"的状态先于动作的开始;"小猴子跳在马背上",动作的状态显然先于位置的状态。这两个句子和我们所说的"在这里/那里＋VP"及"VP＋在这里/那里"一样,都是遵循"时间顺序原则"的。正是在PTS的作用下,"在这里/那里＋VP"和"VP＋在这里/那里"发生不同方向的语法化。"在这里/那里＋VP"表示"在某种状态下(这里/那里)发生动作 V"之义,这种意义很容易引申为"正在发生某种动作 V",因而容易语法化成进行体标记;而"VP＋在这里/那里"结构表达的是"动作发生后保持在某种状态下(这里/那里)"之义,此义易理解为"动作发生后一直保持这种状态",因而容易语法化成持续体标记。

3 "正在"形成过程中的强化与重新分析

刘丹青(2001:73):"语法化中的强化(reinforcement)指在已有的虚词虚语素上再加上同类或相关的虚化要素,使原有虚化单位的句法语义作用得到加强。"近代汉语中,为了突出动作发生的"正在"意义,常在"在这里/那里"表示动作进行的基础上,再在前面加上时间副词"正"来加强动作进行的时点。这样,两个同类时间范畴形成连用的强化格式,这种格式始见于元代。如:

(16)我<u>正在</u>此想念。张千,我元和孩儿好么?(元石君宝《李亚仙花酒曲江池》第二折)

(17)(正旦云)谁这般道来?(院公云)观今<u>正在</u>那里要拆毁哩。(正旦云)上面见有先皇的御书,他怎敢拆毁?此人好是大胆也呵!(元无名氏《谢金吾诈拆清风府》第一折)

以上二例中"在这里/那里"已无实指处所,因此,是时间副词"正"与进行体标记"在这里/那里"的连用,是语用连用强化格式。这种连用强化结构存在着不稳定性。由于"这里/那里"不再表示处所,加之韵律的强制使得"正"与"在"形成一个音步,"[正][在这里/那里]"重新分析成"[正在][这里/那里]","这里/那里"因为虚指而语义不断弱化,直至在句法成分上形成羡余而脱落,"正"与"在"最终凝固成词。副词"正在"在元代就能见到不少用例。如:

(18)<u>正在</u>推算,忽太宗到来,唬得袁天纲疾忙起来,起居圣驾。(《梁史平话》卷上)

(19)燕守志<u>正在</u>烦恼,朱温向燕孔目道:……(评话,23)②

(20)太后诤道:"不曾来,闻赵王在长信宫带酒未醒,<u>正在</u>睡哩。"(《前汉书平话》卷中)

(21)小生<u>正在</u>攻书,忽听母亲呼唤。(元郑光祖《醉思乡王粲登楼》楔子)③

(22)我方才<u>正在</u>寻思一计,要害孙二,谁想院君走来听见了。(元徐㬚《杨德贤妇杀狗劝夫》第二十四出)

从强化结构到重新分析并脱落"这里/那里"的语法化过程并不是一蹴而就的。这个过程从元代开始,一直延续到明清时期。因此,我们认为时间副词"正在"形成于元代,④发展于明清。故而在明清文献中,还可以看到大量强化格式和脱落更新产生的"正在"并存的现象。如:

(23)a. <u>正在这里狐疑</u>,怎知今日你又来说这话,又将宝贝拿出。(《西游记》第三十八回)

b. <u>正在狐疑</u>,恰有哨马报道:"康将军得胜,由东路回来了。"(《英烈传》第五十八回)

(24)a. <u>正在这里恼你</u>,你却怎么又来寻我?(《西游记》第六十回)

b. 我<u>正在恼你</u>,你今来贺怎么喜?(《醒世恒言》卷二十三)

(25)a. 宝玉<u>正在这里伤心</u>,忽听背后一个人接言道。(《红楼梦》第一百一十三回)

b. <u>正在伤心</u>,鬼头儿又长啸一声,那段黑烟就地一晃,转出人形。(《红楼复梦》第三回)

(26)a. 是日贝氏<u>正在那里思想</u>……,恰好触在气头上,乃道:"老大一个汉子,没处寻饭吃,靠着女人过日……"(《醒世恒言》卷三十)

b. <u>正在胡思乱想</u>,把肠子搅得七横八竖,疑惑不定,只见众人忙摆香案。(同上)

(27)a. 我<u>正在那里诧异</u>,又上来了那么个水蛇腰的小旦。(《儿女英雄传》第三十二回)

b. 他<u>正在诧异</u>,窗外又起了一阵风。(同上,第三十

五回)

(28)a.<u>正在那里纳闷</u>,忽听得一个人提着我的名字叫我。(《二十年目睹之怪现状》第三回)

b.<u>蒋爷正在纳闷</u>,只见李平山从跳板过来,扬着脸儿。(《七侠五义》第九十四回)

以上六例中,"狐疑""恼""伤心""思想""胡思乱想""诧异"和"纳闷"皆为心理动词。前文说"在这里/那里"在心理动词前容易语法化,因为心理动词所表示的动作发生的处所总是心里/心中,因而其前的状语"在这里/那里"在语义上更多的是指向前面的主语,当主语所处位置不明或者说话者有意突出时间义而抑制空间义时,"在这里/那里"就只表示动作的正在进行了。以上例中,a式与b式所表达的语义是一致的,皆表示动作正在进行,不同的是a式为强化格式,b式为脱落虚指地点状语后产生的"正在"格式。如果"在这里/那里"后的动词不是心理动词,而是一般的言说动词或者行为动词,但根据上下文仍无法看出"这里/那里"的地点所指,那么,这种语境中的"在这里/那里"同样容易脱落"这里/那里"从而触发"正"与"在"的融合而形成副词"正在"。如:

(29)a.<u>正在这里计议</u>,若依韩大哥所言,只落得眼饱肚饥,空成画饼。(《禅真逸史》第四回)

b.田虎大惊,与众多将佐,<u>正在计议</u>,忽报裹垣守城偏将叶清,赍领国舅书札到来。(《水浒传》第九十八回)

(30)a.我<u>正在这里劝解</u>,恰好二爷来的很巧,替我们劝劝。(《红楼梦》第六十七回)

b.有几个伙友<u>正在劝解</u>,见和尚进来,众人说:"得了……"(《济公全传》第十一回)

(31)a.正在那里凑钱。杨志见了,喝道:"你们又做甚么?"(《水浒传》第十六回)

b.徐信正在数钱,猛听得有妇女悲泣之声。(《警世通言》卷十二)

以上例子所体现的两种结构并存的语言现象能够充分说明 b 式是从 a 式演变而来的。我们还可以进一步看两组特别容易说明问题的例子,如:

(32)a.这少爷正在那里心里为难,听十三妹如此一问,他赶紧站起,连连的摆手说:"姑娘,这事断断不可。"(《儿女英雄传》第九回)

b.来到之时,启帘进去一看,展爷正在那里为难。丁二爷躺倒在地,受了蒙汗药酒。(《小五义》第九十一回)

c.老爷正在为难,将将船顶码头,不想恰好这位凑趣儿的舅太太接出来了。(《儿女英雄传》第二十三回)

(33)a.安公子正在那里心中盘算,想着:"十三妹此去……如何是好?"(同上,第十一回)

b.正在那里盘算着,只见华忠依然空着两手回来。(同上,第十四回)

c.芬臣应了两个"是"字,退了出去,便给信与苟才。此时正在盘算那三千头,可以稳到手了。(《二十年目睹之怪现状》第八十八回)

此两组例子 a 句中的"心里/心中",从语义上理解都是心理动词"为难/盘算"发生的地点,那么"在那里"很明显就虚化成了进行体标记。作为心理动词,"为难/盘算"不言而喻是在心里发生的,因此,"心里/心中"在句中可有可无,在语义和句法上均是羡余的。

故而a式在文献中的用例很少见，而更多的是b式，前文的诸多强化格式皆为b式。而b式脱落"那里"就成为c式，脱落的原因是因为"那里"无确指处所，已经虚化，不再表义，当其前的"在"由于韵律的作用而与"正"重新分析在一起后，"那里"同样成为羡余成分，在语言经济原则的促动下而脱落。

4 结论和余论

综上所述，我们的结论是：时间副词"正在"形成于元代，发展于明清，它是近代汉语中时间副词"正"与表示进行体的"在这里/那里"构成"正在这里/那里＋VP(V多为心理动词)"强化结构，之后脱落了已虚化的羡余成分"这里/那里"重新分析而形成的。这个形成过程有利于解释以下两个问题：

第一，有利于解释近代汉语中"正在＋VP"结构中，V的性质为何多为表示心理活动或状态的动词的现象。因为心理动词前的地点状语(这里/那里)容易虚指而形成羡余脱落(前文已论述)。

第二，有利于解释近代汉语中，为何"正在"的功能偏向于"正"而主要表示时点参照功能的现象。"正在"在近代汉语中的功能是把"V"所表示的动作或者事情与另外的动作和事情进行比照，以起到时点参照的作用，表示行为动作正在发生的时候，另一行为动作也发生、进行了。这与时间副词"正"的功能是一致的。如：

(34)(玉娥)正在踌躇，那胡僧竟自揭帘而入，玉娥倒退几步，闪在一旁。(《醒世恒言》卷三十二)

因此，例(34)中"正在踌躇"即"正踌躇"之义，"在"不表义。这是因为"在"来源于进行体标记"在这里/那里"，而在"正＋在这里/

那里"结构脱落"这里/那里"后,"在"单独表示进行体标记的功能被削弱。

另外,还有一种现象需要注意的是,为何在近代汉语中"正在"多用于背景事件句中(有极少也用于前景句中,如例 20),而在现代汉语中却多用于前景事件句中。[5]我们初步认为也许是因为"正在"的时点参照功能决定了"正在"所在句的黏着性,不能够自由独立,必须依附于主句才能够成立(如例 33)。[6]换个角度说是"正在"语法化程度高低导致的,近代汉语背景事件句"正在"相当于"正",说明"正在"语法化的程度还不高,"正"与"在"还没有完全融合,"在"的功能也还没有通过与"正"的融合而强化稳定下来;前景事件句中的"正在"的语法化程度高,但是产生之初,这种用例还很少,只有在"正"与"在"完全凝固之后,"正在"的功能才是时间副词"正"和时间副词"在"的总和,更多的位于前景事件句中,突出动作本身的正在发生进行。因此,近代汉语"正在"向现代汉语的发展,是其功能从背景事件句向前景事件句扩展的过程,也是"正在"进一步语法化的过程。[7]

附 注

① 李宗江先生曾向笔者提到"正在"的形成有可能是时间副词"正"和时间副词"在""同义复合构词的结果",并认为"要证明这一点,只要证明在'正在'开始出现的时候,'在'已经是时间副词就可以了。"这种合成说与何瑛(2007)的线性排列语法化成词还有所不同,宗江先生认为"正在"的形成是构词层面的问题,这可以避免何瑛合成说所面临的重新分析切分和判定的问题,但也不好解释在近代汉语中"正在"的功能不是"正"和"在"意义和用法的总和而是偏向于"正"的事实,也比较难以解释"正在"在近代汉语中多用于背景事件句而在现代汉语中多用于前景事件句的现象。

② 此例转引自杨荣祥(2005:63)。

③ 此例出自太田辰夫(2003:256)。

④ 关于"正在"的成词年代,我们同意太田辰夫(2003:256)和杨荣祥(2005:63)的元代的观点。因为元代以前,"正在"线性排列与动词连用仅见二三例,且基本都可以作别解。何瑛(2007)认为"正在"作为时间副词形成于唐代,首见之例为:"如云急过,似鸟奔飞,正在商量,已却归殿。"(《敦煌变文校注·双恩记》)此例看做近代汉语时间副词"正在"似乎不妥。此例之"正在"从上下文语义可看出是用于背景事件句,如果是时间副词,那么表达的语义应该是"正商量之时,某一动作也发生"。而此例之"归殿"表示的动作不是在发生,而是已经完成。这与近代汉语中用于背景事件句的"正在"功能不符。我们认为此例应作[正[在商量]]的切分,"在"仍然是表示处在某种状态之"在","正"为"正好、恰好"义,全句为"(太子)恰处于估量(或思量)之状态时,却发现所乘之车已回到了宫殿"。二分句之语义应含有轻微的转折。

⑤ 张谊生先生看本文初稿时指出这一现象,并认为可能与"正在"的语法化程度有关。从现在已有的研究来看,我们同意张先生的看法。

⑥ 杨永龙先生(2001:27—28)"把表示背景时间信息的事件称作背景事件(background event),把表示前景时间信息的事件称作前景事件(foreground event)"。并认为背景事件与前景事件的一个区别是:"背景事件在句中常常是黏着的,而前景事件在句中则是自由的。""正在"在近代汉语中表示的正是背景时间:一个动作正发生时,另一个动作也发生了。

⑦ "正在"的进一步语法化是如何促动其从背景事件句向前景事件句位移的?动因是什么?进一步语法化和位移之间的因果关系如何?这些涉及近代汉语和现代汉语"正在"关系的问题均需要深入探讨。限于篇幅,将另文研究。对于"正在"从近代汉语到现代汉语的发展,也许还有更好的角度进行解释,敬请专家学者提出指导意见。

参考文献

艾红娟　2008　山东方言表进行体词语的强化与更新,《中国语文》第3期。
陈泽平　1998　《福州方言研究》,福建人民出版社。
戴浩一　1988　时间顺序和汉语的语序,黄河译,《国外语言学》第1期。
丁雪欢　2007　湖南沅江话"持续/进行体"的表达形式,《汕头大学学报》(人文社会科学版)第4期。
付义琴、赵家栋　2007　从明代小说中的"正"、"在"看时间副词"正在"的来源,《中国语文》第 3 期。

何 瑛 2007 《汉语与时间相关的范畴转移研究》,中国社会科学院研究生院博士学位论文。

雷冬平 2008 《近代汉语常用双音虚词演变研究及认知分析》,中国社会科学出版社。

雷冬平、胡丽珍 2008 说禅宗语录中的"格外",《湘潭大学学报》(哲学社会科学版)第 2 期。

李小凡 1998 苏州方言的体貌系统,《方言》第 3 期。

刘丹青 2001 语法化中的更新、强化与叠加,《语言研究》第 2 期。

刘纶鑫 2001 《江西客家方言概貌》,江西人民出版社。

吕叔湘 1980 《现代汉语八百词》,商务印书馆。

彭小川 2003 广州方言表"持续"义的几种形式及其意义的对比分析,《语文研究》第 4 期。

邱震强 1994 宁乡话特殊的时间状语和时间补语:在个里、在那里,《桂林市教育学院学报》(综合版)第 2 期。

仇志群 1991 普通话中副词"在"和"正在"的来源,《聊城大学学报》(社会科学版)第 1 期。

沈家煊 1995 "有界"与"无界",《中国语文》第 5 期。

孙叶林 2008 邵东(火厂坪镇)方言的体貌表达,《内江师范学院学报》第 5 期。

太田辰夫 2003 《中国语历史文法》,蒋绍愚、徐昌华译,北京大学出版社。

夏俐萍 2007 益阳方言"在咯里、在哦里"及其相关问题研究,《成都理工大学学报》(社会科学版)第 1 期。

萧 斧 1955 "在那里"、"正在"、"在",《语法论集》第二集,中华书局。

杨荣祥 2005 《近代汉语副词研究》,商务印书馆。

杨永龙 2001 《〈朱子语类〉完成体研究》,河南大学出版社。

伊原大策 1986 表示进行时态的"在",柴世森译,《河北大学学报》(哲学社会科学版)第 3 期。

张亚军 2002a 时间副词"正"、"正在"、"在"及其虚化过程考察,《上海师范大学学报》(哲学社会科学版)第 1 期。

—— 2002b 《副词与限定描状功能》,安徽教育出版社。

当传闻不再是传闻[*]
——论上海话表示"惊异"的语用标记"伊讲"

李佳樑

(日本东京大学综合文化研究科)

0 引言

近年来,在上海话里,报道或引述信息[①]和表达说话人的"惊异"(mirativity)可用同一个形式——"伊讲"[ikā]——来表示。例如:

(1)(男性说话人接到电话,对方称说话人的嗓音同一个叫艾丽莲的人很相像。说话人挂断电话后说)

辫个艾丽莲发啥个声音啦,哦哟肯定老难看个,辫人。我声音像艾丽莲**伊讲**。

(这个艾丽莲发什么声音啊,哎哟肯定挺丑的,这个人。我声音像艾丽莲,他说)(上海话相声录音转写)

(2)(说话人注意到别人遗失的手机上缀有很多挂件)

---

[*] 本文的主要内容在第五届汉语语法化问题国际学术讨论会(上海师范大学,2009 年 8 月)上报告过,这次定稿作了较大幅度的修改。感谢多位师友惠赐的宝贵意见,特别是柯理思先生给出了不少细致具体的修改建议,张谊生先生向笔者提供了相关研究论文。文中错谬概由本人负责。

哦哟,荡了介许多物事,哪怎打电话啊,哦哟烦也烦死脱了,肯定是女人用个。现在挂个物事是结棍呀,品种有得介许多**伊讲**。

(哎哟,挂了这么多东西,怎么打电话啊,哎哟烦也烦死了,肯定是女人用的。现在手机挂件真是厉害啊,品种**竟然**有这么多)(同上)

(3)(说话人回想自己刚刚拥有西服时的情景)

辨辰光刚刚有件西装,不得了噢。也想得出个——现在想想真个戆啦——戴副袖套**伊讲**。

[那时候刚刚有件西装,可了不得呢。(连这种主意)也能想出——现在想想真是傻啊——**竟然**戴副袖套](《笑侃上海三十年》录音转写)

"伊"[i³³⁴]是上海话第三人称单数代词,②"讲"[kã³³⁴]是言说义动词,它们分别相当于普通话的"他/她/它"和"说"。可是例(1)~(3)中,只有(1)里的"伊讲"才能解释为主谓短语"他说";其他两例中的"伊讲"都表示说话人因为缺少思想准备等原因在获悉意料之外的新信息时的惊异,"伊讲"本身已经成为一个词,不是短语。从画线部分信息"从何处来"的角度看,只有(1)来自他人的报道,而(2)来自说话人的视觉,(3)则是说话人对自己亲历事件的回想。

由此可知,上海话里存在两个形式相同或近似,而语义、功能迥异的"伊讲"。一个是由"伊"和"讲"构成的主谓短语,意思是"他说",标示出一个来自传闻的信息,带有示证性成分(evidential)的性质——信息来源或途径在自然语言里的体现被称为示证性范畴(evidentiality)——以下记作"伊讲_R"。另一个"伊讲"在句法上属于词,是一个语义上相当于"居然、竟然"的语用标记,表示说话人对特定信息感到吃惊、意外,以下记作"伊讲_M"。③

钱乃荣等(2007:312)将"伊讲$_M$"归入上海话的"助词、叹词、拟声词"部分,认为它是"一般没有实义"的口头语。就所见的文献,目前关于"伊讲$_M$"的描写和形成理据方面的研究甚少,只有陶寰、李佳樑(2009)和王健瑶(未刊稿)等几篇。因此针对这一现象,特别是关于"伊讲$_M$"的形成机制,还存在进一步考察的余地。

1 "伊讲$_M$"与"伊讲$_R$"的比较

与总是居于句末的"伊讲$_M$"不同,"伊讲$_R$"可以出现在句首,以引入宾语小句的形式导入传闻信息;也可以出现在句末,作为在传达传闻信息后追补上的信息来源。例如(1)和(1′)几乎是等价的,"伊"指给说话人打去电话的那个人:

(1′)辫个艾丽莲发啥个声音啦,哦哟肯定老难看个,辫人。**伊讲**我声音像艾丽莲。

通过与出现在句末的"伊讲$_R$"的对照比较,我们可以清晰地看到"伊讲$_M$"的特点。首先看语音方面的差别,具体表现在声调、音长和与前接小句的紧密程度上:

	伊讲$_R$	伊讲$_M$
连读变调	"伊"和"讲"不必形成连续变调的调群,可不发生连读变调,念作[i^{334} kã^{334}]	"伊"和"讲"形成连续变调的调群,发生连读变调,念作[i^{55} kã^{21}]
音长	普通音长;可拉长发音	较一般情况明显缩短;不可拉长发音
与前接小句的停顿	可插入停顿或语气词	不可插入停顿和语气词

需要注意的是,尽管"伊讲$_R$"与"伊讲$_M$"在语音上有上述不

同,但是在实际使用时,这些差异并不总是清晰可闻的,何况当"伊讲$_R$"发生连读变调、不拉长发音、不在前接小句之后插入停顿或语气词时,凭语音是无法区分"伊讲$_R$"和"伊讲$_M$"的。因此,在上下文允许的条件下,某些用例中的"伊讲"存在歧解的可能性,例如:

(4)(收看天气预报节目后)

明朝 40 度**伊讲**!(明天 40 度**他说**/明天**竟然** 40 度)(自拟)

当说话人的语速足够快,且在收看天气预报节目不久后说出(4)这样的句子时,很难判断这里的"伊讲"是单纯的传闻,还是表示惊异,只要事态出乎意料,"伊讲"就有可能被解读出惊异的意味。

其次,两者的区别体现在内部的可分析性上。由于"伊讲$_R$"是代词"伊"和言说义动词"讲"构成的主谓短语,因此,第一,当信息来自与某个人群而非单个人时,"伊"可替换成相应的复数形式"伊拉"——"伊拉讲"("他们说")。第二,仍然保留有谓词性质的"讲"后面可以带上时体标记"过"、大体相当于普通话"的"的表示主观确认语气的"个"等。除此之外,听话人在需要确定消息来自何人时,还可以向说话人询问,如:

(5)A:我声音像艾丽莲**伊讲**。

(我声音像艾丽莲,他说)

B:啥人讲个?

(谁说的)

A:吆,就是刚刚打电话来个人。

(吆,就是刚才打电话来的人)(自拟)

与之相对,已经词汇化的"伊讲$_M$"内部不再具有可分析性,因而既没有"伊拉讲$_M$"这样的变体,后面也不能再加时体标记和句末语气词,听话人也不会提出"啥人讲个"这样的问题,否则会被认为问得莫名其妙。

再次,两者的语义内容和语用功能不同,这体现在与前接小句的语义组配选择限制上。上文已经说过"伊讲$_R$"的功能是交代信息来源,即当前信息来自传闻。因此说话人只是忠实转述别人曾经表述过的信息,只要是来自传闻的信息即可,"伊讲$_R$"对信息内容没有要求。而"伊讲$_M$"与特定的信息来源无关,表现的是说话人对当前信息所感到的惊异,因此前接小句必须是足以令人产生惊异之感的事态,如不可控的、可疑的、有悖常理的。

通常可控性低的事件的实现容易引起惊异,可控性越高,针对事件实现所产生的惊异感就越低,正如 Aikhenvald(2004:207)所指出的那样,"惊异常常伴随说话人一方的缺乏控制"。"旷课出去玩儿"与"上课迟到"相比,可控性很高。因此,(6b)很难得到"伊讲$_M$"式的解读。相反,"伊讲$_R$"没有这一限制,所以(6a)在不考虑语音形式上的差异和语境中其他信息的情况下存在两解。

(6)a.我昨日上课迟到了**伊讲**。

(我昨天上课迟到了**他说**/我昨天上课**竟然**迟到了)

b.我昨日翘课出去白相了**伊讲**。

(我昨天旷课出去玩儿了**他说**/? 我昨天**竟然**旷课出去玩儿了)(自拟)

惊异又往往伴随着怀疑,因为发生了出乎意料、令人难以置信的事态是导致惊异的一个主要原因。于是,当前接小句带有表示说话人"坚信不疑"的语气态度时,就无法跟表示惊异的"伊讲$_M$"相容。这就是(7)中 a~c 都合法,而 d 不合法的原因("勢太……噢"表达的是说话人自己就某事物具有极高程度的属性所作出的,并认为不容置疑的肯定判断)。这不仅适用于上海话的"伊讲",从普通话的对译结果可以看到"最近上海竟然太热了"作为普通话的可接受度也是很成问题的。

(7)a. 辫腔上海介热噢**伊讲**$_R$。(最近上海这么热**他说**)

b. 辫腔上海覅太热噢**伊讲**$_R$。(最近上海太热了**他说**)

c. 辫腔上海介热噢**伊讲**$_M$。(最近上海**竟然**这么热)

d. * 辫腔上海覅太热噢**伊讲**$_M$。(*最近上海**竟然**太热了)(自拟)

某个信息是否会令人产生惊异之感,从最广泛的意义上说,取决于社会文化。试想一个从小在美国成长、熟悉美国政治制度的上海话母语话者完全可能说出"大学都没上过的约翰也能当选美国总统伊讲$_M$",但不太可能说"每个成年美国公民都可能当选美国总统伊讲$_M$",因为"只要是成年美国公民都有当选总统的可能"近乎常识,不足以引起惊异。而作为传闻,"大学都没上过的约翰也能当选美国总统"和"每个美国公民都可能当选美国总统"后面都可以加上"伊讲$_R$"。

"惊异"还常派生出"荒谬""不如意"等意味,因为出乎意料的事情让人感到背离常识并措手不及,容易蒙受损失。如例(3)说话人从现在的审美观出发,认为"西服外再戴袖套"是很荒唐的穿着方式,这种穿戴也让自己有失颜面,因此不如意。

小结一下:与标示信息来自传闻的"伊讲$_R$"相对照,在语音上,"伊讲$_M$"一方面呈现出简化的趋势,另一方面与前接小句的结合更紧密;在句法上,"伊讲$_M$"不可再作内部分析,"伊"没有指代性,"讲"也不具有谓词性;在语义和功能上,"伊讲$_M$"表示事态出乎说话人的意料,并时常伴有"荒谬""不如意"等意味。

2 其他语言中的"传闻"与"惊异"

在探讨"伊讲$_M$"的来源和形成理据以前,不妨先看一下在上海话以外的语言和方言里"传闻"与"惊异"的关系。跨语言的材料显示,尽管"惊异"是一个独立的语义范畴(DeLancey 2001),表示像传闻这样的间接(non-firsthand)信息来源的示证性成分也不是它唯一的来源,但是这类示证性成分往往会扩展出表达惊异态度的功能(Lazard 1999,参见 Aikhenvald 2004:195)。

在 Mapudungun 语(智利)里,词缀 -*rke* 在某些句子里表示传闻,而在另一些句子里则表达说话人的惊异,例如:

(8) a. *aku-**rke**-y.*

arrive-REP-IND

'She/he arrived, they say'

b. *Fey ti chi domo kalko-**rke**.*

that ART woman witch-MIR

'This woman turned out to be a witch (surprisingly)'

(REP = reported, IND = indicative, ART = article, MIR = mirative)(Aikhenvald 2004:200)

在例(8a)中 -*rke* 表示传闻,意思是"他们说他/她抵达了",而在(8b)里则表示所叙述的发现出乎意料且令人惊讶——"这女人居然是个巫婆"。

现代日语里表示传闻引用的助词 *tte* 同样有表示说话人的惊异的用法:

(9)a. A: *Okaa-san, kyoo   wa,   iya   da   tte.*
　　　　妈妈　今天　话题标记　不肯　系词　REP

(妈,他说今天不愿意来)

B: *Jyaa,   itsu   nara ii   no?*
　　那么　什么时候的话可以　语气词

(那,他什么时候能来呀)(砂川有里子等 2001:308)

b.(说话人发现从某网站上能免费无限量下载到迪斯尼的主题邮件模板)

　　　　Waa, kondo   wa   dizunii-dekome
　　　　感叹词　这次　话题标记　迪斯尼主题邮件

ga   torihoodai   da
主语标记　无限量获取　系词

　　　　tte! Suticchi da tte! Minii da tte! Mikkii
　　　　MIR 史蒂奇 系词 MIR 米妮 系词 MIR 米奇

da   tte!...
系词　MIR

[哇!(惊讶地)现在迪斯尼的主题邮件模板可以无限量下载了!(惊讶地)史蒂奇!(惊讶地)米妮!(惊讶地)米奇!](电视广告台词转写)

例(9a)中 A 向 B 转述"他"的话时,使用了助词 *tte*,这是 *tte* 最基本的用法,即引用。而在(9b)中,"迪斯尼的主题邮件模板可以无限量下载"等不是传闻,而是说话人亲眼所见、亲身验证的事实,因此这里的 *tte* 只能理解为表示说话人的惊异。

与上海话的"讲"同属言说义动词的"说"在西南官话里用于句

末时也有表示惊异的作用：

(10) 没见过,马还长角说。(没见过,马竟然还长角)(许宝华、宫田一郎 1999)

另据赤塚纪子、坪本笃朗(1998:32),传闻与惊异用同一个语言形式的现象在古代日语、土耳其语、保加利亚语、马其顿语里也都普遍存在。

当两个概念采用同一个语言形式来表达时,通常意味着这两个概念是相近相通的。标示传闻是一种提示间接信息来源的行为。而间接信息来源(包括非视觉来源、传闻/报道来源)常获得说话人缺乏意图(intention)、控制(control)、意识(awareness)和意志(volition)这样的附加意义,这些意义的叠加与说话人的无思想准备、突然觉悟(realization)和因而产生的"意外"相关联,导致"惊异"意义的产生(Aikhenvald 2004:237)。基于这种概念上的共通,我们假设"伊讲$_R$"发展出了"伊讲$_M$"。

3 先行研究概观

关于"伊讲$_M$"的来源,本文赞同陶寰、李佳樑(2009)和王健瑶(未刊稿)的看法,认为"伊讲$_R$"同"伊讲$_M$"有着源流关系,后者由前者演变而来,因为存在像(4)那样可以两解的情况。但是"伊讲"与 Mapudungun 语的词缀 -rke、现代日语的助词 tte 毕竟有所不同,与西南官话的"说"也不一样: -rke 和 tte 在词的内部构成上既没有类似人称代词的成分,也没有与言说义动词相当的成分；西南官话的"说"虽是言说义动词,但是在表示惊异时,不存在人称代词。因此虽然 -rke、tte 和"说"的核心功能是表示信息来自传闻,但是当与非传闻信息共现时,由于惊异往往与传闻相伴而生,所以惊异这个意味可以自然地被凸显出来,不必面临句法形式和语义搭配上的阻力。而这对"伊讲$_M$"来说却是个问题:即为什么当信息并非来自"他说",而是说话人(包括对听话人的)自己观察、感知得来的时候,仍可使用第三人称代词加言说义动词的"伊讲"形式?主张"伊讲$_M$"由"伊讲$_R$"发展而来,就势必要回答这个问题——"伊讲$_R$"中伊"的指代功能和"讲"的言说义在"伊讲$_M$"的形成过程中去了哪里?

可能的回答方式有两种。第一种主张,"伊讲$_R$"在表明信息来自传闻的同时获得了"惊异"的解读,并产生了一个新词"伊讲$_M$",后者只有"惊异"义,而没有标明传闻的功能,此时已无所谓"伊"也无所谓"讲",因此在与说话人自己观察、感知到的信息共现时当然不受限制。第二种回答方式主张,即使在与传闻以外的信息共现时,在某种意义上"伊"和"讲"仍带有原来的"他"和"说"的意义,只是这种解读被抑制了。

固然除非事先知道说话人对相关事态的任何发展都能"处变不惊",否则很难断言一个确有表明信息来源是传闻的"伊讲$_R$"不带有一丁点"伊讲$_M$"的意思,但是我们同样无法证明一个与传闻信息共现的"伊讲",它只表示"惊异"而不表示信息来自传闻:这正是第一种思路的问题。当上下文提供了足够的信息让我们确定某个信息来自传闻,而这个信息后面又加上"伊讲"时,这个"伊讲"不可能只能理解为"伊讲$_M$",而不能理解为"伊讲$_R$"。例(11)貌似是对上述观点提出挑战:"房价马上就会下调"是来自传闻——"他们说"——的信息,可是句末有"伊讲","伊"是单数人称,跟"伊拉"的复数人称不一致,所以不可能是"伊讲$_R$"。此处"伊讲"的确是"伊讲$_M$",可是"伊讲$_R$"的辖域是其前面的整个句子,而不是"房价马上就要下调个";而"伊拉讲(房价马上就要下调个)"恰恰是说话人自己观察、感知到的信息,也是使说话人感到惊异的对象,因此(11)并不构成反例。

(11) 伊拉讲"房价马上就要下调个"伊讲。

(*他们说房价**竟然**马上就会下调的/他们**竟然**说房价马上就会下调的)(自拟)

陶寰、李佳樑(2009)对"伊讲$_M$"形成理据的分析是基于第一种思路的。他们认为使用作为"追补性成分"的"伊讲$_R$"是故意违反"合作原则"中的数量准则和方式准则,以便表明自己不是有关消息的第一来源,自己没有依据来证明其真实性,甚至自己也对消息的真实性持将信将疑的态度;在此基础上,"伊讲$_R$"发展出表示惊异语气的用法,形成了"伊讲$_M$"。可是,我们已经指出,既然无法证明在与非传闻信息共现之前就已经形成了"伊讲$_M$",那么就不能回避从"伊讲$_R$"到"伊讲$_M$"的蜕变过程中"伊"和"讲"的"去向"问题。陶寰、李佳樑(2009)的观点在说明"伊讲$_M$"的语义获得过程时在一定程度上是有效的(详下文),但显然未能揭示出事实的全部。

第二种思路不假设与传闻信息共现的"伊讲"里已经存在纯粹的"伊讲$_M$",因此比第一种思路更贴近语言事实。可是它的难度在于要回答:既然"伊讲$_M$"中的"伊"和"讲"仍在某种意义上有指代功能和表示言说义,那么指代的是什么,表示的又是怎样一种言说义?

王健瑶(未刊稿)注意到了与同是主谓短语构成的语用标记"I guess""you know""我看""你说"等不同,"伊讲$_M$"所含的主语是不是第一、第二人称,而是第三人称代词。他解释说,就一个命题进行语气强烈的主观评价可能威胁听话人的面子,为此说话人把这一主观评价伪装成第三人称的,从而使主观性下降、客观性上升。

从王文对"伊"的这一解释来看,他的思考是基于第二种思路的。但是除了他的分析没有涉及"讲"以外,王文还留下了至少三个疑点。首先,按这种思路,说话人尽管意识到是自己发现了某情况,却(无论动机之善恶)仍有意谎称它来自别人,这同人们的日常交际体验有明显出入。第二,命题在不带句末的"伊讲"时,并不带有主观评价;相反,"出人意料"等主观意味强的语气恰恰是"伊讲"加上以后才产生的,所以"伊讲"的作用是使主观性增强,而不是降低它。第三,"进行语气强烈的主观评价会威胁听话人的面子"这一看法依据不足:除非是说话人当即质疑听话人提供给自己的信息的真实性,否则我们很难想象陈述一个自己没有预想到的情况,并对此表示惊讶这一行为会对听话人的面子造成什么伤害。

下文仍采用第二种思路分析从"伊讲$_R$"到"伊讲$_M$"的转变,认为:第一,"伊讲$_M$"中的"伊"具有指代功能,第二,"讲"仍是某种意义上的"言说"。在第一点上,与王健瑶(未刊稿)的主张不同,我们认为"伊"指的是与主体对立的客体世界,它是实际存在的,而不是说话人"伪装"或生造出来的。在第二点上,我们主张"言说"是一种"呈现",人们把"呈现"概念化成抽象的"言说"。

4　死去的比喻

我们认为,除去纯粹来自主体内部的生理感受(如"我口渴")

和思想感情(如"我很生气"),其他任何的信息的获得都以外在于"我"的客体世界的某种呈现为前提。④ Palmer(2001)把示证性范畴分为"传闻的"(reported)和"感知的"(sensory)两个子类。而这两个子类的区别实际只在主体在信息获取过程中的介入程度——前者的介入程度小,后者的介入程度大——它们都离不开客体世界中的某种"呈现"(或者说是"刺激"),以之为原料进行加工,借助语言符号的呈现即为"传闻的",借助主体的感官(以及能动的思维)得以呈现的即为"感知的"。

那么人们怎样用语言来描述"客体世界"的"呈现"呢?首先来看"客体世界"。当"我"试图将"客体世界"所"呈现"给"我"的东西向"你"传达时,"客体世界"并不参与"我们"的交际。如果要用代词来指示不参与交际的对象,那么可用的便只有第三人称代词。与普通话的"它"相比,上海话的第三人称代词"伊"用于指称非人对象是相对自由的(不会被认为是欧化语法),因此上海话用"伊"来指代客体世界是很自然的做法,并不是说话人有意"撒谎"。

与此同时,第三人称的距离化效应(distancing effect)也为其被使用增添了合理性。方经民(2004)指出:"一旦用'他/她'指称某个人,就意味着在说话人的心目中,该人是被当作局外人排除在交谈情景之外的。"将某人排除出交谈情景实际上是拉开距离的做法。那么为什么要拉开这种心理上的距离呢?这是转喻思维作用的结果。观念和观念的持有者之间具有邻接关系,因此两个观念之间的距离远近可以转喻为这两个观念的持有者之间的距离远近,"道不同,不相为谋""分道扬镳"这些熟语所反映的正是这样一种用观念持有者的距离来对观念之间的距离进行的转喻。换句话说,当两个观念的距离很大时,人们可通过"拉开"这两个观念的持有者的距离来进行间接的表现,用"他/她"来指称其中一个观念的持有者,将其排除在交谈情景之外,正是一种拉开距离的办法。

再来看"呈现"。"呈现"的方式是多种多样的,可以通过色彩、气味、声音、温度、触感等等,也包括用语言进行言说——如果我们用拟人化的观点来看待客体世界的话。本文认为,人们把客体世界的呈现看做是与外部世界的言说。我们知道提喻(synecdoche)跟隐喻、转喻一样,既是比喻修辞(figure)的一种,又是人们的众多思维方式之一;它使我们可以用一个下位概念的名称去称说它的上位概念(例如"吃饭"并不只是,或者根本就不吃"米饭"),或是相反[例如现代日语里的"花見"(赏花)所"赏"的只能是樱花,不是其他花]。而"言说"正是"呈现"的一种方式,所以在提喻这种思维方式的基础上,人们完全可以用相对具体的、下位的"言说"来称说相对抽象的、上位的"呈现"。其次,语言是思维的工具,当人们有意识地去把握客体世界呈现给自己的现象时,总是伴随着将这些现象进行一定程度的语码化,即言说它。换言之,"向我们呈现"与"向我们言说"所带来的认识结果是高度一致的。最后,"呈现"的其他方式——通过色彩、气味、声音、触感等——与"言说"似乎不是并列关系,这些方式都可以"打包"进"言说"——比如客体世界"说"存在如此这般的颜色/气味等——而不是相反,因此"言说"比其他任何具体的呈现方式都更适合来代表"呈现"。综上所述,有理由认为人们把客体世界的呈现概念化为客体世界的言说,从而对其进行把握。

基于这样的认识,"伊讲"与非传闻来源的信息共现(其后果是确立了"伊讲$_M$")的一个疑问就迎刃而解了。以(12)为例:

(12)现在挂个物事是结棍呀,品种有得介许多**伊讲**。

(现在手机挂件真是厉害啊,品种**竟然**有这么多)

客体世界向我们呈现出这样一个情景:现在的手机挂件品种繁多。对于"你"和"我"来说,这个客体世界不参与当前交际,因此是第三人称的"伊"。而"呈现"则被"我"概念化为"讲"。换句话说,其实(12)中的"伊讲$_M$"仍然带有"伊讲$_R$"的痕迹。例(3)中"西服外加戴袖套"虽然是说话人自己的行为,但在这个发话情境下,说话人完全将当年那个在西服外戴袖套的自己视为客体世界的一个组成部分,"当时的客体世界里呈现出这样一种情境:我在西服外戴了袖套"。因此,(13)里的"伊讲"与(12)在本质上没有不同。

(13)现在想想真个戆啦——戴副袖套**伊讲**。

(现在想想真是傻啊——**竟然**戴副袖套)

当客体世界呈现的情境里有"你"时,上述解释仍然行得通。如(14),客体世界呈现出"我和你都输了"的情境:

(14)我搭侬侪输脱了**伊讲**。

(我和你**竟然**都输了)(自拟)

既然主张"伊讲$_M$"里的"伊"为客体世界,"讲"即"呈现",那就似乎等于说它们仍有实在的意义。于是必须回答两个新的问题。第一,为什么上海话使用者不会把(12)—(14)里的"伊讲"解读为"他说"?按我们的理解,"客体世界"被称为"伊"是基于隐喻,"呈现"被称为"讲"是基于提喻,两者都是修辞性思维,而修辞性思维渗透到某个具体的词或构式并被反复使用后,随着时间的推移,人们往往会遗忘它的字面意义和来历。翻开任何一本词典,人们都不难找到许多"死去的隐喻"(dead metaphor),例如 to kick the bucket"翘辫子"和 to fall in love"坠入爱河"——它们曾经是生动的比喻,然而今天没有人会把它们按字面去理解。上述三例中的

"伊讲"同样如此。

　　第二,为什么(12)—(14)的"伊讲"会有"惊异"的意思?首先要说的是,既然在(12)—(14)这样的上下文中,"伊讲"已经不会再被解释成"他说"了——因为实际上没有人在说——那么它总得表示某个意思,起到某个功能,否则便成了冗余的、不经济的成分。那么,"伊讲"为什么表示的是"惊异"而不是其他的意思?凡是"伊讲"就都会有"惊异"的意味吗?这些问题将在下一节中回答。

5　"伊讲$_M$"形成过程中的语用推理和信息排布因素

　　在包括汉语在内的一些语言里,示证性成分不是句法强制要求出现的成分,因此它们的出现总是伴有特定的语用意图:说话人对带有示证性成分的信息的确信程度往往不如不带示证性成分的信息。正如 Anderson(1986)所说:如果被叙述的事态可以被说话人和听话人直接观察到,那么很少会使用示证性成分;当说话人是某事态中的一个已知的参与者(自主的施事者或有意识的经事者)时,那么对该事态的叙述一般省略示证性成分。从会话合作原则的角度,也可以得出相同的结论。交际双方都知道说话人一般会遵守"数量""质量""关联""方式"这四条"会话合作原则",一旦违反其中某条原则,就可能产生言外之意。当人们用汉语进行交际时,根据数量准则和方式准则的要求,说话人对于自己认为真实的或拥有足够证据证明其真实性的信息,不必也不会在话语中标记出其来源;同时,质量准则要求说话人只说真实的或拥有足够证据的话。由此可知,当说话人对将要叙述的事态是否与实际情况相符这一点上不够确信,却又不得不叙述这一事态时,为了维护质量准则,就只好牺牲数量准则和方式准则,明确给出信息来源。就"伊讲$_R$"而言,这个示证性成分表明说话人对有关信息缺乏第一手(因而也更可信)的信息来源,所以"伊讲$_R$"的出现实际上暗示出说话人试图避免对信息的真实性承担责任,而这几乎总是因为相关信息出乎说话人的意料,说话人自己对其真实性抱有怀疑的态度。

然而,"伊讲$_R$"并不是在任何位置上都能引申出"伊讲$_M$"这一意义的,用于句末是发展出"伊讲$_M$"的一个至关重要的条件。提供信息来源的"伊讲$_R$"属于人际主位;张伯江、方梅(1994)指出:口语句子的线性排布首先反映的是说话人对句子信息结构的分析,而不一定直接反映句法语义结构;在简短紧凑的对话体里,要求说话人在最简短的时间里,把最重要的信息明确传达给对方,简练原则(economy principle)和清楚原则(clarity principle)的重要性凸显,重要的信息成为说话人急于说出来的内容,而次要的信息就放到了不显要的位置上。这样就导致了后置主位的现象。

我们认为"伊讲$_R$"与其称之为"后置"的主位,不如看做"追补"上去的主位更为恰当。先信息而后信息来源这一线性排列顺序表明说话人急于传递出信息,这一般是因为该信息的信息量(entropy)大。根据信息量的定义和计算公式,越是背离既有认识的信息(如发生频率低的事态),其信息量越大。⑤因此,信息之背离既有认识与低频出现,足以成为说话人急于将其表述出来的动机;这样的事态一旦发生,往往令人感到惊异。

综上所述,"未介入、不可控"和"信息量高"这两个因素叠合在一起,使得"伊讲$_R$"有了被解读为"伊讲$_M$"的可能性。有了这个语义基础,再加上"伊讲"可以被修辞性地理解为"客体世界向我呈现"这一因素,当"伊讲"被追补到说话人直接观察到的一个事态上时,"伊讲"就只能解读为"伊讲$_M$"了。这与 Anderson(1986)的结论是一致的,他说当所叙述的是说话人直接观察到的事态时,一般很少用示证性成分,除非是为了特殊的强调效果或显示本人的吃惊。换言之,这时候的"伊讲"徒有示证的形式(与"伊讲$_R$"同形),而其功能已经发生了异化(解读为"伊讲$_M$")。

6 结论

语用标记"伊讲$_M$"作为一种新兴表达手段,在青年人群中很受欢迎。同普通话一般采用副词或"没想到"之类的置于句首的表达惊异态度的标记相比,上海话句末的"伊讲$_M$"具有其鲜明的地域特征和新奇感,成为新派上海话的一个容易识别的标志。因此,上海话凡需要表达惊异时,"伊讲$_M$"往往是优先选择的强势表达手段;随着"伊讲$_M$"的高频使用,它已经显现出向各年龄层扩张的趋势。

本文在描写"伊讲$_M$"的特点的基础上,探讨了它的形成理据。"伊讲$_M$"在语音形式、内部的可分析性、语义内容和语用功能等几个方面,与同样可以出现在句末的示证性成分"伊讲$_R$"有明显的差异。但是另一方面,无论是上海话内部的材料,还是跨语言或方言的材料,都显示出"伊讲$_M$"由"伊讲$_R$"发展而来的这一可能性。我们通过分析"伊讲$_R$"中"伊"和"讲"的指代功能或语义内容的变化,以及语用推理和信息排布所起的作用,揭示出"伊讲$_M$"的形成理据。

根据本文的看法,"伊讲$_M$"仍显示着与"伊讲$_R$"之间的密切联系:"伊"指代的是不参与当前交际的客体世界,"讲"则是对"呈现"

进行概念化表述的结果,它们背后是隐喻和提喻等修辞性思维在起作用。从语用推理和信息排布的角度,本不需要追补的"伊讲$_R$"被追补出来,说明:一、说话人对信息的真实性没有把握;二、说话人认为信息具有高信息量。修辞性思维和语用推理为"伊讲$_M$"的形成提供了语义条件,是内因;而"追补"这一信息排布因素则是"伊讲$_M$"得以确立的句法条件,是外因。

本文对上海话语用标记"伊讲$_M$"形成理据的考察,为示证性同其他语义范畴之间的关系这一课题提供了上海话里的一个个案,同时也提示出汉语中特定的示证性成分进一步语法化的一个可能的方向。

附 注

① 本文不区别"引言"(quotation)与"报道"(reported),将它们统称为"传闻"。

② "伊"的本字当作"渠",不过这与我们的讨论关系不大,故本文从俗写作"伊"。

③ 王健瑶(未刊稿)认为,在上海话和普通话进行语码转换时还存在一个没有语义内容、纯粹起表明句子完结、舒缓语气作用的"伊讲",列举了如下例句:

a. 他说天下老师都是猫,我说广告系的老师都是加菲猫**伊讲**。

b. 我知道明天一定会下雨**伊讲**,所以带着伞。

并主张,这类"伊讲"是普通话中与本文所说的"伊讲$_M$"功能相同的副词进入上海话后与"伊讲$_M$"竞争后的结果:由于惊异的语气已经由位于语串前列的"居然"等副词表达,致使句末"伊讲"的语义和功能被淡化。

c. 这种人<u>居然</u>还是被学校聘请回来当老师的**伊讲**,这都叫啥素质啊!

但是本文对 a、b 等例子的可接受度持有疑议,王健瑶也承认这类用例数量极少,或许可以视为误用,因此本文未将其列入考察范围。

④ 我们承认"主体"与"客体"的界限并不总是分明的。例如在"我口

渴"这个情境里,如果把"口"视作主体不可分割的一部分,那么"我口渴"这个表达不依赖客体世界的呈现。可是如果这个"主体"只是思维的主体,那么"口"就相应成为客体世界的一部分了,"我"获得"口渴"这个信息是基于包括"口"在内的客体世界的某种呈现。不过除了这种主要涉及生理感觉的特殊情况,绝大多数时候,"主体"与"客体"的区分仍是一目了然的。

⑤ 信息量的计算公式如下:假设事件 E 的发生概率是 P(E),那么得知事件 E 发生时所获得的信息量 $I(E) = -\log_2 P(E)$。由这个公式可以知道,发生概率低的事件比发生概率高的事件有更高的信息量。

参考文献

方经民 2004 现代汉语第三人称代词指称及其语境制约,《当代语言学》第 3 期。
李佳樑 2008 《现代汉语的实据性及其表现》,复旦大学硕士学位论文。
钱乃荣、许宝华、汤珍珠 2007 《上海话大词典》,上海辞书出版社。
陶 寰、李佳樑 2009 方言与修辞的研究接面,《修辞学习》第 3 期。
王健瑶 (未刊稿)《试论上海话中"伊刚"的词汇化与语法化》,上海师范大学研究生院课程报告。
许宝华、宫田一郎 1999 《汉语方言大词典》,中华书局。
张伯江、方 梅 1994 汉语口语的主位结构,《北京大学学报》(哲学社会科学版)第 2 期。
Aikhenvald, Alexandra Y. 2004 *Evidentiality*. Oxford: Oxford University. Press.
Anderson, L. B. 1986 Evidentials, paths of change, and mental maps: Typologically regular asymmetries. In Chafe, W. & Nichols, J. (eds) *Evidentiality: The Linguistic Coding of Epistemology*. New Jersey: Ablex Publishing Corporation.
Chappell, Hilary 2008 Variation in the grammaticalization of complementizers from verba dicendi in Sinitic languages. *Linguistic Typology* 1.
DeLancey, Scott 2001 The mirative and evidentiality. *Journal of Pragmatics* 33.
Lazard, G. 1999 Mirativity, evidentiality, mediativity, or other? *Linguistic Typology* 3.
Palmer, F. R. 2001 *Mood and Modality* (2nd edition). Cambridge University Press.
赤塚紀子、坪本篤朗 1998 『モダリティと発話行為』.研究社出版。
砂川有里子(代表) 2001 『中文版日本語句型辞典』.くろしお出版。

关于话语标记来源研究的两点看法*
——从"我说"类话语标记的来源说起

李宗江

(解放军外国语学院)

近年来关于话语标记的研究逐渐多起来了。除了国外有关理论的介绍、汉语话语标记的个案描写和英汉话语标记对比研究外,也涉及汉语话语标记的来源和演变的研究,如方梅(2000)、曾立英(2005)、董秀芳(2007)、刘锶(2008)等。这些研究借鉴国外的语法化理论,探讨汉语话语标记语法化和词汇化的规律和特点,取得了不少重要的认识,为今后的深入研究奠定了基础。但就现有的研究成果来看,对有些问题有深入检讨的必要。本文将结合相关个案谈谈关于话语标记来源研究的看法。

1 关于话语标记的语法化

从来源来看,汉语的话语标记可以分为以下两种情况:一种是从已经成词的其他的语类演变来的,如方梅(2000)所说的从连词弱化来的,这一类不涉及词汇化问题。另一种是从短语或小句来

---

* 本研究得到国家社科基金项目(08BYY062)的资助。

的,如"看你、我说",下面我们重点讨论这一类。对这一类,董秀芳(2007)认为是词汇化来的,不是语法化问题。但也有从语法化的角度来谈的,如刘钦(2008)。但不管是从词汇化的角度还是从语法化的角度,都需要确定它的源结构,即作为一个话语标记是从表示什么意义的源结构演变而来的,在这里存在误区。下面我们从"我说"的来源说起。

关于词语"我说"的特殊功能,有不少学者谈到过。如孟琮(1982)提到"我说"的主要作用是唤起对方注意,刘月华(1986)认为"我说"可以引出说话人的建议或看法,表示说话人的态度。董秀芳(2003)把"我说"称为话语标记,说它是带有语气词性质的话语标记。刘钦(2008)较为准确地将话语标记"我说"的主要作用分析为"提醒对方注意",并从语法化的角度分析了它的来源。刘文认为"我说"中的"说"的语义经历了以下的演变过程:

行为义(言说)→认知义(认为)→篇章义(话语标记)

按照刘文所描写的如上演变过程,话语标记"我说"直接来源于"我+认知义动词"的主谓结构,文中这样表述:"作为话语标记的'我说'是在认知义中的'NP+VP'逐渐成为独立的句子结构,导致'我说'逐渐游离于语义内容之外,成为一个较为凝固的成分这一基础上发展起来的。"刘文的上述分析存在的最大问题就是无法解释源结构与话语标记功能之间的关系。功能语言学的一个基本看法是语言形式和意义演变的动因来自语言的使用。如果把话语标记"我说"的源结构看做"我+认知动词"的主谓结构,那么不好解释它与主要表示"提醒注意"这个语用功能之间的关系,即不好说明何以"我+认知动词"的结构会起到提醒对方注意的作用。因为作为认知动词的"说"是个心理动词,"我说"相当于"我认为",

这种表达不可能直接与听话者发生互动联系,并从而引起听话者的注意。另外这种看法也无法解释"我说"后句类的特点。作为话语标记的"我说",其后既可以接陈述句,也可以接祈使句和疑问句。如:

(1)"你们睡吧,我得去公司看看。"于观说着往外走,"你们要是下午不来,中午给我打个电话。"

"我说你也睡会儿吧。"马青说,"权当今儿全公司学习。"(王朔《顽主》)

(2)我说你怎么回事?越不叫你干什么你还非干什么。(王朔《你不是一个俗人》)

而"我说"如果来源于"我+认知动词"的结构,那么就无法解释其后是怎么接上这两种句类的,因为认知动词后面不可能接祈使句和疑问句。

我们认为莫不如看做直接从表示言说的"我说"演变来的。现代汉语中具有提醒注意功能的话语标记有些是由表示"说"和"听"的动词构成。一类是着眼于说话人的,由"说"加上第一人称"我"构成,如"我说、(我)跟你说、(我)跟你讲、(我)告诉你"等。另一类是着眼于听话人的,由"听"加上第二人称代词构成,如"(你)听我说、(你)听我讲、(你)听我跟你说、(你)听我跟你讲、(你)听我告诉你"等。这些短语既有结构功能和语义功能,也有话语标记功能,这些不同层次的功能在现代汉语里是共存的。要对一个话语标记来源进行合理的解释,首先必须说明其由结构功能和语义功能向语用功能转化的接口,即找到可以作两种解释的用例。请看以下的例句:

(3)A:你还要(跟我)说什么?

B:我(跟你)说你不能老实一点吗?

(4)A:我烦了,我不想听你再说什么了。

B:别烦呀,你听我(跟你)说,你这样下去是危险的!

在上例中,B的"我(跟你)说"和"你听我(跟你)说"都是回应 A 的相关的话说的,因而它们既有结构功能也有语义功能。但同时,这种词语出现的语境是,A 的话说明他以为 B 没有什么可说的了,或者 A 不想听了,这时 B 用"我说"类词语开头,提醒对方,表示自己有话要说,或者对方不想听自己也要说,这正好就和提醒注意的话语标记的功能重合了。这种歧义句例的存在可以有力地说明"我说"类话语标记是由表示"说""听"义的行为动词加上论元成分直接演变来的,并不需要经过认知动词阶段。这样看不光是可以说明汉语如上话语标记的来源,也可以说明外语中的相关现象。

外语中也有类似汉语的表示提醒注意的话语标记由表示"说"和"听"的动词加上相关的论元成分演变而来。英语、俄语、德语、法语等语言中都可以找到类似汉语"我说""你听我说"这类着眼于说话者和听话者的话语标记,以英语和俄语为例:

英语口语对话中有 I say(我说)、listen(听)、listen to me(听我说),如:

(5)—Look, I'm sorry. I can't talk right now.

—**I say** we take his whole foot.

(6)**Listen**, white boy, your luck just ran out. ("*Prison Break* 1")

(7)C'mon Daddy, **listen to me**! It's like, it's like, all of my life, everyone has always told me, "You're a shoe! . You're a shoe,you're a shoe,you're a shoe!"("*Friends 1*")

俄语口语中有(я)хочу сказать(我要说)、послушай(听我说),如：

(8) **Я хочу сказать**, у меня хорошая идея, давайте поговорим.(我说,我有个好主意,咱们谈谈)

(9) **Послушай**, не изволь дурачиться, у меня важное дело.(听我说,别闹了,我有重要的事要做)

英语和俄语中与汉语类似的话语标记,其中的动词就是表示言说意义的动词和表示听取意义的动词,并不是认知义动词。这两种语言中着眼听话者的话语标记都是祈使句形式就是证明,因为表示"认为"义的认知动词是不能构成祈使句的,俄语的Послушай还是个动词命令式形式。另外俄语 Я хочу сказать(我说)中还有个助动词 хочу(想、要),如果主要动词是认知动词,前面是不能加这类意愿性助动词的。

为什么用由表示"说"和"听"意义的动词构成的结构容易变为表示提醒注意的话语标记?道理很简单：说话人通过使用由听说动词构成的短语,告诉别人自己要说什么,或者是让别人听自己说什么,都是表示要给对方提供信息,人们对别人提供信息总是感兴趣的,因而这些话语标记能够起到引起对方注意的作用。所以我们认为决定"我说"类词语变为话语标记的动因是语境,换句话说,只要是在需要提醒对方注意的语境中,这些短语就起着提醒对方注意的语用功能,并不需要经过"说"由言说义动词演变为认知义动词后才变成话语标记。

既然如"我说"这类话语标记并不遵循一般虚词或形态标记一样的语义虚化的规律,那么这类成分的来源还是不是语法化问题?

这是值得讨论的！一般实词的语法化需要一定的句法、语义或语境的条件,需要经过词义虚化、功能变化的过程,其结果是虚词或形态标记。典型的虚词或形态标记在形式上的特征可以概括为：语音有不同程度的弱化；附着于相关的结构成分或小句,不能独立；它与被附着成分的顺序是定位的；等等。显然典型的话语标记的演变不具备如上的条件和特征。

显然刘文是基于一般的实词语法化的规律,首先考虑"我说"的源结构应该是语义更虚化的结构,"我+认知动词"的"我说"比"我+言语动词"的"我说"更虚,所以它应该是话语标记的直接来源。按照一般的语法化或词汇化规律来看话语标记的来源,是当前话语标记来源研究的主要倾向。从语义上说,如果一个话语标记还有另外 A 和 B 两个意义,而且按照一般的语义虚化的路径,是 A→B,那么话语标记直接源自于 B 而不是 A。刘文就是这种认识。另如曾立英(2005)研究了话语标记"我看"和"你看"的主观化问题,该文认为"你看"的演变与"看"的虚化直接相关,由"观察义"发展为"认知义"再由此发展出话语标记。我们考察的结果不是这样的,话语标记"你看"是直接从"你+观察义"演变而来的,无论从历史语料的考察还是从共时语料的分析都可以说明这一点(艾青 2009)。曾文论证话语标记"你看"直接来自"你+认知义动词"的事实依据是下面这个句子："你看这姑娘怎么样?"曾文认为其中的"你看"已是话语标记。这样的分析显然有误,其中的"看"是认知动词,后面的小句是"看"的宾语,这里"你看"既有概念功能,也有结构功能,不能理解为话语标记。作为话语标记的"你看"与这类句子没有关系。董秀芳(2007)讨论话语标记"谁知道"的形成,将"谁知道"的语义变化途径概括如下：

　　　　短语 →　　认知情态副词性固定语 →　　话语标记
　　　　　　词汇化　　　　　　　　　语法化

　　紧接着她补充道："需要说明的是，仅仅根据共时的材料，我们也可以说，'话语标记'用法是从短语直接词汇化而来，但是考虑到跨语言的演变共性，由于从认知情态副词发展为话语标记，是话语标记形成的一条较为普遍的路径（Traugott & Dasher 2002：187），我们倾向于认为存在以上的演变链条。"董秀芳处在了矛盾中间：这里讨论"谁知道"的来源，她认为经过了认知情态副词的阶段，但在下面讨论历史上话语标记"谁知"形成时，却又认为它由短语直接演变而来，因为它没有情态用法。其实就说"谁知道"也是从表示反问的主谓短语直接变来不行吗？董文就明确说到作为话语标记"谁知道"，是表示其后的话语相对于前面的叙述来讲，并不是一种正态的发展，而是出乎意料的，与常规的预期不符。这一意义仍是与"谁知道"在反问句环境中获得的"不知道"义相关：既然先前不知道某一情况会发生，自然这一情况的实际出现就是出乎意料的了。这样解释不是很自然吗？汉语中的"谁想、哪想、哪知道、谁料、不料、不想、想不到、没想到"等都是表示出乎意料的话语标记，它们的形成与"谁知道""谁知"是相同的，在预先想不到、不知道的事，不就是意外的吗？

　　作为一种典型的通过语法化演变而来的功能性成分，从形式上应该具有附着性，即独立性差；应该具有定位性，与所附着的成分的顺序是固定的；读音上应有不同程度的弱化；从语义上说，要经历由实到虚的演变过程，而这种虚化一般不会是跨跃式的。显然典型的话语标记的演变不具备如上的特征。因而将话语标记的演变看做是语法化过程是值得怀疑的。

我们的基本看法是:话语标记来源的研究要想对某个话语标记的来源提出令人信服的说明,那么必须将话语标记的主要功能(说语用意义也可以)明确起来,然后找到这种功能和承担这种功能的词语的原来意义和语序特征之间的联系,就如表示"我要说什么"和"让你听什么"等意义的词语与提醒注意这个功能之间的联系一样。而不一定要按照一般的实词语法化规律来谈。

2 关于话语标记的词汇化

就如话语标记的演变我们不能套用一般的语法化模式一样,词汇化也和一般实词的词汇化不同。一般所说的短语的词汇化的终点一定是结构的定型化和语义的专门化。而话语标记除了来源于单词的以外,基本是不定型的,可以有变体。如果从这些话语标记具有一定的熟语性,而将其看做是词汇化也未尝不可,问题在于如果我们认为话语标记的来源是词汇化问题,那我们就得承认这种语型不稳定是个演变过程中的现象,是词汇化程度不高的表现,它最终的结果是词汇化程度会进一步提高,由不稳定向稳定发展。可这样的结果是值得怀疑的。比如说汉语的"我说"类话语标记,现在是语形不确定的,而且从一开始产生时就是这样,经历了上千年的演变后,词汇化程度仍然没有提高。请看下面的历时考察。

"我说"类话语标记在近代汉语中就已经出现。据我们考察,最早出现的是着眼于听话者的,在敦煌变文里就可以见到,在元曲

和明代小说中已经常见,其中的构成成分可以略有差别,但早期的用例都是用在对话中的应答句中的,如:

(10)道安答曰:"善庆近前,莫致谦词,我佛以慈悲为体。"善庆又问曰:"既言我佛慈悲为体,如何不度羼提众生?"道安答曰:"汝缘不会,听我说著,羼提众生,缘自造恶业。譬如人家养一男,长大成人,窃盗于乡党之内。事既彰露,便被州县捉来,遂即送入刑狱,受他考楚,文案既成,招优愆罪,领上法场,看看是死。父母虽有恩慈,王法如何救得。……"(王重民、王庆菽等《敦煌变文集·庐山远公话》)

(11)许宣道:"你如今又到这里,却不是妖怪?"赶将入去,把白娘子一把拿住道:"你要官休私休!"白娘子陪着笑面,道:"丈夫,一夜夫妻百夜恩,和你说来事长。你听我说,当初这衣服,都是我先夫留下的。我与你恩爱深重,教你穿在身上,恩将仇报,反成吴越?"(冯梦龙《警世通言·白娘子永镇雷峰塔》)

(12)智深道:"洒家不管菜园,俺只要做都寺、监寺。"首座又道:"你听我说与你。僧门中职事人员,各有头项。且如小僧,做个知客,只理会管待往来客官僧众。……"(《水浒传》第六回)

上例(10)、(11)中的"我说"类成分都是用于回答别人的问话,用这类词语引出自己的答话,(12)中虽然不是用于别人的问话之后,但也是听了对方的话后,要说服对方改变观点,所以用让对方注意听的"你听我说与你"来引出自己的话轮。当这类词语不是接在对方的话后说,而是接在别人的某一个行为后说时,话语标记的作用就更加明显,如:

(13)看看天色晚了,刘唐吃了酒,把桌上金子包打开,要取出来。宋江慌忙拦住道:"贤弟,你听我说:你们七个弟兄,初到山寨,正要金银使用。宋江家中颇有些过活,且放在你山寨里,等宋江缺少盘缠时,却教兄弟宋清来取。"(《水浒传》第二十回)

(14)杨志骂道:"这畜生不呕死俺,只是打便了。"拿起藤条,劈脸便打去。老都管喝道:"杨提辖且住,你听我说。我在东京太师府里做奶公时,门下官军见了无千无万,都向着我喏喏连声。不是我口浅,量你是个遭死的军人,相公可怜,抬举你做个提辖,比得草芥子大小的官职,直得怎地逞能。休说我是相公家都管,便是村庄一个老的,也合依我劝一劝,只顾把他们打,是何看待!"(《水浒传》第十六回)

以上两例中,"你听我说"都是用在要制止别人某一行为发生的时候说的,用来引出制止行为发生的理由。

着眼于说话者的"我说"类词语在元代可以见到,在早期用例中也主要是用在应答对方的话轮时,如:

(15)(净云)贼来怎地他一个人退得?都是胡说!(红云)我对你说。(唱)【天净沙】把河桥飞虎将军,叛蒲东掳掠人民,半万贼屯合寺门,手横著霜刃,高叫道要莺莺做压寨夫人。(王季思《全元戏曲·崔莺莺待月西厢记》)

(16)武大看那猴子吃了酒肉:"你如今却说与我。"郓哥道:"你要得知,把手来摸我头上的疙瘩。"武大道:"却怎地来有这疙瘩?"郓哥道:"我对你说。我今日将这一篮雪梨,去寻西门大郎……"(《水浒传》第二十四回)

单纯"我说"的形式在清代才见到,如:

(17) 宝玉数问不答,忽见一婆子恶恨恨走来拉藕官,口内说道:"我已经回了奶奶们了,奶奶气的了不得。"藕官听了,终是孩气,怕辱没了没脸,便不肯去。婆子道:"**我说**你们别太兴头过余了,如今还比你们在外头随心乱闹呢。这是尺寸地方儿。"(《红楼梦》第五十八回)

从上面的例句中我们看到,从敦煌变文到现在,"我说"类话语标记的形式始终是不固定的,甚至当一个阶段语法上发生变化时,新的规则还会类推到这类话语标记,如"听我说著"的"著"在后代失去,"你听我说与你"中介词短语"与你"在后,后来的介词短语"跟你""对你"在前,介词还发生了替换。总之在句法上发生的句式变化和虚词替换都仍然可以作用到话语标记,这充分说明这类话语标记仍然具有句法结构的性质,而不是真正的词汇形式。因而我们有理由认为,话语标记的来源即使是词汇化问题,也和一般的其他词项的词汇化不同,其语形不确定的情况并不一定会随着时间而改变,存在着变体,这可能就是话语标记语形的特点,不能按照一般的词汇化来要求它,我们也不能作出它们会完全词汇化的期待。

参考文献

艾　青　2009　《现代汉语"你看"类话语标记研究》,解放军外国语学院硕士研究生学位论文。
董秀芳　2003　"X说"的词汇化,《语言科学》第2期。
————　2007　词汇化与话语标记的形成,《世界汉语教学》第1期。
方　梅　2000　自然口语中弱化连词的话语标记功能,《中国语文》第5期。
黄大网　2001　话语标记研究综述,《福建外语》第1期。
李宗江　2009　"看你"类话语标记分析,《语言科学》第3期。

廖秋忠 1986 现代汉语篇章中的连接成分,《中国语文》第6期。
刘　锲 2008 "我说"的语义演变及其主观化,《语文研究》第3期。
刘月华 1986 对话中"说""想""看"的一种特殊用法,《中国语文》第3期。
孟　琮 1982 口语"说"字小集,《中国语文》第5期。
莫爱屏 2004 话语标记语的关联认知研究,《语言与翻译》第3期。
冉永平 2000 话语标记语的语用学研究综述,《外语研究》第4期。
王　宏 2008 《现代汉语"我说"类话语标记研究》,解放军外国语学院硕士研究生学位论文。
吴福祥 2005 汉语语法化研究的当前课题,《语言科学》第2期。
颜红菊 2006 话语标记的主观性和语法化,《湖南科技大学学报》(社会科学版)第6期。
曾立英 2005 "我看"与"你看"的主观化,《汉语学习》第2期。

"加以"的多元词汇化与语法化[*]

刘红妮

(上海师范大学人文学院)

1 多元语法化与多元词汇化

随着语言演变研究的深入,人们越来越认识到语言现象的复杂性,"词汇成分的多义性和语法成分的多功能性在人类语言中极为常见"[吴福祥(导读)2007:D18—19]。某种语言成分或要素的多元功能和多重演变也越来越引起人们的重视。

什么是"多元语法化"(polygrammaticalization)? 在语法化研究中,以往人们关注较多的是沿着单一斜坡或路径演变的语法化现象,而较少关注沿着两条或以上不同路径演变的语法化现象。Craig(1991)把这种存在多重路径(multiple paths)演变的语法化现象称之为"多元语法化",即指某个单一形式在不同的结构中发展出不同的语法功能。她举了 Rama 语的 *bang(走)在不同的结

---

[*] 本研究得到国家社会科学基金项目(项目批准号:10CYY030)、中国博士后科学基金项目(项目编号:20090460602)和上海市重点学科(S30402)的资助,特此致谢。感谢第五届汉语语法化问题国际学术讨论会上诸多专家学者的宝贵建议。文中所有问题概由笔者本人负责。

构中演变为不同的结果:在与动词性相关的结构中演变为时间标记;与名词性相关的结构中演变为目的介词,而后在复合句中演变为连词。Heine(1992)也指出过这种同一源头经由不同语法化路径,产生不同的结果的多元语法化现象,如 Ewe 语的助动词 le(beat)既可以演变为多功能介词,也可以演变为动词体标记,这是两种完全不同的路径。

那么什么又是"多元词汇化"(polylexicalization)呢?"多元词汇化"是我们相对 Craig(1991)提出的"多元语法化"概念所提出的:一般的词汇化都是沿着单一路径演变,但并不全是单一路径,而存在多重路径的演变。有一些词汇化现象就是沿着两条或可能是更多不同的路径发展的,我们把这种多重的演变称之为"多元词汇化",即指某个非词形式在不同的演变中发展出不同的词项。同样,以往的词汇化研究关注较多的大多都是沿着单一路径演变的单线单向的单元词汇化演变,对多元词汇化现象则较少关注。

一般来说,多元语法化或多元词汇化主要是因在不同的结构中演变为不同的结果。但是,在对汉语中的"加以"进行词汇化研究时,我们发现"加以"最主要的两种用法:连词和形式动词用法之间并没有先后的承继发展关系,而是在不同的结构中经由不同的途径,并且是在动词"加"不同的语素义的基础上分别演化而成的。其中语素义对语言演变路径及其结果起着重要的推动作用。汉语中这种因为语素义的不同和所在结构的不同分化产生的多元词汇化与语法化应该引起人们的重视。本文即以"加以"为例来探讨汉语中这种既有共性又有个性的语言演变现象。

2 对"加以"前人研究的回顾

在现代汉语共时平面,"加以"具有多功能性,跨越开放和封闭两个语法范畴。当前学界普遍认为"加以"最主要的用法有两种:所谓的"形式动词"(关于"形式动词"的另外种种说法,比如"虚义动词、傀儡动词、谓宾动词"等,具体参看刁晏斌2004)和连词用法。比如《现代汉语词典》(2005:651):加以,动词,用在多音节的动词前,表示如何对待或处理前面所提到的事物,如:

(1)发现问题要及时加以解决。

连词,表示进一步的原因或条件,如:

(2)他本来就聪明,加以特别用功,所以进步很快。

其实,除此之外,现代汉语中"加以"还有另外两种作为一般动词的用法:一个是表示"加上",一个表示"施及"(具体见后文5.1和6.1)。在共时平面,"加以"就具有四种不同的功能。那么"加以"这四种功能的形成经历了怎样的演变?它们之间有无联系?尤其让我们感兴趣的是:"加以"是怎么词汇化和语法化为一个特殊的形式动词和连词的?二者之间孰先孰后,又有什么样的关联和理据?从中可以发现什么样的普遍规律?已有成果中,关于形式动词的"加以"在现代汉语共时平面的句法、语义、语用等情况,前人已有不少研究成果,如:王阳畛(1959)、龚千炎(1961)、朱德熙(1961、1985)、刁晏斌(2004)等。但是关于"加以"的形式动词特别是连词用法的形成、产生等问题则较少关注,迄今只有龚千炎(1961)、刁晏斌(2004)略有论述,但都比较简单,没有深入探讨"加以"形式动词和连词两种演变的脉络及其机制,另外有些具体的演变过程还有待商榷。有鉴于此,本文主要从历时多元词汇化和语法化的角度对"加以"进行深入探讨。

3 "加"和"以"的词义引申发展路径

"加"是一个多功能性语素,义项比较多,演变也比较复杂。《说文》:"加,语相谮加也。"段注:"谮下曰,加也。诬下曰,加也。此云语相谮加也,知谮诬加三字同义矣。诬人曰谮,亦曰加……引申之凡据其上曰加。"本义为"诬枉"。后引申为动词,指把一物放在另一物的上面,如:

(3)夫加之以衡轭。(《庄子·马蹄》)

"加"由"把一物放在另一物的上面"的基本义再进一步引申为两种不同的虚化路径:

第一种是由"加"的"把一物放在另一物的上面"的动词义引申为两个或两个以上的东西或数目合在一起,即动词"增加"、"增益"义,如:

(4)加我数年,五十以学《易》,可以无大过矣。(《论语·子路》)

而后进一步发展,由此动词义进一步虚化用作副词,表"更加、加倍",如:

(5)曹滕二邾实不忘我好,敬以逆之……其如旧而加敬焉。(《左传·昭公三年》)

第二种是由"加"的"把一物放在另一物的上面"动词义引申为把一事物添到另一事物上去的动词"加上"义,如:

(6)疾,君视之,东首,加朝服,拖绅。(《论语·乡党》)

接下来又可分为两种不同的演变路径。其一是由"加上"的动词义引申为授予爵位、施恩或施刑等把某种行为施于别人身上的动词义,简单说指施及、施加。主语位置可以是施事,如例(7),也可以是受事,如例(8)受事"夫子"位于主语的位置。

(7)大王加惠。(《战国策·魏策》)

(8)夫子加齐之卿相。(《孟子·公孙丑上》)

其二是由此"加上"义的动词再虚化为连词,如:

(9)乐令既允朝望,加有婚亲,群小谗于长沙。(《世说新语·言语》)

和"加以"有关的主要是动词"加"表示"加上"和"施及、施加"义的义项。

至于"以",它的词义演变比较清楚。《说文》:"以,用也。"《说文》"以"在"已部",是假借字。原本为动词"用"的意思,由此引申为介词诸义,先秦已有用例,其虚化过程,可参看郭锡良(1998)。"以"用作介词,较多表示"用、凭借、按照"等,如:

(10)百工为方以矩,为圆以规,直以绳,正以县。(《墨子·法仪》)

4　先秦共时平面时期的"加+以"

"加以"在先秦时就出现连用,我们对先秦的多部文献作了穷尽性统计,共得到"加以"连用10例,分为三种情况:

A."加"是动词,其前有副词性状语,"加"的意思为"增加";"以"为连词,连接其前动词"加"和其后的另一谓词"让/远",表并列。有1例。

(11)子云,宾礼每进以让,丧礼每加以远。(《礼记·坊记》)

B."加"为动词,表"加上"义,在句中做主要谓词;"以"为表方式的介词,后跟名词性宾语,表示动作实施时的工具、凭据、身份等。共 8 例,又可分为两种情况。

B_1."NP_1/VP 加以 NP_2","加+以"所在的小句后面没有后续成分,共 5 例。

(12)卿大夫之服,自玄冕而下,如孤之服;其凶服,加以大功小功。(《周礼·春官宗伯》)

(13)季夏六月,以禘礼祀周公于大庙;牲用白牡;尊用牺象山罍;郁尊用黄目;灌用玉瓒大圭;荐用玉豆雕篹;爵用玉琖仍雕,加以璧散璧角;俎用梡嶡;升歌清庙,下管象。(《礼记·明堂位》)

(14)老弱冻馁,夭膥壮狡,汔尽穷屈,加以死虏。(《吕氏春秋·听言》)

(15)故曰:"兵者,凶器也",不可不审用也。以秦与赵敌,衡加以齐,今又背韩,而未有以坚荆、魏之心。(《韩非子·存韩》)

(16)故审得失有法度之制者加以群臣之上,则主不可欺以诈伪;审得失有权衡之称者以听远事,则主不可欺以天下之轻重。(《韩非子·有度》)

这里"加以 NP"的意思还可再细分,如例(15)"加以齐"意思是"加上齐国";例(16)"审得失有法度之制者加以群臣之上"意思是"(把)审得失有法度之制者放在群臣之上",即让这样的人居更高的职位。这里的"加以群臣之上"指"加在群臣头上,放在群

181

臣之上"。

B_2. "VP_1,加以 NP,VP_2"。这种结构有一个重要的特点,即"加以"句绝大多数总是位于后分句,在其前总是有一个句法、语义完整的分句,"加"的"加上"的语义作用,及"加以"所处的句法位置,使"加以"小句在句法、语义上都像一个附属分句或追加从句。另外"加以"后还有一个分句,表示结果或结论,形成"VP_1,加以 NP,VP_2"的格式,共 3 例。

(17)荐黍稷,羞肝肺首心,见间以侠瓶,加以郁鬯,以报魄也。(《礼记·祭义》)

(18)献公许之,乃使荀息以屈产之乘为庭实,而加以垂棘之璧,以假道于虞而伐虢。(《吕氏春秋·权勋》)

(19)九夷方一百里,加以鲁卫,强万乘之国也,而齐兼之,是益二齐也。(《战国纵横家书·谓燕王章》)

其中例(17)、(18)"加以"后的第三分句是表示结果,形式上的标记是结果或目的连词"以";例(19)的第三分句是表示结论。

C."加"为动词,做句子的主要谓词,但为"施及、施加"之义,往往是指把某种行为(施恩或施刑等)施加于某人身上;"以"是介词,后跟名词性宾语,但后跟动作施行时涉及的对象,是表对象的介词。形成"NP_1加以 NP_2"结构,有 1 例,如:

(20)故国有德义未明于朝者,则不可加以尊位;功力未见于国者,则不可授与重禄;临事不信于民者,则不可使任大官。(《管子·立政》)

例中"加以尊位"是指授予尊位,"加"与"授"对举。

"加以"连用的情况如下:

类别	A类 (动+连)	B类(动+介)		C类(动+介) NP₁加以NP₂
		B_1类：NP_1/VP 加以NP_2	B_2类：VP_1， 加以NP, VP_2	
动词"加"	"增加"	"加上"		"施及"
连/介"以"	表并列	介引动作方式凭据		介引动作 涉及对象
次数	1	5	3	1
百分比	10%	50%	30%	10%

总之，先秦时期"加以"的B种用法占大多数。不管是哪一种用法，"加"+"以"都只是在线性序列上相邻的非句法结构（刘红妮2007）的成分序列，还未成词。先秦以后，A类"加+以"逐渐不再使用，而B类和C类的"加+以"仍旧使用并发生词汇化和语法化。因"加"语素义的不同，在不同的结构中，B类和C类的"加+以"逐渐向连词和形式动词两个大的方向分化、演变。

5 "加以"连词功能的产生与发展

当"加"表"加上"义时，"加+以"在B_1类"NP_1/VP加以NP_2"结构中演变为表"加上"义的一般动词；在B_2类"VP_1，加以$NP/VP_2, VP_3$"结构中演变为连词"加以"。

5.1 表"加上"义的一般动词"加以"的形成

西汉时，"加以"基本上还是"动词+介词"的"加+以"，介词后还是名词性成分，《史记》中有6例，都是B_1类"NP_1/VP加以NP_2"中的"加以"，如：

(21) 荤粥氏虐老兽心，侵犯寇盗，加以奸巧边萌。（《史记》卷六十）

(22) 故秦、夏、梁、鲁好农而重民。三河、宛、陈亦然，加以

商贾。(《史记》卷一百二十九)

(23) 以其直及日所宿,加以日时,用命其国也。(《史记》卷二十七)

值得注意的是汉代及其以后,动词"加"后可以直接跟宾语,不用介词"以"介引,而在先秦时期这种意义上的"加"不能直接带宾语。如:

(24) 夏,遂还泰山,修五年之礼如前,而加以禅祠石闾。(《史记》卷二十八)

(25) 夏,遂还泰山,修五年之礼如前,而加禅祠石闾。(《史记》卷十二)

两句几乎一模一样,但一句用"加以",一句用"加",二者语义在一定情况下重合,可以互换。可以看到,非句法结构的成分序列"加+以"中介词"以"的语义及其功能非常之弱,可有可无,这使其发生演变,逐渐词汇化为表"加上"义的动词"加以","以"后原本的介词宾语升格为新的谓语动词"加以"的宾语。

这种表示"加上"的一般动词"加以",后加名词性宾语,虽然用得不多,但一直到现代汉语,还可见它的踪迹。如:

(26) 蟹有八足,加以二螯。(《世说新语·纰漏》)

(27) 取羊肝水浸,加以椒酱食之,即能餐矣。(《太平广记》卷一百二十六)

(28) 然此只是个死法。若更加以读书穷理底工夫,则去那般不正当底思虑,何难之有!(《朱子语类》卷一百一十三)

(29) 太极本无极,自宋周子加以一圈,其后迂儒铸太极图,其式如圈,人遂云:今乃知太极之为物,區而中空。(《万历野获编·补遗》卷三)

(30)此酒乃以百花之蕊,万木之汁,加以麟髓凤乳酿成,因名为"万艳同杯"。(《红楼梦》第五回)

和"加以"相近的是比较白话的"加上"一词,如。

(31)他拿着笔一一的加以题目,那条关于中央公园的事,他加上一个:……(老舍《老张的哲学》)

5.2 连词"加以"的形成与发展

到了东汉,"加以"的使用出现了非常明显的特点:(1)B_2类的"加以"使用频率大幅上升占绝对优势;(2)B_2类"加以"后的成分由名词性成分扩展为谓词性成分,其中大多数还是形式和语义完整、复杂的小句形式。从"VP_1,加以 NP,VP_2"演变为"VP_1,加以 VP_2,VP_3","加以"可以说已介于成词的连词"加以"。在《汉书》中总共 20 例"加以"中,这样的"加以"就有 17 次,其中"加以"后是形容词及其短语的有两例,如:

(32)妾夸布服粝食,加以幼稚愚惑,不明义理,幸得免离茅屋之下,备后宫埽除。(《汉书》卷九十七)

"加以"后为小句的有 15 例,如:

(33)朕承至尊之重,不能烛理百姓,娄遭凶咎。加以边竟不安,师旅在外,赋敛转输,元元骚动,穷困亡聊,犯法抵罪。(《汉书》卷九)

(34)臣愚以为圣主富于春秋,即位以来,未有惩奸之威,加以继嗣未立,大异并见,尤宜诛讨不忠,以遏未然。(《汉书》卷八十二)

(35)惟君登位,于今十年,灾害并臻,民被饥饿,加以疾疫溺死,关门牡开,失国守备,盗贼党辈。(《汉书》卷八十四)

六朝时期,连词"加以"的使用频率仍然较高,"加以"后面的成

分可以是完整的小句,已经发展成熟。如《后汉书》中11例,《三国志》中12例,在其他文献中也很常见。如:

(36)荆、扬稻收俭薄,并、凉二州羌戎叛戾。加以百姓不足,府帑虚匮,自西徂东,杼柚将空。(《后汉书》卷四十五)

(37)及臣所在,既自多马,加以羌胡常以三四月中美草时,驱马来出,隐度今者,可得三千余匹。(《三国志》卷六十二)

(38)衣食资须,公私驱役;而望遁迹山林,超然尘滓,千万不遇一尔。加以金玉之费,炉器所须,益非贫士所办。(《颜氏家训》卷五)

至此,"加以"由"动+介"的非句法结构的成分序列词汇化为一个连词,用在小句后,表示进一步的原因或条件,无疑已和现代汉语连词"加以"用法相同。

从唐代开始,连词"加以"虽然也继续使用,但使用频率及范围不及中古时期。这是因为通过另一条演变途径形成的"加以"的另外一种重要用法——形式动词的"加以"逐渐形成、发展、成熟。连词"加以"在唐代以及其后的用例,如:

(39)三世诸佛,从此经生;最妙菩提,从此经出。加以括囊群教,许为众经之要目。(《敦煌变文集新书》卷三)

(40)既是如此,又加以应接事物,逐逐于利欲,故本来明德只管昏塞了。(《朱子语类》卷十七)

(41)须臾,蛇不见了;忽然大雷大雨,加以冰雹,落到半夜方止,坏却房屋无数。(《三国演义》第一回)

(42)本来原有昏愦的病,加以今夜神出鬼没,更叫他不得主意,便也不顾别的了,口口声声只要找林妹妹去。(《红楼

梦》第九十七回)

(43)王老叔起初还争执是柳木,经几次的鉴定,加以对于杨木匠的信仰,于是断定为洋槐木,然后满意的散去。(老舍《老张的哲学》)

发展到现代,连词"加以"使用频率基本呈下降趋势,多用于书面语中。一方面是因为"加以"作为形式动词的用法占了绝对优势,另一方面则是因为在口语中"加以"被后来比较白话的连词"加上"所替代,二者形成文体使用上的分工。

5.3 连词"加以"词汇化和语法化的机制和动因

连词"加以"词汇化和语法化的主要机制和动因是去范畴化(decategorization)和介词并入(preposition incorporation)。

去范畴化这个术语是 Hopper & Thompson(1984)首先提出来的,其基本含义是词类在一定的语篇条件下脱离其基本语义与句法特征的过程。去范畴化是指范畴成员部分或全部地失去本范畴的一些特征,语言层面的去范畴化指的是"在一定的条件下范畴成员逐渐失去范畴特征的过程"(刘正光 2006:61)。语义上,介词"以"的语义发生抽象与泛化,这就为其去范畴化打下了前提基础。前文谈到,先秦时期表示"加上"意义的"加"不能直接带宾语,而必须带介词"以",而汉代及其以后,动词"加"后可以直接跟宾语,而不用介词"以"介引。"以"的语义及其功能非常之弱,可有可无;句法形态上,"以"的介词范畴的典型句法、语义分布特征消失。"加+以"最初在先秦连用时,介词"以"后面的宾语是典型的名词性宾语,而当发展到汉代时,介词"以"后面的宾语逐渐扩展为谓词性宾语,并且这种趋势越来越明显,使用频率越来越高。而我们知道,介词后面一般跟的是名词性成分,如果后面是谓词性成分或小句,那么就超出了原本介词的功能和管辖范围,介词最典型的范畴功能介引功能就弱化、消失,发生去范畴化。"以"发生去范畴化后主要体现为语音弱化。

　　介词"以"范畴分布特征的消失为其跨界与其前动词"加"融合并发生重新分析打开了方便之门,经过介词并入的整合操作,"加"和"以"凝固成词。并入(incorporation)是指一个语义上独立的词进入另一个词的内部,二者合并成一个整体的过程(Baker 1998)。不少语言中都存在并入这种现象。并入这个概念在生成语法中通常指一种共时平面的句法移位操作的规则,但汤廷池(1991)发现"原则参数语法"的各个理论原则如"投射原理"、"论旨原理"、"X杠标原理"、"格位原理"、"管辖原理"、"限界理论"等都一律适用于汉语词法上的并入与句法上的并入。他指出:"所谓的'并入'系指词语或词组借'重新分析'而加接到另一个语素、语词或词组,因而与后者'合并'或'并入'后者,成为后者成分的现象。汉语语法的并入现象,有发生于复合词内部的'词法上的并入',也有发生于语词与语组间的'句法上的并入';有以动词为主要语的并入,也有以名词为主要语的并入;被并入的语法范畴则包括名词、名词组、介词、动词、形容词、副词等。"近年来关于汉语中并入现象的已有成果中,已经涉及动词并入、名词并入,还扩展到代词并入,但较少涉及介词并入。本文所指的介词并入就是指一个语义、句法上原本独立的介词在句法、语义、语用等作用下发生去范畴化,并入一个动词内部成为词内成分,经过重新分析二者合成一个整体,成为一个独立新词的过程。具体到"加以"的成词,是介词"以"发生去范畴化后并入表示"加上"意义的动词"加",使词汇序列"加+以"词汇化为一个独立的词语"加以","加"和"以"则分别降级为构词语素。"加以"的并入是发生于复合词内部的"词法上的并入",是以动词"加"为主要语的并入,被并入的语法范畴则是介词。

另外,"加以"的成词还和所在的句法结构密切相关。一方面,和介词"以"后的句法演变有关。介词"以"后的宾语由名词性成分扩展为谓词性成分,甚至完整的小句,其后成分在形式、语义上的完整性就使单词"加"和"以"游离出来,"以"和后面的宾语结合得就不那么紧密,这样"加"和"以"就有可能进一步融合。另一方面,还有一个句法上的条件就是"加以"必须用在"VP_1,加以 VP_2,VP_3"的句法格局中。如果只是用在"VP_1,加以 VP_2"句法结构中,那么"加"是主要动词,是整个单句的主要成分,"加以"不可能演变为连词;但是在"VP_1,加以 VP_2,VP_3"的句法结构中,"加以"前有一个分句叙说一件事情,基本表达完整,"加以"为句中分句,表示追加、补充,并且更重要的是"加以"分后还有一个分句,表示结果或结论,这样在认知上,整个句子就容易被理解为一个表示因果关系的复句:"VP_1,加以 VP_2,‖ VP_3",因为 VP_3 表示结果或结论,所以其前的"VP_1,加以 VP_2"在理解上就整个被处理为引起 VP_3 的原因和条件。而 VP_1 和 VP_2 都是谓词性成分,"加以"用在其中,正是句中连词的位置,连接作用就很明显,形成"VP_1,‖ 加以VP_2",表示前后两部分的并列。"加/以 VP"被重新分析为"加以/VP","加以"也就成为连词,由做句子的主要成分变为次要成分,由前景信息变为背景信息。因为"加"语素义的影响,表示追加、补充进一步的原因或条件。整个复句也就被理解为"VP_1,‖ 加以 NP/VP_2,| VP_3"。同时,因为其后成分的扩展及在句中的句法位置,主要起篇章连接功能。

此外,还和高频使用有关。高频使用是词汇化发生的必要条件。(董秀芳 2002)我们可以看到,从先秦到中古连词"加以"形成的源结构"VP$_1$,加以 VP$_2$,VP$_3$"出现次数明显上升。另外韵律也起到一定的作用,当"以"后扩展为谓词性成分,甚至完整的独立小句,形成"加／以／VP$_2$"时,其后成分 VP$_2$在形式、语义上的完整性在汉语双音化以及韵律的促动下使单词"加""以"黏合形成"加以／VP$_2$"。

6 "加以"形式动词用法的产生及发展

当"加"表"施及"义时,"加＋以"在 C 类"NP$_1$加以 NP$_2$"结构中演变为一般动词"加以",继而在"NP$_1$加以 VP"结构中演变为形式动词"加以"。

6.1 从"加＋以"到表"施及"义的一般动词"加以"

六朝时期有一个比较明显的变化。C 类"动＋介"的"加以",即"加"语素义为"施及"义,"以"为介引动作涉及对象介词的"加以"使用频率逐渐上升。《汉书》中 C 类"加以"与连词"加以"的比例为 3∶17;《后汉书》和《三国志》中则分别为 8∶11 和 6∶12。

《后汉书》中 C 类"动＋介"的"加以"共有 8 例,其中 4 例后面跟的是名词性成分,如:

(44)陛下圣德高明,躬率众贤,海内宾服,惠及殊俗。以肺附之故,赦臣芳罪,加以仁恩,封为代王,使备北藩。(《后汉书》卷十二)

(45)昔周公怀圣人之德,有致太平之功,然后王曰叔父,加以锡币。(《后汉书》卷四十一)

(46)帝不许,使中黄门问病,加以珍羞,赐钱三十万。(《后汉书》卷四十五)

可以看到最初"加以"后面的名词性成分"仁恩、锡币、珍羞"都是和帝赏臣子的施恩等行为有关。这也是有根源的。因为"加"在这里本来就是由"加上"的动词义引申指授予爵位、施恩或施刑等把某种行为施于别人身上的动词义,简单说指施及、加以。

上述四例的"加以"虽然说是严格意义上的C类"动+介"的"加以",但也可以认为是处于过渡时期、临界状态的动词"加以",表示"施及、施加"。这种形式后来演变为一般的及物动词"加以",后面跟名词性宾语,相当于动词"施加"的意思,如:

(47)彼土无铁,朱宽还至南海郡,留仇中男夫壮者,多加以铁钳锁,恐其道逃叛。(《野朝佥载》卷六)

(48)无此事,岂可遽然加以此罪!(《朱子语类》卷五十六)

(49)今赌博者亦当加以肉刑,如太祖初制,解其腕可也。(《万历野获编·补遗》卷三)

(50)若大老爷定谓小妇人实系谋害,加以大刑,治以国法,小妇人亦所甘愿。(《施公案》三百一十五回)

这种后跟名词性宾语的表示"施及"义的一般动词,随着后面宾语由名词性成分扩展为谓词性成分越来越多,终至形成形式动词"加以",所以发展到现代汉语已经几乎完全消亡。

6.2 从表"施及"义的一般动词"加以"到形式动词"加以"的演变

形式动词"加以"正是在表"施及"义的一般动词"加以"的基础上形成的。

我们知道一般动词"加以"后面一般跟的是名词性宾语,但当动词"加以"后的宾语扩展为谓词性成分时,我们发现"加以"就在一般动词的基础上有了新的变化。如:

(51)陛下既已得之自然,犹宜加以勉勖,法太宗之隆德,戒成、哀之不终。(《后汉书》卷二十四)

(52)是时大司农刘据以职事被谴,召诣尚书,传呼促步,又加以捶扑。(《后汉书》卷六十一)

(53)昔丞相申屠嘉召责邓通,洛阳令董宣折辱公主,而文帝从而请之,光武加以重赏,未闻二臣有专命之诛。(《后汉书》卷六十六)

可以看到,例(51)例中的"加以"后面"勉勖"语义上都还带有授予爵位、施恩或施刑等把某种行为施于别人身上的意思,这和原本的"加以"后的名词成分的语义如出一辙。但如例(52)中的"捶扑"在语义上就逐渐摆脱了这些制约,由此可见"加以"后的动词在范围和语义上的扩展。至此可以说现代汉语中形式动词"加以"的各种限制、用法等已经逐渐产生并将进一步定型。

《三国志》中有3例"加以"后是动词性宾语,可以认为是形式动词;并且"加以"句前的主语都是受事,"加以"也即"被加以",如:

(54)其以隆、絜子为骑都尉,加以赠赐,光示远近,以殊忠义。(《三国志》卷四)

(55)两掾所署,事入诺出,若有奸欺,终不加以鞭杖,宜各尽心,无为众先。(《三国志》卷五十五)

(56)一岁课试,差其品第,加以位赏。(《三国志》卷四十八)

唐代的用例:

(57)开府参军多是衣冠士族,伏连加以捶挞,逼遣筑墙。

(《北齐书》卷二十)

宋代的《朱子语类》一共有 13 例"加以",其中 4 例连词,4 例后带名词宾语的动词"加以",5 例可以说是形式动词"加以",如:

(58)如修养者,此身未有所损失,而又加以啬养,是谓早服而重积。(《朱子语类》卷一百二十五)

(59)正如恶骏马之奔踶,而求一善马骑之;至其驽钝不前,则又不免加以鞭策。(《朱子语类》卷一百二十七)

再如明代的下例:

(60)淤泥青莲,亦愿加以拂拭。但贫士所不能,不敢妄想。(《二刻拍案惊奇》卷七)

清代形式动词"加以"的用例开始多了起来,如:

(61)所以据愚见看来,对于刘永福,我们不必给他捧场,也不忍加以攻击,我们认他是个有志未成的老将罢了!(《孽海花》第三十三回)

(62)恐其白玉祥再派高人把守,加以防范。(《三侠剑》第七回)

到了民国,形式动词"加以"的用法更加多样化,使用频率也更高,已比较接近于现代汉语的用法。如:

(63)帖木真又检阅被俘的妇女,见内中有两个绝色的佳人,加以讯问,方知两人都是汪罕的侄女,乃其弟札合敢所生。(《元代官廷演义》第十三回)

及至现代汉语,"加以"作为形式动词的用法则更多了,超过了连词的用法。在北大现代汉语语料库中,"加以"共有 15420 例,共有四种情况:个别特殊的非词形式,后跟名词宾语的表示"加上"义的一般动词"加以",连词"加以"和形式动词"加以"。前两种形式

所占的比重比较少,连词"加以"较多,形式动词"加以"的用例则最多,仅举数例,如:

(64)凡事他都细细的看,而后加以判断,慢慢的他变成了北平通。(老舍《四世同堂》)

(65)这些问题,应引起有关部门的重视,加以解决。(《人民日报》1996年)

6.3 形式动词"加以"词汇化的机制和动因

形式动词"加以"词汇化的主要机制和动因也涉及去范畴化和介词并入,也是发生于复合词内部的"词法上的并入",是以动词"加"为主要语的并入,被并入的语法范畴则是介词,只不过是介词"以"发生去范畴化后经由介词并入操作并入表示"施加"意义的动词"加"。除此之外,则主要还和韵律以及汉语动名互转的无标记性有关。

从上文我们可以观察到"加+以"及其后的名词性成分构成的几乎都是四字形式:"加以仁恩、加以锡币、加以珍羞"。一方面,因为汉语两个音节形成一个标准韵律词,四字形式在韵律上最容易被切分为二二形式,所以如原本是"加/以仁恩"的非句法结构,就易于被重新切分为"加以/仁恩",这样就发生了重新分析。成词之初"加以VP"基本上构成的是四字形式,为音节上的和谐起见,词汇化后的"加以"后面的动词一般都要求是双音节的。另一方面因为这种意义的动词"加"本身是及物动词,可以直接加宾语,[比较前文的例(7)"大王加惠"和(8)"夫子加齐之卿相"]所以"以"的介词作用就不是非常必要。"以"发生去范畴化,那么就极易前附于动词"加",二者黏合凝固为一个独立的词。

另外,从表"施及"义的一般动词"加以"到形式动词"加以"的演变则主要和汉语动名互转的无标记性有关。那么,为什么一般的"加以"后可以带相同语义的动词呢?我们认为这主要是和汉语名词和动词的特性有关,和动转名的无标记性有关(王冬梅2001;沈家煊2008、2009;董秀芳2008)。由于动转名的无标记性,原来只允许名词性成分出现的句法位置在发展过程中能很自然地扩展到容纳动词性成分,这也就解释了为什么"加以"由一个原本带名词性宾语的动词演变为带动词性宾语的形式动词了。只是"加以"后扩展为谓词性宾语后,在使用上后来居上成为强势倾向,"加以"后加名词性成分的用法反而比较古老,不再被使用了。因为上述原因,形式动词"加以"后的动词宾语一般在语义上都具有指称性,而不能是动作性很强或具体性的动作动词。如《现代汉语八百词》(1999)中"加以"后所跟的动词如下:"总结、具体分析、认真地讨论、解决、推广、说明、解决、克服、认真考虑",可以看到这些动词无疑都具有一定的名词性和指称性。另外,"加以"的语义本身是指把某种行为等施于人或事上,这也就影响了"加以"作为形式动词常常以受事主语的形式出现。比如:"施工方案必须加以论证。"再如例(51)中"加以"前是主动的施加者"陛下",是施事在前;但例(52)中"加以"前是被动的承受者"刘据",是受事在前,"加以"在语义上也就变成"被加以"了。

最后,当然还和高频使用有关。从上可以看到"加以 VP"在文献中的用例显著上升。

7 结语

因动词"加"语素义的不同,"加+以"在不同的结构中发生了多种演变途径:当"加"表"加上"义时,"加+以"在"NP_1/ VP 加以 NP_2"结构中演变为表"加上"义的动词,在"VP_1,加以 NP/ VP_2,VP_3"结构中演变为连词"加以";当"加"表"施及"义时,"加+以"在"NP_1 加以 NP_2"结构中演变为表"施及"义的一般动词"加以",继而在"NP_1 加以 VP"结构中演变为形式动词"加以"。其演变的主要机制和动因是去范畴化和介词并入。除此之外,连词"加以"的形成还与所在的句法结构密切相关,而形式动词"加以"的形成则还与汉语动名互转的无标记性以及韵律等因素有关。在"加以"的多元词汇化和语法化中,除了句法结构等因素外,"加"的语素义对其演变路径、分化及其结果起着重要的推动作用。总结如下:

"加"的语素义	"加+以"所在的句法结构	演变结果"加以"
"加上"	"NP_1/ VP 加以 NP_2"	①表"加上"义的一般动词
	"VP_1,加以 NP/ VP_2,VP_3"	②连词
"施及"	"NP_1 加以 NP_2"	③表"施及"义的一般动词
	"NP_1 加以 VP"	④形式动词

"加以"的①和②、③和④的用法分别具有发生学的关系,而最主要的连词和形式动词两种用法②和④之间并没有承继发生关系,不是经由一条途径,而是经由不同的途径、在动词"加"不同的义项基础上和不同的句法结构中分别演化而成的。这是一种因语素义的不同和结构的不同这双重因素导致的多元词汇化和语法化模式。"加以"的多元词汇化和语法化现象只是汉语中的一例,我们相信随着研究的深入一定会发现更多此类语言现象,应加强对汉语中此种演变的探讨,以促进汉语词汇化和语法化研究的深入。

参考文献

刁晏斌 2004 《现代汉语虚义动词研究》,辽宁师范大学出版社。

董秀芳　2002　《词汇化:汉语双音词的衍生和发展》,四川民族出版社。
——　2008　汉语动转名的无标记性与汉语语法化模式的关联,《历史语言学研究》第一辑,商务印书馆。
龚千炎　1961　论"加以",《中国语文》第 2 期。
郭锡良　1998　介词"以"的起源和发展,《古汉语研究》第 1 期。
刘红妮　2007　非句法结构"算了"的词汇化与语法化,《语言科学》第 6 期。
刘正光　2006　《语言非范畴化——语言范畴化理论的重要组成部分》,上海外语教育出版社。
吕叔湘主编　1999　《现代汉语八百词》(增订本),商务印书馆。
沈家煊　2008　《汉语里的名词和动词》,复旦大学 2008 中国语言学高级暑期班讲稿。
——　2009　我看汉语的词类,《语言科学》第 1 期。
汤廷池　1991a　汉语语法的"并入现象"〈上〉,《清华学报》(台湾)第 21 卷第 1 期。
——　1991b　汉语语法的"并入现象"〈下〉,《清华学报》(台湾)第 21 卷第 2 期。
王冬梅　2001　《现代汉语动名互转的认知研究》,中国社会科学院博士学位论文。
王阳畛　1959　谈"加以"的语法特点,《中国语文》第 11 期。
中国社会科学院语言研究所词典编辑室编　2005　《现代汉语词典》(第 5 版),商务印书馆。
朱德熙　1961　"加以""进行"之类动词的用法,《新闻战线》第 3 期。
——　1985　现代书面汉语里的虚化动词和名动词,《北京大学学报》(哲学社会科学版)第 5 期。
Baker, Mark C. 1988 *Incorporation: A Theory of Grammatical Function Changing*. Chicago: The University of Chicago Press.
Bernd Heine and Tania Kuteva 著　2007　《语法化的世界词库》(*World Lexicon of Grammaticalization*),吴福祥导读,北京:世界图书出版公司北京公司。
Craig, Colette 1991 Ways to go in Rama: A case study in polygrammaticalization. In Traugott and Heine (eds), *Approaches to Grammaticalization*. Amsterdam: Benjamins. Vol. 2. 455—492.
Heine, Bernd 1992 Grammaticalization chains. *Studies in Language*. 335—368.
Hopper, P. J. & S. A. Thompson 1984 The discourse basis for lexical categories in universal grammar. *Language* 60: 703—752.

临界频率和非临界频率*
——频率和语法化关系的重新审视

彭　睿

（新加坡国立大学中文系）

1 引言

本文探讨文本频率（text frequency 或 token frequency，以下简称"频率"）[①]和语法化之间的关系。语法化以语用推理为机制，而语用推理往往只能在特定的环境中实现。频率理论认为频率对语法化具有推动作用，但并没有严格区分具备语法化条件的环境和不具备语法化条件的环境，所以其论断是建立在笼统意义的频率（以下简称"笼统频率"）基础上的。正因为如此，频率理论对语法化现象的解释力在理论和实证两方面都遭受了质疑。本文的研究将围绕频率的非均质性展开，主张对语法化构成影响的是语法化项在临界环境（critical context）中的反复出现。

---

* 本文初稿曾先后于 2009 年 6 月在吉首大学中文系、湖南师范大学中文系报告，后又在第五届汉语语法化问题国际学术讨论会（上海师范大学，2009 年 8 月）上宣读。同行们的意见给笔者以很大的启发。

2 "临界频率"假设

2.1 频率理论:理论和实证上的问题

频率理论关于频率和语言变化之间关系的一些核心主张,如高频率引起线性毗邻的语言单位的组块化(如 Haiman 1994;Krug 1998、2000;Bybee & Scheibman 1999;Bybee 2002、2003 等)以及语串频率(string frequency)是导致相邻语言单位附着化(cliticization)和合并(merger)的最重要的动因(如 Krug 1998:309—310)等,都已获跨语言研究的证明。但该学说里"频率"的内涵及其对语言变化的意义却遭到了一些学者的质疑。如频率理论认为惯常化(entrenchment)程度和频率的高低之间存在对应关系(Langacker 1987;Bybee 1995 等),Hoffmann(2004:189)则认为这种看法过于简单化,因为一个语言单位的频率只有和相关语言现象相比较才有意义(详见 Hoffmann 2004:190—191)。

频率理论关于高频率是语法化背后的一个重要推手的论断(如 Bybee 2003)似乎获广泛认同,但其实在实证上却遭遇了不少困难。Heine & Kuteva(2007:38—39)指出,频率推动语法化的观点缺乏有说服力的证据,高频率不过是语法化的附带现象(epiphenomenon),发生语法化演变的词项的频率未必是最高的。如 Bertoncini(1973)对 Swahili 语的研究显示,所有语法化的词都在 278 个频率最高的词范围内。然而,Heine,Claudi & Hünnemeyer(1991:38—39)注意到,频率最高的前 15 个词无一发生语法化。语法化的动词中频率最高的是-toa'put out',语法化的名词中频率最高的则是-mwana'child',但频率排名高于二者的词却并没有发生语法化:

表 1　Swahili 语词频排名最高的动词和名词

动词	-ona 'see'	-wa na 'have'	-enda 'go'	-sema 'stay'	-toa 'put out'
频率排名	6	9	11	14	16
语法化	—	—	—	—	+
名词	mtu 'person'	siku 'day'	kazi 'work'	-mwana 'child'	
频率排名	6	27	29	105	
语法化	—	—	—	+	

高频率线性毗邻的语言单位无法语法化或词汇化的情形并不罕见。如以下是我们在北京大学 CCL 语料中搜索到的部分现代汉语"人称代词＋的"语串和"的＋名词"非结构语串的频次：

表 2　部分"人称代词＋的"和"的＋名词"语串的频次

	*我的	*你的	*他的	*她的	*我们的	的话	*的事	*的人
古	11730	7862	15570	2803	1107	8199	9808	16355
现	100865	49858	186305	67992	51401	60524	84534	184713

注：* 代表没有发生语法化/词汇化变化

第一类是"人称代词＋的"语串。这类语串中频次最高的是"我＋的""你＋的"和"他＋的"，分别有 11730 例、7862 例和 15570 例。这样的频次却没有使三个语串发生语法化或词汇化，即产生印欧语中普遍存在的形容词性物主代词，如英语中的 my, your 和 his。第二类是"的＋话""的＋事"和"的＋人"[②]三者当中"的＋话"的频率最低，但却发生了语法化（演变过程详见江蓝生 2004）。"的＋事"在古代汉语语料中共 7108 例；"的＋人"在古代汉语语料中则有 15543 例，是"的＋话"的两倍。"的＋事"和"的＋人"都没有发生词汇化或语法化，甚至没有出现组块化的倾向。这些事实都呼应了 Heine, Claudi & Hünnemeyer(1991) 以及 Heine & Kuteva

(2007)的观点,即高频率未必会导致语法化。③

包括频率理论拥护者在内的很多学者都指出,高频率不是引发语言变化的唯一因素(如 Krug 1998),也并非导致语法化的唯一动力(如 Bybee 2003)。这一认识在一定程度上缓解了人们对频率理论有关主张的质疑,但显然不是一种积极的解释。我们仍然需要弄清楚,如果频率对语法化有推动作用,这种推动是怎样实现的;高频率的作用有限,这究竟是例外还是另有缘由。

2.2 语法化、语用推理和频率的二分

本小节将说明,撇开语法化的其他制约因素,频率理论出现问题,最关键的原因是没有区分不同意义的频率。

2.2.1 频率理论的误区

我们认为,目前关于频率和语法化关系的研究至少存在如下三个可议之处:

第一,没有旗帜鲜明地区分语法化演变和其他类型语言变化(如词汇化)。如频率理论的核心概念之一是"惯常化"(见 Langacker 1987)④。这个概念所表述的过程/状态是就一般意义上的语言变化而言的,并不为语法化所独有。那么频率对语法化的推动和对其他语言变化的影响有何不同?频率理论对此未予清楚说明。

第二,没有强调语用推理对语法化的关键作用。语法化以语用推理为机制,所以如果说频率对语法化具有推动作用,一定是因为它以某种方式促进了语用推理。要是缺乏语用推理条件,再高的频率也和语法化无关。笼统频率的统计显然没有把语用因素纳入考量。

第三,忽略了语法化的连续阶段性。语法化环境具有连续性特征,可细分为语法化发生之前的非典型环境(untypical context)、语法化赖以发生的临界环境(critical context)和语法化发生之后的孤立环境(isolating context)等(详见 Heine 2002;Diewald 2002;彭睿 2008)。语法化项在三种环境中的频率对语法化过程具有不同意义。目前频率理论所依据的笼统频率实际上包括语法化项在非典型环境中的频率和在临界环境中的频率两种。前者对语法化没有影响,推动语法化的应该是后者,因为只有后者具备语用推理的条件。

后两点密切相关,是导致频率理论解释力打折扣的最重要的原因。

2.2.2 频率的二分

既然语法化环境具有连续性特征,只有临界环境具备语用推理条件,那么就必须把语法化项在非典型环境中的频率和临界环境中的频率区分开来。我们把前者称为"非临界频率"(non-critical frequency),把后者称为"临界频率"(critical frequency)。

2.2.2.1 非临界频率

语法化项在非典型环境中的频次是"非临界频次",由一定文本范围里的非临界频次即可计算出非临界频率。非典型环境不具备通过转喻或隐喻推理产生目标义的条件,也不可能因高频率重复而创造出这种语用推理条件,所以,再高的非临界频率也不能诱发语法化。那么非临界频率的作用表现在什么方面呢?对多源构素语法化项来说,非临界频率的作用是促使源构素的组块化;而组块化并不就等于词汇化或语法化,只是其初始阶段,是进一步演变的基础。如现代汉语连词"不管"来源于"不+管"这一语串:

(1)a. 不修仁义五常,不管温良恭俭。(敦煌变文集新书)

　　　　b. 出牌牓，无边（遮）会，不管城中及城外。（敦煌变文集新书）

这两例代表了连词"不管"产生过程中的非典型环境。其中"不＋管"都是"不顾及、不理会"的意思，而且"管"因为是其所在分句的唯一动词核心，所以两句都没有诱发"不＋管"语串产生其他意义和功能的语用条件。类似例子的高频率重复不会创造出语用推理出连词"不管"所需的条件，最多是让"不＋管"形成一个组块。再如，英语助动词 be going to/be gonna 来源于三源构素语法化项"be＋going＋to"（以下两例均引自 Hopper & Traugott 2003:2—3）：

　　　　(2) a. I'm going to London.
　　　　b. I'm going to London to marry Bill.

这两句因其中 going 的唯一理解方式是位移动词（见 Hopper & Traugott 2003:2—3），所以都是非典型环境的实例，没有语用推理产生助动词 be going to 的条件。同样，类似句子高频率出现的后果最多是让"be＋going＋to"形成一个组块。

　　对单源构素语法化项来说，非临界频率的影响不显著。如对由动词"把"到处置标记"把"的语法化而言，非典型环境包括两种情形。动词"把"最初可以是句子的唯一核心：

　　　　(3) a. 左牵羊，右把茅。（史记·宋微子世家）
　　　　b. 荷斤斧，把筑锸，与彼握刀持笔何以殊？（论衡·量知）

这样的句子是无从通过隐喻或转喻推理出处置标记"把"的。人们通常认为，由动词"把"到处置标记"把"的演变发生于以"把"为首动词的连动式。以下是两个连动式：

(4)a. 汤自把钺以伐昆吾,遂伐桀。(史记·殷本纪)

　　b. 武王把钺讨纣。(论衡·齐世)

如(4b)的"把"和"讨"两个动词共有一个论元(主语)("武王"),"把钺"和"讨纣"只能理解为"武王"所为的两种行为,使得"把"缺乏被推理为处置标记的基本条件。以上两例同样是非典型环境。这种连动式的高频率重复应该不会导致"把"的演变。

2.2.2.2 临界频率

语法化项在临界环境中出现的频次可称为"临界频次",由一定文本范围里的临界频次即可计算出临界频率。临界环境具有诱发产生目标义的临界性特征,即语用推理条件。学者们早就意识到语用推理的反复会导致新语义的习用化,但这一思路在频率理论里却未得到贯彻和深化。

"不管"和 be going to 语法化的临界环境实例分别以(5)和(6)为代表:

(5)a. 忘机不管人知否,自有沙鸥信此心。(文莹《湘山野录》)

　　b. 但是它都不管天地四方,只是理会一个心。(朱子语类·释氏)

(6)a. I'm going to marry Bill.

　　b. She is going to borrow a book.

由"不＋管"演变为连词"不管"的临界环境要求"不＋管"出现在前一分句,而且两个分句之间有可能构成条件关系。如(5a)的"不＋管"原本是动词短语,但因为"忘机不管人知否"句可以理解为"自有沙鸥信此心"句的条件,就为"不＋管"语用推理为连词"不管"创造了条件。又如(6a)可以解读为 I am leaving/travelling in order to marry Bill。由于 to marry Bill 这一事件发生在 going 之后,be going to 可能被推理为 marry Bill 这一事件发生在将来的标记,形成助动词(参 Hopper & Traugott 2003:2)。再如以下是"把"语法化临界环境的两个实例:

(7)a. 却思城外花台礼,不把庭前竹马骑。(敦煌变文新书)

b. 醉把花看益自伤。(白居易《花前有感》)

二句中的"把"原本都是"持握"义动词。(7a)中的"把庭前竹马"和"骑"构成了连动式,其中"把"的宾语"庭前竹马"又是"骑"的逻辑宾语。"骑庭前竹马"的行为是通过"把庭前竹马"的方式进行的。(7b)中的"把花看"也是一个连动式,"把"的宾语"花"同时也是"看"的逻辑宾语。同样,"看花"和"把花"也可以理解为行为和其实现方式的关系。很明显,"把庭前竹马骑"和"把花看"都具备了把动词"把"解读为处置标记"把"的语用语义条件。

同一语法化过程的不同临界环境实例,其临界性特征是高度相似的。这些临界环境实例的每一次出现,都会引发相同的语用推理,产生相同的目标义。从这个意义上说,临界频率实为"语法化项语用推理出目标义"这一过程反复发生的频率。

2.2.3 临界频率假设

把笼统频率二分为临界频率和非临界频率,同时区别二者对语法化的不同意义,前面提到的频率理论碰到的难题就有了一种合理解释的空间。那就是,高笼统频率不一定意味着高临界频率,而低笼统频率也不一定意味着低临界频率。如高频率未必导致"人称代词+的""的+人"和"的+事"的语法化,可能是因为这些语串的临界频率低;而"的+话"的频率相对较低反而引起语法化,

可能是因为其临界频率高。基于此,我们初步主张:

临界频率假设

I 临界环境实例的高频率出现引发相同语用推理的反复进行,导致语法化的发生。

II 语法化发生的概率和临界环境实例的频率高低成正比。

其中 I 说明的是临界频率推动语法化演变的机制,图示如下:

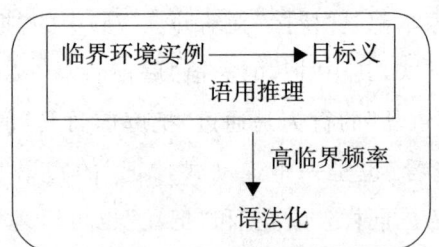

图1　临界频率推动语法化的机制

小框表示,每一个临界环境实例都可能语用推理产生目标义。但这种语用推理是即时的,可能被取消(cancel)。大框表示,语法化项高频率地出现在不同临界环境实例中,使这种语用推理重复发生,导致目标义的习用化和惯常化,完成语法化演变。

3　个案研究

本节将具体讨论两个个案,一是时间名词"时"语法化为假设助词"时"的过程,二是非结构语串"因+而"和"因+以"的竞争。两个个案将从不同角度支持"临界频率假设"。

3.1　时间名词"时">假设助词"时"

假设助词"时"源自时间名词"时",其出现不晚于初盛唐(江蓝生 2004:185)。由时间名词"时"到假设助词"时"的语法化临界环境可形式化为"VP₁ 时 VP₂",其临界性特征包括:1)"时"出现于第一个动词短语 VP₁ 之后,表示"动作或事态是没有实现的"(江蓝生 2004:189);2)VP₁ 和 VP₂ 之间原本是时间关系(前者是后者的背景时间),但同时又可以理解为条件关系(前者是后者发生的条件)。由条件关系再进一步推理为假设关系是一个跨语言的规律。

先秦"VP 时"的用例极其罕见,仅《墨子》中有数例,而且都不是临界环境实例:

(8)a. 生时治台榭,死又修坟墓。(墨子·七患)

b. 古之民未知为宫室时,就陵阜而居。(墨子·辞过)

如(8a)中"生时"只能为"治台榭"发生的时间,要推理为后者的条件十分勉强,因为"治台榭"这样的行为更直接地依赖人财物等方面的条件,"生时"只是最基本的前提。

从 1~2 世纪开始"VP 时"用例大幅增加,并出现了几个疑似的临界环境实例,如:

(9)以谷贱时增其贾而籴,以利农,谷贵时减贾而粜。(新校本汉书·食货志)

以"谷贵时减贾而粜"句为例。对"减贾而粜"这一行为的施行,作者一方面没有预设一个季节时日意义上的时间点,另一方面也没有明确其为过去还是未来事件。作者说的显然是一般的道理。所以作者说"谷贵"是"减贾而粜"的时机,实际上表述的是"减贾而粜"的施行以"谷贵"为合适条件。既然作者说的是一般道理,"谷贵"就很自然地可理解为一种假设条件。总之,(9)这样的例子具备了把时间名词"时"解读为假设助词"时"的临界性特征。

我们对这一时期约 2715000 字(字数据 CCL 语料库。以下统计数据除非特别说明,均同此)的语料中"VP 时"的笼统频率和临界频率作了统计,结果如下:

表3　1～2 世纪部分文献"VP 时"的笼统频率和临界频率

	A	B	C	D	E	F	G	H	I	J	K	L	总计	频率
笼统频次	48	4	25	9	18	7	3	0	0	0	0	0	114	42/pmc
临界频次	0	0	1	0	2	0	0	0	0	0	0	0	3	1.1/pmc

注:频率的统计以百万字为单位(pmc＝per million characters)

A 论衡　B 桓谭　C 太平经　D 前汉纪　E 汉书　F 风俗通义　G 孔雀东南飞　H 佛经选　I 佛说般舟三昧经　J 佛说四十二章经　K 古诗十九首　L 献帝春秋

1.1/pmc 的临界频率显然不足以使"时"发生语法化。到了六朝以后,临界频率逐渐增加。

(10)我今求法,为成佛道。后得佛时,当以智慧光明照悟众生结缚黑暗。(贤愚经·梵天请法六事品第一)

我们对 4～6 世纪约 3030800 字(字数据 CCL 语料库)[⑤]的语料中"VP 时"的两种频率统计如下:

表4　4～6 世纪部分文献"VP 时"的笼统频率和临界频率

	A	B	C	D	E	F	G	H	I	J	K	L	M	N	O	P	Q	R	总计	频率
笼统频次	2	17	4	2	8	12	35	7	4	385	67	0	0	0	0	0	0	0	543	179.2/pmc
临界频次	0	11	0	0	0	1	2	2	0	101	10	0	0	0	0	0	0	0	127	41.9/pmc

注:A 全刘宋文　B 齐民要术　C 西京杂记　D 华阳国志　E 世说新语　F 搜神记　G 北凉译经　H 百喻经　I 抱朴子　J 佛本行集经　K 贤愚经　L 北魏译经　M 东晋译经　N 鸠摩译经　O 刘宋译经　P 西秦译经　Q 宝藏论　R 全梁文

从先秦到两汉(特别是 1～2 世纪),"VP 时"的笼统频率大幅增长,但"时"并没有语法化,可见笼统频率对"时"的演变没有直接推动作用。由 1~3 世纪到 4~6 世纪,一个显著的变化是临界频率的增加(1.1/pmc→41.9/pmc)。"VP 时"的假设助词"时"的语法化的发生不早于六朝,而六朝正好是时间名词"时"的临界频率大幅增长之际。我们认为,这不是一种巧合,而是可以看做临界频率直接影响语法化的一个证据。

3.2 "因+而"和"因+以"的竞争

临界频率假设可以从另外一个角度获得支持。假定两个语言单位(或两个非结构的源构素语串)在句法和语义特征上都高度相似,而且都具有演变为功能相似的虚词的临界环境,但临界频率不同。如果其中临界频率相对较高的语言单位(或源构素语串)发生了语法化,而临界频率较低的语言单位(或源构素语串)却始终没有发生这样的演变,就说明高临界频率是语法化的一个必要条件。

从先秦到两汉魏晋,汉语中并存着"因+而+VP"和"因+以+VP"两种连动结构。"因+而"和"因+以"都是非结构语串,其中"因"为动词,"而"和"以"都是连词。"因+而"最终演变为双音节连词,但"因+以"没有。我们要弄清这种差异是不是由二者的不同临界频率所致。

3.2.1 "因+而"和"因+以"的平行性

"因+而"和"因+以"所分布的连动式分别以(11)和(12)为代表:

(11)a. 舟之侨谏而不听,遂去。因而伐郭,遂破之。(战国策·秦策)

b. 仪遂使楚。至,怀王不见,因而囚张仪,欲杀之。

(史记·楚世家)

(12)a.秦欲伐楚,楚因以起师言救韩,此必陈轸之谋也。(战国策·韩策)

b.公令胥童以兵八百人袭攻杀三郤。胥童因以劫栾书、中行偃于朝。(史记·晋世家)

两句中及物动词"因"的宾语都承前省略。"因+而"中的"因"原义为"乘势、顺应、凭借、借机、利用"等(董秀芳 2002:275—276),"因+以"中的"因"与此相同。"因+以"和"因+而"的分布环境可以分别更具体地形式化为"Si,[因 ei]以[VP]"和"Si,[因 ei]而[VP]",二者的平行性可从下列例句中清楚地看到:

(13)明君之道,使智者尽其虑,而君因以断事,故君不穷于智;贤者敕其材,君因而任之,故君不穷于能。(韩非子·主道)

其中"因以断事"意为根据"智者"的智慧来对事情作决断,"因而任之"意为根据"贤者"的才干来任用他们,在结构和语义关系上都高度相似。这在(14)两句中可以得到进一步证实:

(14)a.(阴识)其先出自管仲,管仲七世孙修,自齐适楚,为阴大夫,因而氏焉。(新校本后汉书·樊宏阴识列传)

b.其先魏之支别,食菜冯城,因以氏焉。(新校本后汉书·朱冯虞郑周列传)

"因而氏焉"和"因以氏焉"无论在结构上还是意义上都十分相似。前者的意思是"阴识"的先人顺应"官封'阴'地大夫"的情势而择"阴"为姓,后者的意思是某人的先人顺应"食菜冯城"这一情势而择"冯"为姓。

3.2.2 连词"因而"产生的年代及其临界特征

依董秀芳的推断,下列句子中的"因"不能作动词理解,所以

"因而"已经是连词了:

(15) a.(丽戎之山)其阴多金,其阳多玉,始皇贪其美名,因而葬焉。(郦道元《水经注·渭水三》)

b.绍宗麾兵径进,诸将从之,因而大捷。(北齐书·慕容绍宗传)

这一说法是可信的,就是说连词"因而"的产生时期应当不晚于魏晋南北朝。

因为语料的局限性,要从形式上确定连词"因而"产生的年代不太容易。一般来说,如果"因而"出现在句子主语的前面,就可以确定"因"不再能理解为动词了。我们的语料显示,这样的例句最早出现在15世纪文献中:

(16)其妾闻之怒曰:汝本贫穷人也,今幸得钱即敢买妾耶?因而夫妇相辱。(训世评话)

在这个句子里,"因而"确凿无疑是一个表结果连词,无法再作他解。连词"因而"的产生应该比这一时期早得多。我们在东汉文献《太平经》里发现了如下两句:

(17) a.……故使贤明共疑迷惑,不知何从何信,遂失天至心,因而各从其忭是也。(《太平经》卷五十一)

b.然,大凡洞无极之表里,目所见,耳所闻,蠕动之属,悉天所生也,天不生之,无此也。因而各自有神长,命各属焉。(《太平经》卷九十三)

以(17b)为例,"因+而"出现在"各自"的前面,"各自"是"有神长"的主语,这似乎说明"因+而"已经可以理解为一个表结果的连词了。然而,"各自"的出现一般来说要求前置词做先导:

(18)诸将皆喜,人人各自以为得大将。至拜大将,乃韩信

211

也,一军皆惊。(史记·淮阴侯列传)

(18)中"各自"的前置词是"人人","各自以为得大将"可以理解为充任谓语的主谓结构,句主语是前置词"人人"。"各自"有时候和前置词并不同现于同一句法结构中:

  (19)滇王与汉使者言曰:"汉孰与我大?"及夜郎侯亦然。以道不通故,各自以为一州主,不知汉广大。(史记·西南夷列传)

(19)中"各自"和前置词并未同句出现。

  在"Si,[因 ei]而[VP]"框架中,Si 是 VP 这一行为/事件发生所凭依的一个条件。连词"因而"的功能是表结果,因此"因+而>因而"演变的临界环境必须具有可以产生这种歧义的临界性特征:Si 既可以理解为 VP 发生所凭依的条件,也可以理解为 VP 发生的原因,即 Si 和 VP 之间构成因果关系。以(17b)为例,其中"因+而"有两种理解方式,一是"因"仍然是一个动词,其主语(即"各自"的前置词)和宾语(即"然……无此也"句所描写的情况)均承前省略;二是"因而"已经发展成为一个表结果连词。从上下文看,"然……无此也"句可以理解为"各自有神长"(或者包括"命各书焉"句)这种情况产生的原因,所以把"因+而"解读为表结果的连词也很自然。所以(17b)可看做"因+而>因而"临界环境的一个实例。以下是另一个临界环境实例:

  (20)韩信遂平齐,乞自立为齐假王,汉因而立之。(史记·田儋列传)

按照"因+而"语串的源义来理解,该句的意思是,韩信已经平定"齐"地,请求被立为该地的"假王",那么汉室顺势准允。其中动词"因"的宾语承前省略,应当是"韩信遂平齐,乞自立为齐假王"句。

从另一个角度看,明显地"韩信请求被立为王"是因,"汉室准允韩信的请求"是果。与(17b)相似,"因+而"语串可以进一步语用推理出表结果连词的功能。

东汉时期有了"因+而>因而"语法化的临界环境实例,也说明这一时期具备了发生这种演变的条件,这证实了董秀芳(2002)"因而"产生于六朝之前的推断。

3.2.3 "因+以"语法化受阻的三种可能原因

非结构语串"因+以"与"因+而"平行,却无法语法化为连词。其可能原因有三种:1)笼统频率低;2)缺乏临界环境;3)有临界环境,但临界频率低。以下我们将逐一讨论这三种可能。

3.2.3.1 "因+以"的笼统频率

我们对CCL语料库约1639700字的先秦文献中"因+而"和"因+以"的频次作了调查:⑥

表5 先秦"因+而"和"因+以"语串的笼统频次

	A	B	C	D	E	F	G	H	I	J	K	L	M	总计
因+而	2	3	1	3	1	5	1	2	6	6	2	0	0	32
因+以	2	2	0	2	1	3	9	2	5	4	1	1	1	33

注:A 国语　B 墨子　C 孙子　D 春秋左传　E 公羊传　F 吕氏春秋　G 庄子　H 礼记　I 管子　J 韩非子　K 鬼谷子　L 纵横家书　M 荀子

可见先秦时期两个语串的笼统频率很接近。公元前2世纪到公元前1世纪之间两个语串的笼统频次统计如下:

表6　公元前2世纪～公元前1世纪前后
"因+而"和"因+以"语串的笼统频次

	史记	新序	淮南子	新书	法言	总计
因+而	33	2	7	4	0	46
因+以	21	1	6	0	0	28

到了1～2世纪,"因+以"的笼统频率略高于"因+而":

表7 公元1～2世纪"因+而"和"因+以"语串的笼统频次

	桓谭	论衡	汉书	太平经	前汉纪	风俗通义	总计
因+而	1	2	14	35	8	0	60
因+以	2	8	28	29	7	5	79

先秦"因+而"和"因+以"的笼统频率很接近,到了1～2世纪后者的笼统频率甚至略微超过了前者。"因+而"正是在此后一个时期内完成了语法化,而后者的演变没有发生,可见推动前者语法化的并不简单地就是笼统频率。

3.2.3.2 "因+以"语法化的临界环境

临界环境是语法化的必要条件之一。"因+以"所在框架为"Si,[因 ei]以[VP]",其中Si同样是VP这一行为/事件发生所凭依的一个条件。"因+以"语串如果要演变成表结果的连词"因以",也必须具有相应的临界环境,其临界性特征与"因+而"相同,也可表述为:Si既可以理解为VP发生所凭依的条件,又可以理解为VP发生的原因。那么,"因+以"语串有无类似的临界环境呢?我们在语料中发现了如下例子:

(21)不韦贤之,任以为郎。李斯因以得说。(史记·李斯列传)

"李斯因以得说"可有两种理解方式:李斯凭借吕不韦的任用而得以"说",以及因为吕不韦任用了李斯,所以李斯得以"说"。后一理解方式可能导致"因+以"被解读为表结果的连词。

我们的语料显示,(21)这样具有临界性特征的情形不止一例。所以,"因+以"因为没有相应的临界环境而无法演变为表结果连词的可能性应予以排除。

3.2.3.3 "因+以"的临界频率

"因+以>因以"语法化受阻的第三种可能是临界频率低。"因+而"和"因+以"的临界环境最早出现于先秦时期。我们统计了CCL语料库中约1639700字的语料中两个语串的临界频率:

表8 先秦"因+而"和"因+以"的临界频率

	A	B	C	D	E	F	G	H	I	J	K	L	M	总计	临界频率
因+而	1	1	0	1	0	2	1	1	0	1	0	0	0	8	4.9/pmc
因+以	0	0	0	1	0	1	2	0	3	2	0	0	0	9	5.5/pmc

注:A 国语 B 墨子 C 孙子 D 春秋左传 E 公羊传 F 吕氏春秋 G 庄子 H 礼记 I 管子 J 韩非子 K 鬼谷子 L 纵横家书 M 荀子

两个语串在这一时期的临界频率相差无几,但都极低,不足以引发"因+而"和"因+以"的语法化。两汉之际,"因+而"和"因+以"的临界环境实例都有所增加:

(22) a. 周章已君吴,因而封之。(史记·吴太伯世家)

b. 谏而不从,因而消亡矣。(《太平经》卷三十四)

(23) a. 其后秦遂以兵灭六王,并中国,外攘四夷,死人如乱麻,因以张楚并起。(史记·天官书)

b. 故前有害狱,后有恶鬼,皆来趋斗,欲止不得也,因以亡身。(《太平经》卷一百零一)

在公元前2世纪至公元前1世纪前后约918200字的语料中,两个语串的临界频率统计如下:

表9 公元前2世纪~公元前1世纪前后"因+而"和"因+以"的临界频率

	史记	新序	淮南子	新书	法言	总计	临界频率
因+而	7	1	6	0	0	14	15.2/pmc
因+以	3	0	0	0	0	3	3.3/pmc

我们也统计了两个语串在CCL语料库中1~2世纪前后约2715000字的文献中的临界频率:

表10 1~2世纪前后"因+而"和"因+以"的临界频率

	A	B	C	D	E	F	G	H	I	J	K	L	总计	临界频率
因+而	1	0	27	5	4	0	0	0	0	0	0	0	37	13.6/pmc
因+以	3	0	9	1	2	1	0	0	0	0	0	0	16	5.9/pmc

注:A 论衡 B 桓谭 C 太平经 D 前汉纪 E 汉书 F 风俗通义 G 孔雀东南飞 H 佛经选 I 佛说般舟三昧经 J 佛说四十二章经 K 古诗十九首 L 献帝春秋

可见,在公元前2世纪~公元2世纪期间"因+而"保持了相对稳定的临界频率(15.2/pmc 和 13.6/pmc),与先秦时期(4.9/pmc)相比有了较大幅度的增长。在从先秦到1~2世纪期间,"因+以"语串的临界频率一直比较稳定,三个时期内分别为 5.5/pmc、3.3/pmc 和 5.9/pmc,其中后两个时期的临界频率远远低于同时期"因+而"的临界频率。"因+而"正是在3世纪以前完成了向连词"因而"的演变,可见其相对较高而且稳定的临界频率是关键。

两汉以后"因+以"开始衰落。这种衰落似无法简单归因为"以"的衰落;因为和"以"一样,"而"在口语中也逐步走向衰落。我们的看法是,"因+以"因临界频率相对较低而在与"因+而"的竞争中处于劣势,最终被淘汰。

3.3 小结

时间名词"时"语法化为假设助词"时"的临界环境早在1~2世纪左右即已出现,但临界频率仅为 1.1/pmc;这一演变一直到六朝当临界频率增加到 41.9/pmc 时才发生。可见临界频率的增加是"时"语法化的重要因素。临界频率在"因+而"和"因+以"的竞争中也起了关键性作用。一方面,"因+而"的语法化发生在其临界频率由先秦的 4.9/pmc 增加到两汉的 15.2/pmc 和 13.6/pmc 之后;另一方面,"因+而"和"因+以"其他条件完全相同或相似,唯一差别是,前者的临界频率稍高于后者。这同样说明临界频率对语法化具有影响。这些事实都在一定程度上支持了临界频率假设,即语言单位的临界频率越高,越容易语法化。

4 临界频率的"门槛"及"二维性"

同样的语言单位只有在临界频率增加的情况下才能语法化,这就引出一个新的课题,即语法化演变的临界频率是不是具有一定的"门槛"(threshold)。[7]

4.1 临界频率的"门槛"

4.1.1 频率:基于单字和基于单词

受技术原因制约,我们在第 3 节中对"时""因+而"和"因+以"的临界频率的统计,都是以单字为基础的。汉语语料库中的分词处理是一个巨大的工程。目前的历史语料库(如台湾"中研院"的"汉籍电子文献"和北京大学的 CCL 语料库的古代汉语部分)无一例外都没有进行分词处理。

以单字为基础的频率存在两方面问题:1)与单词不同,汉字不涉及语用层面,所以基于单字的频率并不能反映语言单位在实际语言交际中的状况以及和语用推理的关联;2)汉语词汇在上古以单音节为主,中古以后以双音节为主,所以上古的文本频率和后世的文本频率可比性不强。比如,系词"是"形成于上古,"时"形成于近代汉语,二者的临界频率的统计基础虽然都是单字,但如果统计相同文本的话,上古的单字数比近代汉语的单字数更接近于单词数,所以比较两个词的临界频率没有意义。

在文本相同的情况下,基于单字和基于单词的频率的关系可

以概括如下:

1)不同语言单位的两种频率的相对高低关系一致。

对两个语言单位 A 和 B 来说,A 基于单字的频率如果高于 B,其基于单词的频率也高于 B。

2)同一语言单位基于单词的频率不低于基于单字的频率。

无论双音节化程度如何,一个语言单位基于单词的频率总是或多或少高于其基于单字的频率,因为单词的数量总是低于单字的数量。

第一种关系说明基于单字的文本频率对基于单词的文本频率有着指征意义。第二种关系在一定程度上支持了前面的临界频率假设。拿"因+而"来说,从先秦到公元前 2 世纪~公元前 1 世纪再到公元 1~2 世纪,汉语双音节化程度越来越高。该语串在三个时期基于单字的临界频率分别为 4.9/pmc、15.2/pmc 和 13.6/pmc,如果以单词为统计基础,后两个时期的临界频率应分别高于 15.2/pmc 和 13.6/pmc。

临界频率的"门槛"牵涉到一个语法化项的历时演变所需求的反复使用的最低限度,只有以单词这样的语言应用层面的单位为统计基础,这种关系才能得到准确的反映。鉴于目前汉语历史语料库的现状,在讨论临界频率门槛的时候,我们只能尽量以先秦时期语料为观察对象,因为此时汉语的双音节化程度最低,相同文本的单字数和单词数差别最小,基于单字和基于单词的频率也最为接近。

4.1.2 几个先秦时期的例子

我们对产生连词"所以""之所以"和系词"是"的临界频率进行了调查。选择这几个词为考察对象的原因有二:1)这几个词演变的临界环境实例都出现于先秦时期;2)三个词代表性较强,既有多源构素和单源构素语法化项,也有结构性和非结构性多源构素语法化项。

4.1.2.1 所+以>所以

现代汉语结果连词"所以"来源于代词"所"和介词"以"的结合。"所以"的产生在文献中已有广泛的讨论(在此不一一列举)。与前人兴趣不同,我们关注的是代词"所"和介词"以"过渡到结果连词"所以"的这种演变发生的环境。太田辰夫(2003:303)注意到,连词"所以"在东汉以后就形成了,如以下例句中的"所以"已经可以看成连词了:

(24)a.矫制以令天下,宗庙所以危。(史记·吕后本纪)
　　b.偷本非礼,所以不拜。(世说新语·言语)

"所+以"所分布的环境可以形式化为"$S_1 i$,[所 i 以 VP]S_2",其中"所"与前一分句 S_1 同指。王力(1989:159)指出,连词"所以"是由解释原因的"所+以"(即复句的后一分句)发展而来的。因此"$S_1 i$,[所 i 以 VP]S_2"框架要成为"所+以>所以"演变的临界环境,最关键的就是,S_1 必须能理解为后一分句 S_2 的原因。这一框架的字面意义可以概括为"事件/状态 S_1 出现后,凭依 S_1 发生 VP"。就是说,S_1 出现为 VP 发生创造了条件。进一步地,S_1 是 VP 的原因。这样,"所+以"就是"因"(S_1)和"果"(VP)两种事件/状态之间的连接词,可以理解为这种因果关系的形式标记。

我们发现,这种临界环境的实例最早出现于春秋时期,⑧ 如下列句子:

(25)a.去顺效逆,所以速祸也。(春秋左传·隐公三年)
　　b.不轨不物,谓之乱政。乱政亟行,所以败也。(春

秋左传·隐公五年)

　　c.致赏则匮,致罚则虐,财匮而令虐,所以失其民也。(管子·君臣)

　　d.刑无罪,夏商所以灭也。(晏子春秋·内篇谏上)

以(25a)为例,"所"是一个代词,复指"去顺效逆";逻辑上"去顺效逆"是"以"的宾语。该句本意为"'去顺效逆',依凭这个情况导致了灾祸"。这样的语义很容易被推理为"去顺效逆"和"速祸"之间具有因果关系。我们对CCL语料库约1639700字的先秦时期文献中"所+以"的笼统频率和临界频率进行了统计,结果如下:

表11　先秦时期"所+以＞所以"演变的笼统频率和临界频率

	A	B	C	D	E	F	G	H	I	J	K	L	M	N	O	P	Q	R	总计	频率
笼统频次	86	4	115	190	33	78	271	293	237	45	35	2	22	4	109	33	4	16	1577	961.7/pmw
临界频次	11	0	0	23	3	3	5	22	20	3	6	0	1	0	13	5	0	3	118	72/pmw

注:频率的统计以百万词为单位(pmw=per million words)
A 春秋左传　B 论语　C 墨子　D 礼记　E 孟子　F 庄子　G 韩非子　H 吕氏春秋　I 管子　J 晏子春秋　K 国语　L 周礼　M 商君书　N 纵横家书　O 荀子　P 谷梁传　Q 逸周书　R 鬼谷子

"所+以"的临界频率为72/pmw。

4.1.2.2　之+[所+以]＞之所以

"之所以"的情形较为复杂。"之+[所+以]"在先秦有两种主要分布方式,即"[NP]之[[[所i以][VP]](者)],[……]i也"和"[……者]i,(此)[NP]之[[[所i以][VP]]]也",分别以(26)和(27)为例:

　　(26)a.夫虎之所以能服狗者,爪牙也。(韩非子·二柄)

　　b.今众人之所以欲成功而反为败者,生于不知道理而不肯问知而听能。(韩非子·解老)

(27)a. 柢也者,木之所以建生也;曼根者,木之所以持生也。(韩非子·解老)

b. 宋小而齐大,夫救小宋而恶于大齐,此人之所以忧也。(韩非子·说林上)

两式中的"之+[所+以]"都有省略"之"的情形:

(28)a. 田成子所以遂有齐国者,颜涿聚之力也。(韩非子·十过)

b. 吾非悲刖也,悲夫宝玉而题之以石,贞士而名之以诳,此吾所以悲也。(韩非子·和氏)

两式在语用功能上或略有不同,但概括起来都是对某种行为/状态形成的凭依物(条件或方式)的认定。行为/状态可理解为果,而凭依物则可理解为因。第一式凭依物置后,第二式则凭依物置前。那么"之+[所+以]"语法化的临界环境是哪一式呢?连词"之所以"的功能主要是由果溯因,由此基本可以推断,其产生应该以第一式为临界环境,是第一式演变的附带产物。"之+[所+以]"语串语法化的临界频率,实为"[NP]之[[[所$_i$以][VP]](者)],[......]$_i$也"整个框架演变的临界频率。第一式的框架义为"NP凭依实现VP的事物为[......]",其中"NP实现VP"为引发的结果,[......]为诱发/凭依条件,两者之间为因果关系。所以,这一框架义进一步抽象化就是"由果溯因"。"之+[所+以]"是"[NP]之[[[所$_i$以][VP]](者)],[......]$_i$也"这一框架的常项;这一框架的不断重复导致"之+[所+以]"逐渐被视为框架义的标志性成分,即"由果溯因"义连词(关于"常项"的概念详见彭睿2008)。以下为CCL语料库先秦文献中"之+[所+以]"的笼统频率以及临界频率的统计结果:

表12　先秦第一式"之＋[所＋以]"的笼统频率和临界频率

	A	B	C	D	E	F	G	H	I	J	K	L	M	N	O	P	Q	R	S	T	U	总计	频率
笼统频率	3	1	48	22	8	15	99	107	75	18	5	2	2	2	2	1	1	14	3	52	3	483	294.5/pmw
临界频率	0	0	20	3	2	1	22	9	20	2	1	0	1	0	1	0	0	3	1	8	2	96	58.5/pmw

注:A 春秋左传　B 论语　C 墨子　D 礼记　E 孟子　F 庄子　G 韩非子　H 吕氏春秋　I 管子　J 晏子春秋　K 国语　L 孙子　M 老子　N 中庸　O 公孙龙子　P 公羊传　Q 周礼　R 商君书　S 纵横家书　T 荀子　U 谷梁传

所以"之＋[所＋以]"语串的语法化临界频率为58.5/pmw.

4.1.2.3　指示代词"是"＞系词"是"

一个广为接受的观点是,现代汉语系词"是"来源于指示代词"是"。通常认为,这个过程发生于上古的判断句中,其中指示代词"是"复指前面的主语:

(29) 话题　　述评　　　主语　谓语
　　　Ti　　是iNP　＞　Sub　是NP

(29)的输入端是一个"话题-述评"结构,其中"是"与话题 Ti 同指。这样的句式在上古十分常见。问题在于,这种句式可能具有不同的框架关系。如:

(30) a. 嫂溺不援,是豺狼也。(孟子·离娄)

　　b. 然而不胜者,是天时不如地利也。(孟子·公孙丑)

　　c. 故礼,上事天,下事地,尊先祖而隆君师,是礼之三本也。(荀子·礼论)

(30a)的框架关系为"T 的性质/特征可概括为 NP 或导致 NP 的结果",(30b)的框架关系为"T 可归因于 NP",而(30c)的框架关系则可概括为"T 等同于 NP"。我们主张只有(30c)这样表述严格意义上的"等同关系"的句子才是指示代词"是"语法化的临界环境。很显然,在"Ti 是 iNP"框架里,当 Ti 和 NP 同指,"是"就可能被理解为这种等同关系的表征手段;相同推理的不断重复,会使得这种表征功能不断惯常化,最终导致"是"演变为等同关系的形式标记。

以下是指示代词"是"语法化为系词的临界频率的统计结果:

表13　先秦指示代词"是"语法化的临界频率

	A	B	C	D	E	F	G	H	I	J	K	L	M	N	O	P	Q	R	总计	频率
笼统频次	57	9	83	26	38	41	47	53	56	39	30	2	4	3	2	5	49	9	553	337.2/pmw
临界频次	11	7	2	9	3	5	2	3	2	13	0	0	3	0	0	1	23	0	84	51.2/pmw

其中"笼统频次"包括三类句子的数量,而"临界频次"特指严格意义上的等同关系句的数量。"是"语法化的临界频率为 51.2/pmw。

4.2　临界频率的二维性:"厚度"和"强度"

根据4.1的讨论,"是""所＋以"和"之＋[所＋以]"的临界频率分别为 51.2/pmw、72/pmw 和 58.5/pmw。以百万单词为单位,这三个语法化项的临界频率似乎都不高,却导致了语法化演变的发生,原因何在? Hoffmann(2004)认为低频率语法化现象是类推(analogy)的结果。这一说法或许能解释一部分低频率语言单位的情形,但其所言"频率"实际上也是笼统频率,解释力也受限。我们认为,要弄清楚问题的实质,有必要重新讨论临界频率推动语法化的机制。

"临界频率假设"主张,临界环境实例的不断出现引发同一语用推理过程的反复,最终导致语法化的发生。而 4.1 关注的主要是三个例子在先秦时期(即三者语法化之前的共时平面⑨)的临界频率高低。这种统计语法化项在一定共时平面上的临界频率的做法,实际上是假定"由临界环境实例经语用推理产生目标义"这一过程只是发生在一定共时平面上。第 3 节的讨论显示,无论是由时间名词"时"到假设助词"时"的演变还是由非结构"因+而"到连词"因而"的演变,这种语用推理都经历了相当的历时跨度。如"时"演变的临界环境实例始见于两汉,但直到六朝以后才发生语法化;"因+而"演变的临界环境实例始见于先秦,直到两汉以后才语法化为连词"因而"。这就是说,从两汉到六朝以后,由时间名词"时"到假设助词"时"的语用推理一直在人们的言语交际中进行着,而从先秦到两汉以后,由非结构"因+而"到连词"因而"的语用推理也在人们的言语交际中进行着。可见,与临界环境相关的语用推理除了共时因素也有历时因素。因此,我们引入临界频率"二维性"这一概念,假设临界频率可由"共时强度"和"历时厚度"两个参数来衡量,具体表述如下:

共时强度:

语法化项临界环境实例在一定共时平面里大量出现,导致相似语用推理过程在该共时平面里反复发生,形成语用推理的共时强度。

历时厚度:

语法化项临界环境实例在多个连续的共时平面里持续出现,导致相似语用推理过程历时性反复发生,形成语用推理的历时厚度。

共时强度越大,相似语用推理在共时平面里重复发生的次数越多,推理义(或目标义)惯常化的程度也就越高。历时厚度越大,相似语用推理及其结果-推理义越能在人们心理认知上积累和传承。

临界频率二维性有助于解释为什么低临界频率能够推动语法化,那就是,相当厚度的临界频率如果达到一定的共时强度,语法化就会发生。在 4.1 的讨论中,我们只是统计了"所+以""之+[所+以]"和"是"的临界频率在先秦这一共时平面上所达到的强度,因历时语料的缺失,三者临界频率的历时厚度无法清楚体现出来。临界频率两个维度对语法化的共同作用在"因+而"和"时"的演变中则体现得很明显。以"时"的演变为例,其临界频率的两个维度可以图示如下:

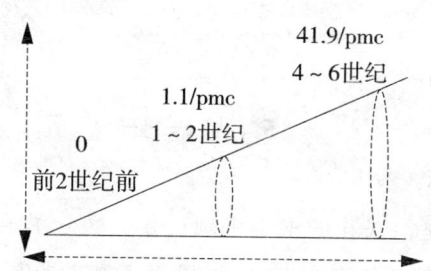

图 2　时间名词"时"语法化临界频率的两个维度

公元前 2 世纪前、公元 1~2 世纪和公元 4~6 世纪三个共时平面一共跨越了近 800 年,应该说"时"的临界频率积累了相当的历时厚度。"时"的语法化发生于 4~6 世纪,当其临界频率激增至 41.9/pmc 后。两种因素结合起来,就促成了从时间名词"时"到假设助词"时"的演变。我们观察了"因+而"演变的三个平面,公元前 2 世纪前、前 2 世纪~前 1 世纪和 1~2 世纪,临界频率分别为 4.9/pmc、15.2/pmc 和 13.6/pmc,历时厚度近 400 年。考虑到双音节化因素,如果以单词为统计单位,1~2 世纪的临界频率应高于前一个共时平面。因此,"因+而"的语法化也符合这样的规律,即由相当历时厚度和一定共时强度的临界频率引发。

　　结合临界频率的二维性,前文提出的"临界频率假设"可以修正如下:

修正的临界频率假设

 I 语法化的前提是由临界环境实例的不断出现而引起的相似语用推理过程的反复。

 II 临界频率如果积累了相当历时厚度,并达到一定共时强度,就可能导致语法化。

这样,所谓临界频率的门槛问题就同时落在了共时强度和历时厚度两者身上。

5 结语

语用推理是语法化的根本机制。我们区分了语法化项在临界环境和非典型环境中的频率,即临界频率和非临界频率。两种环境中只有临界环境具有语用推理条件,所以对语法化有最直接影响的是临界频率。临界频率的增减独立于笼统频率,因为前者的增加可能(而不是必然)伴随后者的增加。临界频率必然具有一定的门槛,但这一门槛从目前的分析看来似乎不高。为解释这一现象,我们提出了临界频率的"二维性"的概念,假设临界频率凭借"共时强度"和"历时厚度"两种量来推动语法化。理论上,临界频率的这两种量都存在"门槛"问题,但目前的研究尚无法确定这两种"门槛"的范围。对这个问题的准确回答必须建立在跨语言和大规模语法化项临界频率的统计基础上。

即使是高临界频率(包括共时和历时两个维度)对语法化的影响也不是绝对的,因为语法化不一定发生,而且导致语法化的因素往往是多元而不是单一的,临界频率只是其中的一个必要条件,而非充分条件。[⑩]需要进一步回答的问题包括,1)临界频率是否存在跨语言的共时和历时两种门槛;2)是否存在跨范畴的共时和历时两种门槛。我们将继续深化对临界频率及其两种维度的研究,也欲借本文研究抛砖引玉,以使频率和语法化关系的问题获得更多的关注。

附 注

① 确定某一语言单位的频率,频率理论文献中的通常做法是对一定文本范围内该语言单位出现的频次进行统计。这一方法的前提性假定是,文本频率是实际频率的真实反映。特定语言单位在一定文本范围内出现的频率是不是该语言单位在实际语言交际当中频率的真实反映,这是一个非常复杂的问题,不论从理论角度还是从实践角度看都难以简单地回答清楚。另一个假定是,文本频率的高低反映了实际语言交际中语言单位使用频率的倾向性。

② 古代汉语语料"的＋话"的8199例中包括了非结构语串"的＋话"、话题标记"的话"以及假设标记"的话"三种情形,所以"的＋话"非结构语串的实际频次少于8199例。"的＋事"频次的统计结果中排除了"的事物"12例、"的事情"2639例和"的事实"49例,"的＋人"频次的统计结果则排除了"的人物"631例、"的人士"3例、"的人口"18例和"的人民"160例。

③ Hoffmann(2004)观察到,一些英语介词(如by dint of,in conformity with等)并不是高频率的结构语法化的产物。该文主张这些低频率介词的形成是类推的结果。但这种类推说是否具有普遍意义尚未得到证实。

④ 与之内涵相似的术语还有"组块化"(chunking,见Krug 1998)和"自主化"(automatization,见Haiman 1994)。

⑤ 《佛本行集经》和《贤愚经》的字数统计均为我们依据www.suttaworld.org/Collection_of_Buddhist网站所收录的相关文献统计所得。

⑥ 例句的挑选排除了无关的情形,如"因＋而"语串中"因"为名词及"因＋以"语串中"以"明显地是动词/介词的情形:

a. 臣闻明月之珠,夜光之璧,以暗投人于道路,人无不按剑相眄者。何则？无因而至前也。(史记·鲁仲连邹阳列传)

b. 因以十月为年首,色上赤。(新校本汉书·郊祀志)

a 中"因"是一个名词,b 中"以"是动词,所以这里的"因+而"和"因+以"与本文的讨论无关。董秀芳(2002:275—276)指出表结果连词"因而"的源头"因"应该具有"乘势、顺应、凭借、借机、利用"这样的意思,而不是"沿袭、因袭"义的动词"因"。我们赞同这样的观点,但在统计"因+而"频次的时候,并不对两类严加区别,以检验频率理论。

⑦ 依据对 going to, have [got] to, want to 等英语助动词的统计, Krug (2003:48—49)指出,一个语言单位一旦其频次超过每一万词五次,就可能更高频率地出现;但万分之五的频率并不是该语言单位语法地位的指征,因为语法化本身是渐变的。"万分之五"这一门槛对本文的研究没有参考意义,一方面,无法证实这个门槛是不是具有跨语言的意义,另一方面,Krug 的研究是基于笼统频率的。

⑧ 这一观察与其他学者(如张万起 1984;汪维辉 2002)的观点并不矛盾。这是因为"临界环境"和"过渡阶段"的含义不完全相同。前者指的是具有歧解性的环境,"所+以"在这一环境中并没有演变成连词"所以",但具有了发生这种演变的条件。"过渡阶段"指的是连词"所以"已经开始形成,逐渐步入成熟时期的阶段。

⑨ 严格说,所谓"共时平面"也具有一定的历时跨度,实际上是指那种语言特征相对稳定的历时时期。比如"先秦"是一个比较宽泛的概念,包括秦统一之前的春秋战国时期,其历时跨度为数百年之久。这一阶段各共时平面语法特征的差距不大,所以姑且视为同一平面。

⑩ 本文初稿对这一点并未予强调。匿审人敏锐地指出,语法化会不会发生,取决于很多条件,频率之外还包括"语义相宜"和"结构邻近"。Heine 和 Diewald 提出的"临界环境"和 Traugott 所说的"语义相宜"实际上是一致的,所以"临界频率"就是语法化项在语义相宜的环境里所出现的频率。匿审人还提到,临界环境和语用推理并非语法化所独有,语义演变也有这样的问题。这一观察很有价值,实际上是提出了一个新课题,那就是,临界频率在词汇化过程中扮演怎样的角色。这一课题的研究对深化频率理论十分有意义。

参考文献

董秀芳 2002 《词汇化:汉语双音节词的衍生和发展》,成都:四川民族出版社。
江蓝生 2004 跨层非短语结构"的话"的词汇化,《中国语文》第 5 期。

彭　睿　2008　"临界环境-语法化项"关系刍议,《语言科学》第 3 期。

太田辰夫　2003[1987]　《中国语历史文法》(修订译本),蒋绍愚、徐昌华译,北京:北京大学出版社。

王　力　2003[1989]　《汉语语法史》,北京:商务印书馆。

Bybee, Joan. L. 1995 Regular morphology and the lexicon. *Language and Cognitive Processes* 10:425—455.

—— 2002 Sequentiality as the basis of constituent structure. In T. Givón and Bertram F. Malle et al. (eds) *The Evolution of Language out of PreLanguage*. John Benjamins: Amsterdam/Philadelphia.

—— 2003 Mechanisms of change in grammaticalization: The role of frequency. InJoseph Brian D. and Richard D. Janda(eds) *The Handbook of Historical Linguistics*. 602—623. Malden, MA: Blackwell.

Bybee, Joan. L. and Sandra Thompson 2000 Three frequency effects in syntax. *Berkeley Linguistic Society* 23:378—388.

Bybee, Joan. L. and Scheibman J. 1999 The effect of usage on degree of constituency: The reduction of *don't* in American English. *Linguistics* 37:575—596.

Diewald Gabriele 2002 A model for relevant types of contexts in grammaticalization. In Wischer & Diewald (eds). 103—120.

Haiman, John 1994 Ritualization and the development of language. In W. Pagliuca (ed.) *Perspectives on Grammaticalization*. John Benjamins: Amsterdam/Philadelphia.

Heine, Bernd 2002 On the role of context in grammaticalization. In Wischer & Diewald (eds). 83—101.

Heine, Bernd and Tania Kuteva 2007 *The Genesis of Grammar*. Oxford: Oxford University Press.

Heine, Bernd, Ulrike Claudi and Friederike Hünnemeyer 1991 From cognition to grammar—Evidence from African languages. In Traugott and Heine (eds) *Approaches to Grammaticalization*. Vol. I. (*Typological Studies in Language* 19).

　　Amsterdam/Philadelphia: John Benjamins.

Hoffmann, Sebastian 2004 Are low-frequency complex prepositions grammaticalized? On the limits of corpus data—And the importance of intuition. In Lindquist & Mair(eds). 171—210.

Hopper Paul J. & Elizabeth Closs Traugott 2003 *Grammaticalization*. Cambridge: Cambridge University Press.

Krug, Manfred 1998 String frequency: A cognitive motivating factor in coalescence, language processing and linguistics change. *Journal of English Linguistics* 26: 286—320.

—— 2000 *Emerging English Modals: A Corpus-Based Study of Grammaticalization*. Berlin/New York: Mouton de Gruyter.

—— 2002 Frequency, iconicity, categorization: Evidence from emerging modals. In Bybee & Hopper (eds) *Frequency and the Emergence of Linguistics Structure*. Amsterdam/Philadelphia: John Benjamins. 309—336.

—— 2003 Frequency as a determinant in grammatical variation and change. In Günter Rohdenburg and Britta Mondorf(eds) *Determinants of Grammatical Variation in English*. Berlin/New York: Mouton de Gruyter.

Langacker, R. W. 1987 *Foundations of Cognitive Grammar*. Vol. 1. Stanford: Stanford University Press.

Lindquist, Hans & Christian Mair 2004 *Corpus Approaches to Grammaticalization in English*. Amsterdam: John Benjamins.

Wischer, Ilse & Gabriele Diewald 2002 *New Reflections on Grammaticalization: Proceedings from the International Symposium on Grammaticalization, 17—19 June 1999, Potsdam, Germany*. Amsterdam: John Benjamins. (*Typological Studies in Language* 49)

"来"和"去"的语法化:对称与不对称[*]

宋文辉

(河北师范大学文学院)

0 引言

以往研究"来"和"去"的语法化的成果相当丰硕,虽然在很多问题上仍存在争议,但总起来看,既有研究对"来"、"去"语法化的过程和机制的分析已经较为细致和全面了。在尚存的值得进一步探索的问题中,我们认为虽然既有研究已经对"来"和"去"及由二者组成的复合趋向成分的诸种功能的具体的语法化过程和机制作了较为详细的分析,但是对二者语法化的总体模式还缺乏足够深入的认识,特别是对二者语法化程度对称与不对称的总体模式缺乏合理的概括和分析。对二者语法化总体模式的研究并不是可有可无的,忽视了对总体模式的考虑,将使得研究者更容易忽视"来"、"去"语法化的具体过程和机制中的一些具体特征。针对上述情况,我们将本文的主要目标确定为:集中讨论"来"、"去"及包

---

[*] 本文是作者主持的国家社科基金项目《动结式的功能与认知研究》(编号:08CYY024)的阶段性成果。

含二者的复合趋向成分在现代汉语普通话中体现出的语法化程度对称与不对称的规律及成因,而对具体的语法化过程和机制不作展开,只在必要时对一些本文必须涉及而既有研究尚未能准确揭示的语法化现象的具体机制结合材料作一些分析。

1 对相关现象的简单描写

本节仅从现代汉语普通话的角度简单描写"来"、"去"及二者构成的复合趋向成分的语法化程度的对称与不对称的具体情况。

1.1 "来"、"去"自身语法化的情况

根据与二者组合的成分的类别,大致可以分为两类:第一类是"来"、"去"和动词结合而语法化的情况,这类属于大宗;第二类是"来"、"去"和其他成分结合而语法化的情况,这类情况很少见,目前来看,只有"来"和数量结构结合而语法化这一类,如"二十来个"。本文主要讨论前一类。根据"来"、"去"在动词前还是在动词后,又可分两类来说明。

1.1.1 处于核心动词前的"来"、"去"

处于核心动词前的"来"、"去"只有语法化为表示将来的时体助词这一类情况,[①]其语法意义部分中和。不过二者仍有分工,这种分工是基于"来"、"去"的基本的指示性趋向意义的差别的隐喻扩展和主观化,其根源在于说明说话人和句中各类成分所指称的对象或描述的事件的心理距离的大小。李明(2004)对此有深入分析。结合李明的研究和我们的观察,我们认为其差别主要有如下几个方面:

第一方面,祈使句中,当句子主语为听话人时,"来"、"去"的选

择和说话人与听话人的心理距离有关。李明(2004)指出,在祈使句中,"来"表示说话人意欲拉近和听话人的距离,"去"则相反,表示拉远和听话人的距离。我们认为其根源在于说话人对听话人的认同(或者说"移情")与否,也即说话者与听话者的心理距离的大小。如:

(1)a.这件事你来处理一下！　　b.这件事你去处理一下！(李明 2004:305)

(2)a.你来做吧！　　　　　　b.你去做吧！

(1a)、(2a)表现出说话人对听话人的态度要比(1b)、(2b)更为热情,(1b)、(2b)更适合表达对听话人的不满,如(2b)表示说话人对听话人行为的不满,放任对方去做,以便使其了解其行为的不良后果。不过这种情况仅限于听话人为主语的情况,如果换成下列情况则上述区别不明显:

(3)a.我来做一下。　b.我去做一下。

我们来做一下！　我们去做一下！

让他来做一下！　让他去做一下！

这时"来"、"去"的选择主要和说话人跟句子中其他因素的心理距离有关,这在下面几个方面中有所分析。

第二方面,说话人和句中即将进行的行为的心理距离会影响"来"、"去"的选择。如:

(4)a.?让他来做那种事儿,不合适吧？　b.让他去做那种事儿,不合适吧？

(4a)与(4b)的可接受程度不同,原因在于"那种事儿"在说话人看来"不合适",即说话人与其心理距离大,而不在说话人与听话人心理距离远近的区别。

第三方面,说话者与行为对象及其他因素的心理距离影响"来"、"去"的选择。李明(2004:304)指出"来"可标志同情对象,有一定道理。

(5)a. 要以弱者的标准来看一个城市。b. 要以弱者的标准去看一个城市。

(6)a. 不要按此标准来看杰克逊。　　b. 不要按此标准去看杰克逊。

(5a)和(5b)的不同在于,前者主观性较强,说话人对"弱者的标准"持同情态度,后者则比较客观,这是说话人将"弱者的标准"和自身拉远的结果;(6a)(6b)的差别则主要不只是对"此标准"的认同,还包括对"看"的对象"杰克逊"的认同与否。

上述分析似乎显示"来"、"去"在动词前做表示将来的时体助词时功能上是对称互补的,不过进一步分析显示,我们发现,二者还是有不对称的方面。

首先,主观性强度不同,则"来"、"去"的表现对称与否不同:

(7)a. 从这个角度来观察,才能发现玻璃表面的裂痕。

b. 从这个角度去观察,才能发现玻璃表面的裂痕。

(8)a. 只有从这个角度来分析问题,才有可能得到真正的发现。

b. 只有从这个角度去分析问题,才有可能得到真正的发现。

(9)a. 从这个角度来看,这个工作还不错。

从这一点来看,他还是不错的。

就这件事来说,他们做得很不错。

对她来说,这件事很难做。

b. ?从这个角度去看,这个工作还不错。

?从这一点去看,他还是不错的。

?就这件事去说,他们做得很不错。

?对她去说,这件事很难做。

(7)是客观的空间视角,"来"、"去"都可出现;(8)是隐喻性的知识领域的视角,但属于较为客观的判断,"来"、"去"二者都可出现;而(9)则不同,属于隐喻性的主观判断视角,说话内容体现了说话人的观点,只有"来"可以出现。当然有的学者可能会认为,"来看"、"来说"已经具有习语性,因此"来"不能替换为"去"。不过问题在于为何"来看"、"来说"等可以习语化,而"去看"、"去说"却不可以呢?我们认为其原因为,"这个角度"、"这一点"、"这件事"正是说话人所主观认定的合适的"角度"、合适的"一点"与能据其得出合理判断的"一件事",因此与说话人心理距离近,适合用"来"而不是"去"。总之,由于说话者的主观性的介入导致"去"受到排斥。

梁银峰(2007:203)指出"来"、"去"的选择和"结果的可见不可见、可感知不可感知有关",结果可见可感知的选"来",否则选"去"。这个看法有一定道理,但如全面考虑各种情况,则从说话人与其他事物的心理距离的角度来解释相关现象会更为直观、更为准确。

其次,"来"、"去"在执行上述功能时,频率不同。北京大学汉语语言学研究中心的CCL在线语料库中的相关现象的情况可以说明问题。我们主要统计了核心动词是心理动词的情况,或者核心动词动作性不强的情况,这是因为这种情况下"来"、"去"语法化程度高,语法化与否容易判断,而核心动词为动作动词的情况比较复杂,容易产生争议。

"来试一下"共 9 例,8 例是虚化程度较高的。

(10)你可以替我拿一下帽盔吗?我(来试一下),这似乎并不难。

"去试一下"共 14 例,3 例是虚化程度较高的,其余虚化程度较低,趋向意义明显。

语法化程度高的:

(11)也没什么,听人家说得他有多神,已经超过了昔日的老鬼,我不(去试一下),实在难以相信。

语法化程度低的,运动终点明确,"去"的动作性较上述语法化程度高的情况更强一些:

(12)我认为你应当向这儿哪一家较大的报馆(去试一下)。

这种情况更适合看做"去"构成的短语和前面一个动词短语构成连谓结构。

其他统计结果如下:

来分析 599	去分析 232
来考虑 728	去考虑 344
用 X 的标准来看 65	用 X 的标准去看 4
从这个角度来看 45	从这个角度去看 3
来试试 147	去试试 112

1.1.2 处于核心动词后的"来"、"去"

这种情况下,语法化的情况较为复杂,语法化之后的功能较为多样。

第一种功能,二者都做趋向补语。这时补语的位置有两个,一个是直接附着在动词之后,表示单纯的趋向。但(13b)说明"去"

做补语的句子独立成句受限制,只有加上终点才合法,如(14b):

(13)a. 他走来。　　　　b. *他走去。

(14)a. 他向山上走来。　b. 他向山上走去。

上述(13a)与(13b)的对立表明,"来"的虚化程度要高于"去"。"来"基本上已经可以看做是一个语法性的趋向标记,而"去"则更像补语,还比较实在,对终点的依赖程度还较深(下文我们将证明终点的非凸显化是形成抽象的趋向标记的前提)。藏缅语中很多都有语法性的趋向标记,汉语的趋向成分也在朝这个方向发展,只是语法化程度还比较低。

二者还可以都附着于述宾结构之后,而不直接附着在核心动词上。如:

(15)a. 送了一盆花来。　b. 送了一盆花去。
　　　送进一盆花来。　　送进一盆花去。

这种情况下,"来"、"去"的表现基本对称。

第二种功能,表时体意义的助词。

(16)a. *咱们吃苹果来。　b. 咱们吃苹果去。

(16b)的"去"除了可以看做趋向补语之外,还被一些学者认为是表达时体意义的助词。对其具体功能的认识存在不同看法,如有的认为"去"是表示变化的事态助词(王国栓 2003a;梁银峰 2007),有的认为是表示将来的时体助词(孙斐 2005),和"来"表示近过去相对。不过我们认为,其中"去"的趋向意义还是比较明显的,并未完全语法化为表时体意义的成分。如:

(17)咱们择菜去。

当然即使如此,似乎上述事实也可以说明动词或者动词性结构之后的"去"语法化程度高于"来"。

但事实是否真的如此呢？我们认为要得到正确答案还应注意以下事实，即"来"表示完成和近过去在近代汉语时期就已经存在了。如：

(18)抚州刺史便问园长老："只如国王大臣，未见有小福，未审曾供养什么人来？"长老云："曾供养佛。"(《祖堂集》卷八，居云和尚)(转引自梁银峰2007:121)

并且这个用法在很多北方方言中都还存在。在普通话中的情况则是，上述"来"后来和表示语气的成分"着"结合，形成"来着"，成为一个兼表近过去的时体意义的语气词。[②]由此看来"来"表时体意义的功能的形成要先于"去"，并且语法化程度更高。

孙斐(2005)认为"VP＋来"和"VP＋去"二者发展呈对称状态，这显然仅仅关注了二者意义的对称，而忽视了其语法化先后和语法化程度高低方面的差别。他还认为现代汉语中事态助词"来"已消失，而"去"仍存在，说明后者是"VP＋事态助词"中的无标记状态。由上述分析可见这个判断不合适。

第三种功能，话语标记。"来"可以出现在动词性成分之后，二者一起构成一个话语标记。如：

(19)a.看来,这个工作还不错　b.*看去,这个工作还不错。

这类成分还有"想来、看来、说来"等。"去"没有此类功能。

总的来看，"来"、"去"在核心动词前语法化的情况较为单一，在核心动词后的语法化情况较为复杂；并且在核心动词前语法化的情况对称程度高，不对称比较微妙，而在核心动词后的语法化不对称比较明显。

除此之外，"来"、"去"在核心动词前后的分布还有其他不对称的情况。

(20)a.他要到咱家来吃饭。　　b.﹖他要到咱家吃饭来。
　　　他要到咱家去吃饭。　　　他要到咱家吃饭去。

"来"在表未完成的事件的句子之中更倾向于出现在核心动词之前,而不是出现在核心动词之后。这是因为"来"在核心动词前倾向于理解为表将来,而在核心动词后倾向于理解为表近过去或者终结。"去"没有这个限制,因为在核心动词前后都适合表达将来的行为。

1.2　包含"来"、"去"的复合趋向补语的语法化与进一步语法化

这类情况,部分只有趋向补语的用法,如"进来"和"进去"、"回来"和"回去"之类,其功能基本上是对称的。以下仅说明语法化结果存在不对称的情况。

"起来"和"起去":

(21)a.气球飞起来了。b.*气球飞起去了。　[趋向]
(22)a.想不起来了。　b.*想不起去了。　[结果]
(23)a.他们吃起来了。b.*他们吃起去了。　[时体]
(24)a.看起来,不错。 b.*看起去,不错。　[话语标记]

在现代汉语普通话中,"起去"不能做表示趋向和结果的趋向补语,更不能表示时体意义,也不能做话语标记成分的构成成分。

"下来"和"下去"。二者都可以表示趋向,此外"下来"还可以表示事件的有终结点的持续,而"下去"还可以是表示持续的补语。

(25)a.这件事你一定要做下来。　b.这件事你一定要做下去。

不过二者在分布上也有不对称的表现。王晓凌(2009:157)指出,从王朔小说的文本统计可见,表示时间流动的"下来"、"下去"

分布明显不对称。"上来"句504例,14例表达时间流动意义,仅占4%;而"下去"句289例,表时间流动的152例,约占53%。而高顺全(2001)则认为,在表示延续上,"下去"优于"下来","下去"语法化程度更高。

"上来"和"上去"。"上来"除了表示趋向还可以表示抽象的结果,"上去"没有这种用法。

(26)a.这个人啊,感觉有点怪,具体说我也说不上来哪儿怪。

b.*这个人啊,感觉有点怪,具体说我也说不上去哪儿怪。

"出来"和"出去"的差别和"上来"、"上去"相似。

(27)a.这道题我做出来了。b.*这道题我做出去了。

2 对上述现象的分析

由上述分析可以看到,"来"、"去"的语法化情况比较复杂。不过我们认为,二者的语法化还是有一定之规可循的,都受二者的概念结构及其所处的句法结构所表达的概念结构的制约。以下首先说明影响二者语法化的基本因素,然后再以此为基础来梳理其语法化的基本规律。

2.1 总的看法:"来"、"去"的概念结构差别和二者语法化的总体模式

"来"、"去"的意义相反,前者指运动方向朝向参照点(通常是说话人所在地点),后者最初指离开某地,魏晋时期开始发生变化,指朝某地运动,前者一般称为离义,后者称为往义,(朱庆之1992;

孙斐 2005；梁银峰 2007 等）③指运动方向离开参照点，"去"从离义到往义的变化并没有影响其背离参照点的运动趋向这个基本意义，其差别只是前者起点凸显，后者终点凸显。由此看来，"来"和"去"逻辑上是对称的。不过语言并不等同于逻辑，由于二者概念结构的系列差别，其语言意义和具体用法并不完全对称。

"来"、"去"的概念结构的差别有两个主要方面。

第一方面，二者的认知地位不同。从视觉印象来分析，朝向参照点的运动物，其凸显程度逐渐增强，而离开参照点的运动物，其凸显程度逐渐减弱，这一基本模式可以通过隐喻扩展到意识程度、生命力等领域（可参马庆株 1997）。上述基本经验导致"来"往往与积极意义成分的结合，"去"往往和消极意义的成分结合。而人的期待多朝向积极方面（沈家煊 1999；邹韶华 1988 等）。上述差别导致"来"的频率高于"去"。我们对北京大学汉语语言学研究中心 CCL 在线语料库进行了初步统计，所有用法的"来"共有1188533 条，而"去"则只有 547580 条，要少一半多。总之，在"来"、"去"二者之中，"来"是无标记项，而"去"是有标记项。

第二方面，"来"和"去"的终点性质不同。"来"的终点，往往就是说话人所处的地方，所以语境默认的占绝对优势，而"去"的终点则有语境默认、未知和需要明确表达等三种情况。由于"来"本身频率就比"去"高很多，而"去"的终点的类型又较"来"复杂多样，因此每个类型各自的频率与"来"相比就更低了。

在对"来"、"去"语法化的影响上，上述第一方面是根本因素，决定二者语法化的总体模式，而第二方面则对上述总体模式起着调节作用。

语法化现象的发生与语言成分的频率密切相关，高频成分容易语法化(Hopper & Traugott 2003;Bybee 2003 等),所以和"来"相比,"去"语法化会受到更多的限制。基于这个判断,可预测:

第一,在汉语普通话或某一方言之中,如"去"有某类功能,则蕴涵"来"必然有类似的功能,但不能作相反的推理,因为"来"往往会有比"去"更多的功能。此外,由上述规律可推知,从语法化发生的时间上来说,"来"语法化发生更早;

第二,"来"语法化程度高的用法在方言中分布更广,"去"语法化程度高的用法分布较窄;

第三,从历史发展来看,二者所具有的某种相同的功能,如相互之间没有明确分工,则"来"持久稳定,"去"的功能不稳定,更容易变化;

第四,"来"、"去"都有的功能,二者即使有分工,"去"的用法也会受到更多限制。

上述情况导致,"来"和"去"在语法化程度较低的用法上对称程度更高,而在语法化程度较高的用法上对称程度较低,"去"语法化度受限制。

二者终点类型的差别可以调节上述总体模式。"来"的终点无论是语境默认的还是作为新信息出现的,都是确定的,运动事件都是有界的;而"去"则不同,如其终点是语境默认的或者是作为新信息出现的,则终点明确,表达的运动事件有界,而如果终点是不可知或者说话人不关心的,则不确定,这就使得"去"所表达的位移运动可以理解为能任意延续下去的运动,接近无界事件。上述区别的隐喻扩展导致语法化之后的"来"更倾向于表达有界的事件,而"去"则功能多样。这使得"去"在表达事件的延续性和属性的延展性方面都比"来"更适合,这是导致上述总体模式被违背的基本原因。使得"去"或包含"去"的复合趋向成分语法化之后产生了"来"或包含"来"的复合趋向成分不具备的功能,或后者虽具备有相似的功能但语法化程度低于前者。

由上述分析可知,终点这个概念成分在"来"、"去"的概念结构之中占据重要地位。我们发现,除了上述所论终点的指称特征不同会影响"来"、"去"语法化的路径之外,终点的特征对于"来"、"去"的语法化的发生还有更为根本的影响。

从概念结构上来看,有界事件是典型的事件,动态性强。对于位移事件来说,终点不仅是运动空间上的终止点,也是其时间终止点的可视的表达,可以说位移事件就是参照起点和终点来界定的。因此,从概念结构上来看,终点凸显与否影响着位移事件的动态性,进而也从根本上制约着"来"、"去"的语法化能否发生。

以"来"、"去"语法化为趋向补语的过程为例,最初的"来"、"去"做补语的动趋式都是不带终点处所宾语的(王国栓 2005;孙斐 2005;梁银峰 2007 等)。六朝才出现带终点处所宾语的动趋式。

(28) 驴尽破之,还来家中,啼哭懊恼。(《百喻经·雇倩瓦师喻》)(转引自柳士镇 1992:314)

是时有一异比丘,于竹园去罗阅祇国,适在中间,为蛇所啮。(东晋竺昙无兰译《玄师颰陀所说神咒经》)(转引自朱庆之 1992:177—178)

即,终点处所宾语的隐性表达是二者语法化的一个重要动因。梁银峰(2007)分析了趋向补语形成的句法环境,指出趋向补语是在一些特定的句法格式之中经重新分析产生的,他提出了三种结构,举一种说明如下:

(29) 飞来双白鸽,乃从西北来。(《古辞·相合歌词十四》)(转引自梁银峰 2007:43)

由于施事宾语的出现在"飞来"之后,导致"飞来"更紧密地结合在一起,为其由连谓结构到动补结构的重新分析提供了合适的环境。我们认为他的看法非常有道理,不过仍有可以补充的余地。在语言成分语法化的过程中,句法因素固然起着重要作用,但概念语义因素和语用因素也不能忽视。我们认为,正是由于"来"、"去"的终点由于语境默认或者不可知等因素凸显程度不高,隐含表达,才使得"来"、"去"的动态性降低,动作性减弱,因此在合适的语境之中才能被理解为仅表达趋向意义而不表达动作意义的语法化的成分。

终点的隐含对于趋向补语"来"、"去"的进一步语法化也意义重大。六朝时期以"来"、"去"为补语的动趋式带处所宾语的现象出现,这是其语法化为补语的过程完成之后才出现的情况,这时终点处所宾语其实已经是动趋式整体而不仅仅是趋向补语"来"、"去"的宾语了。动趋式开始出现时不带宾语是因为不带处所宾语是趋向补语的形成条件。而一旦动趋式形成之后,作为表达位移事件的复杂谓词,要求有显性的终点处所宾语则是一种很自然的表达要求。④以"来"、"去"为补语的动趋式带终点处所宾语这个现象后来在北方方言之中消失了,这使得"来"、"去"成了比其他趋向补语语法化程度更高的成分,已经和趋向标记非常接近。如果要显性表达终点,则必须用介词短语来表达。如:

(30) a. 她走来。 b. *她走来这里。 c. 她向这里走来。

不过(30b)这类结构在粤语等一些南方方言之中还是合法的结构,这说明北方方言在这方面的发展速度更快。

除了上述"来"、"去"自身概念结构的特征会影响其语法化之外,其所出现的结构整体的概念结构也会影响二者语法化的路径,从而影响上述总体模式。上述(1)—(9)的情况,即"来"、"去"在核心动词前的结构中表达将来的功能,就是因为"来"、"去"所处的结构整体的概念结构导致的。这个结构的前身是"来"、"去"做前项的连谓结构(梁银峰2007),其中在后的动词短语表示目的,而不是实际的行为,这使得"来"、"去"成为实现未来行为的条件,并且由于"来"、"去"的终点处所宾语不显现,其动作义减弱,这为其语法化作了初步的准备。不过我们认为,上述并非全部导致重新分析的条件。"来"、"去"发生语法化的环境应该是更具体的语境。经过对材料的观察我们推测,由于上述这类结构整体往往构成祈使句,祈使句表未然,因此在这个环境之中,"来"、"去"也只能理解为将来的行为;另外,很多此类结构都构成疑问句,疑问句也不是描述实际发生的事件的,因此动作性也弱,更多的是表示意愿和将来。"来"、"去"自身的概念结构的特征再加上所处结构整体的概念结构特征,使得二者意义虚化,成为标志将来的语法性成分。

(31)我今日无心情,不能为汝说。汝去西堂,问取智藏。——我今日可杀头痛,不能为汝说,<u>汝去问取海师兄</u>。(《祖堂集》卷十四,江西马祖)(转引自梁银峰2007:199)

(32)有时上堂云:"汝诸人<u>来</u>者里觅什么?莫要相钝致么?"便起去。(《祖堂集》卷七,雪峰和尚)(转引自梁银峰2007:199)

(31)的"去问取海师兄"既可以理解为"去"的终点处所宾语语境隐含,"去"为一个实在的动作动词;也可以理解为"去"仅仅是表示将来的语法成分。这种环境导致结构发生重新分析。

2.2 具体的分析

上述是总体的分析,现在我们再结合实例作具体的分析。这个部分很多材料还需要进一步深入调查和分析,本文仅举例作简要说明。

2.2.1 同类功能语法化的先后

"来"、"去"都有的一些功能,"来"的语法化发生得更早。

如"来"、"去"语法化为趋向补语。王国栓(2005)认为"来"语法化为趋向补语起源于西汉,《史记》中已有,而"去"(表离义的"去")语法化为趋向补语则始见于东汉。崔达送(2005:51)认为先秦就有"来"为补语的情况,而"去"做补语始于《史记》。如:

(33)季布让,逃去。(《史记·吴太伯世家》)

王国栓(2005)、马云霞(2008)认为虽然《史记》中已经有了"VP+去"的例子,但是上述结构中"去"的动作性还很强,并不是真正的补语。王国栓认为"去"到东汉才语法化为趋向补语,而马云霞则认为到了六朝才比较虚化。虽然不同学者对于语料的看法有差别,但是"去"语法化为趋向补语晚于"来"却是可以肯定的。

"来"、"去"在近代汉语之中都产生了事态助词的用法。按照梁银峰(2007)的分析,"来"做表肯定事态变化的助词源于魏晋南北朝,而"去"做表示将来的事态变化的助词则最早出现在唐代。

2.2.2 同类功能的语法化程度

"来"、"去"都语法化为补语,并进一步向趋向标记发展,但是发展速度和语法化程度不同。"来"在现代汉语普通话中已经成了其后完全不带处所宾语的趋向标记,而"去"虽然其后不带处所宾语,但是对终点的依赖还是比较大的,语法化程度低于"来",上述(13)的情况可为证。

"来"、"去"做表终结的动相补语,其语法化程度也有区别。据梁银峰(2007)的考察,"来"可以附着在动词后形成动词复合体(verb complex),其后带宾语,虽然这种例证极少。如:

(34)把得闲书坐水滨,读来前事亦酸辛。(罗隐《王夷甫》,《全唐诗》7609页)

田父占来好岁,星翁说道宜官。(宋葛立方《锦春堂·正旦作》)(转引自梁银峰2007:158—159)

"去"则完全未提到其后带宾语的情况。动相补语接近体标记,并不影响核心动词的配价成分的显现。"去"做动相补语时动词的宾语不出现,可见是核心动词的受事论元受到了一定制约,由此可见"来"做动相补语语法化程度更高。

"起来"和"起去"。很多学者将二者都看做是趋向补语。不过我们认为二者还是有很大差别。邢福义先生(2002)从普通话、方言和近代汉语全面地说明了汉语中存在趋向补语"起去"。邢先生所举的例句摘录于下。

(35)我还给你藏着一副羊下水哩,你起去拿。(张贤亮《绿化树》)

(36)院子里有人,你起去瞄一下。(武汉话)

外边是么兹响呀,你快低嘎起来(去)看哈儿去。(沙市话)

(37)宝玉忙把袭人扶起来,叹了一声,在床上坐下,叫众人起去。(《红楼梦》第三十一回)

却放了一个风火炮,直飞起去,正打在敌楼角上。(《水浒传》第一百一十二回)

经过研究这些例子,我们发现,这里的"去"还是有比较实在的运动意义的,与指示性趋向补语"去"只指离开说话人所在的位置不同。我们考察了程甲本《红楼梦》第三十一回的原文。原书的上下文是这样的,袭人跪下求宝玉,这时其他几个丫鬟也进来跪下,宝玉叫众人"起去",后文这些丫鬟就不在叙述中出现了,这样"起去"可以理解成"起来并且出去"。

当然,也存在"去"的动作意义比较弱的情况。如:

(38)平儿,来!把你的收起去,等不够了,我替你添上。(《红楼梦》第四十三回)

这显示了"起去"的语法化程度的增强。不过这类用法频率极低。

现代汉语普通话的情况,据邢先生的统计,在长篇小说《骆驼祥子》中只有4例,并且也不是每个人都可以接受这种说法。

总之,"起去"构成的趋向补语语法化程度低于"起来"。

2.2.3 语法化之后功能的多少

上述例(21)—(23)说明"起来"的功能更为多样,"起去"很受限制。

同样,"来"具有表约数、做话语标记"来看"和"来说"、"看来"和"说来"的构成成分,"去"则不可以。

2.2.4 同一种功能所受到的限制不同

上述"来"、"去"在动词前表将来的情况,"来"的分布较广,而"去"则会受到说话人视角的制约而分布受到限制。并且由这个功能所衍生出来的一些起话语联结功能的固定结构之中,只能有"来"而不能有"去"。

"来"、"去"做表示结果的动相补语的情况。据我们对梁银峰(2007)的初步分析可知:与"来"结合的动词类型多样,没有明显的限制,既有"老来"、"病来"、"亡来"这类和消极义动词结合的情况,也有"闲来"、"晴来"、"烹来"这类和中性动词结合的情况；与此不同，"去"做表结果的动相补语则更经常和消极义的结合，如"死去"、"老去"、"懒去"等。"去"有时也和中性动词结合，但是总体语境仍旧是消极的。如：

(39)师云："我不辞向汝道，恐汝会去。"(《祖堂集》卷十一，保福和尚)

这可能和"去"表示消失、离去这类消极意义有一定关联。而这个现象其实也说明，作为动相补语，"去"的语法化程度低于"来"。当然到底事实是否如此，还需对历史语料作进一步的量化统计。

李明(2004)也曾指出闽南语"去"表完成更多地与消极意义匹配，意义领域受限制。

2.2.5 持久性和分布广度

"起去"在近代汉语中曾经存在，后来在很多北方方言中消失。(钟兆华1988)凡是"起去"可以做补语的方言，"起来"也都可以，并且"起来"进一步语法化的情况更多；与此相反，很多方言仅有"起来"而无"起去"。这个差别是由二者的概念结构的差别造成的。具体分析可以参考宋文辉(2007)的相关论述。

这个方面目前掌握的材料较少，还有待今后对相关现象作更为全面的方言调查来验证我们的假设。

2.2.6 例外

凡是"去"有而"来"无的功能，或者"去"及其构成的复合趋向成分语法化程度高于"来"或"来"构成的复合趋向成分的，都是因为"去"的终点可以是不确定的，事件延续性和属性延展性强。表示事件延续的"下来"语法化程度低于"下去"、"多了去了"等情况皆是如此。

3 余论:"来"、"来着"的性质

我们坚持"来"和"来着"并不是时体成分而是主要表语气而仅兼表一定时体意义的语气词,我们认为朱德熙(1982)的看法是非常正确的。⑤

按照 Bybee(1985)、Dik(1997)、Van Valin & Lappola(1997)等的分析,句子的语义结构是个层级结构,其中语义算子的句法位置与其辖域密切相关。越是与动词所表述的动作行为的性质状态关系密切的语义算子形态句法上距离核心动词越近。具体来看,时体成分更靠近核心动词,情态、语气等语义算子更靠近句子的边缘。"来"从其产生表示近过去的意义到现在已经近千年了,可还是处于句末位置,如果将其看做时体成分,则很难理解,为什么其他时体成分都处于句中,附着在动词或者动词性结构之后,而"来"和"来着"则一直处于句末呢?我们认为这和它受语法系统的制约发展出语气意义有关。

"来"自唐宋发展出表完成的语法成分的用法之后,一直没有像"了"一样进一步语法化为附着在动词上的体标记,而是长期处于句末这个语气词所在的经典位置,并产生了和语气成分"着"结合形成表陈述语气的成分,这个成分进一步虚化产生了疑问语气词的用法。我们认为这个现象可能和时体成分形成过程中的竞争有关。时体成分发展的过程中,表示完成的成分很多,但是后来只有"了"占据了上风,"却"等与"了"都处于句中核心动词之后的成分被淘汰了。"来"如进一步语法化成为附着在核心动词之后的成分则也会面临着被淘汰的危险。换一个角度来说,正是上述"了"

的强势地位排斥了"来"进一步虚化为附着在核心动词之后的时体标记的可能,这使得"来"的语法化路径发生变化,没有进一步发展其时体意义,而是利用其处于句末的位置的条件转化为语气词,而"来"和语气词"着"的结合则进一步强化了语气意义。这时其主要功能是表示肯定事态的发生这个语气意义,时体意义不再是其基本意义,而是由语气意义推理出来的语用含义了。[⑥]"来"、"来着"在疑问句中的语气功能部分保持了其在陈述句中的语气意义(宋文辉 2004)。一些学者提出的"来"、"来着"的虚化路径为:趋向动词—时体助词(陈述句句末)—语气词(疑问句句末),现在看来这种看法可能有调整的必要。

附 注

① 梁银峰(2007)将其称为目的标记,有一定道理,但似乎忽视了其时体特征。鲁晓琨(2006)将上述"来"看做是焦点标记,既标志自然焦点,又标志对比焦点。这个看法值得再考虑。因为如将"来"看做焦点标记,"去"就也应该是,设置两个同类焦点标记的动因似乎不充分。另外,一个焦点标记既标志自然焦点又标志对比焦点,似乎有问题。因为自然焦点一般不需要有标志,对比焦点往往有标志。二者合一的焦点标记的存在缺乏足够的动因。

② 刘义青(2004)认为"来着"是"来"在语法化过程中的增强,有一定道理。不过由于她将"来"看做时体成分,则"来"和语气成分"着"结合在一起形成语法化的增强现象比较难以理解。下文我们将指出,"来"实际上已经语气词化,并且由于和语气词"着"结合,语气的功能更为明显,实现了语法化的增强。

③ 杨克定(1988)指出早在汉代"去"就已经完成离义向往义的发展;王国栓(2003b)则认为直到唐代这个变化才完成。经材料考察,我们发现两种看法都还值得再考虑。

④ 孙斐(2005)指出"来"在六朝以后出现后带处所宾语的情况是因为这时"来"可以突出地表达终点。他所举的例子是:

携来朱门家,卖与白面郎。(白居易《采地黄者》)

我们认为这个看法不准确,因为"来"的终点明确这是古来已有的,并不是当时才出现的新现象。另外,"来"之后带了终点处所宾语当然句子的终结意义更为明显,因此所谓强调终点其实是带终点处所宾语的结果,而不是其原因。

⑤ 本节的讨论是宋文辉(2004)的继续和深化。

⑥ 梁银峰(2007:105)认为句末"来"的主要功能是"肯定、确认过去的时间里事态发生了变化",也可表示肯定确认事态现在发生了变化,后一种功能接近"了$_2$"。这个看法非常正确。

参考文献

崔达送　2005　《中古汉语位移动词研究》,合肥:安徽大学出版社。
―――　2006　论位移动词"去"入句功能的发展及其"往到"义的产生,《滁州学院学报》第1期。
高顺全　2001　体标记"下来"、"下去"补议,《汉语学习》第3期。
李　明　2004　趋向动词"来/去"的用法及其语法化,《语言学论丛》第二十九辑,北京:商务印书馆。
梁银峰　2007　《汉语趋向动词的语法化》,上海:学林出版社。
刘义青　2004　《句末助词"来""来着"的演变研究》,河北师范大学硕士学位论文。
柳士镇　1992　《魏晋南北朝历史语法》,南京:南京大学出版社。
鲁晓琨　2006　焦点标记"来",《世界汉语教学》第2期。
马庆株　1997　"V来/去"与现代汉语动词的主观范畴,《语文研究》第3期。
马云霞　2008　《汉语路径动词的演变与位移事件的表达》,北京:中央民族大学出版社。
沈家煊　1999　《不对称和标记论》,南昌:江西教育出版社。
宋文辉　2004　也论"来着"的表达功能,《语言科学》第4期。
―――　2007　《现代汉语动结式的认知研究》,北京:北京大学出版社。
孙　斐　2005　《"来"和"去"的语法化及其相关问题研究》,上海师范大学硕士学位论文。
王国栓　2003a　现代汉语中的事态助词"去",《语文研究》第2期。
―――　2003b　"去"由离义向往义的演变,《语言学论丛》第二十七辑,北京:商务印书馆。
―――　2005　《趋向问题研究》,北京:华夏出版社。

王晓凌　2009　《非现实语义研究》,上海:学林出版社。
邢福义　2002　"起去"的普、方、古检视,《方言》第 2 期。
杨克定　1988　从《世说新语》《搜神记》等书看魏晋时期动词"来"、"去"语义表达和语法功能的特点,见程湘清主编《魏晋南北朝汉语研究》,济南:山东教育出版社。
张伟丽　2006　《"去"从离义到往义演变的考察》,河南大学硕士学位论文。
钟兆华　1988　动词"起去"和它的消失,《中国语文》第 5 期。
朱庆之　1992　《佛典与中古汉语词汇研究》,台北:文津出版社。
邹韶华　1988　中性词语义偏离的原因及其对语言结构的影响,《语法研究和探索》(四),北京:北京大学出版社。

Bybee, J. 1985 *Morphology*. Amsterdam/Philadelphia: John Benjamins Publishing Company.

——— 2003 Mechanisms of change in grammaticalization: The role of frequency. In Brian D. Joseph and Richard D. Janda(eds) *The Handbook of Historical Linguistics*. 602—623. Oxford: Blackwell.

Dik, S. 1997 *The Theory of Functional Grammar*. Second revised edition. Edited by Kees Hengeveld. Berlin & New York: Mouton de Gruyter.

Hopper, P. & E. Traugott 2003 *Grammaticalization*. Cambridge: Cambridge University Press.

Van Valin, R. & R. Lappola 1997 *Syntax*. Cambridge: Cambridge University Press.

从语义地图谈"然后"

王慧萍　潘秋平

（新加坡南洋理工大学中文系）

0　引言

根据吕叔湘《现代汉语八百词》(1980:404)，"然后"属于连词，表示：

一件事情之后接着又发生另一件事情。前句有时用"先、首先"等，后句有时用"再、又、还"等。

吕叔湘所举的例子如下：

(1)先讨论一下，然后再作决定。

(2)代表团定于今日离京前往上海，然后赴广州参观访问。

此外，《现代汉语词典》(2005:1138)、《新著国语文法》(1998:206)、《现代汉语虚词手册》(2003:304)、《词类辨难》(1981:93)和《现代汉语虚词词典》(1998:480)均把"然后"分析为连词，表示承接关系。

《现代汉语虚词词典》(2007:354)以及《现代汉语虚词例释》

(1996:371)①同样认为"然后"表示承接关系,但二者却把"然后"判为副词。②虽然各家对"然后"的词类有不同的认识,但无论把它分析为何种词类,都不影响它作为一个连接两个事件并表示承接关系的连接词。

尽管如此,从日常生活中的观察显示,③"然后"在现代汉语口语中已引申出许多新的用法,而这些用法都已超乎承接关系。譬如:

一、因果关系

(3)他失恋啊,然后就心情很差。(《超级星光大道》2008-12-26)

(4)他就很生气我没有颁奖给他,然后他就这样子很恶念地瞪着我。(《康熙来了》2008-12-05)

上例中的"然后"连接因果关系,表示事件 A 导致事件 B 的发生。前一分句"失恋"及"生气"分别表示原因,而后一分句"心情很差"及"恶念地瞪着我"则表示结果。

二、转折关系

(5)他只是跌了一跤,然后就死了。(口头录音,2009-03-15)

(6)我在百货公司看见一件衣服。这件衣服很漂亮,然后却很贵。(口头录音,2009-07-20)

(7)人家觉得我个子小小的,然后还蛮高音。(《超级星光大道》2008-12-26)

根据林裕文(1984:32),转折关系指的是正句"并非顺着偏句得出结论,而是说出跟顺着偏句相反的事实"。上述三个例子中的事件 B 都并非顺着事件 A 得出结论,譬如例(5)中的事件 A "跌了一跤"所得出的结论是"受伤"或"流血",事件B却说他"死了";例(6)中的"衣服很漂亮"所得出的结论是"应该买",而"衣服很贵"所得出的结论是"不应该买",二者互相抵触;例(7)中的事件A"个子小小的"所得出的推论"声音小"则与事件B的"高音"存在矛盾。

三、递进关系

(8)他喜欢美女,然后更喜欢有钱的美女。(口头录音,2009-04-29)

递进指的是事件B的意思比事件A更推进一层。如例(8)所示,后一分句的意思比前一分句更深一层,不仅交代他喜欢美女,还进一步交代他喜欢的是有钱的美女。

四、对比关系

(9)我要选贵妃,然后她要选骨感美女。(《康熙来了》2008-12-05)

对比关系指的是事件A与事件B存在语义上的对立。例(9)中的"骨感美女"与"贵妃"的概念相对,前者指的是胖女人,而后者指的是瘦女人。

五、并列关系

(10)平常很不会打扮自己,不穿裙子,然后不会配衣服。(《我猜我猜我猜猜猜》2009-01-03)

(11)我觉得个性要认真,然后有幽默感,然后孝顺,然后上进。(《国光帮帮忙》2009-04-23)

(12)那天屈哥很好笑,因为你很害羞,然后又不好意思,然后就是NG了好多次。(《国光帮帮忙》2009-05-08)

(13)我碰过少的,就是那种签唱会,人有时候比较少,因为歌手太没有知名度了,就很少人,然后自己那个工作人员,

然后主持人就要下去排队。(《康熙来了》2008-12-05)

(14)便当拿来要先分好,譬如说艺人的,然后工程班的,然后谁的都会先分好……(《康熙来了》2008-12-04)

"并列"指的是事件 A 和 B 之间的语义地位平等,可任意互换位置而保持语义相同。例(10)中的"不会打扮自己"、"不穿裙子"、"不会配衣服"同样指向这个女生的服装品味不好,因此语义地位平等,可调换位置。例(11)—(14)皆同,"然后"所连接的前后两个事件都可互换位置,其不同之处则在于例(10)所连接的是动词和小句;例(11)、(12)连接的是形容词;而例(13)、(14)则是连接名词。

由此可见,"然后"在现代汉语口语中已引申出其他新的用法,而这些用法都已超乎承接关系。在此,本文所欲探讨的是"然后"的语义扩散究竟是一次性或是阶段性的?而这些语义功能之间究竟有无联系?

近年来研究"然后"的学者已经发现在现代汉语口语中,"然后"的使用范围不断扩大的现象。这些学者普遍认为"然后"发生了语法化,[④]并提出了导致其语法化的动因及机制。

一、王伟、周卫红(2005:36)通过问卷调查及语料分析,阐述"然后"在现代汉语口语中使用范围的扩大,并将"然后"的功能总结为以下五点:

(一)保持其本意(表示接着某种动作或情况之后);

(二)表示添加关系;

(三)表示因果关系;

(四)作为语篇中的话题转换标记;

(五)凝固为"话题转换标记"("然后")-主语(第二人称)-表示

心理过程的动词(Vm)-语气助词(吗)的句法结构,例:

(15)然后你知道吗?

除了第一和第三项功能,作者所提出的其他功能并不在本文的论述范围内。本文欲探讨的是"然后"作为承接连词所引申出的新功能,而连词所连接的两个事件必定是双向性的。然而,当"然后"作为话题转换标记时,它所连接的两个事件则分属于不同的话题,二者之间并无直接的联系,因此本文将不于此加以论述。

此外,作者提出了"然后"语法化的三个动因。第一个诱因是受北京话"完了"一词的影响。在北京话中,"完了"可以表示死了、很糟糕或时间先后关系。除了表示时间先后的顺承关系外,"完了"往往还可以表示添加和因果关系,也可以作为话题转换标记。作者认为"然后"和"完了"一样,都可以表示顺承关系,因此使类推成为可能,"然后"受其影响,所以也能表示另外三种功能。

作者提出的另一个诱因是受英语的影响。作者指出英语"and"的使用范围日益扩大,可以表示添加、转折、因果、时间先后等关系,而"then"除了表示顺承关系,也可以表示因果关系。因此,"然后"可能受其影响而导致语法化。

然而,以上两个"语言接触"的原因并无法有效地解释为何在不同的时代、地域及语言中会体现出一致的演变或共同的现象。

(一)不同时代

陈永飞(2009:127—128)指出《论语》的"而"能够表示以下三种语义关系:

(16)博学而笃志,切问而近思,仁在其中矣。(《子张》)(并列)

(17)虽有粟,吾得而食诸?(《颜渊》)(承接)

(18)学而不思则罔,思而不学则殆。(《为政》)(转折)

例(16)中的"而"连接两个地位平等、能够互换位置的动词短语,表示并列关系。例(17)中的"得"(得到)与"食"(吃掉)是先后发生的,因此是承接关系。例(18)中的"不思"、"不学"分别与顺着"学"及"思"所得出的结论相反,所以二者是转折关系。如上例所示,《论语》的"而"和现代汉语口语中的"然后"所表示的语义关系是重叠的,因此这可能触及人类的认知层面,但"语言接触"这一原因却把承接连词"然后"表示"并列"与"转折"关系视为偶然,而忽视了其背后所隐含的规律性。

(二)不同地域

王伟、周卫红(2005:36)表示"'完了'一词在北京中老年人中的使用频率相当高",因此"然后"受其影响而语法化。然而,这一原因无法说明为何在"完了"使用频率相对较低的中国其他地区,以及一般不用"完了"来表示承接关系的新加坡、马来西亚及中国台湾等国家和地区,"然后"也会发生语法化。

同样,受英语影响这一原因也并不能解释为何在台湾等英语使用频率低的地域,"然后"会受其影响而语法化。

(三)不同语言

王伟、周卫红认为英语的"and"能表示并列、承接、转折、因果等关系,"then"能表示承接和因果关系,因此现代汉语里的"然后"受它们影响而导致语法化。然而若进一步追根究底,又是什么因素导致英语的"and"、"then"发生语法化,他们并未回答。可见把语法化的动因归咎于其他的语言或词,最终仍不能解决问题。

从英语"and"的例子中,我们可以发现不同语言所体现出的一致性。"and"是个并列连词,但也能用来连接以下的语义关系:

(19) She read for an hour and went to bed. (承接)

(20) He is a fat cat and lives like a beggar. (转折)

(21) Go to the library at once, and you will find the book you need. (因果)

(王伟、周卫红 2005:37)

例(19)中的"读书"与"睡觉"是先后发生的两件事,二者是承接关系。在例(20)中,前一分句"他是个有财有势的人"所得出的结论是"他过得很好",后一分句"他活得像个乞丐"却与前一分句所得出的结论相反,因此是转折关系。例(21)中的后一分句"找到书"是前一分句"去图书馆"的结果,两个事件之间是因果关系。

如上例所示,《论语》的"而"、英语的"and",以及现代汉语口语中的"然后"皆能表示并列、承接与转折关系。这种种跨语言、跨地域、跨时代的现象所体现的平行性说明"然后"所发展出的各种用法并非出于偶然,而是有其必然的规律性。这很可能与人类的认知有关,而"语言接触"却无法解释这一现象。

除了受北京话"完了"和英语"and"、"then"的影响之外,作者提出了第三个语法化动因,即受"然后"的语义和说话者心理的共同影响。作者表示"然"在古代是一个指示代词,至今没有完全虚化,因此"然后"还保留了实词的某些含义,可被理解为"这样以后"。说话者想要使语义表达更为清晰、达意,并逐步考虑接下来要提供给听话者的信息,因此思维语言("下一步"、"这样以后")生成表层结构,"然后"被用来填补话语与话语之间的空位。

现代汉语中的"然后"是个语素,我们无须用切分法来分析其语义。另外,即使语用因素触及了人类的认知层面,并能解释"然后"如何虚化为话语标记,也不能说明为何承接连词"然后"能够引申出因果、转折、并列、对比、递进等语义关系,也不能说明究竟"然后"是同时扩散出这些语义关系,还是一步步地引申出这些功能。再者,语用因素也无法揭示概念与概念之间所存在的关系。

二、朴珍玉(2006)把"然后"的功能分为语义、语用及话语标记功能。语义功能方面,"然后"能够连接时间先后、因果、承接、条件和追加关系。

"时间先后"及"承接"都是指两个事件按照时间顺序先后发生,因此本文认为没有区分二者的必要。朴珍玉(2006:18)的"追加"指的是并列分指,"既不表示时间的先后,也不表示轻重、主次等语义",和本文的"并列"相同,例:

(22)你看他三个孩子个个有出息:一个在美国读MBA,一个在青岛开了个什么水产品公司,咣咣挣钱,有好几套房子,然后还有一个现在新加坡一个什么研究所,老早以前保送的,就没回来……(朴珍玉2006:18)

上例中的"然后"所连接的前后分句同样指向"三个孩子个个有出息",二者没有轻重主次之别,因此可任意互换位置。

此外,作者从历时的角度描写"然后"语义弱化的发展脉络,并提出"然后"语法化的三个机制:

(一)重新分析

"然后"由表示"这样以后"之义融合而来。"然"由实词性的指代弱化为只有关联作用的连接词,与"后"重新组合,共同虚化为连词。

(二)语用因素

语言交流必须同时符合便于表达和便于理解两个条件,而"然后"一词帮助说话人组织话语,并为听话人理解话语提供线索。在合作和省力原则下,"然后"的使用频率提高,也加速了其语法化进程。

(三)语言接触

"然后"受语言接触的影响而导致语法化,如:汉语的"完了"和英语的"and"。相较于其他功能类似的口语词,如"完了",香港台湾人偏爱用"然后"。此外,"and"在英语中的使用频率高,功能也在泛化,因此这可能是"然后"语法化的因素之一。

本文的讨论是就"然后"作为一个连词而言,而不是指示代词"然"加上时间副词"后"组合而成的复合词,因此"重新分析"这一原因与本文的论述无关。至于语言接触及语用因素,已在上文中指出其局限性。

三、除了认同王伟、周卫红所提出的三个诱因,吴凯风(2007)提出了另一个导致"然后"语法化的动因。作者认为"然后"这一连词的语法化更重要的是在特定的句法环境中实现的,即其后有时间词或时间副词的出现,导致其进一步虚化。作者指出"然后"在表示时间先后关系时,往往不是一个确定的时间,"后"并不能指明一个具体的时间范畴,而由于语言中语义明晰性的要求,在语言的发展过程中,"然后"的后面就出现一些表示具体时段的词语,如"然后再"。因此,两分句之间的时间关系不止由"然后"承担,"后"的语义特征也因后面的时间副词"再"的出现而虚化,"然后"就成了一个只具有纯粹语法意义的连词。

同样,在讨论"然后"作为一个连词的语法化时,不应把"然"与"后"切割开来分析。再者,"然后"表示的是时间先后关系,作者却认为这不是一个确定的时间,而他指出的"表示具体时段"的词语,如"然后再",也只是表示时间先后关系。时间词或时间副词的出现只能解释"然后"如何虚化为话语标记,却同样无法解决"然后"语义演变的模式以及其所连接的语义功能之间的关系等问题。

四、Wang & Huang(2006)探讨了三个连词"因为"、"所以"与"然后"的语法化过程。作者把"然后"的各种功能分为句子和话语两个层面。从句子层面而言,"然后"可用作时间连接词;至于作者对"然后"于话语层面的分析,则与本文不同。本文所处理的是两个事件之间所存在的逻辑关系,因此只要"然后"所连接的两个事件之间有所联系,本文一律不判为话语标记。

在讨论"然后"不同的话语标记功能时,作者引介了 Traugott 的"主观化"(subjectification)和"互动主观化"(intersubjectification)理论,以及 Blakemore 的"关联性理论架构"(relevance-based framework)。

根据 Wang & Huang(2006:1010—1011),"主观化"指的是意义"越来越依赖于说话者的态度,尤其是对于话语流程的态度",说话者用"然后"来"明确地表达他想要如何处理话语结构与话语单位之间的关系";"互动主观化"则涉及了说话者对于听话者的注意。"为了避免言语重叠此等尴尬或不礼貌的事发生,说话者用'然后'来明确示意听话者他想要延续谈话的意图。"

Wang & Huang(2006:1011)表示,Blakemore 的"关联性理论架构"提出"说话者想要通过最少的信息处理,产生最大的语境效果的目的"。因此,说话者引导听话者依据他所提供的线索处理信息,而"然后"作为线索则标记着话语中概念之间的延续。

"主观化"与"互动主观化"这一动因有别于以往分析"然后"的一般方法。虽然如此,由于该文并非专门论述"然后"的单篇论文,因此在谈论"然后"的部分显得不够深入。此外,这一动因无法解释"然后"在引申出这一系列连接功能时,何者在先、何者在后,以及这些功能之间又有何关系。

总而言之,在现代汉语口语中"然后"的用法已经超乎承接关系,而前人对于"然后"的研究尚未解决以下问题,因此本文欲尝试解答之:

(一)"然后"的语义演变究竟是一次性发生还是阶段性的?

(二)"然后"所能连接的这些语义关系之间究竟有无联系?

1 研究方法
——语义地图及其优点

本文将试图运用类型学(typology)的一个新概念——语义地图,为处理"然后"的语义演变提供一个崭新的视角。

"语义地图"是类型学中研究多功能语法标记的新方法,其中研究语义地图的重要学者有西方的著名学者 Haspelmath 和 Croft。语义地图的优点如下:

一、能够揭示世界各语言的共性

"然后"的多义现象所反映的并不是汉语里独有的问题,而可能触及人类的认知层面。Haspelmath(2003:238)认为:

> 很多语言学家避开语义结构的共性不谈,而专注于某种语言中某个词句的语义分析。比起寻找它们背后更为重要的可能性,这样做使他们站在比较安全的立场,然而这种自我局限也意味着意义的研究仅局限于某种语言历史的偶然。语义地图的方法把我们放在一个更高的层次。

语义地图是通过跨语言比较研究而建立的,Haspelmath(1999:126)表示语义地图的基本前提是:

> 一个语素的多种功能不是任意或偶然的,而是因为概念

的相近。既然概念是超越语言而普遍存在于每个人的大脑中,那么就有可能通过比较不同语言中多义词的模式而得到世界通用的概念关系图。

因此,语义地图的目的不仅是解决汉语内部的问题,而是想跨出一步,揭示世界各语言的共性。

二、能够揭示概念之间亲疏远近的关系

根据 Haspelmath(1999:126),语义地图的基本前提是一个语素的多种功能并不是任意或偶然的,而是因为概念的相近,因此:

> 世界上任何一个语言里某个语素所表达的多种概念,投射到概念空间时必须是连续不断的,并且没有任何断链的现象。(Haspelmath 2003:216)

语义地图也让我们看见哪些概念是毗邻的。若两个概念之间被一条直线所连接着,就表示二者之间的概念相近。

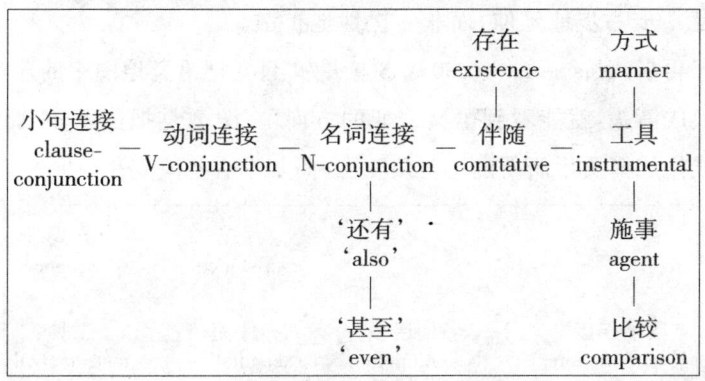

图 1 Martin Haspelmath 与连词有关的语义地图(Haspelmath 2004:21)

从图 1 中我们可以看到"工具"与"方式"、"伴随"、"施事"的概念相近。两个概念在语义地图上的距离、连接直线的长短以及概念的方位(上、下、左、右)并不表示概念之间亲疏远近的关系。因此,我们不能以此判断"工具"与这三个概念中的何者较为相近。

三、能够预测历时的演变

Haspelmath(2003:233,2004:24)认为:

除了概括不同语法意义在共时层面的关系,语义地图也是历时层面,尤其是语法化研究的重要工具。

语义地图可被看做一套历时演变的途径,而一个标记在共时层面的多义现象只是其历时引申的结果。

根据 Haspelmath(2003:233),语义地图预测历时演变的方法在于证明"某些演变必须在另一些演变之前"。除此之外,

就像一个语素在共时层面必需覆盖一个连续的区域,在历时层面其也不能任意地"跳"到相隔很远的功能,而必须一步步引申。

因此,根据语义地图,"然后"在引申出各种新的语义功能时必然是一步一步地延伸,而非一次性地扩散。

再者,Haspelmath(2003:233)认为"只要把语义地图中的连接直线换成箭头,就能看到语义演变的方向"。图2是把图1中的连接直线换成箭头后所得的历时演变图,而其中有些演变是单向性的。

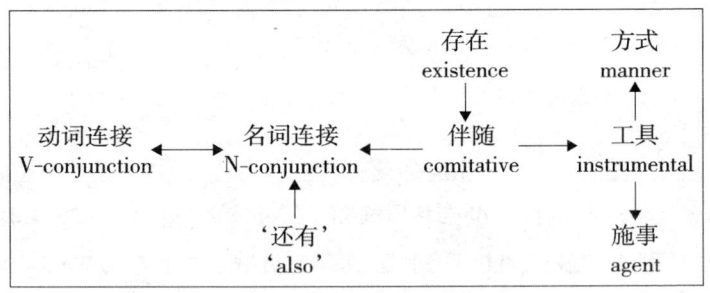

图 2 连词与相关功能的历时演变图(Haspelmath 2004:24)

如 Haspelmath(2004:24)所示,威尔士语(Welsh)的标记"a

(g)"印证了图2所提出的历时演变途径的假说。"a(g)"开始时表示"伴随"(comitative),后来引申出"工具"(instrumental),最后则到"连词"(conjunction)。

除了上述例子,朴珍玉(2006:40)对于"然后"的句法分析也印证了语义地图所假定的历时演变途径,其分析如下:

最初"然后"用于两个动词之间,后来慢慢可以用于小句。"然后"不仅可以后接动词,还可以后接带有自己主语的小句。

从连接动词到连接小句,这都在 Haspelmath 语义地图的预料之中,因为二者的概念是相近的,如下图所示(摘自图1):

```
小句连接————————动词连接————————名词连接
clause-              V-conjunction      N-conjunction
conjunction
```

图1 Martin Haspelmath 与连词有关的语义地图(部分)

此外,Haspelmath(2003:217—218)表示,由于语义地图假定是世界通用的,因此它能够预测某个语言中特定语素所可能表示的功能。根据他的预测,连接动词的标记也可能连接形容词和名词。如果把"形容词短语"也加入语义地图中,这三个概念是按照以下的位置排列的:

```
 VP    AP   NP    Chinese,Chechen
```

图3 动词短语(VP)、形容词短语(AP)及名词短语(NP)的
排列位置(Haspelmath 2004:11)

"然后"再次印证了语义地图的预测,它不仅可以连接动词,在现代汉语口语中也能用来连接形容词和名词,如例(11)—(14)所示。

由于语义地图有上述种种好处,所以本文试图以此方法来解决"然后"的多义现象。

2 与连词有关的语义地图

2.1 Martin Haspelmath 与连词有关的语义地图

Haspelmath 于 2004 年发表了图 1,并规定了小句、动词与名词连接的排列位置。若任何一个语言中有某个语素的多项功能不能容纳于图中,并形成一个连续的区域,那么这张语义地图将会被证伪。本文将以以下两种语言的例子来检验这张语义地图:

一、英语的"and"

(23)Sue and I left early.(名词连接)

(24)Can he read and write?(动词连接)

(Hornby et al. 2005:50)

二、豪萨语(Hausa)中的"dà"

(25)Abdù **dà** Bàlkí sun tàfí makarantaa
　　　Abdu **and** Balki 3PL. PFV go school
　　an bâa Abdù/Bàlkí àlloo
　　IMPS.PFV give Abdu/ Balki board
　　'Abdu and Balki went to school and a board was given to Abdu/Balki.'(名词连接)

(26)Wata màcè **dà** jàaríírìn-tà ta-nàa
　　　one woman with baby-3SH. POSS 3SG. F-CONT
　　zàune wàje
　　sit outside

'A woman with her baby is sitting outside.'(伴随介词)

(Haspelmath 2003:16)

如上例所示,英语的"and"能用作"名词连接"与"动词连接",但不能用作"伴随介词";而豪萨语的"dà"能用作"名词连接"和"伴随介词",却不能用作"动词连接"。这两个语素投射到概念空间时占据连续不断的区域,并没有出现断链的现象(见图4),因此证明了Haspelmath的排列位置是正确的。

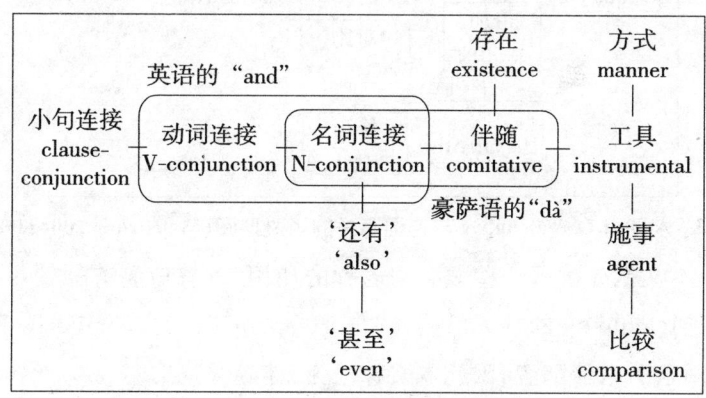

图4 英语"and"及豪萨语"dà"的语义地图

Haspelmath(2004:5)把焦点放在联合结构中,并把连词的不同语义关系分为三大类,即并列('and' coordination)、选择('or' coordination)、转折('but' coordination)。

然而,动词连接(V-conjunction)包含了许多不同的语义关系在内,除了Haspelmath所谈及的并列、选择及转折之外,还有其他的语义关系,譬如因果、递进、条件等。这些不同的语义关系在Haspelmath的语义地图中被压缩成一个概念,从这张图中我们无法得知这些语义关系之间的联系。

2.2 Andrej L. Malchukov 与连词有关的语义地图

与 Haspelmath 同年,Malchukov 也发表了一张与连词有关的语义地图(见图 5),并揭示了前者所未谈及的各种语义功能之间的关系。

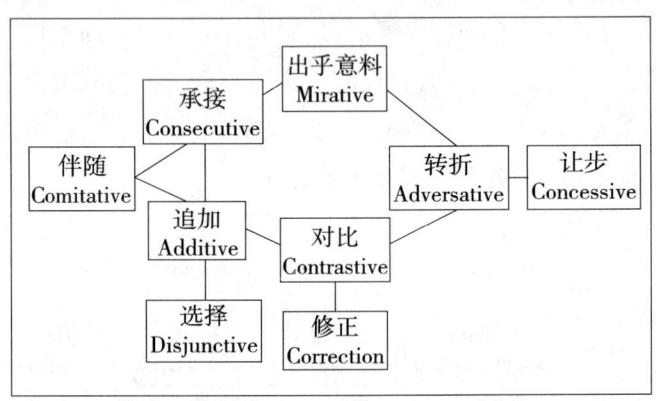

图 5　Andrej L. Malchukov 与连词有关的语义地图(Malchukov 2004:178)

本文欲先解释一些概念与名称的使用,以避免混淆。

Malchukov 的"comitative"与 Haspelmath 的"comitative"等同,用来引入伴随者,因此本文称之为"伴随介词"。

下例是 Malchukov(2004:185)所举的"additive"的例子:

(27) The shaman woman swam across the sea and the shaman man followed her.

Malchukov 并没为"additive"下任何定义,也没清楚地解释其所表示的语义关系。但从上例看来,这一概念指的是两个事件之间无时间先后、语义轻重或主次之分的关系。例中的前一分句"那个女僧人游过海"及后一分句"男僧人跟着她"是同时发生的(Malchukov 将"承接"命名为"consecutive",因此此例并无承接关系),并且没有轻重及主次之分,所以"and"用来分指两个语义地位平等的事件,表示追加。尽管 Malchukov 没有举出并列的例子,然而从例(27)中推断,同样不表示时间先后、语义轻重或主次之分的"并列"也包含在"additive"的概念之中。这两个概念使用同一个连词来表示,譬如英语的"and",因此无法将二者区分开来。为了方便论述,本文将以"追加"一词统称涵盖"并列"与"追加"的"additive"这一概念。至于其他的概念,下文将一一论述。

2.3 两张语义地图的不匹配现象

结合两位学者与连词有关的语义地图来看,二者之间出现了不匹配的现象。Haspelmath 的"伴随"这一概念与"名词连接"相连;而 Malchukov 的"伴随"却与连接动词的"追加"及"承接"相连,二者的"伴随"的排列位置出现矛盾,如下图所示:(摘自图1及图5)

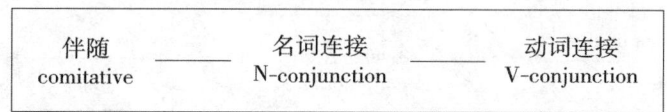

图 1　Martin Haspelmath 与连词有关的语义地图(部分)

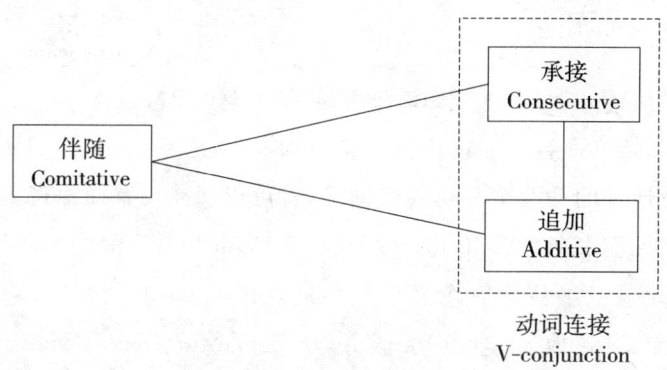

图 5　Andrej L. Malchukov 与连词有关的语义地图(部分)

既然语义地图假定是世界通用的,那么必然是其中一人的排列位置出现了问题。若要以语义地图来解决连词的问题,其前提必须是拥有一张正确的语义地图,所以本文认为有调和这两张语义地图的必要。

2.4 语义地图的修正

在重新检视这两张语义地图后,本文发现 Malchukov 的语义地图中并无标明"名词连接"所处的位置。结合 Haspelmath 的语义地图来看,"名词连接"的排列位置有以下两种可能:

(一)伴随-名词连接-承接

(二)伴随-名词连接-追加

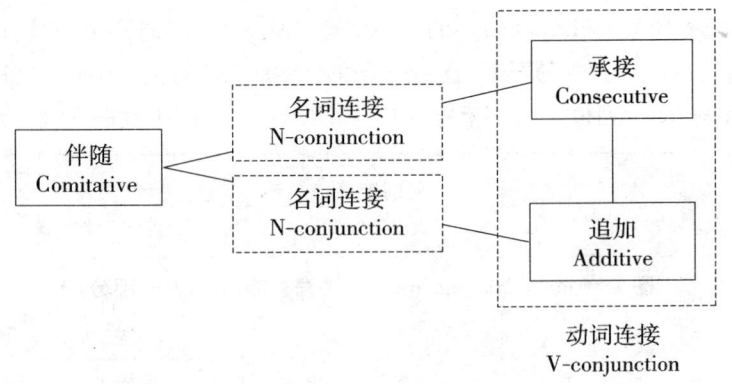

图6　"名词连接"所可能出现的位置

从语义而言,"名词连接"与"追加"的概念较为相近。"名词连接"所连接的是两个并列的名词,二者可以互换位置而保持语义不变,譬如例(25)"Abdù dà Bàlki"(Abdù 和 Bàlki)中的"Abdù"和"Bàlki"在互换位置后意义仍然相同。根据 Croft(2001:96)所提出的"语义地图连续性假说"(Semantic Map Connectivity Hypothesis):

> 任何与特定语言或句法结构相关的范畴投射到概念空间时必须是一个连续区域。

因此,相近的概念所体现的句法结构应当是相同或至少是连成一片的。由此推论,与"名词连接"毗邻的"动词连接"所连接的两个事件应当也能互换位置而不影响句子的意思,所以本文相信 Haspelmath 的"动词连接"指的就是"追加"这一概念。

以下四点乃本文对 Malchukov 的语义地图所作出的修正:

一、本文把"名词连接"加入图中,并按照 Haspelmath 的排列,将之置于"伴随"与"追加"之间

Haspelmath 证实了"伴随-名词连接-动词连接"的排列位置,而本文也已于上文指出"动词连接"等同于"追加"这一概念,因此"名词连接"的排列位置如下:

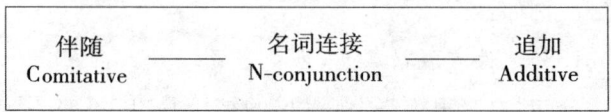

图7 "名词连接"的排列位置

Malchukov(2004:186)本身承认"伴随"标记演变成"名词连接"是经过许多语言证实的,然而他却没有把"名词连接"置于"伴随"与"追加"之间,也没有证明"名词连接"与"追加"的概念相近。因此,本文对其排列位置作出修正。

二、本文将"伴随"与"承接"之间的连线取消

Malchukov(2004:186)把"和"类连接('and'-coordination)分为三类,即"追加"(additive)、"结果-承接"(resultative-consecutive)、"名词连接-伴随"(NP-coordination-comitative)。他列出了几个"承接"演变成"和"类连接的例子,并以此证明"承接"与"追加"及"伴随"是相连的。⑤ 但是,"承接"属于"动词连接",而从 Haspelmath 的语义地图中我们得知"伴随"是不能与"动词连接"直接相连的,因此本文把这两个概念之间的连线删除(见图8)。

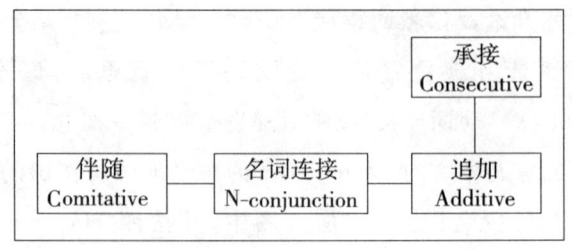

图 8　伴随、名词连接、追加、承接的排列位置

三、本文改变"修正"的排列位置。

Malchukov建立了"转折-对比-修正"这三个概念之间的联系。"转折"(adversative)指的是前后分句 A 和 B 所推衍而出的结论互相抵触。例如：

(28)这件衣服很漂亮,可是很贵。

前一分句"衣服很漂亮"所得出的结论是"应该要买",后一分句"衣服很贵"推衍而出的结论却是"不应该买",二者互相抵触。

"对比"(contrastive)所连接的事件 A 和 B 存在语义上的对立(semantic opposition),⑥其中一项通常能被转换为另一项的否定式(negation)。例如：

(29)小明很勤劳,而小华很懒惰。(小明很勤劳,而小华不勤劳)

"修正"(correction)指的是分句 A 说出错误的断言,而分句 B 提出正确的答案。例如：

(30)他不叫小明,而是叫小华。

根据 Malchukov(2004:193)的观察,

没有特定形式表达"修正"关系的语言使用"转折"或"对比"连词表示修正关系,前者的例子如英语,后者则是俄罗斯语。

一个形式(连词)能够表达两种概念,证明这两个概念是相连

的,因此以上三个概念的排列应当如下:

(一) 转折-修正-对比

再者,Malchukov 也用了同一方法建立起"并列-对比-转折"的联系。

虽然 Malchukov(2004:193)承认从语义而言,"修正"与"转折"、"对比"这两个概念都有联系,但他却认为"修正"应该直接连向"对比",即按照这样的位置排列:

(二) 转折-对比-修正

这是因为在许多已经测试的案例中,一个用作表示修正的转折连词,也可以表示对比关系,譬如:英语的转折连词"but"。Malchukov(2004)所举的例子如下:

(31) The suit is beautiful, but expensive.(转折)
(32) Pete is diligent but Vanja is lazy.(对比)
(33) His name is not Pete, but John.(修正)

本文认为此原因不足以证明排列(二)是正确的。这一原因的提出易令人怀疑学者在建立不同的关系,如"并列-对比-转折"与"转折-对比-修正"时,使用了双重标准。若按照语义地图的方法,排列(一)才是对的。再者,Malchukov 所提出的原因并不与此排列位置有所冲突。英语的"but"能够表示转折、对比及修正关系,而这三个概念投射到排列(一)的概念空间时形成一个连续的区域,并没有出现断链的现象。

此外,Mauri 也更正了 Malchukov 关于"修正"的排列位置,其所提出的排列与(一)相同。[7]他指出一些语言使用同一个形式表达"修正"与"转折"关系,如:Maori "*engari*"、Polish "*ale*"、Italian "*ma*"。[8]这证明除了"对比"之外,"修正"与"转折"也是有联系的。

另外,由于"修正"的排列位置的改变,Malchukov原先建立的"并列-对比-转折"的联系,也需改成"并列-对比-修正-转折",而Mauri也证明了这一排列位置是正确的。⑨

四、本文改变"选择"的排列位置

在Malchukov的语义地图中,"选择"与"追加"这两个概念相连。"选择"指的是一组可替换的可能性,这组概念不会同时出现或发生。例如:

(34)先修这个,还是先修那个,咱们商量一下。(吕叔湘1980:224)

Malchukov(2004:192)表示:

在事实(已然)的语境中,"选择"和"追加"的语义关系是强烈对立的;在非事实的语境(反面、未然、情态、一般习惯等)中,二者之间的对立可被取消。

Malchukov(2004:192)所举的例子如下:

(35)I like apples or (=and) pears.

在上例中,"我喜欢苹果和梨"属于一般习惯,所以选择标记"or"能够表示追加关系,然而其所连接的是两个名词,而非动词或动词词组,因此不能证明"选择"与"追加"相连。

除了连接名词的例子,本文从汉语中发现一些可用来连接动词的例子,如例(37)、(38)和(40)所示:

(一)现代汉语里的"和"

1.名词连接

根据《现代》(1996:237),"'和'经常用来连接并列的名词、代词或名词性词组"。例:

(36)研究问题,忌带主观性和片面性。

2.追加关系

此外,《现代》(1996:237)指出:

"和"也可以连接并列的动词或形容词,但这样构成的联合结构,自己不能直接充任谓语。我们从不说"他跑和跳"。

如果前面加上修饰成分,或后面附有连带成分,这种联合结构仍可充任谓语。例:

(37)每天早上,我们必须跑和跳。

由此可见,"和"所连接的动词或动词词组在占据谓语位置时高度受限。

3.选择关系

(38)打篮球和看漫画书,你喜欢哪一个?(口头录音,2008-12-28)

"打篮球"和"看漫画书"虽然是动词短语,但其所占据的是主语位置,而非谓语。

(二)古代汉语(《史记》)里的"与"

吴庆峰(2006:387—388)指出《史记》里的"与"能够被用来连接名词,也能用来连接动词,表示选择关系,如下所示:

1.名词连接

(39)异日肥义谓信期曰:"公子与田不礼甚可忧。"(《赵世家》)

上例中的"与"连接的是"公子"和"田不礼"两个名词。

2.选择关系

(40)夏帝卜:杀之,与去之,与止之,莫吉。(《周本纪》)

例(40)中的"与"等同于"或",表示选择,意即杀掉他,或赶跑他,或留住他,都不吉利。"与"所连接的动词词组"杀之、去之、止之"充任主语位置,而非谓语。

(三)日语的"と"

1. 名词连接

(41) 本　　と　　ノート
book　CONJ　notebook
'book and notebook'

（伊藤晶子 1997:132）

例中的"と"所连接的"书本"与"笔记本"都是名词。

2. 选择关系

(42) 英語　　と　　中国語　　と
english　CONJ　mandarin　PARTICLE

どちら　　　が　　　難しいですか。
which-one　PARTICLE　difficult

'English or Mandarin, which one is more difficult?'

（伊藤晶子 2007:30）

上例中的"と"连接两个名词"英语"与"汉语",表示选择,意思乃"英语或汉语,何者较难?"

如例(36)—(42)所示,能够表示选择和并列关系的连词,通常只能连接名词或名词性词组。即使它能连接动词或动词短语,一般也不能充任谓语位置,如例(38)及(40),或者在占据谓语位置时高度受限,如例(37)。

根据 Croft(2001:96)所提出的"语义地图连续性假说",相近的概念所体现的句法表现应当是相同或至少是连成一片的。

名词一般占据主语和宾语的位置,虽然有时可以充任谓语,但是却高度受限;而动词一般占据谓语和宾语的位置,在占据主语位置时则高度受限。

从句法表现看来,表示"选择"的并列标记和"名词连接"的句法表现相同,一般只能占据主语或宾语的位置,而能够充任谓语的例子很少,并且高度受限。

Haiman(1985:26):"重复发生的相同形式必然反映意义的相近。"如上例所示,无论是现代汉语、古代汉语或日语都体现了相同的句法形式,因此本文认为"选择"应该与"名词连接"相连,而非"动词连接"。

至于"选择"内部的语义关系,本文相信还能够再画出一个语义地图。[参见 Haspelmath(1997:164—169)与 Mauri(2008)] Haspelmath(2007:3)把"选择"关系分为两种:一、标准选择(standard disjunction);二、疑问选择(interrogative disjunction)。前者不需要听话者作出抉择,后者则相反。一些语言使用不同的连词来分别表示这两种语义关系,譬如日语。由于篇幅有限,本文将于此不深入探讨这一问题。

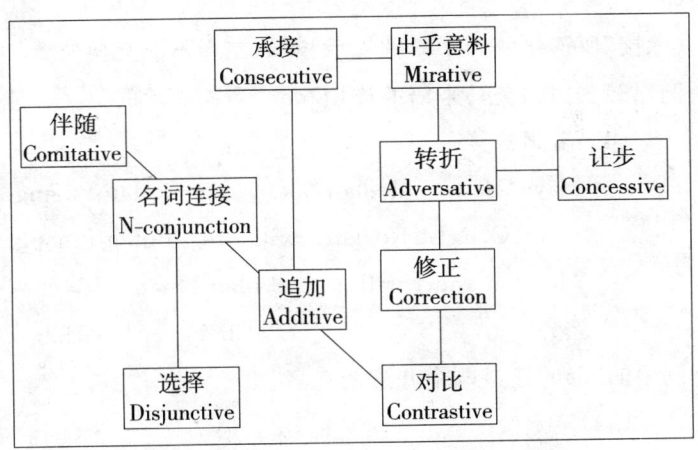

图 9 修正后的"与连词有关的语义地图"

图 9 是本文对 Malchukov 的一些排列位置作出修正后所得

的语义地图。

2.5 语义地图的测试

修正了 Malchukov 的语义地图之后,本文将以不同的语言来测试图 9 的可靠性。Haspelmath(2003:241)指出语义地图的操作原则是:

> 概念的排列必须使每个语素的各项功能占据语义地图中的某个连续区域。若有任何语言违反这一原则,即证明这张语义地图中的排列位置是不正确的。

另外,Malchukov 在建立某些概念如"让步"与"转折"之间的联系时并没有严格按照语义地图的方法,本文将尝试以建立语义地图的方法重新建立起这些概念之间的联系。

一、名词连接-追加-承接

"名词连接"及"追加"分别连接两个名词/名词词组以及动词/动词词组。二者之间的语义地位平等,可任意调换位置而保持语义相同。

"承接"所连接的两个事件先后相承,二者不能互换位置。

例(43)—(45)是马来语的连词"dan"所能表示的语义功能。

(43) 名词连接

Saya dan   Roslan akan ke Pulau Pinang.
I   CONJ Roslan will to Pulau Pinang
'Roslan and I will go to Pulau Pinang.'
(Cheng & Lai 1997:300)

例中的"dan"连接两个并列的人名。

(44) 追加关系

Ada   orang yang   menyanyi dan
There-is people PARTICLE   sing   CONJ

```
ada     pula yang   menari.
there-is PARTICLE   dance
```
'There are people who are singing and there are people who are dancing.'

(Hajah Noresah et al. 2002:268)

前一分句"有人唱歌"和后一分句"有人跳舞"是两个并列的事件。二者无主次、轻重或时间先后之分,"dan"表示追加关系。

(45) 承接关系

```
         Dia mengangkat penyodok ovennya   dan
         He  pick-up    scoop    his-oven  CONJ
memukul   kepala Fitzpatrick.⑩
hit       head   Fitzpatrick
```
'He picked up his oven scoop and hit Fitzpatrick's head.'

"他拿起烤箱的铲子"及"他打 Fitzpatrick 的头"是先后发生的两个事件,"dan"表示承接关系。

马来语"dan"的三项功能投射至概念空间时形成一个连续的区域,因此证明了上述的排列位置并没违反语义地图的原则。

二、并列-对比-修正-转折

如上一节所述,Mauri 以跨语言比较研究的方法证明了这一排列位置是正确的。

三、承接-出乎意料-转折

Malchukov(2004:187)指出俄罗斯语中有独立的连词"kak vdrug"和"da I"表示出乎意料,因此他把这一功能区分出来。

"出乎意料"指的是事件 A 的结果和事件 A 没有直接的联系,

是说话者所联想不到及意料之外的。例：

(46)他摔了一跤，却死了。

"他死了"与"他摔了一跤"并无直接关系，说话者没有料到这一结果会发生。

Malchukov(2004:188、190)指出艾努语(Ainu)的承接连词"akus(u)"常常能够用作表示"出乎意料"；而日语的连词"ga"则表示"转折"及"出乎意料"。为了使每个语素的多功能在概念空间中形成连续不断的区域，这三个概念必须按照以下的顺序排列，如图10所示：

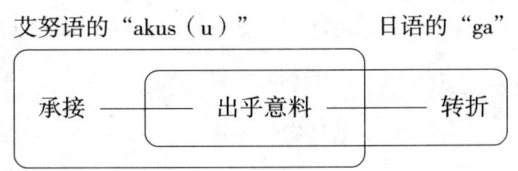

图10 承接、出乎意料、转折的排列位置

两种不同的概念以同一个形式表达，即证明这两个概念是相连的。因此，本文相信以上的排列位置是正确的。

四、承接-出乎意料-限制-转折

Malchukov(2004:182)认为"限制"(preventive)这一概念可从"转折"中区分出来，因为某些语言如通古斯语的 Orok 中有专门表示限制关系的 converb "-ngajd 'I"。[11]

"限制"指的是事件 B 限制了事件 A 的进行或完成。若加上"限制"这一概念，它与"承接"、"出乎意料"和"转折"又有何联系？

在上文中本文已论述了"承接-出乎意料-转折"的排列位置。Malchukov(2004:188)指出爱斯基摩语的 converb "-jag"能够表

示"转折"、"限制"和"出乎意料",因此有以下两种可能的排列:

(一)承接-出乎意料-限制-转折

(二)承接-出乎意料-转折-限制

Malchukov 认为排列(一)是正确的,因为"出乎意料"和"限制"的概念相近,所以二者在语义地图中应该相连。根据 Malchukov (2004:187),"出乎意料"与"限制"所连接的两个事件都是意料之外的,二者的区别在于"出乎意料"指的是第二分句所发生的事件对于说话者来说是"新的、突然、意想不到的资讯","第二分句的事件与第一分句的事件毫无联系";而"限制"指的是"第二分句的事件从第一分句来看是意料之外的,但两个事件之间有所联系"。

虽然如此,Malchukov 并没有用语义地图的方法论证"限制"的排列位置,即无法证明任何一个语言都能够使用同一个标记表示"出乎意料"和"限制"关系,而本文目前也无法从其他语言、语法专著或论文中找到相关例子。Malchukov 最终并没把"限制"这一概念置入其语义地图中,由于本文亦无法验证这一排列位置的可靠性,因此暂且不加入此概念。

五、限制-转折-让步

Malchukov(2004:180)以俄罗斯语为例,指出转折连词"no"的功能可分为以下三种:

(47) Vanja prostudilsja, **no** poshel v shkolu.

　　　Vanja caught cold but when to school

　　　'Vanja caught cold, but went to school.'

(48) Kostjum　krasivyj,　**no**　dorogoj.

　　　suit　　beautiful　but expensive

　　　'The suit is beautiful, but expensive.'

(49) On pobezhal, **no** upal.
　　　he started.to.run but fell
　'He started to run, but fell.'

例(47)是"否定预期"(denial of expectations);例(48)是"抵触评价"(contradicting evaluations);例(49)则表示"限制"(restrictive)。

"否定预期"指分句 A 隐含预设"如果 p,通常 q",而分句 B 却违反了分句 A 的预期。例(47)的前一分句"Vanja 感冒了"隐含"所以她不去上学"这一预期,然而后一分句的"她去上学"却否定了前一分句的预期。"抵触评价"是指前后分句 A 和 B 所推衍而出的结论互相抵触。如例(48)所示,前一分句"衣服很漂亮"所推出的结论"应该要买",与后一分句"衣服很贵"的结论"不应该买"互相抵触。至于"限制"的定义,本文已于上文提及。

虽然许多语言把这三种语义都列入"转折",但 Malchukov 认为"真正的"转折连词是"抵触评价","否定预期"可归为让步,而"限制"可独立分出。他使用替换法,即例(47)—(48)中的转折连词"no"能否被让步连词"xotja"(although)和"nesmotrja"(in spite of)替换来证明上述论点,并以此方法确立这三个概念的排列位置。

例(47)可被让步连词"xotja"(although)和"nesmotrja"(in spite of)替换;例(48)能被"xotja"替换,但不能被"nesmotrja"替换;例(49)则不能被二者替换。因此,三者的排列是"否定预期-抵触评价-限制"。Malchukov(2004:180、182)认为由于"否定预期"能被以上两个让步连词所替换,所以可被归为"让步",而在这三个概念中,"抵触评价"位于中间位置,与"让步"及"限制"相连,因此"抵触评价"才是真正的转折。

从上述例子看来，Malchukov 并没有严格按照语义地图的方法建立起"转折"与"让步"的联系，而是用了替换法。本文将以建立语义地图的方法重新建立起它们之间的联系。

英语的连词"although"能够表示"让步"与"转折"，如下所示：

（50）**Although** small, the room has a spacious feel. (Pearsall & Hanks 1998:5)

（51）It is much better than Fat angelos, **although** the price is higher and the portion is smaller.[12]

例(50)中的前一分句"房子小"隐含"空间狭窄"的预期，后一分句的"感觉宽敞"却违反了这一预期，因此"although"表示"让步"。例(51)是关于一间意大利餐厅的食评。前一分句"它比另一间餐厅好"所得出的结论是"应该去这间餐厅"，而后一分句"它的价钱比较高、分量比较少"所得出的结论却是"不应该去这间餐厅"，二者互相抵触，因此"although"表示"转折"。"让步"与"转折"使用同一个连词来表达，因此这两个概念是相连的。

本文已在上文中对各种概念的排列位置一一进行测试，接下来本文将进一步以"然后"所连接的语义关系来验证这张语义地图的正确性。

在引言中，本文已论述了"然后"所能连接的语义关系，即承接、因果、转折、递进、对比、并列，以及形容词与名词连接。在第二章中，本文已将"并列"统称为"追加"。此外，根据 Malchukov 的定义，本文将"转折"分为"出乎意料"、"转折"与"让步"：

一、出乎意料关系

（5）他只是跌了一跤，然后就死了。

后一分句"死了"与"跌了一跤"并无直接关联，是说话者所意想不到的。

二、转折关系

(6) 我在百货公司看见一件衣服。这件衣服很漂亮,然后却很贵。

前一分句"衣服很漂亮"所得出的结论"应该买"与后一分句"衣服很贵"所得出的结论"不应该买"互相抵触。

三、让步关系

(7) 人家觉得我个子小小的,然后还蛮高音。

前一分句"个子小小的"所隐含的预期是"声音很小",而后一分句"还蛮高音"却与这一预期有所违反。

测试的结果显示"然后"所连接的各种语义关系投射到概念空间时占据一个连续的区域,如图11所示,因此本文相信这张语义地图的排列位置是正确的。

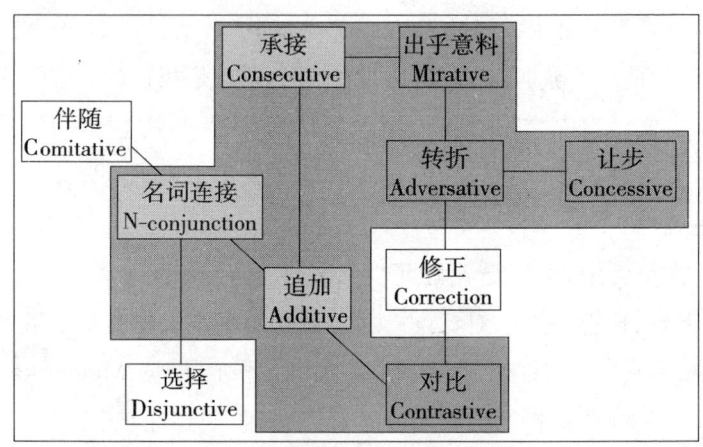

图11 "然后"的语义地图(部分)

虽然如此,本文却无法从上图中看见"因果"及"递进"所处的位置。

3 与连接有关的语义地图

3.1 语义地图的拓展

经过测试与验证,本文相信修正后的"与连词有关的语义地图"是可靠的。"然后"所能连接的多种语义关系,如承接、并列、转折、让步、对比、出乎意料,都能从图中得到解释。尽管如此,图9并无法解释"然后"所引申出的一些连接功能,如因果和递进。这说明在这张语义地图之外,还有一些概念的排列是未知的。为了使"然后"及其他语义演变的问题能够得到更完善的解释,本文加入了其他两个事件之间常见的语义关系,如原因、结果、条件、让步条件、让步与递进,以补充及拓展之前的语义地图。

本文关注的是所有两个事件之间的连接,因此将之命名为"与连接有关的语义地图"。[13]本文假定不论语义是由连词、连词后边的副词还是语境所附加,只要两个事件之间不同的语义关系能使用同一个标记(形式)连接,即代表这些概念之间的关系是相近的。

建立语义地图的主要方法是通过跨语言的比较研究。本文的语言样本包括英语、马来语和汉语。此外,本文也会使用同一个语言,即汉语中不同的连词来建立起某些概念之间的联系。[14] Haspelmath(2003:218):

> 我们甚至不需要跨语言比较来建立语义地图,因为我们只需用部分功能重叠的语素就能画出语义地图。当然,这些功能分布有所重叠的语素,最容易在检验不同语言时发现。

Haspelmath(2003:232):

> 一旦一个语义地图经过足够大量(至少几十个)来自世界

各地的语言测试,我们就有理由相信它确实是世界通用的。即使一个语义地图只根据几个语言建立,它仍能作为操作性假说以待更进一步的印证。

虽然本文的语义地图只建立在几个语言的基础上,然而作为一个实验性的假说,它却也不失其重要意义。当然,本图还需要更多语言的测试,以进一步印证它是世界语言所通用的。

语义地图的建立必须注意下列事项:

一、概念的选择

在开始建立语义地图之前,我们必须考虑该把什么概念放入图中。概念的选择并不是任意的,而必须是人类大脑所能区分的。在操作方法上,如 Haspelmath(2003:217)所言,至少要有一个语言专门使用一个标记来表示这个概念,这个概念方能从其他概念中独立出来,并置于语义地图上。如果世界上没有任何语言能用不同的标记来分别表示这两个功能,那么就不能区分这两种概念。

以下是本文对于一些概念的区分:

(一)本文将"因果"分为"原因"及"结果"

"原因"指的是结果在前,原因在后,连接标记的后边引入原因,说明事件 A 的发生是由于事件 B,A 和 B 是已然或已经证实的,如例(52)所示。"结果"则是原因在前,结果在后,连接标记的后边引入结果,说明事件 A 导致事件 B 的发生,A 和 B 是已然或已经证实的,如例(53)所示:

(52)寒暑表上的水银柱之所以升高,是因为室内气温升高了。

(53)室内气温升高了,所以寒暑表上的水银柱就会升高。

(林裕文 1984:24)

有些学者及语法专著把表示"原因"和"结果"统称为"因果"关系,本文将这两个概念区分开来。如例(52)—(53)所示,汉语使用两个不同的连词"因为"和"所以"来分别表示"原因"及"结果"。

(二)本文不区分"条件"与"假设"

关于"条件"的研究已获得许多学者的关注,并出现了很多探讨"条件"的论文及专著。各家对"条件"的分析及定义不同,本文将不于此深入探讨。"条件"常常与假设(hypothetical)、反现实(counterfactual)等语义关系挂钩。例:

(54) I'll work in my office if the home computer breaks down. (Dancygier & Sweetser 2005:174)

例中的前一事件"我会在办公室工作"及后一事件"家里的电脑坏掉"都是未然及假设的情况。各语言中表示假设关系的标记都能够表示条件关系,如英语的"if",因此这两个概念无法区分开来。

(三)本文将"让步"、"让步条件"和"条件"区分开来

"让步条件"(concessive conditional)与"让步"(concessive)、"条件"(conditional)的语义相近,因此一些学者和语法专著将之归入"让步"或"条件"内。König(1988:148)表示这三个概念是有所区别的,并指出有些语言中有专门表示"让步条件"的标记,例如:英语的"even if"。[详细论述请参见 König(1988) 与 Haspelmath & König(1998)]

(四)本文加入"递进"这一概念

"递进"指的是事件 B 比事件 A 的意思更推进一层,可分为"顺递"及"反递"两类。"顺递"表示以一层意思为基点,向另一层意思顺势推进;"反递"则以一个否定意思为基点,向一个肯定意

思反向推进。现代汉语中有能够专门表示"递进"的标记,如下例所示,因此本文将之独立分出。

(55)读书是学习,使用也是学习,而且是更重要的学习。(顺递)

(56)周大用手边的勇士越来越少了,对这,他不但不恐慌,反而使他信心更高了。(反递)

(《现代》1996:184)

概括而言,本文在原有的语义地图上,加入了"原因"、"结果"、"条件"、"让步条件"、"让步"与"递进"这六种语义关系。

二、概念的排列

根据 Haspelmath(2003:241):

概念的排列必须使每个语素的各项功能能够占据语义地图中的某个连续区域。

语义地图的建立必须符合以上原则。假如有任何语素的多项功能投射至概念空间时出现断链的现象,并无法形成一个连续的区域,那么这张语义地图将会被证伪。

接下来,本文将会逐一建立起概念之间的联系。

一、承接-结果

(一)现代汉语中的"于是"

1.承接关系

(57)第一个走下水边,被水冲去了,于是第二个又来,于是第三个,于是第四个,到后来他们的死骸堆积起来成了一座桥,其余的便过去了。(黎锦熙 1998:205)

例(57)中四个人的到来是按照时间先后一个接着一个的,"于是"表示承接。

2. 结果关系

(58)游戏时,大的有大主义,小的有小主义,各自坚持不下,于是争执起来……(《现代》1996:515)

后一分句"争执起来"是前一分句"各自坚持不下"的后果,"于是"能与"所以"互换,表示结果。

(二)现代汉语里的"结果"

1. 结果关系

(59)这种情况严重地影响了学习,结果第一次高考时没有考取大学。(王佳毅 2005:19)

后一分句"没有考取大学"是前一分句"这种情况严重地影响了学习"的后果,"结果"能被"所以"替换。

2. 承接关系

(60)麻面婆不管自己说话好笑不好笑,挤过人围,结果把倭瓜抱到车子里。(王佳毅 2005:29)

"把倭瓜抱到车子里"不是"麻面婆挤过人围"的后果,而是继它之后所发生的事情,因此二者有承接关系。

3. 出乎意料关系

(61)然后她接着嗑瓜子,并且又捞了一把,结果就捞到了我舅舅的右耳朵。(王佳毅 2005:28)

"捞到舅舅的右耳朵"与"捞瓜子"毫无关联,是在她意料之外的。

4. 转折关系

(62)我有个朋友也这样做了,后来想复职,结果遇到想象不到的困难。(王佳毅 2005:24)

前一分句"想要复职"与后一分句的结论"难以复职"互相抵

触,"结果"表示转折关系。

5. 让步关系

(63)他们花去很多时间做调查研究工作,**结果**仅仅写下一份附有两三个图表的报告,草草了事。(王佳毅 2005：26)

前一分句所隐含的预期是"他们写了很多页的报告",后一分句"仅仅写下一份附有两三个图表的报告"却与这一预期相反,因此二者是让步关系。

"结果"所连接的语义关系和"于是"及 Malchukov 的排列位置(摘自图 9)有重叠之处,如下图所示：

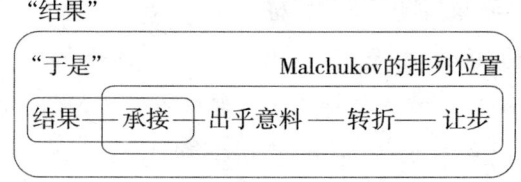

图 12 "承接"与"结果"的排列位置

如上图所示,"承接"与"结果"这两个概念是相连的。

二、结果-目的

(一)英语的"so"

1. 结果关系

(64) It was still painful **so** I went to see a specialist. (Pearsall & Hanks 1998:1765)

后一分句"去看专科"是说话者"还觉得疼"的结果。

2. 目的关系

(65) I stayed up till midnight **so** I could be the first one to wish you happy Earth Day.⑮

"我醒着到半夜"的目的是"成为第一个祝你地球日快乐的人","so"引入目的。

(二)南方美拉尼西亚的语言(Southern Melanesian Language)Drehu 中的"nge"

Moyse-Faurie & Lynch(2004:458)指出 Drehu 中的"nge"可用作表示目的与结果关系,如下例所示:

1. 目的关系

(66) Nyidroti   palahi   a   lapa   **nge**   nyidroti
3SG. RESP always PRES stay CONJ 3SG. RESP
a   mekun   la   lue   ihujë...
PRES think ART two be. engaged

'She stayed there all the time and thought about the two proposals of marriage...'

"她一直待在那里"是为了"思考那两个求婚",因此"nge"表示目的。

2. 结果关系

(67) Angaatr palahi   a   hnyima   **nge**   angeic   la
they   always PRES laugh CONJ he this
a   treiji.
PRES cry

'They kept on laughing and he cried.'

前一事件"他们一直笑"导致后一事件"他哭"的发生,"nge"表示结果。

三、目的-原因

Twi 语中的"sɛ"

Heine & Kuteva(2002:246—247)指出 Twi 语言中的"sɛ"能够用作表示目的及原因关系,如例(68)、(69)所示:

1. 目的关系

(68) Memaa no sika **sɛ** mfa
1:SG:gave him money CONJ he:1MP:take
nkoto bi.
IMPERF:go:buy some

'I gave him money to go and buy some.'

例(68)中的"sɛ"表示目的,前一分句"我给他钱"是要达成目的所做出的行为,而后一分句"要他去买一些"是前一行为的目的。

2. 原因关系

(69) oguanee **sɛ** osuro.
He:ran away CONJ he:was:afraid

'He ran away because he was afraid.'

后一分句"他很害怕"是前一分句"他跑掉"的原因,"sɛ"引入原因。

四、转折-递进

马来语中的"malah"

1. 转折关系

(70) Baju itu berjenama dan mahal
Clothes that branded and expensive
harganya **malah** cantik rekaannya...
its-price CONJ beautiful its-design

'This clothes is branded and expensive but its

design is beautiful...'⑯

前一分句"这件衣服是名牌且昂贵"推衍而出的结论是"不应该买",后一分句"它的设计很漂亮"所得出的结论是"应该买",两者互相抵触,因此是转折关系。

2.递进关系

(71)Bukan itu sahaja, **malah** aku sanggup berbuat
　　　 Not that only CONJ I willing do
apa sahaja untuk menolong engkau.
anything for help you

　　'Not only that, but I'm willing to do anything in order to help you.'

(Hajah Noresah et al. 2002:849)

后一分句比前一分句的意思更推进一层,表示顺递,"不仅这样子,而且我还愿意做任何事来帮助你"。

(72)Selepas dinaikkan pangkat, dia tidak kelihatan
　　　After being-promoted he not look
gembira, **malah** sentiasa masam muka.
 happy CONJ always look-morosely

　　'After being promoted, he doesn't look happy but always look morosely.'

(Cheng & Lai 1997:978)

例(72)是反递的例子,意思即"被升职过后,他不但看起来不开心,反而愁眉苦脸的"。

五、条件-让步条件-让步

Haspelmath & König(1998:568、589—590)以英语"though"

的历时演变说明"让步条件"演变成"让步"的趋势,并以跨语言的例子证明这两个概念是相近的,譬如西班牙语的"aunque"和荷兰语的"al"使用同一个标记表示"让步"与"让步条件"。他们认为二者的区别在于"让步"句有陈述式的动词(indicative verb),而"让步条件"则有假设式(subjunctive)或其他情态动词(modalized verbs)。本文将以汉语的例子证明这两个概念是相近的,如下所示:

现代汉语里的"即使":

根据《现代》(1996:261—262)中的例子,"即使"能够用来表示让步和让步条件关系:

1. 让步关系

(73)中国的民族资产阶级,即使在革命时,也不愿意同帝国主义完全分裂,并且他们同农村中的地租剥削有密切的联系……

例(73)中的语气是陈述式的,前一分句"革命"与后一分句"不愿意同帝国主义完全分裂"都是已然的事实。"革命"所隐含的预期是"同帝国主义完全分裂",后一分句却否定了这一预期,因此"即使"表示让步。

2. 让步条件关系

(74)即使日本侵略者被打败了,中国仍然可能发生内战……

例(74)中的前后分句都属于假设的情况,而后一分句"可能发生内战"违反了前一分句的预期"不会发生内战",所以"即使"表示让步条件。

从语义而言,"让步条件"与"让步"、"条件"均有关联。Haspelmath & König(1998:625)认为这三个概念的演变途径是由"条件"到"让步条件",再到"让步",因此三者的排列应该是"条件-让步条件-让步"。

六、选择-条件

(一)英语里的"or"

1. 选择关系

(75) You want to watch movie or play football this evening?

"看电影"与"踢足球"是两个可替换的选项,二者不能同时进行。

2. 条件关系

(76) Hurry up, or you'll miss it all. (Pearsall & Hanks 1998:1303)

事件 B 的发生是一个假设的情况。如果没有 A(赶快),将会发生 B(错过全部)。

(二)现代汉语里的"不然"

根据《现代》(1996:106—107)中的例子,"不然"能够用作表示选择和条件关系:

1. 选择关系

(77)你应该叫我威弟,再不然叫阿威。

"威弟"与"阿威"是两个选项,"再不然"可被"或者"替换。

2. 条件关系

(78)湿泥地真难走,好几回险些滑跌;幸亏是皮底鞋,不然一定湿透。

例(78)的后一分句表示一个假设的情况,如果没有 A(穿皮底鞋),将会发生后一分句所述的事情(湿透)。

以下是本文在前人的基础上作出修正及补充后所得的语义地图。

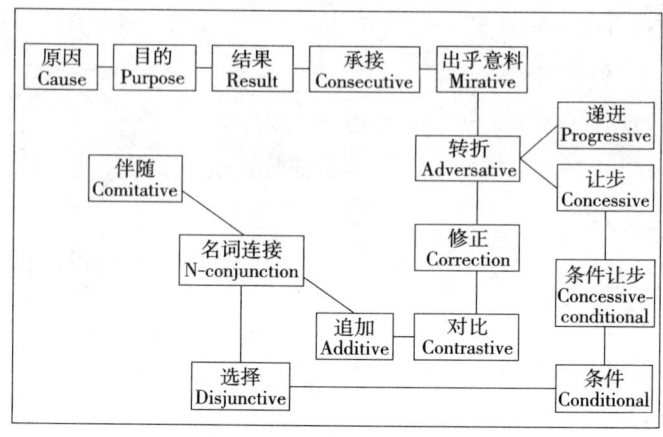

图 13 与连接有关的语义地图

3.2 "然后"的语义地图

在 2.5 中,本文已论述了"然后"所能连接的各种语义关系。这些语义关系投射至"与连接有关的语义地图"时,形成一个连续的区域,如图 14 所示:

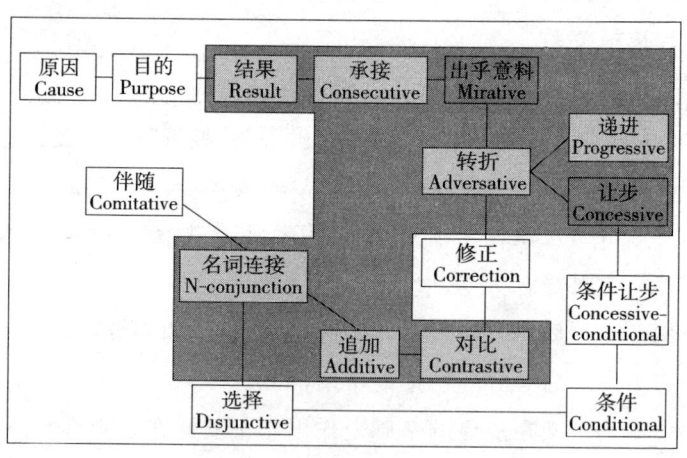

图 14 "然后"的语义地图

根据 Croft(2001:96)的"语义地图连续性假说",相近的概念所体现的句法表现应当是相同或至少连成一片的,"然后"的句法表现与这一假说相符。

在连接"出乎意料"、"转折"、"递进"及"让步"关系时,"然后"的后边一定要加上副词,如下例所示:

(5)他只是跌了一跤,然后就死了。(出乎意料)

(6)我在百货公司看见一件衣服。这件衣服很漂亮,然后却很贵。(转折)

(7)人家觉得我个子小小的,然后还蛮高音。(让步)

(8)他喜欢美女,然后更喜欢有钱的美女。(递进)

根据本文的假定,无论两个事件之间的语义关系在多大程度上由副词所赋予,只要这两个事件之间不同的语义关系能使用同一个连词连接,就代表这些语义关系之间的概念相近。上述四种连接功能属于"然后"的边缘用法,而且"然后"在连接这些语义关系时必须和副词一同使用,因此有些人认为这样的用法是不正确的亦属自然。

在连接"结果"、"承接"、"并列"与"对比"关系时,"然后"可随意选择加上或不加副词。例:

(1)先讨论一下,然后再作决定。(承接)

(3)他失恋啊,然后就心情很差。(结果)

(4)他就很生气我没有颁奖给他,然后他就这样子很恶念地瞪着我。(结果)

(9)我要选贵妃,然后她要选骨感美女。(对比)

(10)平常很不会打扮自己,不穿裙子,然后不会配衣服。(追加)

如例(1)所示,连词"然后"可和副词"再"连用,也可单独使用来表示承接关系。例(3)和(4)中的"然后"可和"就"一同使用,以增强语气,也可单独表示结果。在例(9)中,"然后"连接两个对比的事件,并能与"却"搭配使用,而例(10)中的"然后"可在其后边加上"也"这一副词。

至于例(11)—(14)究竟能说与否,实则存在许多争议。本文认为"然后"之所以能够连接名词与形容词是由于动词省略的结果,其后边可加上"还有",如下所示:

(11)我觉得个性要认真,然后有幽默感,然后(还有)孝顺,然后(还有)上进。

(13)我碰过少的,就是那种签唱会,人有时候比较少,因为歌手太没有知名度了,就很少人,然后自己那个工作人员,然后(还有)主持人就要下去排队。

由于"名词连接"及"形容词连接"是"然后"的边缘用法,因此有些人认为这一句子能说,而有些人却认为不能。

"然后"的各种语义关系所体现的句法表现投射至概念空间时,将会形成一个连续的区域,如图15所示:

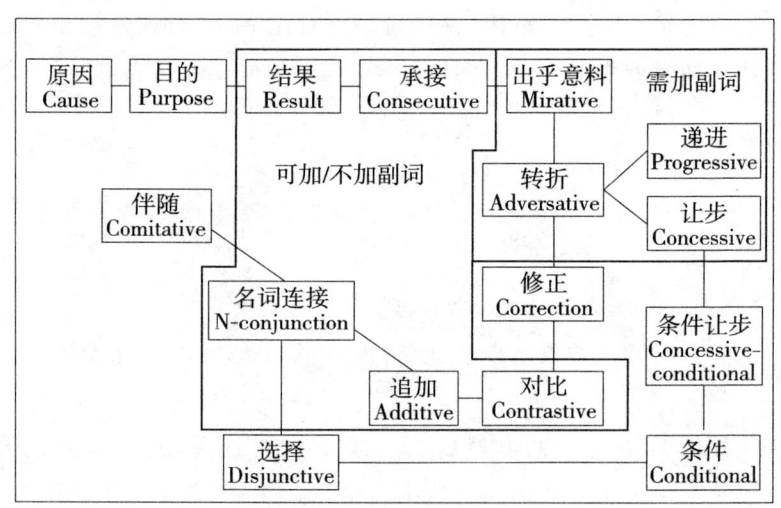

图15 "然后"的句法表现

"然后"印证了"语义地图连续性假说",无论是其所能连接的语义关系,或是这些语义关系所体现的句法表现,投射至概念空间时都形成一个连续不断的区域。此外,Haiman(1985:26)表示:相似的概念偏向相似的编码,而"然后"也正好体现了这一点。如图15所示,概念相近的语义关系,如:"出乎意料"、"转折"、"递进"与"让步"所体现的句法表现相同,而"承接"的句法表现则与"结果"、"追加"、"对比"及"名词连接"同。

语义地图的方法能够回答本文于引言所提出的两个问题。

(一)"然后"的语义演变究竟是一次性发生或是阶段性的?

从语义地图来看,"然后"在现代汉语口语中的语义演变并非一次性发生的,而是一步一步地引申出新的语义功能。只要把"然后"的语义地图中的连接直线换成箭头,我们就能看到其历时演变以及演变的方向,如图16所示:

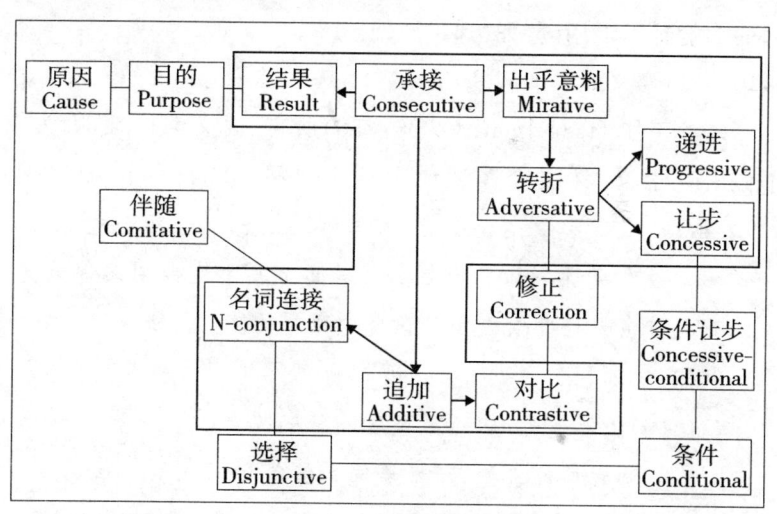

图16 "然后"的历时演变

语义地图能够证明一些演变必须在另一些演变之前,比方说假如"然后"能够用来连接"让步"关系,其必定也能连接"出乎意料"与"转折"关系。它不能突然跳到一个相隔很远的功能,而不经历中间的演变过程,譬如从"承接"直接到"条件"。由此可见,"然后"的语义功能的引申是阶段性的,而非一次性的。

(二)"然后"所能连接的这些语义关系之间究竟有无联系?

根据语义地图的基本原则,一个语素的多义现象并非任意的,而是由于概念的相近。因此,"然后"所能连接的语义关系必然是有所联系并相近的概念,而语义地图则为这些概念之间亲疏远近的关系建立起一个二维的构架。正如"然后"的语义地图所示,"承接"与"结果"、"出乎意料"的概念最为相近,而与"递进"、"让步"的关系最远。此外,我们还可从语义地图中推断出"然后"的典型及边缘用法。"承接"乃"然后"最初及最典型的用法,而离"承接"越远的功能越不常用,譬如"递进"、"让步"。

3.3 语义地图的问题

(一)正如 Haspelmath(2003:238)所言,语义学很难,因为它不似语音学,语义很难客观地判断或观察。Haspelmath(2004:13)表示:

> 很难判断一个语义在多大程度上属于连接词的部分义,而又有多大程度仅仅是从语境中取得的。

例如:

(9)我要选贵妃,然后她要选骨感美女。

(79)我要选贵妃,而她要选骨感美女。

例(9)和(79)的两个事件之间存在对比关系,我们很难判断这个对比关系究竟在多大程度上是由连词所赋予的。或许有人认为就算例(9)中的"然后"被删除后仍含有对比关系,因此"然后"不能表示"对比",然而例(79)中的"而"若被去除,同样也能表示对比关系,但我们却不能因此说"而"不表示"对比"。由此可见,我们不能仅仅以此判断语义究竟由谁负载,而必须像 Haspelmath(2004: 13)所说的,"有时还得把句法环境列入考量"。无论如何,本文所关注的是"然后"所连接的两个事件之间的语义关系,⑰因此无论大家作何判断,也不影响本文的分析。

(二)不同标准的使用所导致的不可比性。

在比较两个不同的概念或语言时,我们必须确定它们使用的是同一套标准。若拿两个不同标准的概念来相比,将会导致错误的结论。譬如:

(80)杨舒将会随机地找到一些行人,然后不能够用语言,记住!是不能够用语言的,那她会是用什么方式呢?不管用什么方式,要向这些行人描述手表的功能。

(81)别的物件也都这样从主人得到光荣,然后竭尽才力地散映出效忠的光辉。

(朴珍玉 2006:18)

不同的定义将导致上述两个例子被分析为不同的语义关系。朴珍玉认为它们表示条件关系,即"不能够用语言"及"得到光荣"分别是"向行人描述手表功能"和"散映出效忠的光辉"的前提条件。根据本文的定义,例(80)的前一分句"找到一些行人"隐含的预期是"用语言向行人描述手表的功能",而后一分句"不能够用语言"却否定了这一预期,因此"然后"表示转折。此外,"条件"的前后分句一般是两个不同的事件,如例(54)中的"我在办公室工作"和"家里电脑坏掉",而例(80)中的"不能够用语言"及"向行人描述手表功能"指的却是同一件事。

条件标记引入"条件",假如例(81)中的"然后"表示条件,其所连接的应该是"从主人得到光荣",而不是"散映出效忠的光辉"。再者,"条件"关系常与未然及假设有关,而例(81)中的两个事件却都是已然的,即前一事件导致后一事件的发生,因此"然后"表示结果。由此可见,不同学者对"条件"的不同定义将会导致不同的分析。若本文不按照同一标准建立语义地图,并把"条件"列入"然后"所能连接的语义关系中,"然后"的语义地图将会出现断链的现象。

(三)分离性(discrete)与连续性(continuous)的问题

根据 Langacker 的"山脉"(mountain range)比喻(参见 Langacker 2006),语义就像一座形状不规则的山,而语义地图只取这座山上几个分离的顶峰来比较,却不理会这些顶峰之间连续的部分,因此它很可能会抹煞了两个分离的点之间所存在的差异性。(Janda 2009)

从图16中,我们可看到"追加"与"承接"是两个分离的概念。"追加"指的是两个无时间关系、地位平等的事件,例:

(82)我们班既有公费生,也有自费生。(李晓琪 2005:138)

"承接"则是指两个先后发生的事件,例:

(83)隔壁传来倒茶的响声,接着是警卫员喊所长接电话。(邢福义 1995:98)

这两个概念之间其实包含了不同的时间关系,譬如:

一、事件A与事件B同时发生。

二、事件B的发生与事件A的时间部分重叠。

以上两种时间关系的例子分别如下:

(84)当水温达到100°C的时候,水就变成了气体。(同

时发生)

(85)当我走进教室时,老师已经开始讲课了。(部分时间重叠)

(李晓琪 2005:83)

在例(84)和(85)中,汉语使用同一个介词"当"来表示这两种不同的时间关系。时间关系其实是连续的,如果只取两个分离的点,而不把当中所包含的不同时间关系独立分出,它们必将被归类为"追加"或"承接"。这将抹杀它们之间的差异,并使我们在画出时间概念与其他概念之间的关系时面临问题。一些学者已指出"时间"(temporal)将会演变成"让步"、"条件"、"转折"或"原因"(Heine & Kuteva 2002:291—293),然而这一"时间"关系指的并不是同一种语义关系。假如我们不作出区分,而随意把它连向"追加"或"承接",将会导致两个不相近的概念相连。

语义地图的上述几项问题并不表示它失去了使用价值;反之,这提醒使用者在运用语义地图时应多加注意,并把它的局限性都列入考量范围,那么语义地图将不失为一个解决问题的好方法。

4 结语

总而言之,语义地图这一方法为我们看待"然后"的语义演变问题提供了一个崭新的视角。它不仅能从历时层面分析"然后"的演变过程,也能揭示其所能连接的语义关系在共时层面上的联系。

语义地图假定是世界通用的。除了解决"然后"的问题外,语义地图也能解释其他语言中的多义现象。通过"与连接有关的语义地图"的建立,我们得以窥见两个事件之间所存在的不同语义关系之间亲疏远近的关系。然而,每个方法都有其局限性。只要使用者能把语义地图的局限性都列入考量范围,其将不失为一个解决问题的有效方法。

附 注

① 以下简称《现代》。

② 虽然这两本语法专著把"然后"视为副词,但根据邢福义(1981:91—98)判别连词的两条标准:非单向性及能够灵活地出现于谓语或主语前,本文把"然后"划分为连词。

③ 本文的语料来自台湾的综艺及谈话性节目,如:《康熙来了》、《超级星光大道》、《我猜我猜我猜猜猜》、《国光帮帮忙》,以及新马的口头录音资料。

④ Wang & Huang(2006:992—993)对"语法化"(grammaticalization)所下的定义是"随着时间的发展,词汇项(lexical item)变得越来越虚而语法项(grammatical item)取得新的语法功能的一个过程"。

⑤ Malchukov 指出突厥语(Turkic)的"*bas-a*"及通古斯语(Tungusic)的"Even tarik"和"Evenki *tarit*"是"承接"('then, after that')演变成"和"类连接('and')的例子,证明"承接"与"追加"及"伴随"是相连的。

⑥ Malchukov 引用了 Mann & Thompson(1988:253)为"对比"所下的定义,即两个命题在许多方面相同,在某些方面却不同,而"对比"是就这两个命题的其中一项或一项以上的不同之处进行比较。

⑦ Mauri(2009)将"oppositive contrast"等同于本文的"对比","corrective contrast"等同于"修正",而"counterexpectative contrast"则等同于"转折"。

⑧ 同上。

⑨ 同上。在该文中,Mauri 的"simultaneous combination"和"atemporal combination"等同于本文的"追加"。

⑩ http://books.google.com.sg/books? id=nzGQW0zZl54C&pg=PA444&lpg=PA444&dq=berlari+dan+jatuh&source=bl&ots=

fw6gAyTcuD&sig=bQ1YSc0N2AcDJdk1x_XLqxbLpVI&hl=en&ei=L-FSqu7IsmGkAWts-X6Ag&sa=X&oi=book_result&ct=result&resnum=9#v=onepage&q=Dia%20mengangkat%20penyodok%20ovennya%20dan%20memukul%20kepala%20Fitzpatrick&f=false(2009-08-09).

⑪ "converb"是用来表示副词从属关系(adverbial subordination)的非限定动词,由于没有适当的中文翻译,因此本文直接使用它的英文名称,以下皆同。

⑫ http://www.openrice.com/restaurant/commentdetail.htm?commentid=113050(2009-07-15).

⑬ 根据 Haspelmath(2004:13)的分类,小句(clause)可分为同主语(same-subject)及不同主语(different-subject)两种类型。前者与"动词连接"同。因此,通过建立起"动词连接"的概念空间,即能得到一个相同模式的"小句连接"的概念空间。

⑭ 为了避免同形词与多义词的混淆,在用汉语来建立起概念之间的联系时,本文将会使用至少两个连词,以证明连词所表示的这些功能很相近,而非偶然的同形。

⑮ http://www.someecards.com/usercards/viewcard/24d5fe42617fabeb5c5ea38f9f3aa7624a(2009-08-05).

⑯ http://itsimple.wordpress.com/2009/02/13/perihal-kerja-ayam-jantan-dan-baju-espirit/(2009-08-05).

⑰ 这是本文使用"连接"一词,而非"表示"的原因。

参考文献

一、中文

专著

北京大学中文系1955、1957级语言班主编 1996 《现代汉语虚词例释》,商务印书馆。

侯学超主编 1998 《现代汉语虚词词典》,北京大学出版社。

黎锦熙 1998 《新著国语文法》,商务印书馆。

李晓琪 2005 《现代汉语虚词讲义》,北京大学出版社。

李晓琪主编 2003 《现代汉语虚词手册》,北京大学出版社。

林裕文 1984 《汉语知识讲话:偏正复句》,上海教育出版社。

吕叔湘主编 1980 《现代汉语八百词》,商务印书馆。

吴庆峰主编　2006　《〈史记〉虚词通释》,齐鲁书社。
邢福义　1981　《词类辨难》,甘肃人民出版社。
——　1995　《复句与关系词语》,黑龙江人民出版社。
中国社会科学院语言研究所词典编辑室主编　2005　《现代汉语词典》,商务印书馆。
朱景松主编　2007　《现代汉语虚词词典》,语文出版社。

期刊

陈永飞　2009　《论语》中连词"而"的用法,《语文学刊》第 2 期。
王　伟、周卫红　2005　"然后"一词在现代汉语口语中使用范围的扩大及其机制,《汉语学习》第 4 期。

学位论文

朴珍玉　2006　《"然后"一词的多角度分析》,延边大学硕士学位论文。
王佳毅　2005　《由"结果"连接的复句研究》,湖南师范大学硕士学位论文。
吴凯风　2007　《"然"系词语的词汇化考察》,广西师范大学硕士学位论文。

二、英文

专著

Croft, W. 2001 *Radical Construction Grammar: Syntatic Theory in Typological Prespective*. Oxford: Oxford University Press.
Dancygier, B. & Eve, S. 2005 *Mental Spaces in Grammar: Conditional Constructions*. New York: Cambridge University Press.
Haiman, J. 1985 *Natural Syntax: Iconicity and Erosion*. New York: Cambridge University Press.
Haspelmath, M. 1999 External possesion in a European areal perspective. In D. L. Payne & I. Barshi (eds) *External Possesion*. Amsterdam, Philadelphia: John Benjamins. 109—135.
——2003 The geometry of grammatical meaning: Semantic maps and cross linguistic comparison. In M. Tomasello (ed.) *The New Psychology of Language*. Vol. 2. Mahwah, New Jersey: Lawrence Erlbaum. 211—242.

—— 2004 Coordinating constructions: An overview. In M. Haspelmath (ed.)*Coordinating Constructions*. Amsterdam: John Benjamins. 3—39.

—— 2007 Coordination. In T. Shopen (ed.) *Language Typology and Linguistic Description*. 2nd edition. Cambridge: Cambridge University Press. 1—51.

Haspelmath, M. & König, E. 1998 Concessive conditionals in the languages of Europe. In J. V. Auwera(ed.) *Adverbial Constructions in the Languages of Europe (Empirical Approaches to Language Typology)*. Berlin: Mouton de Gruyter. 563—640.

Hawkins, J. A. 1988 *Explaining Language Universals*. Oxford: Blackwell.

Heine, B. & Kuteva, T. 2002 *World Lexicon of Grammaticalization*. New York: Cambridge University Press.

Hornby, A. S. et al. 2005 *Oxford Advanced Learner's Dictionary of Current English*. 7th edition. Oxford: Oxford University Press.

König, E. 1988 Concessive connectives and concessive sentences: Cross-linguistic regularities and pragmatic principles. In J. A. Hawkins(ed.) *Explaining Language Universals*. Oxford: Blackwell. 145—166.

Moyse-Faurie, C. & Lynch, J. 2004 Coordination in oceanic languages and proto oceanic. In M. Haspelmath (ed.) *Coordinating Constructions*. Amsterdam: John Benjamins. 445—498.

Pearsall, J. & Hanks, P. 1998 *The New Oxford Dictionary of English*. Oxford: Oxford University Press.

期刊

Langacker, R. W. 2006 On the continuous debate about discreteness. *Cognitive Linguistics* 17:107—151.

Malchukov, A. 2004 Towards a semantic typology of adversative and contrast marking. *Journal of Semantics* 21:177—198.

Mann, W. & Thompson, S. 1988 Rhetorical structure theory: Towards a functional theory of text organization. *TEXT* 8:241—281.

Mauri, C. 2008 The irreality of alternatives: Towards a typology of disjunction. *Studies in Language* 32:22—55.

Wang & Huang 2006 Grammaticalization of connectives in Mandarin Chinese: A corpus-based study. *Language and Linguistics* 7.4:991—1016.

网路资源

Janda, L. A. (n. d.) *Laura A. Janda's Publications*. Retrieved May 26, 2009, from: What is the role of semantic maps in linguistics?: http://www.unc.edu/depts/slavdept/lajanda/mypubs.html.

Jenny(n. d.) *Open Rice*. Retrieved July 15, 2009, from 歌柏丝意大利餐厅 Grappa's Ristorante: http://www.openrice.com/restaurant/comment-detail.htm? commentid=113050.

Mauri, C. (n. d.) *Semantic Maps or Coding Maps*. Retrieved July 15, 2009, from: Towards a unified account of the coding degree, coding complexity and coding distance of coordination relations: http://www.eva.mpg.de/lingua/conference/07-SemanticMaps/pdf/mauri.pdf.

Stolz, T., Storh, C. & Urdze, A. (n. d.) *The World Atlas of Language Structures Online*. Retrieved August 9, 2009, from: Chapter 52: Comitatives and instrumentals: http://wals.info/feature/description/52.

Your E-Cards (n. d.) Retrieved August 5, 2009, from: Earth Day: http://www.someecards.com/usercards/viewcard/24d5fe42617fabeb5c5ea38f9f3aa7624a.

三、马来文
专著

Cheng & Lai 1997 *Kamus Perdana (Bahasa Melayu. Bahasa Cina. Bahasa Inggeris)*. Selangor: United Publishing House(M)SDN. BHD.

Hajah Noresah, B. et al. 2002 *Kamus Dewan*(3rd Edition ed.). Kuala Lumpur: Dewan Bahasa dan Pustaka.

网路资源

Carey, P. (n. d.) *Google Books*. Retrieved August 9, 2009, from: True history of the Kelly gang: http://books.google.com.sg/books? id = nzGQW0zZl54C&pg = PA444&lpg = PA444&dq = berlari + dan +

jatuh&source=bl&ots=fw6gAyTcuD&sig=bQ1YSc0N2AcDJdk1x_XLqxbLpVI&hl=en&ei=L-F-Squ7IsmGkAWts-X6Ag&sa=X&oi=book_result&ct=result&resnum=9#v=onepage&q=Dia%20mengangkat%20penyodo.

Megat(n. d.)*It Simple*. Retrieved August 5,2009,from:Perihal kerja,ayam jantan dan baju Espirit:http://itsimple. wordpress. com/2009/02/13/perihal-kerja-ayam-jantan-dan-baju-espirit/.

四、日文
专著

伊藤晶子　　1997　初級日本語 for Singaporeans 1. Singapore Akiko Ito.
──────　2007　初級日本語 for Singaporeans 2. Singapore Akiko Ito.

多功能语素与语义图模型[*]

吴福祥

（中国社会科学院语言研究所）

0 引言

语言形式的"多功能性"(multifuctionality)是一种跨语言普遍可见的共时现象。研究语素的多功能性特别是"语法语素"(grams)的多功能性，有三个问题值得关注：(i)当两个或多个意义或功能关联一个语言形式时，如何判定这些意义或功能之间是有动因的多义关系还是偶然的同音关系？(ii)给定一个语法语素的多功能模式，在共时层面如何判定这些功能之间概念上的远近和亲疏，并据此揭示其间的内在关联？(iii)既然共时的多功能模式是语言演变的产物，我们如何通过共时拟测和历时事实来概括这种多功能模式的演化路径？本文的主要目的是运用语义图模型(Semantic Map Model)对上述三个问题作出尝试性回答。

---

* 本文承汪维辉教授多所指正，谨致谢忱。文中尚存的错误概由作者负责。

1 多功能语素

1.1 什么是多功能语素

所谓"多功能性",是指语言中某个编码形式(词汇形式、语法成分、语法范畴以及结构式)具有两个或两个以上不同而相关(related)的功能。语言形式的多功能性是人类语言的一个普遍特征,常见的多功能形式是词汇语素(实义词)和语法语素(语法词及词缀),此外,语法结构式和语法范畴也同样具有多功能性。① 比如下面的(1)是多功能实义词,(2)—(4)是多功能语法词,(5)—(6)则是多功能词缀,我们将这类具有两个或两个以上功能的语素称为"多功能语素"(multifuctional morphems)。

(1) 英语 *straight*、法语 *droit* 和汉语"直"

  (A)英语的 *straight*:

   (a)[笔直 'rectilinear'] *a straight line*

   (b)[直率 'frank'] *straight talking*

   (c)[诚实 'honest'] *a straight guy*

   (d)[经典的 'classical'] *a straight play*

   (e)[异性恋者 'heterosexual'] *gay or straight*

   (f)[纯的 'undiluted'] *straight whisky*

   (g)[径直 'directly'] *straight to the point*

   (h)[直接 'immediately'] *straight way*

  (B)法语的 *droit*:

   (a)[笔直 'rectilinear'] *un trait droit*

   (b)[诚实 'honest'] *un type droit*

  (c)[径直'directly']   aller droit au but
  (d)[右手'right hand'] le côté droit
  (C)汉语的"直":
  (a)[笔直'rectilinear'] 马路又平又直
  (b)[直率'frank']   这人很直
  (c)[径直'directly']   列车直达北京
  (d)[一直(持续)]   游艺会直到中午才结束
  (e)[不断地]   冷得直哆嗦
  (f)[简直]   痛得直像针扎一样难受
  (g)[挺直]   直起腰来
  (h)[公正的]   理直气壮

(2)英语的 to(Haspelmath 2003)

  (a)*Goethe went to Leipzig as a student.*(direction)[方向]

  (b)*Eve gave the apple to Adam.*(recipient)[接受者]

  (c)*This seems outrageous to me.*(experiencer)[经验者]

  (d)*I left the party early to get home in time.*(purpose)[目的]

(3)闽语福州方言的虚词"共"[koyŋ²⁴²](据陈泽平 2000：117—118)②

  (a)伴随介词：汝着共我齐去我乍去。(你要和我一齐

去我才去)

(b)比较介词:福建经济共广东比固差真远。(福建经济和广东比还差得远)

(c)受惠介词:我共汝洗衣裳。(我给你洗衣服)

(d)(人物)源点介词:汽车是共单位借其。(汽车是向单位借的)

(e)(人物)终点标记:只件事计汝着共大家讲清楚。(这件事你要对大家说清楚)

(f)处置介词:我共被单拆去洗。(我把被单拆去洗了)

(g)并列连词:汝共老王都是做先生其。(你和老王都是当老师的)

(4)英语的 *may*(van der Auewra & Plungian 1998:90)

(a)She deals with it as best she ***may***.[参与者内在可能性]

(b)To get to the station, you ***may*** take bus 66.[参与者外在可能性]

(c)John ***may*** leave now.[道义可能性]

(d)John ***may*** have arrived.[认识可能性]

(5)爱沙尼亚语的伴随格后缀 *ga*(Erelt 2008:98):

(a)伴随:

  Meie isaga käisime maal.
  We dad:COM went:1PL countryside
  'We visited the countryside with dad.'

(b)并列:

  Meie Helmiga kavatseme kahasse kirjutada ühe

uurimusliku artikli ESA 53 jaoks...

'Helmi and me intend to write jointly a research article for ESA 53...'

(c)工具:*kirjutab pliiatsiga* 'writes in pencil'

(d)方式:*tuli suure kisaga* 'came with a lot of noise'

(e)时间:*tegi töö ära kahe tunniga* 'completed the job in two hours'

(6)古英语派生后缀-*er(e)*(Luján 2010:166)

(a)*writere* 'writer' [*write*+-*er(e)*] [施事]

(b)*pūere* 'pestle' [*pūian* 'pound'+-*er(e)*] [工具]

(c)*scāwere* 'watch-tower' [*scāwian* 'look at'+-*er(e)*] [处所]

1.2 多功能语素的两种类别

语素多功能性有两种类别:一是"多义性"(polysemy),另一是"异类多义性"(heterosemy)。

"多义性"是指一个形式具有两个或更多不同但相关的意义或功能,这些意义或功能属于相同的形态句法范畴,具有这种多义性的语素被称为"多义语素"(polysemous morphemes)(参看 Lyons 1977:561;Lichtenberk 1991:476;Heine 1992:358;Taylor 1995:99;Croft & Cruse 2004:111)。Heine(1992:358)认为,典型的多义性语素需满足下面的要求:

(7)多义性的特征:

(a)具有两个或两个以上不同但相关(related)的意义;

(b) 这些意义只关联一个语言形式,该语言形式通常
是但并非必然是一个词汇项;

(c) 该语言形式属于同一个句法范畴(syntactic category)。

根据所关联的意义或功能的性质,多义语素可分为"词汇性多义语素"(多义实词)和"语法性多义语素"(多义虚词和多义词缀)。比如(8)中现代汉语"搞"的三种意义均属词汇范畴,故"搞"为词汇性多义语素;另一方面,(9)中现代英语 *of* 所有的意义均属功能范畴,故 *of* 为语法性多义语素。

(8) 现代汉语动词"搞"(词汇性多义语素):

(a) 做/干/从事:　　搞生产｜搞建设

(b) 设法获得:　　搞点水来｜搞个项目来做做

(c) 整治人/使吃苦头:　他们合起来搞我。

(9) 现代英语介词 *of* (语法性多义语素):

(a) 源点:　　*men of the north*（从北方来的人们）

(b) 原因:　　*a death of tuberculosis*（死于肺结核）

(c) 距离:　　*a mile east of here*（从这里向东一英里）

(d) 分离:　　*robbed of one's dignity*（剥夺了尊严）

(e) 材料/成分:*a dress of silk*（丝制的衣服）

(f) 隶属/关联:*the rungs of a ladder*（梯子的横档）

(g) 领有:　　*a person of honor*（有声望的人）

(h) 包含/含有:*a basket of groceries*（一篮的食品杂货）

(i) 关涉:　　*think highly of her proposals*（对她的提议评价很高）

(j) 时间距离： *five minutes of two*（差五分到两点）
(k) 时段： *of recent years*（在最近这些年中）
(l) 被动施事： *beloved of the family*（被家人所热爱）

不过,假如严格按照(7)所概括的"多义性"的标准,语言中真正的"多义性语素"并不常见,因为一个语素所具有的不同意义或功能未必整齐地隶属同一个形态句法范畴。尤其是多义语法性语素,在语言中更为少见,因为几乎所有多义语法性语素都是由词汇语素语法化而来的,因此给定一个多义语法性语素,如果其最终语源成分(词汇性成分)的词汇意义在共时层面与该多义语法性语素的语法意义并存;则该多义语素的不同功能就不再属于同一个形态句法范畴。可见语素的"多义性"或"多义性语素"并不能准确地概括语言中复杂的多功能模式。

"异类多义性"(heterosemy)是"多义性"的一个特别的类,这个术语由 Persson(1988)最早使用,指的是一个特定形式具有两个或两个以上不同而相关的意义或功能,这些意义或功能历史上来自相同的语源成分,但在共时层面属于不同的形态-句法范畴或者关联于不同的形态句法环境(参看 Persson 1988；Lichtenberk 1991；Heine 1992；Enfield 2006)。[③] 下面是 Lichtenberk 对异类多义性的经典定义：

(10) 一个语源成分的反映形式具有若干源自该语源成分因而历史上相关的不同意义或功能,而这些反映形式属于不同的形态句法范畴。比如一个动词、方向小词和体标记最终都来源于相同的历史来源,那么我们就有了一个

"异类多义性"实例。"异类多义性"这个定义也包括这类情形:一个语法反映形式在音系上可能业已弱化,而词汇反映形式则不必如此。(Lichtenberk 1991:476)④

根据 Lichtenberk(1991),"异类多义性"具有以下特点:

(11)"异类多义性"的特征:

  (a)具有两个或两个以上不同而相关的意义,这些意义源自一个共同的语源成分;

  (b)这些意义通常但非必然用一个形式来表达,如果表达这些意义的形式多于一个,那么其中必有语音弱化形式;

  (c)这些意义所关联的形式属于不同的句法范畴。

比较(11)和(7)可以看出,"异类多义性"跟"多义性"的主要差别在于,后者的不同意义或功能所关联的语言形式具有相同的句法范畴,而前者的不同意义或功能则属于不同的句法范畴。此外,"异类多义性"的不同意义或功能所关联的语言形式可以多于一种,而"多义性"的不同意义只关联一种语言形式。我们将这类具有"异类多义性"的语素称之为"异类多义性语素"(heterosemous morphemes)。比如现代汉语的"得"就是一个比较典型的"异类多义性语素":

(12)汉语的"得":

  (a)"得"义主要动词[tə²]:老王得了个大奖。

  (b)动相补语[tə²]:晚饭已做得了。

  (c)能性补语[tə⁰]:这个吃得,那个吃不得。

  (d)状态/程度补语标记[tə⁰]:唱得非常好 | 累得腰

都直不起来。

(e)能性补语标记[tə⁰]：拿得动 | 上得去 | 洗得干净(洗～不干净)

Enfield(2006)根据意义所关联的形式类之间开放与封闭的区别,将异类多义性分为三类：

(Ⅰ)开放性异类多义性(open-class heterosemy)：一个异类多义语素的不同意义所关联的两个或两个以上的语法类(grammatical classes)均属开放类(open classes)范畴,比如英语的 *father* 及汉语的"编辑"即属此类：

 (13)英语的 *father*：

  (a)父亲　　　　　　　　　[名词性意义]

  (b)履行一个父亲养育孩子的职责[动词性意义]

  汉语的"编辑"

  (a)对资料或现成的作品进行整理、加工[动词性意义]

  (b)做编辑工作的人　　　　　[名词性意义]

(Ⅱ)封闭性异类多义性(closed-class heterosemy)：一个异类多义语素的不同意义所关联的两个或两个以上的语法类均属封闭类(closed classes),如现代汉语虚词"不过"：

 (14)现代汉语的"不过"：

  (a)我不过只是问问价钱罢了。　(限定副词;封闭类)

  (b)试验失败了,不过他并不灰心。(转折连词;封闭类)

(Ⅲ)交叉性异类多义性(cross-class heterosemy)：一个异类多义语素的不同意义所关联的两个或两个以上的语法类,分别属于开放类和封闭类,比如现代汉语的"在"：

(15)现代汉语的"在":

(a)我在家里。　　　　　（完全动词；开放类）
(b)我在家里看书。　　　（处所介词；封闭类）
(c)我在看书。　　　　　（体貌副词；封闭类）

以上的举例和分析显示,语言形式的多功能性特别是语法语素的多功能性,确实在人类语言里广泛可见。我们的问题是:(a)假定一个语素关联多个意义或功能,我们如何确定这些意义或功能之间是"相关的"(related),也就是说,如何断定这是"一音多义"现象而非"同音形关系"(homonymy)？(b)即使同一个形式表达的多个意义或功能之间是"相关的",如何分析其相关性,换言之,我们如何证明哪些意义或功能是直接关联的,哪些意义或功能是间接关联的,哪些意义或功能之间的关系相对较近,哪些意义或功能之间的关系相对较远？(c)多功能语素是如何形成的,也就是说,多功能语素的不同意义或功能是通过什么样的演变路径演化而来的？

2　语义图模型

2.1　什么是语义图模型

语义图模型(Semantic Map Model)是近年来语言类型学和认知语义学广泛使用的一种重要的语义分析方法,也是跨语言研究多功能语法形式特别是多功能语法语素的重要工具。(参看 Haspelmath 1997a、1997b、2003；Croft 2001、2003、2007a、2007b；Croft & Pool 2008；de Haan 2004、2010；Kemmer 1993；Kortmann 1997；Malchukov 2004；Stassen 1997；van der Auwera & Plungian 1998；van der Auwera et al. 2004；van der Auwera & Malchukov 2005；van der

Auwera and Temürcü 2006; van der Auwera et al. 2009; Zwarts 2010)事实上,这种语义研究模型原本就是语言学家在多功能语素研究中逐渐建立和发展起来的。其基本假设是,人类语言的多义形式或多功能范畴在语义关联模式上虽颇多歧异,但不同语言对应或相关的多功能形式在语义组织上一定存在相似性,也一定具有共同的制约和限制。语义图模型的主要目标是通过跨语言比较来揭示人类语言多功能模式的殊相(变异模式)和共相(普遍特征),特别是不同的多功能模式背后的跨语言规律性。下面是语义图模型的几个关键概念:

(i)概念空间(conceptual space)。概念空间是通过跨语言比较建立起来的普遍的语义空间,是语言中特定编码形式(语法语素、语法范畴、句法结构及词汇形式)的不同功能及其相似关系构成的几何性概念网络。概念空间由节点和连线两部分组成;节点代表不同语言中对应或相关语法形式的不同功能,连线表示两个功能之间的直接关联。图 1 是 Haspelmath(2003)构建的与格功能的概念空间。

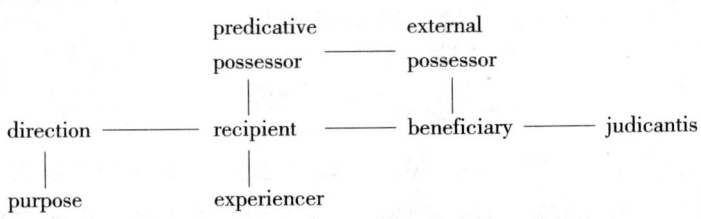

图 1　与格功能的概念空间(据 Haspelmath 2003:213)

概念空间的构型(configuration)体现于不同功能在概念网络中的空间位置及连接方式。语义图模型假设,概念空间中不同功能的区域位置及连接方式具有跨语言的普遍性(Haspelmath 2003:217—218):任何语言的对应或相关语素所具有的功能均应在特定概念空间内占有某个区域位置,换言之,所有语言都是将其相关编码形式的不同功能映射(map)到同一概念空间之上。另一方面,任何语言中相关的多功能语素,其功能之间的关联模式均应符合这个概念空间的构型。

(ii)语义图(semantic map)。与概念空间不同,语义图是针对特定语言而言的,它是特定语言相关编码形式的多功能模式在概念空间上的实际表征,体现的是不同语言对同一概念空间的不同切割方式。比如英语的介词 *to* 具有"方向"(*Zhangsan went to America as a student*)、"接受者"(*Zhangsan gave the apple to Lisi*)、"经验者"(*This seems outrageous to me*)和"目的"(*I left the party early to get home in time*)等标记功能,但缺乏"谓语性领有者"(predicative possessor)、"受惠者"(beneficiary)、"外位领有者"(external possessor)以及"判决者与格"(judicantis)等标记功能。另一方面,法语的与格介词 *à* 也具有"方向"(*à Leieig*)、"接受者"(*à Adam*)和"经验者"三种标记功能,二者的区别是法语 *à* 不具有"目的"功能,但可以表达"谓语性领有者"功能(*Ce chien est à moi.* 'This dog is mine.')。据此,我们可以在图 1 的概念空间上绘出英语 *to* 和法语 *à* 的语义图:

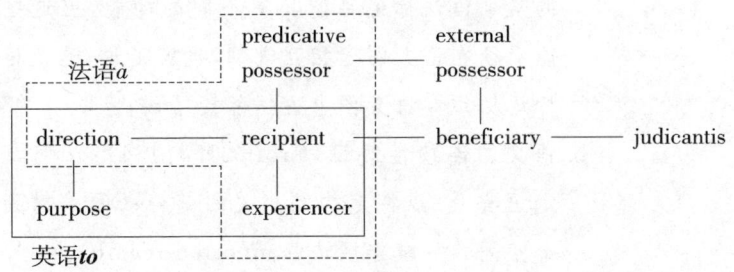

图 2 英语 *to* 的和法语 *à* 的语义图(据 Haspelmath 2003:213—214)

由图 2 可以看出,英语 *to* 和法语 *à* 在与格概念空间上的切割方式和功能界域虽有不同,但二者的功能关联模式并未逸出与格概念空间的制约。可见语义图和概念空间之间的关系是:概念空间提供人类语言多功能语素在语义关联模式上的变异范围和普遍制约;语义图则表征不同语言对应或相关的多功能语素在语义关联模式上的变异类型。换言之,概念空间表征的是人类语言的普遍特征,语义图刻画的是不同语言的变异模式。

(iii)邻接性要求(contiguity/adjacence requirement)。概念空间的一个重要特性是,多功能形式的不同功能在概念空间中的位置必须是毗连的。反映在具体语义图上则是:任何一个语言中相关编码形式的若干功能都必须占据概念空间内的一个邻接区域(Haspelmath 2003:217)。比如图2中英语 *to* 和法语 *à* 的四项功能均彼此邻接,各自占据一个连续的区域。van der Auwera(van der Auwera & Plungian 1998;van der Auwera & Temürcü 2006)和 Haspelmath(1997a、1997b、2003)将这种制约概括为"邻接性要求",Croft(2001:96,2003:134)则表述为"语义图连续性假设"(Semantic Map Connectivity Hypothesis):

  (16)a. 邻接性要求(Haspelmath 1997a:105):特定语言的某个语法标记可能具有不同的功能,但这些功能必须在语义图上相互毗邻,也就是说,这个语法标记必须在语义图上占据邻接区域;

    b. 语义图连续性假设(Croft 2003:134):任何与特定语言及/或特定构式相关的范畴必须映射到概念空间内的毗连区域(connected region)。

(iv)蕴涵关系。尽管概念空间是基于不同语言中实见的多义模式运用归纳法建立起来的,但概念空间上功能的构型(configuration)被认为具有普遍意义(universal)。也就是说,概念空间及语义图体现了不同功能之间的蕴涵(implicational)关系,据此可产生一系列蕴涵共性。这类蕴涵共性可以预测:若两个特定功能在概念空间上处于非邻接位置而享有相同的形式,那么该形式也用来编码上述两个功能之间的功能。设若 A、B、C 三种功能在概念空间上是以这样的序列存在的:

(17)　A—B—C

那么根据邻接性要求,我们可以预测可能出现的语言类型有:(a)A、B、C 由三个不同语素表达;(b)A 和 B 由同一个语素表达,C 由不同的语素表达;(c)B 和 C 由同一个语素表达,A 由不同的语素表达;(d)A、B、C 由同一个语素表达。(17)排除的一种可能模式是,A 和 C 由同一个语素表达而 B 由不同的语素表达。这样,我们就可以绘制(17)预测的四种类型的语义图:

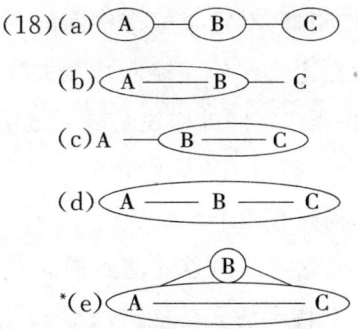

根据(17)和(18),我们可以预测:如果一个语言的多功能语素具有 A、C 两种功能,那么这个语素同样具有功能 B。另一方面,概念空间及语义图所体现的蕴涵关系还可以让我们有效地预测什么样的多功能模式在人类语言里是可能出现的,什么样的多功能模式在语言里是不可能出现的。比如根据(18),我们可以预测

[AB]、[BC]和[ABC]三种多功能模式在人类语言里是可能的,但[AC][如(18e)]这种多功能模式在人类语言里通常是不可能的。

正是在这个意义上,有些语言学家将概念空间和语义图称为"蕴涵图"(implicational map)。Haspelmath(1997a:105,1997b:62,2003:232)甚至认为,蕴涵图包含一系列蕴涵共性,实际上可被视为若干蕴涵共性的缩略性表述。

2.2 如何构建概念空间和绘制语义图

简单地说,语义图模型的分析程序大体有以下步骤:(i)构建概念空间:基于跨语言的比较来识别和确定多功能语法形式的不同功能,然后根据邻接性要求将业已确立的不同功能排列在合适的区域位置,并用连线将概念上直接关联的功能连接起来。(ii)绘制语义图:以业已构建的概念空间为底图,根据不同语言的多功能关联模式在概念空间内切割出不同的连续区域,从而绘制不同语言的语义图。(iii)分析与阐释:对定义概念空间的参数进行说明;揭示并解释多功能语素在语义组织策略和功能关联模式上的普遍特征和变异类型。其中概念空间的构建是语义图分析程序中最为关键的部分。下面结合一些例子来略作介绍。

概括地说,概念空间的构建有两个重要步骤。

(i)功能的选择。构建概念空间时首先遇到的问题是各种功能本身如何选定,即面对一个特定的多功能语法形式,其哪种(或哪些)意义或用法可被确定为特定概念空间的功能。通常的做法是,如果假定的两项"功能"A、B至少在两种语言里用不同的语素来编码,那么A、B就被视为真正的功能,从而置于特定的概念空间。譬如在图1的与格概念空间内,"方向"(direction)和"接受者"(recipient)被区别为两种功能,如果我们只看英语和法语,这种区分难以成立,因为英语和法语并没有用不同的形式来编码这两种功能。为了证明在概念空间上对这两个功能的区分是必要的,我们至少需要一两种语言有不同的形式来编码这两种功能。当然,这样的语言是不难发现的:比如德语用 zu 或 nach 来表达"方向",而用与格标记表达"接受者"(Haspelmath 2003:217);现代汉语普通话用"到"表达"方向"("扔到屋外"),用"给"表达"接受者"("送给老张")。这个程序会随着所考察语言的逐渐增加而不断重复,直到没有新的功能被发现为止。(参看 Haspelmath 2003:217)

关于概念空间上功能的确立和选择,de Haan(2004、2005、2010)提出,概念空间上的功能必须具有"基元"(primitive)和"独有"(unique)两种属性。"基元性"是指功能的"不可切分性",即一个假定的功能不能进一步切分出另外的功能。"独有性"是指编码的可区别性,即一个假定的功能至少在一种语言里具有区别于其他功能的编码形式。比如,假定 A、B 是两种可能的功能,如果它们在任何给定语言里总是用同一个语法形式来表达,那么 A、B 只是一种功能,没有任何理由将它们区分为两种不同的功能。反之,若 A、B 用两个不同的语法形式来表达,那么它们就是"独有"(unique)的功能,即使这两个语法形式也用来编码别的功能。此外,假定有 A、B、C 三种可能的功能,假如发现它们在不同语言里呈现 A-B 和 B-C 的配对模式(即一个语言的某一语法形式表达 A 和 B,而另外一个语言的某一语法形式表达 B 和 C),那么,A、B、C 应视为三种不同的功能,即使没有任何一种语言用三个不同的语法形式来表达 A、B、C。

(ii)功能的排列。如何将业已确定的若干功能以合适的方式排列成概念网络,是概念空间构建中的一个关键步骤。总的原则是,功能的排列必须符合"邻接性要求",即所有多功能语法语素的不同功能均须占据特定概念空间内一个连续区域。通常的做法是,在服从"邻接性要求"的前提下,通过跨语言比较来确定哪些功能是直接关联的(有连线连接),哪些功能是间接关联的(无连线相连)。比如,假定一个多功能语素具有三种功能,当我们只考虑一种语言时,这三种功能理论上有三种不同的排列方式。比如英语 to 有"方向"、"接受者"和"目的"三种功能,原则上这三种功能可以有下列三种排列方式:

(19) a. 目的—方向—接受者　(purpose-direction-recipient)
　　　b. 方向—目的—接受者　(direction-purpose-recipient)
　　　c. 方向—接受者—目的　(direction-recipient-purpose)

不过,当加进法语资料时,b 这种排列方式就要被排除,因为法语的 à 只表达"接受者"和"方向",并不表达"目的"。另一方面,当我们考虑德语介词 zu 的用法时,c 的排列方式也应排除,因为 zu 表达"目的"(Anna ging zum Spielen in den Garten. 'Anna went into the garden to play.')和"方向"(Ich gehe zu Anna. 'I'm going to Anna's place.'),但不表达"接受者"。因此,上述三种排列方式中只有 a 是正确的,这就是图1与格概念空间中的一个子图(sub-network)。

我们(吴福祥 2009)曾基于相关语言的比较构建了东南亚语言"得"义语素的概念空间:

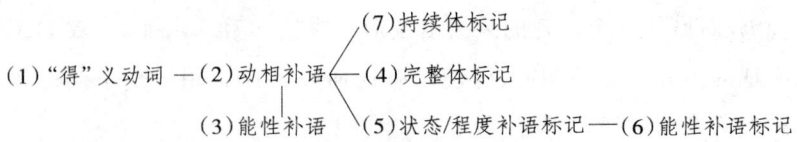

图3　东南亚"得"义语素的概念空间(吴福祥 2009:202)

图3显示,功能(1)、(3)和(4)、(5)、(7)分别跟功能(2)(即动

相补语)直接关联,而功能(6)跟功能(2)并非直接关联,(6)直接关联的是功能(5)。另一方面,功能(3)、(4)、(5)、(7)之间亦非直接关联,它们之间是通过功能(2)而获得间接关联。最后,功能(1)跟功能(2)之外的所有功能均非直接关联。

现在的问题是,图3所示的"得"义语素概念空间是如何构建的?换言之,为什么以那种构型来表征"得"义语素的概念空间?这个问题在吴福祥(2009)里因为篇幅的限制未能展开讨论,下面我们简单作些分析。

考察发现,东南亚语言"得"义语素的多功能模式具有几种类型:

(20) 东南亚54种语言里"得"义语素的多功能模式:

 (a)"得"义语素具备(i)"得"义主要动词、(ii)动相补语、(iii)完整体标记、(iv)能性补语、(v)状态/程度补语标记和(vi)能性补语标记等6种功能:仫佬语、吉卫苗语、京语、勉语(勉)、勉语(标敏)、布芒语、老挝白苗。

 (b)"得"义语素具备(i)"得"义主要动词、(ii)动相补语、(iii)能性补语、(iv)状态/程度补语标记和(v)能性补语标记等5种功能:汉语普通话、临高语、村语、拉基语、壮语、傣语、布依语、水语、仡佬语、标话、畲语、侬语。

 (c)"得"义语素具备(i)"得"义主要动词、(ii)动相补语、(iii)完整体标记、(iv)能性补语和(v)状态/程度补语标记等5种功能:布央语、巴哼语、优诺语、泰语、越南勉语、老挝语、高棉语、越南语。

 (d)"得"义语素具备(i)"得"义主要动词、(ii)动相补语、(iii)能性补语和(iv)状态/程度补语标记等4种功能:佯僙语、毛难语、侗语、炯奈语、普标语、回辉话、Ngeq语。

(e)"得"义语素具备(i)"得"义动词、(ii)动相补语、(iii)完整体标记和(iv)能性补语4种功能:莫语、侬语、芒语、老挝克木语(Kmhmu Cwang)。

(f)"得"义语素具有(i)"得"义主要动词、(ii)动相补语和(iii)能性补语等3种功能:苗语(养蒿)、莽语、布兴语、Thai Neua语、掸语、Katang语、Taliang语、Alak语、Brao语。

(g)"得"义语素具有(i)"得"义主要动词、(ii)动相补语和(iii)状态/程度补语标记等3种功能:Pacoh语。

(h)"得"义语素只有(i)"得"义主要动词和(ii)动相补语等两种功能:彝语、傈僳语、纳西语、木佬语。

(i)"得"义语素具有(i)"得"义主要动词、(ii)动相补语、(iii)完整体标记、(iv)能性补语、(v)状态/程度补语标记和(vi)持续体标记等6种功能:白语。

我们将上述语言中"得"义语素的功能排成词汇矩阵,如下表所示。

东南亚54种语言里"得"义语素功能的词汇矩阵

	"得"义动词	动相补语	能性补语	完整体标记	状态/程度补语标记	能性补语标记	持续体标记
彝语 ɣɯ²¹、傈僳语 ua⁴⁴、纳西语 ma³³	+	+					
Pacoh 语 boon	+	+			+		

苗语（养蒿）tɛ⁴⁴、莽语 tɔ⁵⁵、掸语 lài	+	+	+			
莫语 dai³、侬语 dày、芒语 an³	+	+	+	+		
回辉话 hu³³、Ngeq 语 bjeən	+	+	+		+	
布央语ʔdai²⁴、巴哼语 tɯ⁵⁵、老挝语 daj⁴	+	+	+	+		
普通话"得"、临高语 lai³、村语 dok²	+	+	+		+	+
仫佬语 lai³、京语 dɯək⁸、老挝白苗 tau	+	+	+			+
白语 tɯ⁶		+	+				+

现在根据上举多功能模式的类型以及上表所示的词汇矩阵来构建东南亚语言"得"义语素的概念空间。

首先，在我们考察的 54 种语言里任何一个"得"义语素都至少具有"得"义主要动词和动相补语两种功能，比如彝语的 ɣɯ²¹：

(21) 彝语（陈士林等 1985）

(a)"得"义主要动词：

a³³ zi²¹！ ŋa³³ he³³ tsɿ³³ khɯ³³ ɣɯ²¹ o⁴⁴.

噫！ 我 鸟 窝 得 了

噫！我得了一窝鸟。(147)

(b) 动相补语：

ʂɯ²¹ ɣɯ⁴⁴ o⁴⁴

找 得 了

找着了。(160)

因为具有"得"义动词的语言，其"得"义语素并非必然具有动相补语功能，相反，所有"得"义语素具有动相补语功能的语言，其"得"义语素总是具有"得"义主要动词功能。据此，可将"得"义主

要动词和动相补语两种功能排列如下:

(22)"得"义动词—动相补语

其次,当一种语言的"得"义语素具有"得"义动词、动相补语和能性补语三种功能时,在概念空间中有两种可能的排列方式:

(23)(a)"得"义动词—动相补语—能性补语

(b)"得"义动词—能性补语—动相补语

但因为所有"得"义语素具有能性补语的语言均具动相补语用法,而有些语言的"得"义语素只有"得"义动词、动相补语用法而没有能性补语功能,所以(b)应被排除。属于这种类型的语言有彝语(陈士林等1985)、傈僳语(徐琳等1986)、纳西语(和即仁、姜竹仪1985)和木佬语(薄文泽2003)。据此我们把"得"义动词、动相补语和能性补语三种功能在概念空间内的区域位置排列如下:

(24)"得"义动词—动相补语—能性补语

第三,有些语言的"得"义语素(如莫语 dai^3、侬语 $dày$、芒语 an^3)具有(i)"得"义动词、(ii)动相补语、(iii)完整体标记和(iv)能性补语4种功能,其间的排列有四种可能:

(25)(a)"得"义动词—动相补语—能性补语—完整体标记

(b)"得"义动词—动相补语—完整体标记—能性补语

(c)"得"义动词—动相补语—完整体标记

|

能性补语

(d)"得"义动词—动相补语—能性补语

|

完整体标记

上面几种可能的排列中,(d)首先,要被排除,因为在所有"得"

义语素具有完整体标记功能的语言中,"得"义语素一定具有动相补语功能。其次,(b)也可以被排除,因为有些语言,其"得"义语素具有能性补语、动相补语以及"得"义动词功能,但并不具备完整体标记功能,如苗语(养蒿)、莽语、布兴语、Thai Neua 语、掸语、Katang 语、Taliang 语、Alak 语和 Brao 语。最后,(a)也必须被排除,因为动相补语和完整体标记不仅语法意义相近,且均用于已然(realist)语境,而能性补语通常只用于未然(irrealist)语境。据此我们把这四种功能在概念空间中的区域位置排列如下:

(26)"得"义动词—动相补语—完整体标记
　　　　　　　　　　|
　　　　　　　　能性补语

第四,当一个语言具有(i)"得"义主要动词、(ii)动相补语、(iii)完整体标记、(iv)能性补语和(v)状态/程度补语标记时,理论上可以有下面的排列方式:

(27)(a)"得"义动词—动相补语—完整体标记—状态/程度补语标记
　　　　　　　　|
　　　　　　能性补语

(b)"得"义动词—动相补语—完整体标记
　　　　　　　　　|
　　　　　　能性补语—状态/程度补语标记

状态/程度补语标记
　　|
(c)"得"义动词—动相补语—完整体标记
　　　　　　　　|
　　　　　　能性补语

上面几种排列中,(a)和(b)要被排除,因为有的语言里"得"义语素具有(i)"得"义主要动词、(ii)动相补语和(iv)状态/程度补语标记三种功能,但不具备完整体标记和能性补语两种功能,如Pacoh语(Enfield 2003)的 *boon*:

(28)(a)"得"义主要动词:

  qaacaj　kùu boon　kampaj　tammèè.
  哥哥　　我　得　妻子　　新
  我哥哥得了新妻子(娶了新媳妇)。(244)

(b)动相补语:

  kùu　taal　qaarùç boon　jee.
  我　　砍　　树木　　得　　了
  我已经砍了树木了。(246)

(c)状态/程度补语标记:

  qan　kii　taluh　(boon)　qaalèèq　(qaqùj)　lùu.
  人　　那　跑　　得　　　累　　　真　　　非常
  那个人跑得非常累。(244)

可见,状态/程度补语标记和动相补语直接关联,因此(c)是唯一可能的排列模式。

第五,能性补语标记功能应该跟状态/程度补语标记功能直接关联,因为在所有"得"义语素具有能性补语标记功能的语言里,其"得"义语素也一定具有状态/程度补语标记功能,而反之则不然。据此,假若一个语言的"得"义语素具有(i)"得"义主要动词、(ii)动相补语、(iii)完整体标记、(iv)能性补语、(v)状态/程度补语标记和(vi)能性补语标记等六种功能时(如仫佬语 lai^3、吉卫苗语 $tɔ^{53}$、京语 $dwək^8$、老挝白苗 tau),其排列方式应该是:

(29) 状态/程度补语标记—能性补语标记
|
"得"义动词—动相补语—完整体标记
|
能性补语

最后,"得"义语素的持续体标记功能在我们的取样语言里只见于白语,这个语言"得"义语素没有能性补语标记功能,可见持续体标记功能跟能性补语标记功能没有关联,持续体标记功能最有可能直接关联的是动相补语,因此可排列如下:

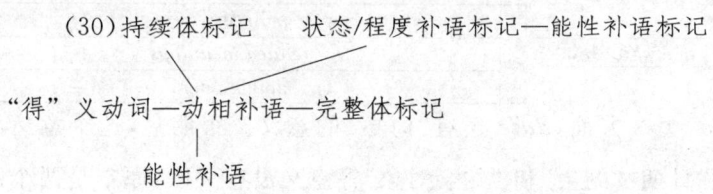

3 语义图模型在多功能语素研究中的功用

语素多功能性虽是一种共时现象,但它是历时演变的产物:一个语言成分在历时过程中先后产生各种意义或功能,如果这些意义或功能并存于特定的共时层面,则该语言成分就会呈现多功能性。因此对于多功能语素的研究,不仅要共时地分析不同功能之间的内在联系,还应历时地探讨这些功能的演化过程和路径。这就需要将语义的共时研究和历时研究结合起来,而语义图模型恰好在这方面大有作为。

3.1 语义图模型可以有效地区分语素的多义性和同音性

一般说来,有两种情形可以造成一个形式关联两个或更多的意义:一是前面所说的"多义性"(polysemy)(包括"异类多义性"),另一是"同音形异义性"(homonymy)。通常认为,二者的区别是,前者的两个或多个意义之间相互关联,后者的意义之间没有关联。比如英语的 *date* 作为名词有"日期"和"约会""约会对象"等意义,这三个意义之间存在关联,因为约会通常要有约定的时间和约会对象,所以这是个"多义性"实例:

(31)英语名词 *date* 的多义性:一种发音,两种(或多种)相关的意义:

one word:**date**	'point in time'
	related meanings
	'appointment'

另一方面,*date* 还有"海枣"的意义。很明显,这个意义与上述"日期""约会"和"约会对象"等意义没有关联:原本是两个意义不相关的词汇,偶然变成了同音形式。所以这又是一个"同音形异义性"实例:

(32)英语名词 *date* 的同音形异义性:一种发音,两种不相关的意义:

word1:**date**	'point in time;appointment;person with who one has an appointment'
same pronunciation	different,unrelated meanings
word2:**date**	'fruit from the date palm'

其实,*date* 作为 $date_2$ 还有一个与"海枣"相关的意义,即"海枣树"。所以 $date_2$ 也是一个多义词。由此可见,英语 *date* 所关联的意义之间既有多义性的一面,也有同音形异义性的一面。即:

(33) 英语 *date* 的同音形异义性和多义性:

HOMONYMY			
word 1:*date*		word 2:*date*	
'point in time'	'appointment'	'date fruit'	'date tree'
POLYSEMY		POLYSEMY	

以往对于"多义性"的判定,主要标准是意义之间的"相关"(related)。"相关"有共时和历时两个维度的理解:共时的相关是意义之间概念上的联系(通常表现为具有共同的概念要素),历时的相关则是指意义之间语源相同或相关。其实"相关"这个标准并不能尽如人意,因为概念上没有联系的两个意义历史上未必没有关联:譬如一个作为同音异义性广为引用的例子是英语的 *bank*,这个词的"银行"和"河岸"两个意义在概念上似乎没有联系。但意大利语的历史研究表明,在意大利语的演变中,"银行"和"河岸"这两个意义在历史上的确存在关联:因为历史上银行家正是在河岸边从事银行业务的。另一方面,概念上有联系的两个意义历史上未必语源相同或相关,比如捷克语的介词 *s*'off of '和 *z*'from' 语源毫不相关,但在现代捷克语里二者意义相同。所以,同音形异义性和多义性,以及同音形异义词和多义词的区分,一直是困扰语言学家的难题。

但是,基于跨语言比较的语义图模型就可以对同音形异义词和多义词作出有效的区别。比如前面提到的,英语 *to* 作为介词有"方向"标记和"接受者"标记两种功能,孤立地看英语,我们很难判断这两个意义之间是多义关系还是同音形关系。但图 1 所示的与格功能概念空间显示,方向标记和接受者标记在与格概念空间里直接关联(其间的连线表示二者意义相似且直接关联),而且这种关联具有跨语言的普遍性。实际的语言事实也能证明这一点:除了英语的 *to*,用同一个语素表达方向标记和接受者标记的语言还有:

古汉语"于"、粤语"过"、日语に(ni)、法语 à、西班牙语 a、土耳其语 e、韩语 ey、毛利语 ki、他加禄语 sa、藏语 la、Lezgi 语 z、泰米尔语 iku、Hawai'ian 语 ia、Bella Coola 语 ʔuɬ、Acholi 语 bòot、波斯语 be、Senufo 语 má、Ika 语 se?、Quechua 语 man、North Slavey 语 tsʼę́ 等。另一方面,"海枣"和"日期"或"约会"等意义用相同的形式来编码,除了英语的 date 之外,目前尚未见到其他语言的资料。可见英语 to 的方向标记和接受者标记之间一定是多义关系;相反,英语 date 的"海枣"与"日期"或"约会"之间一定是同音形关系。

3.2 语义图模型可以直观地呈现不同功能之间的亲疏、远近关系

如前所述,多义词或多义语素之间的"相关"有共时和历时两种解释。其实这两种解读均涉及直接关联和间接关联两种模式:

(34)多义语素的两种关联模式:

  直接关联:两个意义具有共同的概念要素,且有直接的"语源-目标"关系。

  间接关联:两个意义缺乏共同的概念要素,只是因为它们均跟另外一个意义相关,从而也获得相关性。

如(35)所示:

(35)

A(a, b) ⟶ B(b, c) ⟶ C(c, d)　　A和B以及B和C直接关联;A和C间接关联

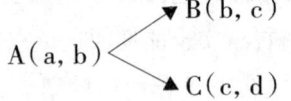
　　A和B以及A和C直接关联;B和C间接关联

以往对于多义词或多功能语素不同意义或功能之间内在关联的分析,往往凭借意念或主观判断来进行,缺乏可验证和可证伪的客观标准;而语义图模型就可以非常直观地表征一个多功能语素不同功能之间的远近和亲疏关系:特定的概念空间内,位置邻接且由连线相连的功能之间关系较近,属于直接关联;反之,位置间隔较远或无连线连接的功能之间,关系较远,属于间接关联。比如在图1所示的与格功能概念空间内,"接受者"与"方向""受惠者""经验者"等功能位置邻接且有连线相连,因此"接受者"分别与这些功能关系密切,属于直接关联;反之,"接受者"与"判决者与格""目的"等功能位置不相邻接且无连线相连,因此这三个功能之间关系较远,属于间接关联。同样,在图3所示的"得"义语素的概念空间内,"动相补语"与"能性补语""状态/程度补语标记""完整体标记"等功能位置邻接且有连线相连,因此"动相补语"分别与这些功能关系密切,属于直接关联;反之,"动相补语"与"能性补语标记"位置不相邻接且无连线相连,因此这两个功能之间关系较远,属于间接关联。

3.3 语义图模型可以部分地预测多功能语素的演化路径

如前所述,概念空间及语义图体现了不同功能之间的蕴涵关系,据此可产生一系列蕴涵共性。但这种共时蕴涵关系也可以有历时的解读,这就是概念空间及其蕴涵共性的动态化:不同功能之间的共时蕴涵关系意味着某个(些)功能的存在先设(presuppose)另一个(些)功能的存在;历时地解读则为:某个(些)功能的演化先设另一个(些)功能的演化。举例而言,假定存在(36)这样的概念

空间:

(36)假定的包含四个功能的概念空间:

根据邻接性制约,这个概念空间预测一个多功能语素 X 可能具有的几种多功能模式,比如这个语素可能具有[AD]、[ADC]、[ADCB]、[AB]、[ABC]、[ABCD];但有两种多功能模式被预测为不可能出现,即[AC] 和 [BD],因为 A 和 C、B 和 D 两组功能在概念空间内均不相邻接。这种蕴涵关系历时的解读则为:概念空间上两个功能的直接关联体现的是演变的"语源-目标"关系,功能之间的连线则可动态地解读为语义演变特别是语法化的路径和方向。再拿(36)为例,多功能语素 X 在历史上的某一个时期最初可能只具有(36)所示的概念空间内 A 这个功能,而在此后的某一时期 X 拥有了 A 和 D 两个功能,甚至后来具备了 A、D、C 三个功能,如(37)所示:

(37)三个阶段可能的语义演变或语法化路径:

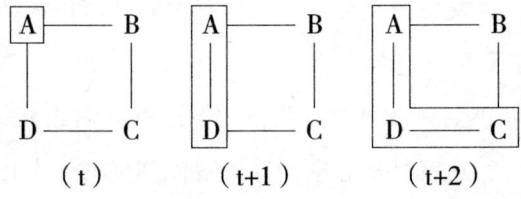

（t）　　　　（t+1）　　　（t+2）

但上述概念空间预测,这个多功能语素 X 在只有功能 A 的时候不可能直接获得功能 C,而一定是先获得功能 D,然后才获得功能 C。因此,根据概念空间的邻接性和蕴涵关系,下面的语义演化路径或语法化路径被预测是不可能发生的：

(38)不可能的语义演变路径或语法化路径：

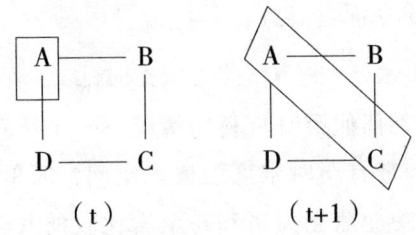

Haspelmath(1997b)认为,历时蕴涵关系其实只是对应的共时蕴涵关系的一种副现象:就像共时层面上一个语素的若干功能必须占据概念空间内邻接区域一样,历时过程中一个语素也不可能任意"跳到"概念空间内位置较远的功能,而一定是一步步地累积性引申或扩展。也就是说,当一个语法语素在历时过程中逐渐获得新的功能时,它首先衍生的应是概念空间内与其已有功能相邻接的功能,然后再逐步产生位置较远的功能(Haspelmath 1997b:63、149)。可见,概念空间和语义图不仅能对共时蕴涵共性作出描述和预测,而且还可以对多功能语素的演化路径作出判断和预测,这就将语义图模型和语法化研究联系了起来。事实上,有些语言学家认为,通常所说的"语法化路径""语法化渠道""语法化连续统""语法化链""语法化斜坡",其实就是概念空间和语义图的动态化:只要将概念空间和语义图上不同功能之间的连线加上箭头,我们即可得到一系列语法化(或其他语义演变)路径。比如图3所示的"得"义语素概念空间,若将其中的连线换上表示演变方向的箭头,就可以动态化为"得"义语素的语法化路径:

(39)"得"义语素概念空间的动态化(吴福祥 2009:204):

```
                          ┌→(7)持续体标记
                          │
(1)"得"义动词─→(2)动相补语←──(4)完整体标记
                │
                ↓
              (3)能性补语←(5)状态/程度补语标记─→(6)能性补语标记
```

问题是,在缺乏任何历时资料的情况下一个特定的共时概念空间如何动态化为带有历时维度的概念空间?简单地说,方法是基于语法化原则、功能蕴涵关系和跨语言比较的共时拟测。语法化过程有两个重要原则,即"单向性"(unidirectionality)和"渐变性"(gradualness)(Heine et al. 1991;Hopper & Traugott 2003),前者是指语法成分的意义演化通常是单向和不可逆的,后者则指语法成分的语义衍生和演变总是逐步进行而非跳跃式的。这两个基本原则是概念空间动态化的重要理论依据。另一方面,功能蕴涵关系和跨语言比较则是确定概念空间内直接关联的两个功能之间衍生方向的主要标准,比如,给定 A、B 两个功能在特定空间内直接关联,若在给定的取样语言里,具有 B 功能的语言,其对应语素均具有 A 功能,而具有 A 功能的语言,其对应语素并非必然具有 B 功能;那么,A、B 两种功能之间的衍生方向应是"A>B"。下面以(39)为例来对这种方法略作说明。

首先,在所有"得"义语素具有动相补语功能的语言里,其"得"义语素一定具有"得"义动词用法,反之,在"得"义语素具有"得"义动词用法的语言里,其"得"义语素并不都具有动相补语功能,因此"得"义动词和动相补语之间的演变方向一定是"'得'义动词>动相补语"。

其次,在"得"义语素具有能性补语功能的语言里,其"得"义语素一定具有动相补语功能,反之,在"得"义语素具有动相补语功能的语言里,其"得"义语素未必具有能性补语功能(比如彝语的ɣɯ^{21}),

可见动相补语和能性补语之间的演变方向一定是"动相补语＞能性补语"。

第三,在"得"义语素具有持续体标记功能的语言里,其"得"义语素一定具有动相补语功能,反之,在"得"义语素具有动相补语功能的语言里,其"得"义语素并不一定具有持续体标记功能(如仫佬语 lai^3、临高语 lai^3、老挝语 daj^4、侬语 đày 和傈僳语 ua^{44}),可见动相补语和持续体标记之间的演变方向应为"动相补语＞持续体标记"。

第四,在"得"义语素具有完整体标记功能的语言里,其"得"义语素一定具有动相补语功能,反之,"得"义语素具有动相补语功能的语言,其"得"义语素未必具有完整体标记功能[村语 dok^2、回辉话 hu^{33}、苗语(养蒿)tɛ^{44} 和莽语 tɔ^{55}];可见动相补语和完整体标记之间的演变方向应为"动相补语＞完整体标记"。

第五,在"得"义语素具有状态/程度补语标记功能的语言里,其"得"义语素一定具有动相补语功能,反之,在"得"义语素具有动相补语功能的语言里,其"得"义语素并不一定具有状态/程度补语标记功能[莫语 dai^3、侬语 đày、芒语 an^3、苗语(养蒿)tɛ^{44}、莽语 tɔ^{55}、纳西语 ma^{33}、木佬语 pe^{24}],可见动相补语和状态/程度补语标记之间的演变方向应为"动相补语＞状态/程度补语标记"。

第六,在"得"义语素具有能性补语标记功能的语言里,其"得"义语素一定具有状态/程度补语标记;反之,在"得"义语素具有状态/程度补语标记功能的语言里,其"得"义语素并不一定具有能性补语标记功能(布央语 ʔdai^{24} 老挝语 daj^4、巴哼语 tɨ^{55}、白语 tɯ^6、Pacoh语 boon、芒语 an^3);可见状态/程度补语标记和能性补语标记之间的演变方向一定是"状态/程度补语标记＞能性补语标记"。

基于以上分析,我们将图 3 所示的概念空间中的连线换上箭头,得到的便是(39)这种带有历时信息的概念空间。而(39)跟基于汉语历史文献资料的分析而发现的"得"的语法化路径"若合符节",试比较(39)和(40):

(40) 汉语语素"得"的语法化历程(Lamarre 2001;吴福祥 2002a、2002b、2007、2009):

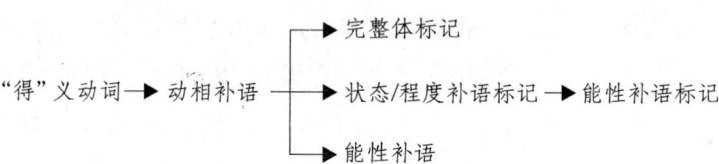

这个实例说明,即使在因文献资料缺乏而对历史演变事实不甚明了的情况下,我们仍然可以运用语义图模型来研究多功能语素的语义演变或语法化路径,从而对多功能语素的历时动因作出解释。

不过,概念空间中功能之间的连线动态化后,箭头仍有方向的差别,纯粹基于共时资料有时并不容易判断功能演变的方向,特别是在概念空间涉及功能数量较多的时候。在这种情况下,语言学家通常要凭借历时演变的事实特别是跨语言反复出现的语义演变或语法化路径来确定概念空间内功能之间的演变方向。比如下面的图 4 是 Haspelmath(2003)基于图 1 概念空间的共时蕴涵关系和相关历时演变事实,将其动态化的结果。

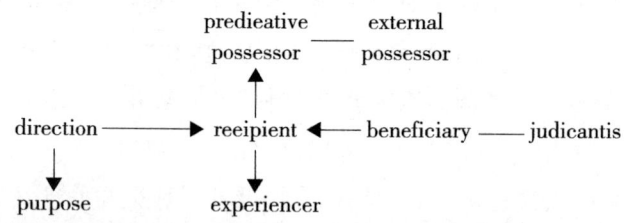

图 4　带有方向性的与格功能概念空间(Haspelmath 2003:234)

图 4 中,"谓语性领有者"与"外位领有者""外位领有者"与"受

惠者"以及"受惠者"与"判决者与格"等功能之间使用的是表示直接关联的连线而非表示演化方向的箭头，原因是"这些功能之间的演化方向因历史资料不足而无法确定"（Haspelmath 2003:234），可见，概念空间内直接关联的功能之间演变方向的识别和判定通常还是需要语义演变的历史事实尤其是语法化路径作为依凭。⑤

事实上，很多语言学家（如 van der Auwera & Plungian 1998；van der Auwera & Temürcü 2006；van der Auwera 2008；Narrog & Ito 2007；Narrog 2010）主张，语义图应具有历时维度，van der Auwera（Van der Auwera & Plungian 1998；van der Auwera 2008）强调，如果相关结构式的历时演变是我们所熟知的，那么语言学家就应该使用带有历时信息的语义图。而 van der Auwera（2008:43）主张，最好的语义图应是历时语义图。有些语言学家如 van der Auwera & Plungian(1998)，甚至直接根据相关的历时研究成果构建动态化的概念空间，然后绘制特定语言中语法语素的动态语义图：

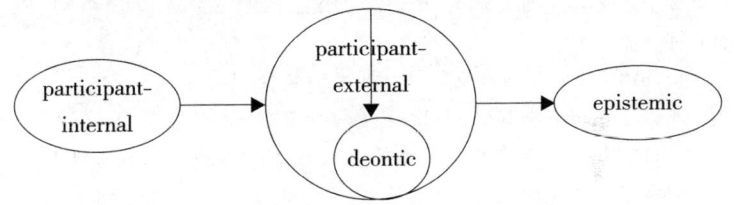

图5　van der Auwera & Plungian(1998:87)的情态语义图

4　结语

语法形式的多功能性是语言的本质特征。传统上对于多功能语法形式（特别是多功能语法语素）的分析往往采用"罗列法"（list method），即将一个多功能语素的各种用法或意义简单地罗列在一起并贴上不同的功能标签。这种方法的最大缺陷是不能反映多功能语素不同功能之间的内在联系,也就是说,它无法说明,一个多功能语素所具有的若干意义或功能之间,哪些关系较近,哪些关系较远。跟罗列法不同,语义图模型在构建概念空间时根据意义的相似程度来确定不同功能的空间位置和连接方式,因此概念空间的构型可以非常直观地表征多功能语素不同功能之间的远近亲疏关系;此外,语义图模型还可以通过跨语言比较来有效地区分语素的多义性和同音性,以及通过共时构拟和历时事实部分地预测多功能语素的演化路径。

附 注

① Goldberg(1995)强调:"假设句法和词汇之间没有严格的分界线,那么语法构式的多义性则是很自然的,因为语素多义性已经得到广泛论证。也就是说,由于构式被看做是与语素相同的基本数据类型,因此构式自然像语素一样具有多个意义。"譬如她认为,英语双及物结构式"S+V+NP1+NP2"就有下面 6 种功能:

　　(a)"X 致使 Y 收到 Z"{实际的成功转移;中心意义}
　　　　Joe gave Sally the ball.(乔给了萨丽球)
　　(b)"条件的满足表示'X 致使 Y 收到 Z'"{承诺的实现意味着接受者收到承诺的物体}
　　　　Joe promised Bob a car.(乔承诺给鲍勃一辆车)
　　(c)"X 使 Y 能收到 Z"{施事不阻止转移的实现,从而使得转移发生}
　　　　Joe permitted Chris an apple.(乔允许克里斯有一个苹果)
　　(d)"X 致使 Y 收不到 Z"{对转移的否定}
　　　　Joe refused Bob a cookie.(乔拒绝给鲍勃饼干)
　　(e)"X 有意致使 Y 收到 Z"{转移只是一个蕴涵}
　　　　Joe baked Bob a cake.(乔给鲍勃烤了一个蛋糕)
　　(f)"X 做出动作致使 Y 在未来某个时间收到 Z"
　　　　Joe bequeathed Bob a fortune.(乔遗赠给鲍勃一大笔财产)

至于语法范畴的多功能性,可举德语"现在时"(Present)范畴为例:德语现在时范畴可以表示惯常体(habitual)、进行体(progressive)和将来时(future)等功能,例如(Haspelmath 2003):

ich spiele
a. I play　　　　（惯常体）
b. I'm playing　　（进行体）
c. I'll play　　　（将来时）

② 福州方言"共"[koyŋ^{242}]的功能标签是笔者据陈泽平(2000)的实例所作的概括。

③ Rice & Kabata(2007:452)将"异类多义性"称之为"跨语类多义性"(cross-categorial polysemy)。

④ 反映形式(reflex)与语源形式(etymon)相对待,指的是一个语言中的某个形式,历史上衍生于该语言的某个早期形式,即它的语源形式。比如现代汉语中"在"有动词、介词和副词等功能,这些功能历史上均源于汉语早期的动词"在"。因此,现代汉语的动词"在"、介词"在"和副词"在"可视为早期汉语动词"在"的反映形式。

⑤ 正因为如此,本文认为,语义图模型对多功能语素的演化路径只能作出"部分"预测。

参考文献

薄文泽　2003　《木佬语研究》,民族出版社。
陈士林、边仕明、李秀清　1985　《彝语简志》,民族出版社。
陈泽平　2000　福州方言的介词,载李如龙、张双庆主编《介词》,暨南大学出版社。
和即仁、姜竹仪　1985　《纳西语简志》,民族出版社。
吴福祥　2002a　南方方言里几个状态补语标记的来源(二),《方言》第1期。
——　2002b　汉语能性述补结构"V得/不C"的语法化,《中国语文》第1期。
——　2007　《南方民族语言里若干接触引发的语法化过程》,第四届汉语语法化问题国际学术讨论会论文。
——　2009　从"得"义动词到补语标记——东南亚语言的一种语法化区域,《中国语文》第3期。

徐 琳、木玉璋、盖兴之 1986 《傈僳语简志》,民族出版社。

Bybee, Joan, Revere Perkins & William Pagliuca 1994 *The Evolution of Grammar: Tense, Aspect, and Modality in the Languages of the World*. Chicago: Chicago University Press.

Croft, William 2001 *Radical Construction Grammar*. Oxford: Oxford University Press.

———— 2003 *Typology and Universals*. Second edition. Cambridge: Cambridge University Press.

———— 2007a Typology and linguistic theory in the past decade: A personal view. *Linguistic Typology* 11:79—91.

———— 2007b Exemplar semantics(Ms.).

Croft, William & Alan Cruse 2004 *Cognitive Linguistics*. Cambridge: Cambridge University Press.

Croft, William & Keith T. Poole 2008 Inferring universals from grammatical variation: Multidimentional scaling for typological analysis. *Theoretical Linguistics* 34.1:1—37.

de Haan, Ferdinand 2004 On representing semantic maps(Ms.). Summer 2004 EMELD workshop, Detroit, MI, July 2004.

———— 2005 Modality in Slavic and semantic maps. In B. Hansen & P. Karlík (eds) *Modality in Slavonic Languages*. Munich: Otto Sagner Verlag. 3—24.

———— 2010 Building a semantic map: Top-down versus bottom-up approaches. *Linguistic Discovery* 8.1:102—117.

Eifring, Halvor & Rolf Theil 2005 Linguistics for students of Asian and African languages(Ms.).

Enfield, Nick J. 2003 Linguistic *Epidemiology: Semantics and Grammar of Language Contact in Mainland Southeast Asia*. London and New York: Routledge Curzon.

———— 2006 Heterosemy and the grammar-lexicon trade-off. In Felix Ameka, Alan Dench and Nicholas Evans(eds) *Catching Language: The Standing Challenge of Grammar Writing*. Berlin: Mouton de Gruyter. 297—320.

Erelt, Mati 2008 Concerning the relationship of the comitative construction to the coordinating construction in Estonian. *Linguistica Uralica* 2:97—107.

Goldberg, A. E. 1995 *Constructions: A Construction Grammar Approach to Argument Structure*. Chicago: University of Chicago Press.

Haspelmath, Martin 1997a *From Space to Time: Temporal Adverbials in the World's Languages*. München: Lincom.

—— 1997b *Indefinite Pronouns*. Oxford: Clarendon.

—— 2003 The geometry of grammatical meaning: Semantic maps and cross-linguistic comparison. In M. Tomasello (ed.) *The New Psychology of Language*. Vol. 2. New York: Erlbaum. 211—243.

Heine, Bernd 1992 Grammaticalization chains. *Studies in Language* 16. 2: 335—368.

Heine, Bernd, Ulrike Claudi and Friederike Hünnemeyer 1991 *Grammaticalization: A Conceptual Framework*. Chicago: University of Chicago Press.

Hopper, Paul & Elizabeth Traugott 2003 *Grammaticalization*. Second edition. Cambridge: Cambridge University Press.

Kemmer, Susan 1993 *The Middle Voice*. Amsterdam: Benjamins.

Kortmann, Bernd 1997 *Adverbial Subordination: A Typology and History of Adverbial Subordinators Based on European Languages*. Berlin: Mouton.

Lamarre, Christine 2001 Verb complement constructions in Chinese dialects: Types and markers. In Hilary Chappell (ed.) *Snitic Grammar: Synchronic and Diachronic Perspectives*. Oxford: Oxford University Press.

Lichtenberk, Frantisek 1991 Semantic change and heterosemy in grammaticalization. *Language* 67. 3: 475—509.

Luján, Eugenio R. 2010 Semantic maps and word formation: Agents, instruments, and related semantic roles. *Linguistic Discovery* 8. 1: 162—175.

Lyons, John 1977 *Semantics*. 2 Vols. Cambridge: Cambridge University Press.

Malchukov, Andrej 2004 Toward a semantic typology of adversative and contrast marking. *Journal of Semantics* 21. 2: 177—198.

Narrog, Heiko 2010 A diachronic dimensionin maps of case functions. *Linguistic Discovery* 8. 1: 233—254.

Narrog, Heiko & Shinya Ito 2007 Reconstructing semantic maps: The comitative-instrumental area. *Sprachtypologie und Universalienforschung* 60. 4: 273—292.

Persson, Gunnar 1988 Homonymy, polysemy and heterosemy: The types of lexical ambiguity in English. In Karl Hyldgaard-Jensen & Arne Zettersten (eds) *Proceedings of the Third International Symposium on Lexicography*. Tübingen: Niemeyer. 269—280.

Rice, Sally & Kaori Kabata 2007 Crosslinguistic grammaticalization patterns of the ALLATIVE. *Linguistic Typology* 11:451—514.

Stassen, Leon 1997 *Intransitive Predication: An Essay in Linguistic Typology*. Oxford: Oxford University Press.

Taylor, John R. 1995 *Linguistic Categorization: Prototypes in Linguistic Theory*. Second edition. Oxford: Oxford University Press.

van der Auwera, Johan 2008 In defense of classical semantic maps. *Theoretical Linguistics* 34.1:39—46.

van der Auwera, Johan & Andrej Malchukov 2005 A semantic map for depictive adjectivals. In Nikolaus P. Himmelamnn & Eva Schultze-Berndt (eds) *Secondary Predication and Adverbial Modification: The Typology of Depictive Constructions*. Oxford: Oxford University Press. 393—423.

van der Auwera, Johan & Ceyhan Temürcü 2006 Semantic maps. In Keith Brown (ed.) *Encyclopedia of Language and Linguistics*. Second edition. Oxford: Elsevier. 11:131—134.

van der Auwera, Johan, Nina Dobrushina and Valentin Goussev 2004 A semantic map for imperative-hortatives. In Dominique Willems et al. (eds) *Contrastive Analysis in Language: Identifying Linguistic Units of Comparison*. Basingstoke: Palgrave Macmillan. 44—66.

van der Auwera, Johan, P. Kehayov & A. Vittrant 2009 Acquisitive modals. In L. Hogeweg, H. De Hoop and A. Malchukov (eds) *Cross-Linguistic Semantics of Tense, Aspect and Modality*. Amsterdam: Benjamins. 271—302.

van der Auwera, Johan & Vladimir A. Plungian 1998 Modality's semantic map. *Linguistic Typology* 2:79—124.

Zwarts, Joost 2010 Semantic map geometry: Two approaches. *Linguistic Discovery* 8.1:377—395.

汉语结构的"前松后紧"
规则和语法化的不对称现象

吴为善

(上海师范大学对外汉语学院)

近年来,语法化,也就是实词虚化为语法成分的研究,越来越受到学界的重视。这种现象的出现有其必然性,沈家煊(1998)对此作了较为中肯的概括:虚化本来是研究历史语法的人最感兴趣的问题,现在许多研究共时语法的人也把研究方向转到这方面来,其原因是研究共时语法的人希望对共时语法现象作出解释而不仅仅是描写,不少人相信,语言共时平面上的变异(variation)是语言历时演变(change)不同阶段不同层次的反映,实词虚化的过程因此能为共时语法现象提供一种重要的解释。

1 核心成分及前松后紧规则

从结构关系来看,除了并列关系之外,包含两个(或两个以上)直接成分的结构片段中,总有一个为"核心成分"(我们可以借用英语 nucleus 这个概念来指称它),另一个为"非核心成分"(non-nucleus)。"核心成分"可能表现为纯节律特征(如重音成分或多音节成分等节律重心),也可能表现为韵律特征(节律与句法、语义互动导致的韵律重心),还可能表现为句法特征(结构类型导致的句法重心)。事实表明:一个"非核心成分"处在"核心成分"之前具有相对的独立性,处在"核心成分"之后具有极强的黏附性,笔者把这种现象归纳为"前松后紧"规则(吴为善 2006)。在整个语言系统中,这种结构上"前松后紧"的不对称现象是普遍存在的,并且往往会对音系结构以及词法、句法产生制约作用。请看下列事实:

1.1 先看这种不对称现象在音系结构层面的表现。汉语音节结构的"核心"是"韵腹"(主要元音),在它的前边可能有声母,在它的后边可能有韵尾。若这两个成分是同一个音位,如/n/,我们就可以清楚地看到它的起首变体跟韵尾变体的不同:在"难"[nan]这个音节中,作为声母的 n 是首辅音,它表现为一个"纯鼻音";作为韵尾的 n 是鼻韵尾,它表现为一个"半鼻音"。虽然声母和韵尾都是 n,但它们的声学特征有很大差异。据许毅(1986)考察,"纯鼻音"的声学特征是:

(1)主要能量集中在低频区;

(2)共振峰阻尼高于元音,并有零点存在,总能量低于元音;

(3)共振峰频率位置随时间变化很小,与元音共振峰之间的过渡在动态频谱上表现为断层过渡。

而"半鼻音"的主要声学特征是不能单独存在,只能通过对原有元音共振峰模式的影响表现自己的存在,这种影响主要是:

(1)增加元音共振峰(主要是 F_1)的带宽;

(2)在元音共振峰之间增加一些较弱的谐波群。

此外,这两种 /n/ 变体之间还有一个重要差别,这就是纯鼻音有自己确切的时长,半鼻音由于只是加在元音之上的鼻化音色,因此很难确定其时长。这个事实说明,处在"韵腹"(主要元音)之前的辅音具有相对独立性,而处在"韵腹"之后的辅音表现出极强的黏附性。元音韵尾也表现出类似的特征,试比较［ia］(鸭)与［ai］(爱)中的/i/的起首变体和韵尾变体的差异。

1.2 再来看这种不对称现象在构词法层面的表现。在构词法范畴,"词缀"具有构成派生词的功能,是"词根"虚化的结果。张云秋(2002)曾对"X化"中后缀"化"的虚化进行了充分的考察。"化"本是一个动词性的实语素,表示"变化"(如"转化"、"消化"),后来开始虚化,依虚化程度高低在共时平面中形成四个等级:X化$_1$(绿化、美化);X化$_2$(恶化、风化);X化$_3$(年轻化、国际化);X化$_4$(知识化、全球化)。"化"尾动词功能弱化的等级序列表现为 X化$_1$ > X化$_2$ > X化$_3$ > X化$_4$。张云秋认为语法研究中的等级观念是典型范畴观(prototype category theory)的延伸性表现,从X化$_1$到X化$_4$构成一个非离散性的动性连续统,从这个连续统的左端到右端,动词性功能逐渐弱化。同时她还明确指出,实词"化"虚化为词缀,在其初始阶段(如 X化$_1$类),导致虚化的可能性是由于处在双音节段的后一个音节中。

其实所有被认作"词缀"或"类词缀"的成分都是实词虚化的结果,只是虚化的时间有先后、虚化的程度有高低而已。而词缀虚化的动因,在初始阶段是在双音节韵律单元中实现的,取决于语义重心的位置,前置成分虚化的结果叫"前缀",后置成分虚化的结果叫"后缀"。马庆株(1998)曾对汉语的词缀作过深入考察,他列举的"真词缀"只有 8 个,"真后缀"多达 56 个(还不包括一个词缀内部的分化和兼类情况),两者之比是 1:7;他列举的"准前缀"只有 7 个,"准后缀"近 30 个,两者之比约是 1:4。诚如马庆株所说,后缀比前缀数量大,不论真词缀还是类词缀都一样。张斌主编的《新编现代汉语》(2002)与马庆株的考察标准不一致,列举的各类"真词缀"有18个(其中"真前缀"3个,"真后缀"15个),各类"类词缀"89个(其中"类前缀"26个,"类后缀"63个,不包含双音节形式)。进一步分析,"类前缀"里有15例属于英语翻译的后果(半、超、次、单、双、反、非、类、前、亚、准、多、全、泛、后),那么实际汉语的"类前缀"只有11个。总体上看,前缀与后缀之比为1∶5左右。列举如下(不包括部分双音节形式):

真前缀:老　阿　小

真后缀:子　头　儿　然　巴　乎　为　其　地　着
　　　　自　而　是　价　家$_1$

类前缀:可　自　见　有　打　相　加　本　伪　大
　　　　老$_1$

类后缀:者　员　手　师　才　士　生　夫　工　民
　　　　汉　头$_2$　佬　徒　棍　倌　匠　鬼　蛋　迷
　　　　翁　犯　友　虫　家$_2$　家$_3$　派　户　盲　族
　　　　法　坛　别　具　种　件　体　带　线　机
　　　　学　业　器　观　性　度　率　品　式　型
　　　　感　气　界　论　角　热　腾　得　切　以
　　　　于　化　来

前缀和后缀的数量悬殊,说明后缀能产性强,而前缀的产生受到较大限制。道理很简单,在双音节韵律单元中,当后一成分承担语义重心并承载"重音"时,前一成分具有相对独立性,虚化会受到限制;而当前一成分承担语义重心并承载"重音"时,后一成分具有黏附性,虚化不受限制,所以特别能产。

1.3 再看这种不对称现象在韵律句法层面的表现。吕叔湘在60年代初(1963)就已提出了三音节段1+2和2+1两种组合类型和结构类型的关系。笔者(1986)也在此基础上进一步探讨过现代汉语三音节段的韵律表现,证实它们在句法结构类型上倾向于述宾和偏正(定中)的对立,前者以1+2的组合为优势,后者以2+1的组合为优势。同一个三音节段如"描图纸",念成"描/图纸"是述宾,念成"描图/纸"是定中。又如一个双音节动词和一个双音节名词构成的四音节段,有时是个同形异构体,可能是述宾,也可能是定中。如果"斩头"(将前面的双音节压缩为单音节),往往是述宾;如果"截尾"(将后面的双音节压缩为单音节),往往是定中。例如:

   选择题目→选题目(述宾)/选择题(定中)
   测量仪器→测仪器(述宾)/测量仪(定中)
   搜查证件→查证件(述宾)/搜查证(定中)
   出租汽车→租汽车(述宾)/出租车(定中)

其实,对于这种韵律组合的倾向,与其说是"述宾"与"定中"的对立,还不如说是"词"和"语"的对立,因为述宾是短语,而定中实际上只是三音节的复合词。所以这种现象至少透露出一个信息:1+2的组合比较松散(前一音节具有独立性,宾语为双音节且为焦点信息),2+1的组合比较紧密(后一音节具有黏附性,定语为双音节且为焦点信息),声学界的学者们关于上声三字组连读变调规律的研究成果也证实了这一点(吴宗济1984;沈炯1994;王洪君2000)。这种节律层面上的"松"和"紧"在句法层面上的投射结果,是对不同等级的语言单位的选择。因为一个述宾短语和一个定中复合词相比,内部的间隔前者松后者紧,这是显而易见的。

1.4 最后看这种不对称现象在纯句法语义层面的表现(节律的强制性制约作用较弱)。比如主谓(NP+VP)和述宾(VP+NP)是一组相对构式,其中VP(谓语或述语)是核心成分,NP(主语或宾语)是非核心成分,两者的区别是核心成分和非核心成分的位置正好相反。例如:

  眼泪$^\vee$流下了→流下了眼泪

  父亲$^\vee$早死了→早死了父亲

  这个字$^\vee$不认得→不认得这个字

  饭$^\vee$吃过了→吃过了饭

上述例子中无论是涉事(如"眼泪""父亲")充当主语,还是受事(如"这个字""饭")移到VP前充当话题主语,它们与VP之间总有一个较松的间隙(如$_\vee$所示,下同);而置于VP之后充当宾语,就相对紧密(赵元任1979:50;朱德熙1982:95)。又如介词短语和VP的组合,若介词短语置VP前,与动词的结合相对较松;一旦移到VP之后,动词与介词就结合极紧,语法学界把它们看做是"动介式"句法词。例如:

  到沙发上$^\vee$坐→坐到沙发上

  在马背上$^\vee$跳→跳在马背上

理由很充分,介词短语一旦移到动词之后,节奏间隙移到了介词之后(体标记只能置于介词后),同时介词往往弱化,甚至可以脱落,如说成"坐沙发上""跳马背上"。再如现代汉语中有一些表述格式,一个核心成分前后都有一个表达功能相同的附加成分,形成一种框架结构,前后两个成分的前松后紧对比就更加显著,前者独立性较强,后者黏附性极强。例如:

所ᵛ听到和看到的("所"与"的"皆为结构助词)
要是ᵛ明天下雨的话("要是"与"的话"皆表假设)
比如ᵛ打球、游泳、跑步等等("比如"与"等等"皆表列举)
好像ᵛ熟透了的苹果似的("好像"与"似的"皆表比喻)
难道ᵛ非要我赔你钱不成("难道"与"不成"皆表反问)

2 实词虚化与双音化效应

2.1 在汉语语法化的研究中,不少学者注意到汉语发展史上的双音化趋势对汉语语法化的作用,所谓"双音化",通常的理解是汉语在发展过程中,基本的语言单位(主要是词)由单音节向双音节形式转化的现象。笔者认为这样的理解是不全面的,"双音化"就其本质来说是两个音节构成一个韵律单元的倾向。虽然这种倾向导致越来越多的双音节形式融合为复合词,但这不是唯一的结果,中古以后的语法化过程充分说明了这种双音节韵律单元在汉语语法系统发展中的作用。双音化趋势在汉语语法化进程中的作用主要表现为两个方面:

(1)双音节韵律单元为语法化提供了高频率共现的"韵律框架"。这个"韵律框架"为其中某一个成分的虚化提供了可能性,运作过程表现为:

a.双音节的两个成分的语义重心偏移至其中的一个成分;

b.非重心成分开始虚化并伴随不同程度的语音弱化;

c.功能性成分或语法标记形成并分离为独立的单位。

(2)双音节韵律单元为语法化提供了引发虚化的"位置"。由于语义重心可以移动,非重心成分可能虚化并伴随语音的弱化,这就导致韵律单元的"重音"位置也会移动。这样汉语韵律单元的"重音"模式就有两种可能:**X** X 或者 X **X**(粗体为重读音节)。在"**X** X"中,可能引发后置成分虚化;在 X **X**中,可能引发前置成分虚化。下面我们将以典型的案例来说明并加以分析。

2.2 后置成分的虚化:石毓智关于动补结构及其相关变化的研究

石毓智(2002)把汉语发展史中动补结构形成的语法化历程归纳为"三部曲":第一步,中古汉语里存在一个广泛应用的可分离式动补组合,其抽象格式为:V+X+R(X=受事名词、副词或者否定标记);第二步,在双音节韵律单元的作用下,如果两个单音节的 V 和 R 没有 X 相隔,即两者紧邻出现,它们就会融合为一个韵律单位;第三步,当大量的动补组合发生了融合,就会产生一种强大的合力,导致新的动补结构的产生,与此同时原来的可分离式动补组合随之消失。我们认为,石毓智归纳的三个步骤具有代表性,适用于所有与此相关的后置成分的虚化过程。其中最值得注意的是第二步,因为这一步骤强调 V 和 R 紧邻出现的环境是它们融合为一个韵律单位的必要条件。换句话说,只有当它们同处在一个双音节韵律单元之内,才会产生语法化的过程,这与我们上文的推断是一致的。下面是他的案例研究中的典型例子。

2.2.1 关于动补结构。如"V 死"例:按中古汉语规则,只有两个及物动词才能共带一个受事宾语,"死"是不及物动词,当它做结果成分用时,有两种可能的语序:(1)"死"位于受事成分之后,如"击陈柱国房君死"(《史记·陈涉世家》);(2)"死"与动词构成动补结构 VR,受事成分前移,如"百余人炭崩尽压死"(《论衡·明义〉)。语序(2)为"V死"的结合提供了条件,因为它们处在一个双音节韵律单元中,语义重心前移,促使"死"虚化为一个表结果的成分。最迟到12世纪,"V死"就可以直接带宾语了,如"秦时六月皆冻死人"(《朱子语类》卷七十九)、"蜀中今年杀死了系名色人"(《朱子语类》卷一百三十二)。又如"V尽"例:"尽"常做结果成分,表示动作达到极端的程度,意为"完全"、"彻底",当动词带受事成分时只能出现在VO之后,如"道真食豚尽"(《世说新语·任诞》)。之后当动词不带受事成分时,就为"V尽"提供了一个可能融合的双音节韵律环境,语义重心前移,"尽"虚化为一个表结果的成分。到了8世纪左右,"V尽O"形式开始出现,"V尽"达到高度融合,如"忽遇惠风吹尽卷尽云"(《六祖坛经》),其中"吹尽"和"卷尽"共带一个宾语,是当时多动共宾的惯例。

2.2.2 关于体标记。如"V了"例:现代汉语的实现体标记"了"来自一个常做结果成分的普通动词,原来的意义是"完成"、"了结",在唐五代时期只能出现在"动+了"和"动+宾+了"两种格式中,并且"了"前都可以出现副词。作为体标记的"了"来自前一种格式,因为它提供了一种可能虚化的环境,其中的必要环节是插在中间的副词必须移位。《敦煌变文》的大量事实证明,凡动词是单音节时副词都有前移倾向,如"太子才问了"(《双恩记》)、"锦帐已铺了"(《燕子赋》)。前移的结果,形成"V了"的双音节韵律环境,语义重心偏向前一动词,促使"了"虚化,至宋初成为一个体标记。受此影响"动+宾+了"中的"了"也类化成同一个成分。又如"V过"例:"过"的本义是"通过某一空间位置",出现于魏晋南北朝,而后隐喻引申为"经过某一时间段",这两个义项下的"过"都是及物动词,可以自由地带处所或时间宾语,一直沿用至今。"过"在唐代发展出指动补语的用法,表示某种行为动作的终结或曾经发生过,如"须先问过"(《瑞州洞山良价禅师语录》)、"本司检过"(《入唐求法巡礼行记》)。从唐至元四五百年的时间内,"V过"在双音节韵律环境中,由于语义中心偏向前一动词,"过"逐渐失去自己独立的词汇身份,黏附于前一动词,到元代进一步虚化成一个体标记。

2.2.3 在汉语发展史中,跟动词的语法范畴的发展相平衡,汉语还出现了许多名词的语法范畴,主要有量词系统、复数标记"们"、结构助词等。石毓智(2002)认为所有这些名词的语法范畴都是在双音化趋势迅速发展的时期产生的,大约于5世纪至12世纪之间。并且明确指出,不论是动词的还是名词的语法范畴,它们在韵律特征上都具有高度的一致性:

(1)这些语法标记都是单音节的;
(2)它们都必须依赖其前的一个重音词才能运用;
(3)它们的语音形式大都被弱化,或者失去调值,或者韵母央元音化等;
(4)所构成的韵律单元的特征皆为"重音+轻音"模式。

我们非常赞赏石毓智在语法化研究中对韵律特征的敏感,上述关于韵律特征的结论说明了这样一个事实:语法化过程发生在双音节韵律环境中,其中后置成分在语义虚化的同时伴随语音的弱化。

2.3 前置成分的虚化:张谊生关于汉语副词及其虚化机制的研究

张谊生(2000)关于副词及其虚化机制的探讨在语法化的研究中是值得注意的,因为他将视点转向了前置成分的虚化,拓宽了汉语语法化研究的视野。他明确指出副词就其性质来说属于功能性成分,并强调"结构"、"句位"对副词虚化的引发作用。因为事实证明,演化出语法范畴的不是一个个孤立的实词,而是实词所在的结构式,一个实词之所以演化出功能不同的虚词是因为它处在不同的结构式中(沈家煊 1998)。笔者认为,在汉语语法化进程的前期,在以单音节词为主体的语境中,"结构"、"句位"往往表现为两个单音节构成的双音节韵律单元,而这正是前置成分虚化的动因。张谊生考察的主要是中古时期流行的双谓词结构(动宾、连动、联合)的虚化现象,从他提供的语料来看,与我们的推断是一致的,请看下面的案例。

2.3.1 述宾例:这类结构的表义重点本来是在前面的动词上,但随着表义重心后移,动宾结构就会被重新分析为状中结构,与此同时,前面的动词也就渐渐地虚化为副词了。以"就"为例,本义是"趋向",经常构成"就V"格式,处在双音节韵律单元中,如"水流湿,火就燥"(《易·乾》),"就燥"与"流湿"对举,是述宾结构,"就"是个典型的动词。但到了六朝时述宾结构呈现出向状中转化的迹象,如"离天涯兮就销沉,委白日兮即冥暮"(南朝·宋·谢庄《皇太子妃哀策文》),"就销沉"处在述宾、定中两可之间,说明"就"处在虚化过程中。唐宋以后,"就"已成为一个典型的副词,如"帝不悦,就令王贲攻伐辽东,捉拿燕王"(《秦并六国平话》卷下)。

2.3.2 连动例:本来两个动词都是主要动词,由于表义重心经常落在后一个动词上,前面的动词就会趋向虚化。以"却"为例,本义是"退却",引申为"返回",如"居顷之,日却复中"(《史记·封禅书》)。"却"在"返回"义项上经常构成"却V"格式,处在双音节韵律单元中,导致了虚化的可能,如"弼又请先除内贼,却讨外寇"(《北史·杜弼传》),此例中"先除"与"却讨"对举,"却"既可理解为

"回来后",也可以理解为"然后再",说明"却"还处在虚化过程中。而到了唐代,"却"已完全虚化为一个副词,相当于"再",在句中可以对举,如"陛下若答得,即却归长安;若答不得,应不及再归生路"(《敦煌变文·唐太宗入冥记》)。"却"后来定位于表"转折",一直沿用至今。

2.3.3 联合例:谓词性联合结构在充当谓语的过程中,其表义重心偏向后一成分时,并列的成分就会形成前次后主的格式,这样前一成分就会逐渐虚化,其结构关系也会由联合重新分析为状中。以"酷"为例,本义是"酒性猛烈",引申为"残酷"、"残暴"。在此义项上,"酷"常同其他词连用构成"酷暴"、"酷虐"、"酷恶"、"酷烈"、"酷毒"、"酷苛"等形式,处在双音节单元中,促使表义重心后移;之后状中式"酷V"广泛使用,如"酷贫"、"酷痛"、"酷薄"、"酷愤"、"酷似"等,最后促成"酷"成为典型的副词,如"君今酷爱人间事,争得安闲老在兹"(唐·杜荀鹤《题汪氏茅亭》)。

2.3.4 汉语发展史中前置成分虚化的另一个典型是单音节介词,与副词不同,介词不是在双谓词环境中产生的,而是在"V+N"的格式中虚化的。马贝加(2002)对汉语介词作了系统而详尽的描写,给我们提供了很多有价值的佐证。她断定汉语单音节介词都是从动词虚化而来的,虚化的环境有两种格式:V_1+N+V_2 或 V_1+V_2+N,虚化为介词的是前式中的 V_1 或后式中的 V_2。虚化的动因是东汉以后双动词句大量产生,在两个动词性成分中语义重心偏移至其中的一个成分,另一个V+N中的V就会虚化为介词,因为在语义上N更重要。其实这类虚化的现象开始得很早,这里我们仅以表示处所的"在"为例,它早在《诗经》中就已开始虚化,如"在公饮酒"、"在泮献功"(《鲁颂》);"鱼潜在渊"、"息偃在床"(《小雅》)。《诗经》的韵律是典型的 2+2,从中我们已不难发现双音节韵律单元在早期介词虚化中的作用了。但是介词所连带的成分是名词,双音化比较早,因此介词虚化的韵律环境后来更多地依赖于 1+2 结构,还有别的规律在起作用,这里就不再赘述了。

3 语法化后果的不对称现象

3.1 上面我们用案例分析的形式列举了当前汉语语法化研究中的一些典型例子,说明发生在双音节韵律单元前、后两个位置上的虚化结果。其中前置虚化主要有副词、介词(特指置于谓语动词前的名词标记);后置虚化包括一些高频率的结果补语成分、量词、结构助词、复数标记"们"以及体标记。当然从汉语的语法系统来看,功能性成分不止这些,但我们并不是全面地来描写汉语的功能词系统,而是着眼于在虚化过程中具有"位置"意义的一些功能性成分,事实上它们代表了汉语功能词系统的主体。一个双音节韵律单元包含两个成分,语义重心的移动导致"重音"成分的移动,在前或在后的非重心成分就存在虚化的可能,这是韵律特征引发虚化的一个动因。按常理说,前置成分的虚化和后置成分的虚化应该是"等价"的,但事实说明它们并不对称。在语法化的过程中,前置成分具有相对独立性,语音形式也不可能弱化,因而限制了它的虚化程度;后置成分具有极强的黏附性,语音形式弱化并依附前边的"重音"成分而存在,因而虚化程度不受限制。

3.2 这一节我们主要对汉语语法化后果的不对称现象进行对比分析,要作对比分析,首先得有一个分析的依据。Hopper 和 Traugott 认为,用语法化的眼光来看,一个语言形式的变化是渐

变的,而不是突变的,它沿着下面的量标虚化:

实词 → 语法词 → 附着成分 → 形态标记

石毓智、李讷(2001:82)在引用了上述论断之后,就汉语的实际情况对不同等级的虚化结果的类型分别作了如下描写(笔者略作调整):

(1)语法词(grammatical word):语义上已经有所虚化,并且表达一定的语法功能的词。但是它们还完整保存了普通词汇的语音形式,可以独立应用。如汉语中的副词、介词等。

(2)附着成分(clitic):是介于实词和形态标记之间的一种语言形式。它们具有词的形式,但是不能独立应用。语音形式已经弱化,不能独立负载"重音",必须依附一个语音重音(phonological host)才能出现。如汉语中的一些高频率的结果补语、量词、结构助词、复数标记"们"等。

(3)形态标记(inflection):是表达不同词类的语义句法功能的语言形式。形态标记的语音形式高度弱化,除了不能负载重音外,还失去了调值,而且韵母常会变成一个较弱的央元音。如汉语中的体标记。

有了依据,就等于有了一个可操作的"平台",我们可以把上述这些功能性成分放在一个层面上来分析。因为按照以往的研究惯例,这些成分是不能放在一个层面上来分析的,比如量词被归入实词,副词归实归虚学界有分歧,复数标记"们"归入助词或被看做后缀,结构助词和体标记被看做同一类成分,至于一些高频率的结果补语成分的性质学界尚无定论,等等。汉语语法化研究的深化使我们对汉语功能词系统有了更清晰的认识,也就有助于我们来进一步分析它们之间的差异。总的来说,在汉语里"附着成分"同"形态标记"的区别并不突出,但这两者同"语法词"的区别却非常明显,原因就在于它们虚化的"位置"不同。副词、介词源于前置成分的虚化,它们的虚化受到限制,停留在"语法词"范畴;而其他类型源于后置成分的虚化,虚化的进程不受限制,成为"附着成分"乃至"形态标记"。

3.3 由此两者之间产生了一系列的"区别性特征",具体分析如下(分析对象仅限于单音节形式,前置虚化成分简称为"前置成分",后置虚化成分简称为"后置成分"):

3.3.1 从形式上分析:主要指语音形式,这是最明显的特征,区别性在于"弱化"和"非弱化"。前置成分如副词、介词虽一般不负载"自然重音"(非对比重音),但还保持了完整的语音形式,不可能弱化。而后置成分的语音形式却已经弱化,通常读轻声,如一些高频率的结果补语成分、量词、结构助词、复数标记"们"等;有的还失去了调值,主要元音往往弱化成央元音,如体标记。因此后置成分在语音上都具有"音附"(clitic)的特征,必须依附一个重音音节才能出现。

3.3.2 从功能上分析:指句法层面的表现,即搭配能力的"强"和"弱",或者说是对搭配对象选择性的"弱"和"强",两者正好成反比。前置成分还保留了"词"的痕迹,具有一定的独立性。如副词之所以有虚、实之争,理由就是它们能占据状语的位置;一些介词和动词总是难分难解,介宾短语和述宾短语有时也难以定论。因此它们的对象选择性较强,搭配能力相对较弱,张斌主编的《新编现代汉语》(2002:第四章)把副词细分为程度、范围、时间、情态、否定、语气6小类,又根据介词同中心语之间的语义关系列举了15种类型,说明它们在搭配中除了"类"的选择之外,还涉及语义的选择。而后置成分是典型的黏着成分,在句法上没有独立性,带有"标记"性质,通常用来表明语法关系或语法范畴,如"们"是复数的标记,量词是可数名词的标记,结构助词是修饰语的标记,而体标记专门用来标示动作的"体"。它们的搭配对象重在"范畴类"或"词类",选择性弱,因此搭配能力强。

3.3.3 从数量上分析:两者之间存在"多"和"少"的对立。从"类"的数量来看,前置成分主要是副词和介词,而后置成分包括的小类却很多,如一些高频率的结果补语成分、结构助词、量词、复数标记"们"、体标记等。而从每一小类内部的数量来看情况又相反,后置成分多数只有有限的几个,复数标记只有一个"们",结构助词、体标记各有 3 个,一些高频率的结果补语成分和常用量词也很有限,因而"封闭性"强;而前置成分却保持相当的数量,如张斌主编的《现代汉语虚词词典》(2001)收有单音介词 47 个,单音副词多达 166 个,相对而言"封闭性"弱。

4 余论

为什么语言要有语法? Joan Bybee、R. Perkins 和 W. Pagliuca 在合著的《演化而来的语法》中认为:语法不是逻辑分析的工具,不是分析句法语义关系的工具;语法是从不同的视角出发组织信息的手段,具体说是用来强调、突出、弱化某些信息的手段。例如时体标记的作用是让说话人在提供时间信息的时候不用像实词那样将这一信息凸现出来,不让它干扰句子主要信息的传递。(沈家煊 1998)这可以说是从信息传递的角度对语法的功能所提出的全新的观点,非常精当,可见语法化的过程也是人类语言为有效传递信息而出现的必然趋势。

　　本文讨论了在语法化过程中,由于双音节韵律单元所导致的前后位置虚化的不对称现象,这种倾向的"泛化"引发了一个值得注意的问题,就是"位置"的意义。在句法分析中常见的现象是,一个"非核心成分"位于"核心成分"之前还是之后,"地位"、"身份"和"表现"都不一样。比如设定"买菜"是一个核心表述,添加一个成分"去"。当它位置在前说成"去买菜"时,我们说"去"是个实义动词,可以添加状语如"快去买菜",也可以带宾语如"去菜市场买菜",所以被认为是连谓结构。当它位置在后说成"买菜去"时,我们说"去"只表示趋向,没有实在意义,前后也不能添加什么成分,因此最多只是一个趋向补语性质的成分。如果说这种认定是合理的,那么它的合理性如何解释?看起来这种差异主要是由位置的前后决定的,是汉语"前松后紧"规则导致了我们认知上的判定。

参考文献

胡炳忠　　1985　三声三字组的变调规律,《语言教学与研究》第1期。
吕叔湘　　1963　现代汉语单双音节问题初探,《中国语文》第1期。
马贝加　　2002　《近代汉语介词》,中华书局。
马庆株　　1998　现代汉语词缀的性质、范围和分类,见《汉语语义语法范畴问题》,北京语言文化大学出版社。
沈家煊　　1998　实词虚化的机制,《当代语言学》第3期。
沈　炯　　1994　北京话上声连读的调型组合和节奏形式,《中国语文》第4期。
石毓智　　2002　汉语发展史上的双音化趋势和动补结构的诞生,《语言研究》第1期。
石毓智、李讷　2001　《汉语语法化的历程》,北京大学出版社。

王洪君	2000	汉语的韵律词和韵律短语,《中国语文》第6期。
吴为善	1986	现代汉语三音节组合规律初探,《汉语学习》第5期。
——	2006	《汉语韵律句法探索》,学林出版社。
吴宗济	1984	普通话三字组变调规律,《中国语言学报》第二期。
许　毅	1986	普通话音联的声学语音学特性,《中国语文》第5期。
张　斌	2001	《现代汉语虚词词典》,商务印书馆。
——	2002	《新编现代汉语》,复旦大学出版社。
张谊生	2000	论与汉语副词相关的虚化机制,《中国语文》第1期。
张云秋	2002	"化"尾动词功能弱化的等级序列,《中国语文》第1期。
赵元任	1979	《汉语口语语法》,商务印书馆。
朱德熙	1982	《语法讲义》,商务印书馆。

Hopper, P. J. & E. C. Traugott 1993 *Grammaticalization*. Cambridge: Cambridge University Press.

试说"连 X+都 VP"构式的语法化*

杨永龙

(中国社会科学院语言研究所)

1 引言

"连 X+都 VP"是现代汉语常用构式,许多学者对此都有深入研究,如白梅丽(Carie-Claude Paris 1981)、崔希亮(1990)、曹逢甫(1994)、周小兵(1996)、刘丹青、徐烈炯(1998)、刘丹青(2005)等,在许多方面已经达成共识:"连"是引出话题的介词,[①]X 是要强调的各种类型的话题;"都"是副词,但已经没有实在意义。整个格式的意义包括:(a)预设义:X 在某一集合内最不可能 VP;(b)字面义:事实上 X 确实 VP;(c)隐含义:该集合内的其他成员更可能 VP。例如:

(1)连小学生都知道这些事。

意思是:小学生最不可能知道这些事,但事实上小学生知道这些事,那么其他人更可能知道这些事。

---

* 本文写作中曾与赵长才先生反复讨论,初稿承蒙曹广顺、刘丹青先生提出很好的修改意见,在第五届汉语语法化问题国际学术讨论会(上海师范大学,2009 年 8 月)、山东大学(2009.12)宣读时得到与会学者的指教,谨致诚挚谢意。本文已提交贝罗贝先生寿庆文集,谨以此文庆祝贝罗贝先生 65 岁华诞。

汉语史学界也有不少相关研究,如太田辰夫(2003)、刘坚(1989)、李思明(1996)、吴福祥(1996)、于江(1996)、冯春田(2000)、洪波(2001)、史金生(2004)等。因为虚词是汉语最重要的语法手段之一,所以在汉语历史语法研究中,虚词研究受到了格外关注,也取得了较大成果。以往对该构式的来源的研究,大多也是从虚词"连"及相关的"和"的语法化入手。人们注意到,"连"原来是动词,六朝以后有"连带、包括在内"的意思,如(2a),宋代以后语法化为表示强调的"甚至"义介词,如(2b):

(2)a. 余注此经以来,一千七百余年,凡传三人,连子四矣。(葛洪《神仙传》,引自孙锡信 1992)

　　b. 今人连写也自厌烦了,所以读书苟简。(《朱子语类》卷 10,引自太田辰夫 2003)

这类研究解决了"连"的实词虚化问题,自然是很有意义的。但是如果进一步思考:"连 X+都 VP"作为一个具有特定形式和意义的完整构式是如何发展来的?其预设义和隐含义是"连"带来的吗?如果是,那么为什么去掉"连"之后构式义可能没有改变?如例(1)可以说成:"小学生都知道这些事。"此时"小学生"要重读而"都"不能重读。如果不是,那么构式义从何而来?有人把目光再投向构式中的其他虚词,如考察"都"的虚化,于是发现"都"存在着一个从表总括的范围副词到表强调的语气副词的语法化过程。但是例(1)的"都"和"也"可以互换而构式意义基本不变,于是再考察"也"是如何从表示类同一步步演变为表示强调的。

随着研究的深入,人们开始注意从作为形式语义匹配(form-meaning pair)的整体出发,而不是从其中的虚词"连""都"出发,来探索"连"字句的发展演变,如刘丹青(2005)从现代汉语共时层面探索了典型"连"字句向非典型"连"字句的进一步发展,此前冯春田(2000)、洪波(2001)也已经开始触及构式本身。

本文希望在前人研究的基础上,借鉴构式语法的理论方法,探索作为完整的形式语义匹配的"连X+都VP"构式的产生过程,包括"连X+都VP"这种构式的句法形式以及与之对应的预设义和隐含义是如何产生的。

2 现代汉语的"连X+都VP"及话题强调构式

本文把"连X+都VP"作为一个代表性构式,为便于说明,称作甲式。其中X是要强调的话题,而话题可能包括不同的句法成分和语义角色,如(3a),可以通过"连"把句中的不同成分话题化而加以强调:

(3)a. 张三考试的时候都不耽误玩游戏。
  b. 连张三考试的时候都不耽误玩游戏。
  c. 张三连考试的时候都不耽误玩游戏。
  d. 张三考试的时候,连玩游戏都不耽误。
  e. 张三考试的时候,连游戏都不耽误玩。

"都"是一个代表字,包括"也""还"等,如:

(4)连小学生都知道这些事。
  连小学生也知道这些事。
  连小学生还知道这些事。

构式语法把构式看做由象征性纽带联结在一起的形式和语义的匹配。激进构式语法把语法构式的象征性结构模式图标为图1。如果把该结构模式引入具体的汉语语法研究,那么相关特征大体上可以明确如下:在形式层面,句法特征涉及语序和相关的句法关系、论元结构,形态特征涉及相关虚词的性质和功能,语音特征涉及说出来或写出来的字符串及重音模式。在语义层面,语义特征涉及构式的字面意思,语用特征涉及预设义、隐含义等已经规约化的言外之意,话语特征涉及信息结构、语篇衔接等。据此观察甲式,其结构模式可图标为图2。其中加方括号表示结构关系,大括号表示意义或所指,如{X+VP}意思是{话题X具有谓词短语VP所表示的行为或属性};P{X最不可能VP}指甲式的预设义是{话题X在某集合内最不可能具有谓词短语VP所表示的行为或属性};I{~X更VP}指甲式的隐含义是{某集合中X以外的成员更有可能具有谓词短语VP所表示的行为或属性}。

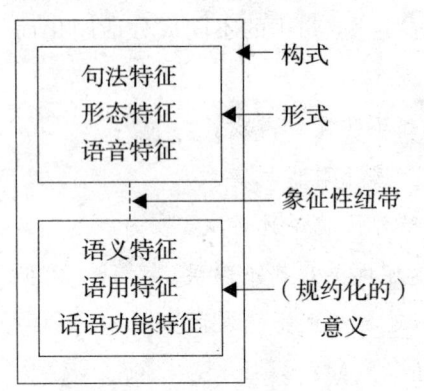

图1 构式的象征性结构模式
(据 Croft 2001:18)

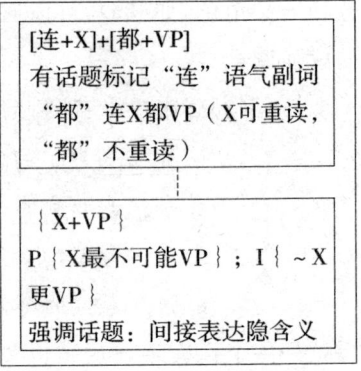

图2 "连X+都VP"构式的
结构模式

甲式的隐含义是间接表达的,用于对比的同一集合的成员没有出现,因此预设义不太明确,隐含义也不太确定,常常会因为语境的不同而不同。如例(1)所要表达的意思可能是:{大学生知道、研究生知道,你也知道……}。如果明确显示对比项,如通过前加

"不光/别说……"之类,或后续"更不用说/何况……"及相关疑问句、反问句等,明确说出用于对比的某一集合中的成员,那么隐含义就会直接显示出来,变得比较确定。不过这样一来就变成相关的,但形式和意义都不相同的另外的构式。如乙式、丙式:

  乙式:"前加句,甲式"(如:"不光大学生,连小学生都知道这些事。")

  丙式:"甲式,后续句"(如:"连小学生都知道这些事,何况大学生?")

乙式和丙式形式不同,意义也不同,但处在其中的甲式在预设义和隐含义方面是一致的。如括号中的"连小学生都知道这些事"在两式中都有{与大学生比,小学生知道这些事的可能性比较小}的预设义,以及{大学生更会知道这些事}的隐含义。

  与甲式相关而略有不同的构式还有:

  丁式:"连 X+都 VP"(如:"连的士都舍不得打。")

丁式与甲式形式相同而意义不同,属于刘丹青(2005)所讨论的非典型"连"字句,该式虽然话题是 X,但对比的不是 X 而是包括 X 在内的整个{X+VP}。因此,甲式与丁式的预设义是不同的:前者是{X 最不可能 VP},突出的是{X}的可能性低端,而后者是{X+VP 最不可能},突出的是{X +VP}的可能性低端。刘丹青(2005)指出,非典型"连"字句是由典型的"连"字句语法化而来,即丁式源于甲式。

  丁式可以与甲式一样作为乙式、丙式的一部分而进入其中,如:

  (5)不仅不到国外购物了,平时连的士都舍不得打。

  (6)平时连的士都舍不得打,哪里还到国外购物?

为研究便利,我们可以着眼于局部把这类构式放在丁式中讨论,也可以着眼于整体把(5)归入乙式,把(6)归入丙式。其实,既然构式是形式与意义的匹配,那么一旦形式或意义发生变化,也就成了不同的构式。因此,严格地说这两例所代表的构式与前述甲、乙、丙、丁分别属于不同的构式,它们各不相同而又互相关联,构成一个复杂的构式网络。该网络的共同特征是,都含有特定的字面以外的预设义和隐含义,都有话题强调功能,因此可以统称为"话题强调构式"。

3 话题强调构式的前身

前人在讨论"连"的虚化时已经指出,表强调的"连""和"是从动词经过{连带、包括在内}义的"连""和"虚化而来(刘坚 1989 等)。太田辰夫(2003)用"包括"和"强调"区分两种不同的用法,后来的学者把相关句式称之为"包括式"和"强调式",如李思明(1996)、冯春田(2000)。因为考察目标不同,前人对"包括""强调"之类没有严格的界定,因此有时对同一例子会有不同的归类。本文沿用前人既有术语,并在此基础上略作界定:含有字面以外的特定预设义、隐含义及话题强调功能的构式称为"话题强调构式",简称"强调式";作为"强调式"前身的不含这类预设义和隐含义的源构式称为"包括式"。

3.1 唐五代以前的包括式

先看例子[②]:

(7)a. 水光连岸动,花风合树吹。(《先秦汉魏晋南北朝诗·北周诗》)

b.旧山连药卖,孤鹤带云归。(李端《闻吉道士还俗因而有赠》,《全唐诗》卷285)

c.时挑野菜和根煮,旋斫生柴带叶烧。(杜荀鹤《山中寡妇》,同上,卷692)

d.紫芽嫩茗和枝采,朱橘香苞数瓣分。(元稹《贬江陵途中寄乐天》,同上,卷412)

这些例子共同的形式、语义特征有:

(a)字符串是"N1+连+N2+VP"。

(b){N1}与{N2}往往连在一起,甚至是同一物体的主体与附件,如"菜"与"菜根"。它们一起充当VP的施事(包括与事)或受事,如(7a)水光动,岸也动,(7b)旧山被卖,药也被卖。

(c)但N1与N2又有主次之别,并非并列关系。其中N1是主要陈述对象,是句子的主语;N2本来是"连""和""带"等动词的宾语,随着"连"等虚化为引出连带对象的介词,N2便成了介词宾语。所以该构式的句法结构是"N1+[[连+N2]+VP]"。

(d)整个构式的意思是:{N1连带N2一起实施VP或者受VP支配}。如(7b)是说{旧山连带山上的药一起被卖掉,孤鹤连带云彩一起归来}。

(e)在话语功能和语用方面,该构式主要用于客观叙事,不含预设义{X最不可能VP}和隐含义{~X更VP}。

可见,无论从形式层面还是从意义层面看,该式与典型的话题强调构式差距都很大。但是也有值得注意的联系:

其一,在形式层面,虽然N2在语义上是作为N1的连带物而存在的,但在句法层面,[连+N2]是作为介词短语来修饰谓语的,因此可以脱离N1,或者在二者之间加入别的成分。如:

(8)a. 尝发所在竹$_{N1}$篙,有一官长连根$_{N2}$取之,仍当足。(《世说新语·政事》)

b. 东风吹绽海棠$_{N1}$开,香榭满楼台。香和红艳一堆堆,又被美人和枝$_{N2}$折。(张璋等编《全唐五代词》卷 7,敦煌词,上海古籍出版社,1986)

c. 须臾得暂时,恰同霜下草$_{N1}$。横遭狂风吹,总即连根$_{N2}$倒。(项楚编《王梵志诗校注》卷 2,上海古籍出版社,1991).

d. 所食物余者$_{N1}$,便和碗$_{N2}$与犬食。(薛用弱《集异记》)

(8d)的 N1 与[和 N2]之间仅有副词"便",其余三例 N1 则与 N2 间隔更远,甚至隔有别的句子。如果 N1、N2 是 VP 的受事,那么 N1 之后、[连 N2]之前还可能出现施事,如例(8a)的"官长",(8b)的"美人"。因此,准确地说,该式的句法结构是:(N1)+(施事)+[[连+N2]+VP]。为了便于区别,这里把例(7)这类小句中出现 N1 的构式称作 A 式,把例(8)这类小句中不出现 N1 的构式称作 B 式:

A 式:N1+[[连+N2]+VP]

B 式:(施事)+[[连+N2]+VP]

其二,在意义层面,就 A 式而言,虽然主要用于客观叙事,而且其中的 N1 是主要陈述对象,但是,既然把连带成分专门说出来,则表明说话人不希望忽略 N2。不希望忽略可以说是一种保守性的强调。换句话说,N2 原本是包含在 N1 中的,说"N1VP"就蕴涵 N2 也一同参与 VP,N2 本来是无须说出的,而说话人特意将无须说的 N2 说出来,其会话含义就是 N2 需要强调。

3.2 宋代的包括式

唐五代以前包括式的 VP 前通常没有表示总括的副词"都"

(或"皆")和表示类同的副词"也"(或"亦"),只有个别例子似乎为例外:

(9)a.河南北蠡为灾,飞则翳日,大如指,食苗草树叶,<u>连根并尽</u>。(《朝野佥载》,《太平广记》卷474引)

b.在生恨你极无量,贪爱之心日夜忙。<u>老去和头全换却</u>,少年眼也拟捥将。(《敦煌变文校注·譬喻经变文》)

可能的解释是,{N1}与{N2}往往是连在一起的,甚至是同一物体的主体与附件,"并""全"倾向于总括同一个体的不同部分,与此兼容,所以偶能出现;而"皆""都"倾向于总括不同的个体,与此不相容。至于"亦""也",所表示的类同也主要是不同个体之间的类同。

到了宋代,A式用例渐少,B式有较大发展:"连"后N2扩展到各种不同的个体,不再限于与N1有连带关系的事物,同时,VP前经常出现"都"(或"皆")、"也"(或"亦")等副词。我们把VP前出现副词的称作C式:

C式:(施事)+[[连+N2]+[都 VP]]("都"是代表字,包括相关副词)

下面的(10)、(11)、(12)分别是宋代的一些A、B、C式例子:

(10)苦瓠<u>连根</u>苦,甜瓜彻蒂甜。(《五灯会元》卷9)|释迦老子<u>和身</u>放倒,后代儿孙如何接续?(同上,卷18)

(11)尚自待要两州,我若与你,又是<u>和西京人民</u>存住不得。(《三朝北盟会编》卷22)|云门大师,多以一字禅示人。……雪窦为他一个"关"字,<u>和他三个</u>穿作一串颂出。(《碧岩录》卷1)|才卿问:"'上老老而民兴孝',恐便是<u>连那'老众人之老'</u>说?"曰:"不然。此'老老'、'长长'、'恤孤',方是就自家身上

切近处说。"(《朱子语类》卷 16) | 譬如一株草,划去而留其根,与<u>连其根划去</u>,此个意思如何?(同上,卷 44)

(12) 撒母与靖相看,曰:"却是<u>和西京、平、滦都要</u>。靖等来时,只听得特许燕京六州二十四县地与南朝,今来却<u>和西京、平、滦都要</u>,怎生了得?"(《三朝北盟会编》卷 11) | 看来"如好好色,如恶恶臭"一段,便是<u>连那"毋自欺"也说</u>。言人之毋自欺时,便要"如好好色,如恶恶臭"样方得。(《朱子语类》卷 16) | 若水清,则宝珠在那里也莹彻光明;若水浊,则<u>和那宝珠也昏浊了</u>。(同上,卷 59) | 只是前面"体"字说得来较阔,<u>连本末精粗都包在里面</u>。(同上,卷 36) | 俞亨宗云:"某做知县,只做得五分。"曰:"何不<u>连那五分都做了</u>?"(同上,卷 112)

可以看出,在构式的形式层面,C 式已经与后世典型的强调式"连 N+都 VP"(甲式)没有太大区别了:(a)字符串相同,(b)句法结构相同,(c)论元关系一致,N2 既可以是受事也可以是施事;区别在于(d)"连""都"的形态特征,C 式的"连"是典型的介词,"都""也"等是总括副词或类同副词。在构式的意义层面,B 式、C 式也向典型强调式更近一层:(a)除了前面已经说到的对 N2 有保守性强调外,既然将牵涉对象安排到 VP 之前甚至句子的开始,N2 自然在一定程度上具有话题功能。请比较下例画线部分:

(13)兀室云:"<u>与了地,更要人户</u>……大抵地土重于人民,<u>地土已许了,更和人民要</u>,更别无酬答,更无致谢,怎生了得!"(《三朝北盟会编》卷 14)

(b)典型强调式有隐含的对比项,以及预设义{X 最不可能 VP},B 式、C 式有一个隐含的与 N2 同一集合 N1(通常出现在前文中),

而且 N2 与 N1 之间有时可能有一定级差,但却没有规约化的预设义。(c)典型强调式有{～X 更 VP}隐含义,B 式、C 式没有。如例(13)并不含有{更要土地}的意思。根据后面这两点,以往学者看做强调式的例子,按照本文分析有些仍属于包括式,如(11)、(12)中的一些例子。再如冯春田(2000)所举的较早的强调式例:

(14)大杖打又不死,忽若尧王敕知,兼我也遭带累。(《敦煌变文校注·舜子变》)

如果把"强调"仅仅理解为话语功能上的凸显,那么这里的"兼"有强调的意思,但整个句子没有{我是最不可能遭带累的人}、{别人更会遭带累}之类的预设义和隐含义。

4 话题强调构式的出现

上述包括式的发展为强调式的产生奠定了基础,尤其在形式方面,已经替强调式走完了必走之路。当作为包括式的 B 式、C 式具有预设义{X 最不可能 VP}、隐含义{～X 更 VP}时,就成了话题强调构式。它们在宋代也已经出现,为便于说明,可分别记作 Bq 式、Cq 式。Bq 式与 B 式形式相同,仍然是"(施事)＋[[连＋N2]＋VP]",但意义不同。如:

(15)a. 衡阳犹有雁传书,郴阳和雁无。(秦观《阮郎归》四,《全宋词》463 页)

b. "他那得似子静!子静却是见得个道理,却成一部禅,他和禅识不得。"(《朱子语类》卷 123)

例(15a)较浅显,雁乃信使,没有信使,自然{不会有书信}(隐含义)。(15b)略隐晦,近于刘丹青(2005)所说的非典型"连"字句,是以"识不得禅"与"见得个道理"相比,不过,因为"见"与"识"同义,因此也可以看做以"禅"和"道理"对比。该例预设义是{"禅"比"道理"容易理解},隐含义是{他更理解不了道理}。

Cq式与C式形式相同,仍是"(施事)+[[连+N2]+都VP]",而意义不同。如:

(16)a.佗不知"道",只说"道"时,便不是"道"也。有道者亦自分明,只作寻常本分事说了。《孟子》言"尧、舜性之",舜"由仁义行",岂不是寻常说话?至于《易》,只道个"立人之道曰仁与义",则和"性"字、"由"字也不消道,自己分明。(《河南程氏遗书》卷1)

b.看武侯事迹,尽有驳杂去处;然事虽未纯,却是王者之心。管仲连那心都不好。(《朱子语类》卷44)

c.尹彦明看得好,想见煞着日月看。临了连格物也看错了,所以深不信伊川"今日格一件,明日格一件"之说,是看个甚么?(同上,卷95)

(16a)《孟子》"尧舜性之"意思是尧舜本性好仁,出于自然。其中"性"为动词,即以之为本性。"由仁义行"意思与此相近,是说舜的仁义生于内心,任由仁义自己出来即可。"由"为动词,任凭的意思。这里用于对比的集合是:道,性和由,仁与义。按朱熹的看法,三者一个比一个更为通俗。《易》既然不说"性"和"由",那么更用不着说"道"(隐含义)。(16b)前文说到管仲所做的事是霸者之事,霸者之事在儒家看来当然不是好事。此处说武侯做的事虽然有不好的,但"却是王者之心"。比较而言,{心不好比事不好更坏}(预设义),管仲既然心不好,那么{做的事更不好}(隐含义)。(16c)预设义是,{比较而言"格物"不容易理解错},既然把"格物"

理解错了,那么{别的更有可能理解错}(隐含义)。

Cq 式其实就是第 2 节所说的甲式:"连 X+都 VP",其中 X 等于 N2。在 Bq 式和 Cq 式中,其前身中与 N2 关联的 N1 变成了现在的对比项,该对比项有时在前文中出现,如(15)、(16a)、(16b);有时候不出现,如(16c)中与"格物"相关的 N1。不出现时就成了预设和隐含中的对比项。

宋代甲式的 X 也可以是动词。如:

(17)盖古人无本,除非首尾熟背得方得。……晁以道尝欲得《公》、《谷》传,遍求无之,后得一本,方传写得。<u>今人连写也自厌烦了</u>,所以读书苟简。(《朱子语类》卷 10)

该例太田辰夫(2003)以来许多学者举过,意思是:{相对于熟背来说厌烦抄写的可能性比较小(预设义),今人厌烦抄写,自然更厌烦熟背了(隐含义)}。

甲式可以出现前加句或后续句,一起构成前述乙式("前加句,甲式")和丙式("甲式,后续句")。前者如(18),后者如(19):

(18)但把这底看"巧言令色鲜矣仁",便见得。且如巧言令色人,尽是私欲,许多有底便都不见了。私欲之害,<u>岂特是仁,和义、礼、智都不见了</u>。(《朱子语类》卷 20)

(19)所以告曾子时,无他,只缘他晓得千条万目。<u>他人连个千条万目尚自晓不得</u>,<u>如何识得一贯</u>。(同上,卷 27)

通过前加句和后接句,既显示了甲式预设义中 X 的对比项,又直接表达了甲式的隐含义。如(18)表明具体对比项是"仁",预设义是,{"仁"比"义、礼、智"更容易被私欲害没了}。既然"义、礼、智"都害没了,那么可以推知,{"仁"也被害没了}。{"仁"被害没了}既是"和义礼智都不见了"的隐含义,也正是前加句的字面意思。同样,(19)表明了具体对比项是"一贯",预设义是:{"千条万目"比"一贯"容易知道},语用推理是{既然不知道"千条万目",也就更不知道"一贯"}。{不知道"一贯"}既是甲式的隐含义,也是后续句的字面意思。

值得注意的是,比(15b)更典型的非典型"连"字句(即前述丁式)此时也已经出现。如:

(20)"不顺乎亲,不可以为子"是无一事不是处,和亲之心也顺了。(《朱子语类》卷56)

(21)"得乎亲"者,不问事之是非,但能曲为承顺,则可以得其亲之悦。苟父母有做得不是处,我且从之,苟有孝心者皆可然也。"顺乎亲",则和那道理也顺了,非特得亲之悦,又使之不陷于非义,此所以为尤难也。(同上,卷56)

(22)今做一件好事,便望他功效,则心便两歧了。非惟是功效不见,连那所做底事都坏了。(同上,卷42)

三例形式上是"连N+都VP",但对比的不是N而是{N+VP}。其中(20)(21)是讲《孟子》的,大意相同,按朱熹的解释,"得乎亲"指{让父母高兴},"顺乎亲"指{让父母之心合乎正理,不陷于非义}。(20)没出现对比项,句意是{让父母之心合乎正理是最不容易做好的,既然能让父母之心合乎正理,那么别的事更能做好}。(21)出现了对比项"得亲之悦",隐含义也由后续句具体化了,句意是{与让父母高兴相比,让父母之心合乎正理更不容易做好,既然能让父母之心合乎正理,那么别的事更能做好,不光能做到让父母高兴}。(22)预设义是{与"做好事不见功效"相比,"把做的好事弄坏"不太可能出现},既然好事都能弄坏,那么{做好事不见功效的情况更有可能出现}(隐含义)。当然,此时的非典型"连"字句,有的还可以看出与典型"连"字句存在着明显的联系:用于对比的VP总体上意义是相近的。如(22)"坏了"和上文"不见"都可以理解为消失。可见从典型"连"字句到非典型"连"字句,就VP而言,经历了"同词＞同义词＞近义词＞无关词"的发展阶段。[3]

综上可见,到了宋代,尤其是南宋的《朱子语类》中,无论形式层面还是语义层面,从包括式到强调式的语法化过程都已经完成。在此过程中,有一些值得注意的现象,有的比较容易解释,如:问题(一),强调式"连"后的N一开始就既有施事也有受事,没有经历一个从受到施或相反的扩展过程。为什么?这是由其前身包括式带来的,早在"N1连N2＋VP"阶段N1就连同N2一起做VP的施事或受事了。问题(二),强调式VP前以有副词"都"等为常,但也可以不出现。怎么解释?在其前身包括式的B式阶段就已如此,加副词是因为N1与N2由连带关系变为分离的个体之后,用"都"等表示总括或类同。变为强调式之后,这种功能虽然还能在X(N1)与其对比项(N2)之间隐隐约约看到,但随着对比项潜隐程度的加深,副词不出现在语义上也没有影响,所以从强调式产生之日起,直到清代文献中这种不带副词的强调式可以一直延续(李思明1996)。当然,"都"等毕竟是祖上(C式)留下来的东西,大量使用使得"连……都"有框式化的倾向,成了该构式形式的一部分,所以文献中不带副词的所占比例较少(李思明1996)。问题(三),"连"后带动词的情况出现较早,似乎没有经历明显的从N扩展到V的过程。如何解释?"连"字句的语法化过程,其实也是N2话题化的过程,该过程在包括式阶段就已经开始,至强调式阶段完成。这一过程一旦完成,只要是话题就都可以安排在N2位置。谓词性成分所表示的动作、过程等也可以话题化,因此也可以安排在 N2 位置。

也有的需要进一步讨论,如问题(四),既然包括式和强调式的根本区别在于预设义{X 最不可能 VP}和隐含义{~X 更 VP}的有无,那么强调式的预设义和隐含义是怎么来的?

5 预设义和隐含义的来源

5.1 语义层面的重新分析与语境义的吸收

预设义{X 最不可能 VP}的构成是(a)要有一个集合,(b)集合内的成员要有级差,(c)X(N2)处于该集合中的可能性低端。第一点在包括式时代就有,虽然只有 N1 和 N2 两项。第二点在包括式时代有一定的基础,N1 是主体,N2 是附件,主体与附件有一定的级差。但这只是有级差的潜在可能。第三点在包括式时代也有一定基础:既然说出{包括 N2},就是担心别人认为{N2 不可能 VP}。这也只是潜在可能,并不意味着说话者认为{N2 最不可能 VP}。但是,在一定上下文中,潜在可能会实现为实际可能。例如:

(23)a. 颜子底尽细腻,子路底只是较粗,然都是去得个私意了,只是有粗细。<u>子路譬如脱得上面两件麤糟底衣服了,颜子又脱得那近里面底衣服了,圣人则和那里面贴肉底汗衫都脱得赤骨立了</u>。(《朱子语类》卷29)

b. 而今学者,看来须是先晓得这一层,却去理会那上面一层方好。而今都是<u>和这下面一层也不曾见得,所以和那上面一层也理会不得</u>。(同上,卷62)

先看(23a)。画线部分三个小句是递进关系,所表示的三个事件一个比一个更进一层。强调式预设义的三个要件在这里都具备了：有对比项、有级差，而且后一项比前一项更不容易做到。但是，这种递进关系是语境具有的，即使没有虚词"又""则""连"，也不影响这种关系，只是会使这种关系更为隐蔽而已。通过该例可以看到：第一，语境可以表达{X最不可能VP}义。强调式进入该语境不会影响语境义的表达，有潜在可能性的包括式进入该语境也不影响语境义的表达。正像表层形式不变的句法结构可以重新分析一样，形式不变的构式在意义层面也可以重新分析。当包括式进入有{X最不可能VP}意义的语境之后，包括式就可以重新分析为强调式。如"圣人则和那里面贴肉底汗衫都脱得赤骨立了"，既可以分析为包括式（C式），意为{圣人连同汗衫全都脱光}——此时{X最不可能VP}意义属于语境；又可以分析为强调式（Cq式），义为{连同汗衫都脱光的情况是不太可能出现的，事实上圣人连同汗衫全都脱光了}——此时{X最不可能VP}意义既属于语境，也属于该小句。第二，无论把上述第三个小句分析为包括式还是强调式，"连"都具有明显的引出话题的功能，因为前两个小句都是SVO，而第三个小句变成了"S连OV"，通过"连"把O提到前面做了话题。第三，三个小句的对比项可以说是相对应的{N}，也可以说是三个小句所代表的三个事件，即{N+VP}。此时对比{N}与对比包括{N}在内的整个{N+VP}事件是一致的。其实，当{VP}相同相近时，{N+VP}相对比就等于{N}相对比，而当{VP}不同时，就是{N+VP}的对比。

再来看(23b)，画线部分是两个"和N+VP"小句，构成因果关系。虽有对比性集合，但孤立地看，很难看出级差以及N是否处于可能性低端。而且从形式上看，"和这下面一层也不曾见得"与

"和那上面一层也理会不得"没有任何区别。不过,前面的句子提供了强调式预设义的所有要件,只要联系语境,前一小句就会重新分析为强调式,而后一句仍是包括式。该例同样表明,包括式一旦进入具有{X最不可能VP}义的语境,就有可能通过语义上的重新分析而变成强调式。

当包括式经常处于{X最不可能VP}语境的时候,就会通过语用推理吸收语境义从而使临时意义成为规约化的预设意义。这是通过估推,从观察到的现象,援引事理法则而作出的可能的推断:

现象:包括式经常现身于具有{X最不可能VP}义的语境
事理:语境的意义是由具体的字符串表达的
推断:包括式就是表达{X最不可能VP}义的字符串

5.2 语用推理与隐含义的产生

上面讨论预设义的产生时没有提到隐含义{~X更VP},其实该隐含义是伴随着预设义的产生而产生,伴随着预设义的规约化而规约化的。没有{X最不可能VP}这一预设义,就不可能有{~X更VP}这一隐含义;有了这一预设义,又有与此不一致的字面义{X事实上VP},就很容易推导出隐含义。如上述(23a)有了"连同汗衫都脱光的情况是不太可能出现的"这一预设义后,通过类似于演绎推理的语用推理,很容易推导出"圣人汗衫以外的衣服也都脱光了"的隐含义:

大前提(预设义):{X最不可能VP} 连同汗衫都脱光的情况是最不可能出现的

小前提(字面义):{X事实上VP}   事实上圣人连同汗

衫都脱光了

　　结　论(隐含义):{~X更VP}　　　圣人更可能把汗衫以外的衣服也脱光了

就强调式本身而言,隐含义是推导出来的而没有明确说出的意义,而在实际语言应用中,这个意义可能真的没有说出,如(23a)上下文中就没有说过"圣人把汗衫以外的衣服也脱光了"之类的话;有的时候又会在上下文中把这种意义直接或间接、明确或不太明确地表达出来,如(23b)"和这下面一层也不曾见得"的隐含义是{上面的一层更理解不了},接下来的一句说的正是这个意思。假如后面这一句没有说出来,整个文意也没有影响。在含有特定隐含义的构式前后再说出一些与隐含义同一个意思的语句,这既是语用推理在具体语言中的实际应用,又能反过来强化该构式的隐含义。

5.3　语义模式的拷贝

在"连N+都VP"之前,汉语中早已存在两类传统的话题强调构式,既具有{X最不可能VP}的预设义,也具有{~X更VP}这一隐含义。一类近似于前述乙式,如例(24),一类近似于前述丙式,如例(25),两类都是在含有特定隐含义的构式前后再说出一些与隐含义大体一致的语句:

　　(24)a.非惟百乘之家为然也,<u>虽小国之君亦有之</u>。……非惟小国之君为然也,<u>虽大国之君亦有之</u>。(《孟子·万章上》)

　　b.夭夭花里千家住,总为当时隐暴秦;归去不论无旧识,<u>子孙今亦是他人</u>。(施肩吾《桃源词》,《全唐诗》卷494)

　　(25)a.<u>蔓草犹不可除</u>,况君之宠弟乎?(《左传·隐公元年》)

b. <u>玄宗尚且如此</u>,我等宁不伤身?(《敦煌变文校注·维摩诘经讲经文(三)》)

这是自先秦以来十分常见的两种表示递进关系的复句,其中的小句之一就是话题强调构式,具有{X最不可能VP}的所有要件:集合、级差、可能性低端,也具有{~X更VP}这一隐含义。而且句首的N可以是施事也可以是受事,无论施事还是受事都是要强调的话题。小句中VP前也有"亦"等副词,有时仍有表示类同的功能而有时已经相当模糊。而且,所强调的话题不限于名词或名词短语,也可以是动词或动词短语,甚至是介词结构。如:

(26)故王公不致敬尽礼,则不得亟见之。<u>见且由不得亟</u>,而况得而臣之乎?(《孟子·尽心上》)|<u>臣死且不辞</u>,岂特卮酒乎!(《史记·樊郦滕灌列传》)|闻伯夷之风者,贪夫廉而懦夫有立志;闻柳下惠之风者,薄夫敦而鄙夫宽。<u>徒闻风名犹或变节</u>,况亲接形面相敦告乎?(《论衡·率性篇》)|<u>以鲁国犹不胜一季氏</u>,况于三季?(《吕氏春秋·察微》)

"臣死且不辞,岂特卮酒乎"是以"死"和"卮酒"对比,而同样是这件事,在《史记》的另一处则是以{N+VP}为对比项:

(27)<u>臣死且不避</u>,卮酒安足辞!(《史记·项羽本纪》)

还有一些例子是前后不出现与隐含义一致的表达。如:

(28)世之所高,莫若黄帝,<u>黄帝尚不能全德</u>,而战于涿鹿之野,流血百里。(《庄子·盗跖》)|吾不忠于君,楚亦何以轸为忠乎?<u>忠且见弃</u>,吾不之楚,何适乎?(《战国策·秦策》)

这些都是现成的话题强调构式几乎覆盖了前述甲、乙、丙、丁各式,既然B式、C式这类包括式可以进入普通的具有{X最不可能VP}意义的语境,既然包括式与现成的话题强调构式在形式、意义上如此接近,那么包括式自然也能进入这类递进复句之中。所以这类递进复句也是 B 式、C 式重新分析为 Bq 式、Cq 式的最适宜的语境。

不仅如此,这些早已存在的话题强调构式具有现成的语义模式{X 最不可能 VP,但 X 事实上 VP,所以～X 更 VP},或者{X+VP 最不可能,但事实上出现了 X+VP,所以～X+ VP 更有可能出现},具有现成的形式匹配,那么,"连 N+都 VP"包括式一旦重新分析为强调式,就可以把现成的语义模式连同形式匹配直接拷贝过来。把语义模式拷贝过来,那么"连 X+都 VP"就不必每生成一个句子都需要一个语用推理的过程,非典型"连"字句也不必要每每经历从典型"连"字句语法化而来的过程;把形式特征拷贝过来,那么"连 X+都 VP"的话题就既可以是施事,又可以是受事;既可是名词性成分也可以是谓词性成分,而不必经历一个漫长的扩展过程。这或许可以进一步补充解释前述问题(一)(三)。

6 小结

综上可见,"连 X+都 VP"构式是作为一个完整的形式语义匹配一步步语法化而来的,在这个过程中,形式层面经历了从 A 式"N1 连 N2+VP"到 B 式"(施)+连 N2+VP"到 C 式"(施)+连 N2+ VP"的扩展过程;语义层面经历了 N2 的话题化和特定预设义、特定隐含义的产生过程。该过程是通过语义上的重新分析(或称为重新理解)、语境吸收、语用推理以及语义模式的拷贝实现的。其演化过程可粗略图示如下:

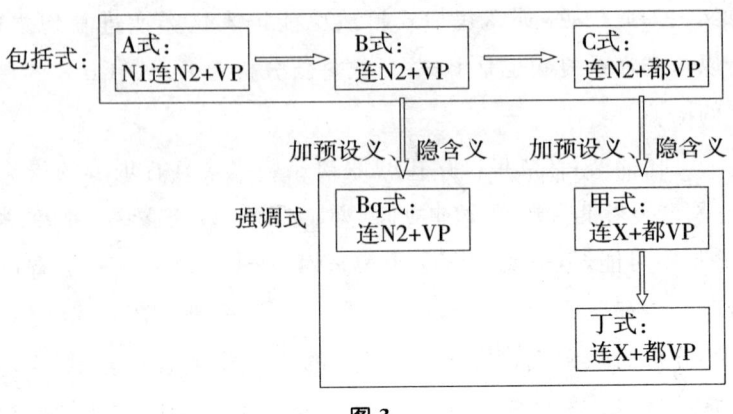

图 3

附 注

① 一般认为"连"是表示强调的介词,如吕叔湘(1999),但是有时候"连"以外的部分可以独立成句,而且一定条件下"连"可以省略,由此观之,"连"已经不同于一般的介词。所以学界对"连"的定性又有"副词"说(如黄成一《谈"连"字》,《中国语文》1956年第10期)、"连词"说(如李静远《谈"连"字》,《语文知识》1957年12期)、"助词"说(如张友建《"连"字是助词》,《中国语文》1957年第6期)、"准量词"(quasi-quantification)说(Marie-Claude Paris 1981)、"焦点标记"说(张伯江、方梅1996)、"话题焦点标记"说(刘丹青、徐烈炯1998)。从来源看,"连"确实是从介词发展而来,其主要功能在于引出话题,因为话题可以涉及许多方面,如人、物、时间、处所、动作、过程等,所以"连"引出的不仅可以是体词性成分,也可以是谓词性成分甚至小句。汉语词类系统中没有"标记"这个类,如果一定要给它归一个词类的话,不妨仍然归为介词。

② 本文用例有些前人已经举过,详见参考文献。本文对前人举过的例子有的可能有不同的理解和分析,为避免枝蔓,除影响结论者外一般不再辨析。

③ 这一点承蒙刘丹青先生提醒。

参考文献

曹逢甫 1994 再论话题和"连……都/也"结构,见戴浩一、薛凤生主编《功能主义与汉语语法》,北京:北京语言学院出版社。

崔希亮　1990　试论关联形式"连……也/都……"的多重语言信息,《世界汉语教学》第 3 期。
冯春田　2000　《近代汉语语法研究》,济南:山东教育出版社。
洪　波　2001　"连"字句续貂,《语言教学与研究》第 2 期。
李思明　1996　宋元以来的"和/连……"句,《语言研究》第 1 期。
刘丹青　2005　作为典型构式句的非典型"连"字句,《语言教学与研究》第 4 期。
刘丹青、徐烈炯　1998　焦点与背景、话题及汉语"连"字句,《中国语文》第 4 期。
刘　坚　1989　试论"和"字的发展,附论"共"字和"连"字,《中国语文》第 6 期。
吕叔湘(主编)　1999　《现代汉语八百词》,北京:商务印书馆。
乔石豪　2007　语气副词"连"的来源及语法化过程,《安阳师范学院学报》第 3 期。
史金生　2004　《现代汉语常用虚词的语法化》,中国社会科学院博士后研究工作报告。
太田辰夫　1958　《中国语历史文法》,蒋绍愚、徐昌华译,北京:北京大学出版社,2003 年版。
吴福祥　1996　《敦煌变文语法研究》,长沙:岳麓书社。
于　江　1996　近代汉语"和"类虚词的历史考察,《中国语文》第 6 期。
张伯江、方　梅　1996　《汉语功能语法研究》,南昌:江西教育出版社。
周小兵　1996　"连"字句的生成与发展,见《句法・语义・篇章——汉语语法综合研究》,广州:广东高等教育出版社。
Croft, William 2001 *Radical Construction Grammar*: *Syntactic Theory in Typological Perspective*. Oxford: Oxford University Press.
Goldberg, Adele E. 1995 *Constructions*: *A Construction Grammar Approach to Argument Structure*. Chicago: University of Chicago Press.
Marie-Claude Paris(白梅丽) 1981 汉语普通话中的"连……也/都",罗慎仪节译,《国外语言学》第 3 期。

汉语的一种逆被动式

张 定

（中国社会科学院语言研究所）

1 引言

研究古今汉语语法的学者注意到一种现象，"于"（於）从先秦至今一直可以用于及物句，引进受事宾语，标记为"A＋V＋于（於）＋P"[①]。下面是先秦的例子：

(1) 凡诸侯有四夷之功，则献于王，王以警于夷。(《左传·庄公三十一年》)

(2) 卫侯始恶於公叔戍，以其富也。(《左传·定公十三年》)

"警、恶"都是及物动词，一般情况下都直接带宾语。据何乐士 (1989) 的考察，《左传》中"警"用作动词共 5 例，其中 4 例都直接带宾语；"恶"共 67 例，其中 65 例都以厌恶的对象做宾语。

一些学者探讨了汉语史或专书里的这一句式，其中大多数都没有为该句式命名定性，但不少论述已经涉及这种句式的功能。主要观点概括起来有三种：(i)强调说。何乐士(1989)认为这种句式的功能是强调动作本身。(ii)低及物性说。杉田泰史(1998)、吴福祥(2004)认为这种句式用来表达"动作的不完整性"以及宾语的"非完全受动性";董秀芳(2006)明确指出,"于"(於)在这类句子结构中的出现是标明动名之间的低及物性;潘秋平(Phua 2008)对这种结构作出了迄今为止最深入的探讨,他从认知语言学的角度,指出这种结构是上古汉语的一种"间接宾语结构"(indirect object construction),是一种低及物性结构。(iii)韵律说。陈祥明(2000)认为这种结构主要用来舒缓语气、凑足音节。

本文认为,"A+V+于(於)+P"是一种"逆被动式"(antipassive),主要功能是通过将受事宾语降格(demote)为旁语,淡化(downplay)受事宾语的角色,该结构语义上表现出不完全受动性、未完整性及非现实性等一系列低及物性特征,语用上将受事背景化并聚焦于施事或活动本身。本文将在语言类型学的背景下,首先综述语言里的"逆被动式"及其界定标准,然后简要勾勒和分析汉语先秦至今"A+V+于(於)+P"的一些用例,接着从形态句法、语义和语用等角度证明汉语里的这类结构是一种"逆被动式",最后尝试确立该结构在汉语小句结构类型中的地位。

2 语言里的逆被动式

2.1 逆被动式的界定

"逆被动式"是一种减价的(valence-decreasing)派生结构,最初用来描写澳洲 Dyirbal 语的-ŋa-y 派生现象。[②] 界定逆被动式涉及一个典型的及物事件及相关的派生不及物事件。典型的及物事件里,动词的两个论元 A 和 P 都以核心论元出现,但不及物事件里只有唯一的核心论元 S。下面是 Dyirbal 语中被广泛引用的最初及物式及其派生的对应逆被动式：

  (3)a. yabu ŋuma-ŋgu bura-n.
    母亲:通格 父亲-作格 看见-非将来时
   '父亲(A)看见母亲(O)。'
   b. ŋuma bural-ŋa-nʸu   yabu-gu.
    父亲:通格 看见-逆被动-非将来时 母亲-与格
   '父亲(S)看见母亲。'

(Dixon 1994:12—3)

(3a)的及物式中，yabu(母亲)带零形式的通格标记，ŋuma(父亲)带作格标记；(3b)的对应逆被动式中，作为不及物式的唯一核心论元，ŋuma(父亲)带零形式的通格标记，而 yabu(母亲)则带上与格标记[③]，且动词上带有一个逆被动式的派生后缀-ŋa-y。

一些学者对逆被动式的界定采取严格的形式标准。例如 Dixon 认为，典型逆被动式的标准有四，且标准(iv)总是应该维持：

  (i)逆被动式用于底层及物小句并构成一个派生的不及物式；

  (ii)底层的 A 变成逆被动式的 S；

  (iii)底层的 O 论元充当外围的功能，由非核心的格标记或附置词标记；这个论元可以省略，虽然常不省略；

  (iv)逆被动式具有某些明显的形式标记。

(Dixon 1994:146; Dixon & Aikhenvald 2000:9)

Payne(1997:219,2006:255)也持类似的严格标准。有些学者则持较为宽泛的标准，例如 Cooreman(1994:50)认为，逆被动式形式上差异很大，对此应该持相对宽松的结构定义，因为动词可能带有明显的不及物化标记，也可能没有。Givón(2001)更是采用纯功能的标准,详见 4.1 节。

几乎所有关注逆被动式的学者都注意到,被动式与宾格语言关联,逆被动式与作格语言关联,但不同学者对这种关联的严格程度持不同看法。目前大多数学者的共识是,尽管被动式与宾格系统关联、逆被动式与作格系统关联是一种显著的倾向,但两种操作并非互相排斥,它们可以出现在同一种语言中(Dixon 1979:119,1994:149;Tsunoda 1988;Langacker 1991:394—6;Song 2001:184;Givón 2001:172;Maldonado 2007)。

2.2 基于结构的逆被动式和基于语义或语用操作的逆被动式

Heath(1976)将逆被动式分为两个主要小类:语义型和句法型。④语义型逆被动式未必普遍存在,但却是跨语言常见的。这种逆被动式用来强调活动本身,例如(3b)。此外,与相应的及物句相比,语义型逆被动式还常常显示出"体"和"情态"上的差异,它们常表达一种习惯、倾向、非完成等意义。

句法型逆被动式用于依存小句(dependent clauses)、标记共指(co-reference)关系⑤,它没有附加的意义。只与作格语言关联的正是这种句法型逆被动式,下面是来自 Yalarnnga 语的用例:

(4)a. Karlu　　ngali　　ngani-mu　　wartatyi-wu
　　　父亲　　我们:双数　去-过去时　橘子-与格
　　pirnpa-li-(ny)tyarta.
　　取-逆被动-目的
　　'我父亲和我去取一些野橘子。'

　　b. Nga-thu　　ngapa-mu　　waya　　pirlapirla
　　　我-作格　　告诉-过去　　那个　　孩子

```
    pulytyuru-wu    miya-li-nytyarta.
```
　　薯条-与格　　获得-逆被动-目的
　　　　　'我让那个孩子去捡薯条。'
```
     c. Nga-thu miya-nytyarta yimarta ngathi-nytyarta.
```
　　我-作格　获得-目的　　　鱼　　烹制-目的
　　　　'我将弄些鱼来烹制。'

如果目的小句中的 A 与主句的 P 或 S 共指，那么目的小句中动词后缀-*li*（逆被动标记）必须强制性使用。上例中，目的小句中的 A 分别与(4a)主句中的 S 和(4b)主句中的 P 共指，因此动词带上逆被动标记，*wartatyi*（橙子）和 *pulytyuru*（薯条）都带上与格标记-*wu*。但是，在(4c)中，由于两个 A 之间获得了共指关系，因此不需要逆被动式，*yimarta*（鱼）采用通格形式。

Cooreman(1994:75)指出，没有语言具有结构上的逆被动式而没有基于语义或语用操作的逆被动式，反之则比较常见，比如许多语言具有语义或语用的逆被动式而没有结构上的逆被动式。

3　古今汉语的"A＋V＋于(於)＋P"结构

本节将结合前人研究成果，尝试对先秦以降的"A＋V＋于(於)＋P"式作一简要勾勒，并尝试对该结构中的动词及出现的语境等作简单的分析。大体分上古、中古、近代和现代汉语四个历史时期。[6]

3.1　上古汉语(先秦西汉)

据何乐士(1989:97)，《左传》中"V 于 O"共 5 例，动词为"警、虐、贪、随、畏"；"V 於 O"共 80 例，动词为"恶、让、惧、观、除、过、覿、离、目、亲、诛、思、加"等。例如：

(5) 初，公孙无知虐于雍廪。九年春，雍廪杀无知。（《左传·庄公八年》）

(6) 虢公请器，郑伯由是始恶於王。（《左传·庄公二十一年》）

此外，其他文献也有一些用例，如：

(7) 臣诛於扬干，不忘其死。（《国语·晋语七》）

(8) 故不明于敌人之政不能加也。（《管子·七法》）

(9) 迩之事父，远之事君；多识於鸟兽草木之名。（《论语·阳货》）

(10) 朕以眇眇之身承至尊，兢兢焉惧弗任。维德菲薄，不明于礼乐。（《史记·孝武本纪》）

从语义上看，能用于这种结构的动词在先秦汉语里有一些限制，主要包括知觉动词（如"观、觌"）、心理动词（如"恶、惧"）、言说动词（如"誓、让"）、态度、对待动词（如"虐、亲"）、位移动词（如"及、离"）及一般行为动词（如"除"）等，总体上看，这些动词所在的小句的及物性都比较低。

3.2 中古汉语（东汉魏晋六朝）

中古时期，这种结构中出现的动词不如上古丰富，多限于心理动词或言说、态度、对待类动词。例如：

(11) 何其厚於已而薄於君哉？（《盐铁论·殊路》）

(12) 观真人之说也，不顺天地之教，令逆天道，不乐助天地生化，反欲断绝之，子之吐口出辞，曾无负于皇天后土乎？（《东汉太平经·一男二女法第四十二》）

(13) 王允之忠正，可谓内省不疚者矣，既无惧于谤，且欲

杀邕,当论邕应死与不,岂可虑其谤己而枉戮善人哉!(《三国志裴注·魏书六》)

(14)许曰:"筐筐苞苴,故当轻于天下之宝耳!"(《世说新语·栖逸第十八》)

这个时期出现了一个重要的变化,即这种结构常出现于非现实的(irrealis)语境,包括疑问(例11、12)、否定(13)、情态(14)等。

3.3 近代汉语(隋唐至清)

吴福祥(2004)考察了新发现的12种敦煌变文里的这类结构,共24例,均出现在取舍、将然、比况、否定等非事件句。

我们对《敦煌变文》(国学本)作了穷尽的考察,排除可能的韵律因素,发现其中可靠的约19例,动词和语境方面大致跟中古时期一样,受限较多。例如:

(15)言发菩提心者胜彼者,此唱经缘前文中明真身不动,众生疑为是化身如来,所说经法无福报故,此所以举化佛之教,巨有福报尚不如持於此经。(《金刚般若波罗蜜经讲经文》)(取舍、比况)

(16)欲觅於人,借问家内消息如何。(《秋胡变文》)(意愿、情态)

(17)且从年至岁驱尘,尘不离於世界。(《金刚般若波罗蜜经讲经文》)(否定)

(18)汝是具足凡夫,如何得识於吾所讲涅槃之义?(《庐山远公话》)(疑问)

唐代之后,一些口语色彩较强的作品中也有许多用例,限制同上。例如:

(19)某尝言,吾侪讲学,正欲上不得罪於圣贤,中不误於

一己,下不为来者之害,如此而已;外此非所敢与。(《朱子语类辑略》第六卷)

(20)(生笑介)贤卿有心恋于小生,小生岂敢忘于贤卿乎?(《牡丹亭》第二十八出)

(21)真君曰:"此孽千变万化,他若堤防于我,擒之不易;幸今或未觉,纵要变时,必资水力。"(《警世通言》第四十卷)

(22)既是官人厚待于我,我与你几丸罢。(《金瓶梅》第四十九回)

(23)晁盖见说大喜,"我等初到山寨,不可伤害于人。"(《水浒传》第二十回)

(24)王道台晓得他是抚台特识的人,不好怠慢于他,还说了许多仰慕的话。(《官场现形记》第九回)

3.4 现代汉语

现代汉语里,"于"的这种用法仍然有所保留。据袁明军(2008)考察,现代汉语里有两类动词可以用"于"引进(受事)对象。第一类是表意向(intention)的心理动词,如"迷恋、怪罪、渴求、期待、同情"等;第二类是态度动词,如"帮助、惩罚、服从、苛求、善待、伤害、要求"等。下面的例子来自袁明军(2008):

(25)自然他也十二分的同情于他们,因为他们都正在血气方刚,在行动上难免有失检点。(老舍《蜕》)

(26)带天行道,天就会怨你僭越了名分,惩罚于你。(毕淑敏《预约死亡》)

我们的考察结果跟袁文类似,下面补充一些用例:

(27)我所能够帮助于他的,都尽量地帮助了他。(缪崇群《野村君》)

(28)不满意于社会的现状,无力突破,又不能忍受,其结果,当然只有逃世一途。(阿英《说隐逸》)

(29)他也从不用言词和行动伤害于我,只是于无形无声中,表示是受人之命,不得不如此而已。(孙犁《尺泽集》)

需要补充的是,语域上现代汉语并不限于小说戏曲类作品,一些科技类语体也有用例:

(30)危险对每一个人而言都是平等的,在条件相同的情况下,并不会偏爱或鄙视于谁,因此人们在分担损失之时也是平等的。(张洪涛《中国人身保险制度研究》)

(31)HIPO图作为一种设计描述工具,它应该服从于设计工作的需要,适应设计工作的要求。(郑人杰《实用软件工程》)

此外,总体上看,现代汉语这种结构里的动词仍然受限,这是一种强烈的倾向性,但语境上似乎有一些例外。例如:

(32)我并不迷恋于骸骨,然而生活到了行乞不得的时候,我向往着每一个在我记忆里坟起的地方,发掘它,黯然地做了一个盗墓者。(缪崇群《北南西东》)

(33)因为那次演习之后他迷恋于所谓生活的"意义",迷恋于华丽夸张矫情之词,并把这类语言奉为人类思想的成果,所以语言之外的真实的现实常常搞得他痛不欲生。(张贤亮《绿化树》)

例(32)是否定语境,但(33)似乎不能视为前文提及的各种语境。现代汉语里这种情况并不少见,但一般都表达惯常的行为。例如:

(34)进入高校后,看到个个身手不凡,认为他们大多来自

城市,条件好,运气好,仍然不如自己能干,常常苛求于他人,与人格格不入。(王登峰、张伯源《大学生心理卫生与咨询》)

(35)皮亚杰关于道德认识发展阶段与他自己提出的儿童认知发展的阶段有着密切的联系,道德认识发展阶段服从于认知发展阶段。(方富熹、方格《儿童的心理世界——论儿童的心理发展与教育》)[⑦]

4 "A+V+于(於)+P"是一种逆被动式

在这一节里,我们将从形态句法、语义和语用等不同角度来证明,汉语的"A+V+于(於)+P"是一种逆被动式,尽管不是典型的逆被动式。

4.1 形式特征

4.1.1 学界对逆被动式的形式特征存在两种极端的看法。一种持严格的形式标准,以 Silverstein(1976)、Dixon(1979、1994)和 Payne(1997、2006)为代表;另一种持宽泛的功能标准,以 Heath(1976)和 Givón(2001)为代表。

前文提及,在 Dixon 和 Payne 看来,判断一个结构是不是逆被动式的一个关键标准是,动词是否带不及物化或逆被动化标记。我们觉得这个标准过于严格,它从根本上排除了无屈折形态语言(如汉语)中存在逆被动式乃至被动式的可能。[⑧] Dixon(1994:146)认为,宾格语言中常见的所谓"无受事逆被动式"(patientless antipassive)不能看做逆被动式,如英语的 *He is drinking whiskey*→*He is drinking*。Payne(2006:255—6)也明确指出,在非作格语言里,宾语降格或省略本质上与逆被动式充当同样的功能:淡化 O

论元的核心地位。如果要区分的话,关键的差别是,逆被动式中,动词带有特定的逆被动化或不及物化标记,而宾语降格或省略都不出现这样的动词标记。

Heath(1976)和Givón(2001)的标准则要宽泛得多,例如Givón(2001)将"宾语并入"和"复数、无定或无指宾语"等结构都视为逆被动式。这种纯功能性的界定过于宽泛,它将有些没有任何形式标记的结构也纳入,造成逆被动式内部不够一致。

有鉴于此,我们采取折中的做法,认为界定逆被动式必须坚持合理的形式标准,因此首先可以将Givón(2001)中的"宾语并入"和"复数、无定或无指宾语"类结构排除;但同时必须考虑语言的类型差异,不能将具有形态变化的语言中的范畴强行一致地类比到没有或较少形态变化的语言,换言之,我们排除了Dixon和Payne等学者所坚持的"动词要有去及物化或逆被动化的附缀"这一标准。这样,我们的看法正好与Tsunoda(1988:629)的标准一致:

(36)典型的逆被动式:
  (i)A实现为S;
  (ii)O实现为旁语,或不以任何形式实现;
  (iii)受事背景化;
  (iv)根据"体"和"受影响性",该小句比对应的及物句及物性低。

Tsunoda显然将形式和功能标准糅合在一起,目的是要把宾格语言中非典型的逆被动式包括进去。按照这一概括,典型的逆被动式只能出现于作格语言,因为从格标记情况来看,从A变为S在作格语言中具有明显的表现(即从作格变为通格),而宾格语言里虽然可以具有逆被动式,但不是典型的,因为它们在句法上未必是不及物的,而且 S 和 A 在格标记上无法区分。因此在 Tsunoda 看来,英语中的下例也是及物句和对应的逆被动式的交替:

(37) a. John shot Bill.
b. John shot at Bill.

至此,按照我们的界定,先秦至今的"A+V+于(於)+P"是一种非典型的逆被动式,其形式特征是:A 实现为 S,但没有格标记显示这种实现过程;P 带上"于"(於)并实现为旁语,结果导致涉及两个内在参与者的及物句句法上只有一个参与者实现为核心论元,换言之,"A+V+于(於)+P"句法实现上是一个不及物句。

还有一点需要说明,按照这一标准,当底层的及物句在某些情况下不出现受事宾语时(A+V,如英语的 She drinks),无论是作格语言,还是宾格语言,这都可以看做一种逆被动式。其道理正如我们如何看待被动式一样:我们可以界定典型的被动式是 John was hit by Tom,但 John was hit 无疑也是。⑨

4.1.2 先秦至今汉语的逆被动式在句法上虽然有时能显示小句连接方面的共指关系,但都没有强制性,结合前文的界定和分析,我们认为,汉语里的逆被动式是一种非典型的语义型逆被动式。

4.2 语义维度

如前所述,一些学者认为"A+V+于(於)+P"具有低及物性,这与一般文献中关于逆被动式的低及物性特征相符。下面具体展开。

4.2.1 非完全受动性

逆被动式的一个显著特点就是 P 的非完全受动性。(Tsunoda 1988;Cooreman 1994;Maldonado 2007)根据 Phua(2008:556—

562),"受动性"或"受影响性"(affectedness)指空间方位或物理状态的改变。典型的及物句所编码的情景是能量从指人的参与者到无生参与者的成功转移,结果处在能量流下游的参与者受到影响,例如"相延食鳖"(《国语·鲁语下》)。典型的不及物句编码的情景并不涉及任何能量的转移,通常只有一个参与者关涉行为活动,例如"晋昭公卒"(《左传·昭公十六年》)。而另外一些情景则处在两极之间,例如"郑人恶高克"(《左传·闵公二年》)中,事件虽然涉及两个参与者,但"郑人"是事件的经历者(experiencer),"恶"的行为并没有造成"高克"空间方位或物理状态的改变。

前文的考察表明,古今汉语逆被动式中能出现的动词多限于知觉、心理、态度、位移、言说类动词,这些动词所在的句子及物性较低,所表示的行为对其所达及的目标一般没有太大的影响,换言之,逆被动式"A+V+于(於)+P"中,P具有非完全受动性。如"郑伯由是始恶於王"中,"恶"的行为没有任何能量转移到"王","王"也没有受到多大影响。

这种情况也见于其他一些语言。例如,在 Nez Perce 语中,逆被动式用于对宾语影响较少的动词(如 to bring"带")的频率远远高于那些对宾语具有高度影响的动词(如 to shoot"射击")。而 Jacaltec 语也能提供间接的证据:肯定句中逆被动式的使用不能产,受限于 to accompany"伴随"、to insult"侮辱"、to help"帮助"、to mimic"模仿"等少数特定的动词,而且这些动词都不能带受到持续物理影响的宾语。(Cooreman 1994:59—60)

4.2.2 未完整性

逆被动式与未完整体(imperfective)密切相关,很多文献都有论述。Maldonado(2007:847)指出,逆被动式常带未完整体(持续、继续、反复、惯常),用来描述事物发生的一般倾向以及惯常和反复的行为。

杉田泰史(1998)将《左传》中的这种结构命名为"未完成结构",认为它们表示动作的不完整。吴福祥(2004)也持同样的观点。

我们第3节对先秦至今该结构的粗略考察大体印证了这种说法,这些结构一般都是表示起始、惯常、将然等未完整体意义的结构,只有少数例外,如例(7)中"诛扬干"的事件已经完成。这种所谓例外4.4节予以解释。

4.2.3 非现实性

逆被动式常出现于意愿、否定等非现实的语境。例如在Pitta Pitta语中,它常表达施事的意愿(desiderative)。(Blake 2006:589)Garawa语逆被动式用于否定句,Yukulta语用于非过去否定句和愿望句。(Blake 1987:60;Cooreman 1994:62)

总体上看,汉语逆被动式与非现实语境存在密切的关联。前文的考察显示,先秦时期的"A+V+于(於)+P"对非现实的语境并没有强制要求,甚至没有倾向性,但中古和近代汉语里,逆被动式总是与非现实语境关联,而到了现代汉语,这种倾向似乎又有所减弱。

4.2.4 及物性假说与汉语逆被动式

Hopper & Thompson(1980)提出了著名的小句"及物性假说"(Transitivity Hypothesis),认为小句及物性的高低取决于各种因素,他们提出了十组特征:

	高及物性(high transitivity)	低及物性(low transitivity)
A. 参与者(participants)	两个或更多(2 or more participants)	一个(1 participant)
B. 动作性(kinesis)	动作(action)	非动作(non-action)
C. 体貌(aspect)	终结的(telic)	非终结的(atelic)
D. 瞬时性(punctuality)	瞬间的(punctual)	非瞬间的(non-punctual)
E. 意志性(volitionality)	意志的(volitional)	非意志的(non-volitional)
F. 肯定性(affirmation)	肯定的(affirmative)	否定的(negative)
G. 语式(mode)	现实的(realis)	非现实的(irrealis)
H. 施事性(agency)	高施事力(A high in potency)	低施事力(A low in potency)
I. 宾语受动性(affectedness of O)	完全受影响(O totally affected)	不受影响(O not affected)
J. 宾语个体性(individuation of O)	高度个体化(O highly individuated)	非个体化(O non-individuated)

我们已将汉语逆被动式与上述九项低及物性特征(A-I)建立了关联,这一关联显示汉语逆被动式具有较低的及物性。值得一提的是最后一项低及物特征,即(J)宾语为非个体的。Hopper & Thompson(1980)对个体性特征的界定是,在下面的图表中,具有左边这些特征的名词指称对象,较之具有右边这些特征的名词指称对象,其个体化程度更高:

高度个体化(individuated)	非个体化(non-individuated)
专有名词(proper)	普通名词(common)
人类,有生(human, animate)	无生(inanimate)
具体(concrete)	抽象(abstract)
单数(singular)	复数(plural)
可数(count)	物质(mass)
有指,定指(referential, definite)	无指(non-referential)

考察发现,古今汉语的逆被动式中,有些受事尽管为非个体化的,但总体上看,这不是一种明显的倾向,很多受事是高度个体化的,例如(5)中的"雍廪"、(6)中的"王"以及其他例子里的人称代词等。这一点也留待4.4节解释。

4.3 语用功能

4.3.1 受事背景化

从跨语言的角度看,逆被动式的一个语用功能就是将受事置于外围的地位,使之背景化或降级(downgrade),结果导致受事的话题性减弱,使其在话语中不大可能很快再次出现。Givón曾提出一种可操作的功能方法来测试话题性的高低,作者提出了"指称距离"(referential distance)和"话题持续"(topical persistence)两项参数,这实际上反映的是一种关联:如果一个指称对象在话语中越连续或被提及得越多,其话题性或显著度就越高。(Tsunoda 1988:621—2;Cooreman 1994:68)

我们没有对古今汉语逆被动式中受事的话题性进行这种量化测试,但根据对搜检语料的初步判断,汉语逆被动式中受事的话题性远远低于施事。

4.3.2 焦点

以往的研究显示,逆被动式将视角转移到施事及其活动,并使该活动的宾语不再成为焦点。(Blake 1987:58;Tsunoda 1988:625;Croft 2001:280)下面是其他学者类似的看法:逆被动化使活动本身显著,因此降低了对宾语的影响,逆被动式是主语导向的而非影响导向或宾语导向的(Cooreman 1994:59—60);逆被动式将底层A的所指对象正在参与某项涉及一个宾语的活动这个事实作为焦点,同时使宾语的身份背景化(Dixon 1994:149);逆被动式使最初的O降级,聚焦于底层的A论元,因此逆被动式聚焦于活动本身(即聚焦于施事对活动的实施)(Dixon & Aikhenvald

2000:9)。

先秦至今汉语逆被动式显然具备逆被动式的这种语用功能。很多例子里出现了施事导向的心理动词或情态动词；而且与受事背景化相应的是，施事被前景化了，其话题性也明显比一般及物句中施事的话题性高，这实际上是一体两面。这些事实充分表明，汉语逆被动式是一种施事导向的、聚焦施事或活动的结构。

4.4　对例外的解释

前文曾留下两个尚待回答的问题：(i)有些逆被动式不受未完整体的限制(见 4.2.2 节)；(ii)有些受事不受非个体化的限制(见 4.2.4 节)。这两种情况实际上都是对逆被动式低及物性语义特征的违背，可以作出统一的解释：尽管这些例子违背了语义方面某个特征，但它们并没有违背逆被动式淡化受事、聚焦于施事或活动本身的一般语用功能，在这些例中，受事的话题连续性也很弱。以往的研究表明，一种语言里可能具有多种逆被动式，不同的逆被动式具有不同的动因，有的可能是句法驱动的，有的可能是语义驱动的(这类似乎是汉语逆被动式的主流)，有的可能是语用驱动的，因此，上述两种逆被动式可以称之为语用驱动的逆被动式。我们尝试在更大的语篇中对此略作分析。

(38)四年，会诸侯于鸡丘，魏绛为中军司马，公子扬干乱行于曲梁，魏绛斩其仆。公谓羊舌赤曰："寡人属诸侯，魏绛戮寡人之弟，为我勿失。"赤对曰："臣闻绛之志，有事不避难，有罪不避刑，其将来辞。"言终，魏绛至，授仆人书而伏剑。士鲂、张老交止之。仆人授公，公读书曰："臣诛于扬干，不忘其死。日君乏使，使臣狃中军之司马。臣闻师众以顺为武，军事有死无犯为敬，君合诸侯，臣敢不敬，君不说，请死之。"公跣而出，

曰:"寡人之言,兄弟之礼也。子之诛,军旅之事也,请无重寡人之过。"反役,与之礼食,令之佐新军。(《国语·晋语七》)

(39)秦王大怒,而欲兼**诛**范雎。范雎曰:"臣,东鄙之贱人也,开罪于楚、魏,遁逃来奔。臣无诸侯之援,亲习之故,王举臣于羁旅之中,使职事,天下皆闻臣之身与王之举也。今遇惑,或与罪人同心,而王明诛之,是王过举显于天下,而为诸侯所议也。臣愿请药赐死,而恩以相葬臣,王必不失臣之罪,而无过举之名。"王曰:"有之。"遂弗杀而善遇之。(《战国策·秦三》)

例(38)的"臣**诛**于扬干"及后面的一段话是魏绛写给"公"的"书"里的内容,言者即"魏绛"本人,亦即"臣"。"于"将"扬干"降格为旁语,使其不再成为关注的焦点,因此后文的陈词都是围绕言者"魏绛"展开,魏绛也因此豁免。例(39)围绕"秦王**诛**范雎"的事件展开,当秦王想要"诛"范雎时,此事对范雎影响极大,因此后文围绕范雎展开,他的一番言辞使其豁免甚至得到善遇。何乐士(1989)对例(5)也有类似的解释,她认为,说成"虐于雍廪"是为了配合下文,说明公孙无知为什么被杀,所以把"虐"突出出来。换言之,逆被动式在语用上使受事淡化并聚焦于施事或活动本身。

5 余论:逆被动式在汉语小句类型中的地位

上文通过句法、语义和语用等方面的考察,指出先秦以降汉语的"A+V+于(於)+P"结构是一种逆被动式。根据《语言结构世界地图册》(Polinsky 2005)对194种语言的概括,其中48种语言具有逆被动式,而汉语则是146种没有逆被动式的语言之一,与汉语类似的还有英语、俄语、日语和朝鲜语等。如果本文的结论可靠,那将是一项有益的补充。此外,既然我们将这种结构称之为逆被动式,一个不可避免的问题就是,该结构在汉语小句类型中的地位如何?

Phua(2008)把先秦汉语的"S+V+于(於)+O"结构称作"间接宾语结构",在此基础上,作者认为,传统上将先秦汉语小句基本结构类型划分为及物小句和不及物小句不够全面,及物小句应该进一步分为及物直接宾语小句(transitive-DO)和及物间接宾语小句(transitive-IO),因此,撇开系词句(copula clause)不谈,古代汉语应该有三种类型的小句结构(Phua 2008:559):

  及物小句:S+V+O
  间接宾语结构:S+V+于(於)+O
  不及物小句:S+V

这三种类型的小句从上到下体现了及物性从高到低的排列。Phua(2008)关于古汉语"S+V+于(於)+O"式及物性的看法非常准确,但他对这种结构在古汉语小句类型中所处地位的看法还可再讨论。我们将这种结构看做逆被动式,并且遵循田野语言学(field linguistics)和语言类型学的一般传统(Dixon 1979、1994;Siewierska 1991;Payne 1997、2006;Whaley 1997;Croft 2001;Givón 2001),认为逆被动式并不是基本的小句结构类型,而是由基本的及物小句所派生的一种减价结构,它在整个小句结构类型中的地位如下:

  及物小句:A+V+P
  逆被动式:A+V+于(於)+P
  不及物小句:S+V

这种处理也有汉语内部的证据。与一般的及物句相比,汉语的逆被动式具有明显的"有标记性"特征:(i)形式上,汉语逆被动式使用"于"(於)将受事宾语变为旁语;(ii)频率上,汉语逆被动式的出现频率远远低于一般及物句;(iii)语义上,汉语逆被动式体现了一系列的不及物性特征;(iv)功能上,汉语逆被动式具有特定的话语语用功能。这些事实表明,汉语的逆被动式不是基本的小句结构类型,而是一种具有特殊语义或语用功能的有标记句。

附 注

① "于"和"於"都能用于这种结构,两者的关系本文不予讨论。此外,上古汉语里,"乎"也可用于该结构。这种结构中,施事和受事多数是不典型的,本文对这两个概念持宽泛的理解。根据一般惯例,本文采用的符号如下:V=动词,A=及物句的施事(更确切地说是逻辑主语),P=及物句的受事(更确切地说是逻辑宾语;有些作者用 O 表示,下文在引用时未作改动),S=不及物句的唯一论元。使用 A、P 和 S 这三个"语法-语义基元"(grammatical-semantic primitives)的主要优点是它们可以比较容易扩展到带感知、情感类动词的非典型及物句,如 The girl heard the boy,参看 Song(2001:140—1)。

② antipassive 这个词由 Sliverstein 在 1968 年创造,当时他正参加 Dixon 在哈佛大学所教的一门关于澳洲本族语的课程。(Dixon 1994:149)Dyirbal 语是"作-通格语言"(简称作格语言),这种语言里,S 和 P 在形态-句法上采用相同的标记模式而 A 采用另一种标记模式;而与之相对的"主-宾格语言"(简称宾格语言)里,S 和 A 在形态-句法上采用相同的标记模式而 P 采用另一种标记模式。汉语在基本语序上体现了宾格语言的特征:S 和 A 在动词前,P 在动词后。

③ 也可以是工具格。在本身没有逆被动标记的语言里,处所格、与格和属格是最常用的逆被动标记。(Maldonado 2007:845)

④ 笔者未能参阅 Heath(1976)的原文,本文的引述皆出自 Siewierska

(1991:86—8)。

⑤ 实际上,逆被动式中的共指关系存在于各种类型的小句连接,包括从属(subordination)、并列(coordination)或句子连续(sentence sequence),见Tsunoda(1988:607—8)。此外,句法型逆被动式还用于 A 论元的关系化,见Cooreman(1994:74)。

⑥ 陈祥明(2000)的"韵律说"有一定的道理,但只能解释一部分例证。本文的考察排除了可能因韵律、字数等形式需要而使用"于"(於)的情况,例如"无意恋於居宝位,一心专待到山中"(《敦煌变文·妙法莲华经讲经文》)。但是,这并不意味着那些被排除的例证都是由韵律等形式因素导致的,换言之,被排除的有些例证可能与韵律等因素无关。这样做的目的是尽量排除韵律等因素的干扰。

⑦ 我们检索到"服从于"共 18 例,多出现于科技、政论类语体,都表示一种通指的(generic)状况。

⑧ 两位学者对被动式的界定也有这样的形式标准,例如:"被动式有某种明显的形式标记(一般来说是通过动词附缀或迂说成分来实现,后者如英语的be...en)"(Dixon 1994:146);"动词在语法上变得不及物"(Payne 2006:250)。

⑨ 关于 P 不以任何形式实现的情况,即所谓"无受事逆被动式",牵涉的问题较多,本文暂不讨论,但无论如何不影响我们将"A+V+于(於)+P"看做逆被动式。

参考文献

陈祥明　2000　先秦至六朝汉语中"于"的一种用法辨析,《大理师专学报》第 4 期。

董秀芳　2006　古汉语中动名之间"于/於"的功能再认识,《古汉语研究》第 2 期。

何乐士　1989　《〈左传〉虚词研究》,商务印书馆。

杉田泰史　1998　介词"于"的未完成用法,见郭锡良主编《古汉语语法论集》,语文出版社。

吴福祥　2004　《敦煌变文 12 种语法研究》,河南大学出版社。

杨伯峻、何乐士　1992　《古汉语语法及其发展》,语文出版社。

袁明军　2008　与"V 于 NP"结构有关的句法语义问题,《汉语学习》第 4 期。

Blake,B. J. 2006 Australian languages. In K. Brown(ed.) *Encyclopedia of*

Language and Linguistics. 2nd edition. Oxford: Elsevier. 1:585—6.

Cooreman, Ann 1994 A functional typology of antipassives. In Fox, Barbara and Paul J. Hopper(eds)*Voice: Form and Function*. 49—87. John Benjamins.

Croft, W. 2001 *Radical Construction Grammar: Syntactic Theory in Typological Perspective*. Oxford University Press.

Dixon, R. M. W. 1979 Ergativity. *Language*. Vol 55, No. 1:59—138.

—— 1994 *Ergativity*. Cambridge University Press.

Dixon, R. M. W. & Alexandra Y. Aikhenvald 2000 Introduction. In Dixon, R. M. W. & Alexandra Y. Aikhenvald(eds)*Changing Valency: Case Studies in Transitivity*. Cambridge University Press.

England, Nora 1988 Man voice. In Shibatani(ed.)*Passive and Voice*. 525—45. Amsterdam: John Benjamins.

Foley, William A. 2007 A typology of information packaging in the clause. In Timothy Shopen(ed.)*Language Typology and Syntactic Description*. 2nd edition. *Vol. 1: Clause Structure*. Cambridge University Press.

Givón, T. 2001 *Syntax: An Introduction*. Vol 2. John Benjamins.

Heath, J. 1976 Antipassivization: A functional typology. *Proceedings of the Second Annual Meeting of the Berkeley Linguistics Society*. 202—11.

Hopper, Paul J. and Sandra A. Thompson 1980 Transitivity in grammar and discourse. *Language* 56. 2:251—99.

Langacker, Ronald W. 1991 *Foundations of Cognitive Grammar: Descriptive Application*. Vol 2. Stanford University Press.

Maldonado, Ricardo 2007 Grammatical voice in cognitive grammar. In Geeraerts, Dirk and Hubert Cuyckens(eds) *The Oxford Handbook of Cognitive Linguistics*. Oxford University Press.

Payne, Thomas E. 1997 *Describing Morphosyntax*. Cambridge: Cambridge University Press.

—— 2006 *Exploring Language Structure: A Student's Guide*. Cambridge University Press.

Phua, Chiew-Pheng 2008 Direct and indirect objects in archaic chinese: A cognitive linguistics perspective. *Language and Linguistics* 9. 3:547—84.

Polinsky, Maria 2005 Antipassive constructions. In Haspelmath, Martin, Matthews S. Dryer, David Gil, and Bernard Comrie(eds) *The World Atlas of Language Structures*. Oxford: Oxford University Press.

Siewierska, Anna 1991 *Functional Grammar*. London and New York: Routledge.

Silverstein, M. 1976 Hierarchy of features and ergativity. In R. M. W. Dixon(ed.) *Grammatical Categories in Australian Languages*. Canberra: Australian National Institute for Aboriginal Studies.

Song, Jae Jung 2001 *Linguistic Typology: Morphology and Syntax*. Longman.

Thompson, S. A. and P. J. Hopper 2001 Transitivity, clause structure, and argument structure: Evidence from conversation. In Bybee, Joan and P. Hopper (eds) *Frequency and the Emergence of Linguistic Structure*. John Benjamins.

Tsunoda, T. 1988 Antipassives in Warrungu and other Australian languages. In Shibatani(ed.) *Passive and Voice*. 595—649. John Benjamins.

Whaley, Linndsay J. 1997 *Introduction to Typology: The Unity and Diversity of Language*. Thousand Oaks: Sage Publications.

助词"了"再语法化的路径和后果*

张国宪　卢　建

(中国社会科学院语言研究所
东京大学综合文化研究科)

1　引言

"了"是现代汉语中最为典型的完成体标记,它来源于完成动词,其演变大致发生在晚唐五代,完成于宋代。在现代汉语的共时平面,作为体标记"了"的主要语法功用是表述体意义。比如:

(1)a. 你们不敢去<u>抢</u>人,单做点梦来欺骗你自己,你们也不能生!(沈从文《狂人书简》)

　　b. 这一带土匪很多,他们<u>抢了</u>人,绑了票,大都藏匿在芦荡湖泊中的船上(这地方到处是水),如遇追捕,便于脱逃。(汪曾祺《大淖纪事》)

上例中"抢"和"抢了"的对立只在体意义上,"了"的有无并不改变和损害动词的词义。不过,下面的语言事实表明,有些谓词后面的"了"并非只是单纯地表述体意义,有时还会引发谓词

---

* 本研究获国家社科基金项目(06BYY40)资助。

词义的波动。

  (2)"也斯！剩馒头长了毛儿,那叫发酵。<u>馊了</u>、<u>坏了</u>、<u>发霉了</u>……无数的细菌呐……"(苏叔阳《咖啡炸酱面》)

这里,动词"馊"和"发霉"后面的"了"表述的只是"完成"或"实现"这一体意义,其组合意义可以解析成"词汇意义＋体意义"。由此,删除体标记"了"并不损害"【馊】饭、菜等变质而发出酸臭味"(《现代汉语词典》第5版,商务印书馆,2005。P.1299)和"【发霉】有机质滋生霉菌而变质"(同上。P.367)等固有的词汇意义。"坏了"则有些不同,不能简单地解读为"词汇意义＋体意义"。我们先看一下郑怀德、孟庆海在《形容词用法词典》(湖南出版社,1991)中给出的"坏"的释义:

  【坏】1)缺点多的;使人不满的(跟"好"相对);2)受到破坏的;变质的;有故障的。

不难理解,跟(2)的"坏"对应的词义应该是义项2)。同类的例子还有:

  (3)女佣阿金对他说椅子腿<u>坏了</u>,他马上就说:"你放在那里我来修。"

  (4)她饿了。我给她找吃的东西,谁知冰箱的牛奶<u>坏了</u>,不能吃。(吕林阁《回忆罗瑞卿部长》)

  (5)我新买的一音响<u>坏了</u>。(王朔《编辑部的故事》)

不过,仔细揣摩我们会发现,光杆儿的形容词"坏"并不能独立地表述"受到破坏的[如例(3)];变质的[如例(4)];有故障的[如例(5)]"之意,删除"了"后其词义将受到损伤:(#表示不合语义)

  (3′)#女佣阿金对他说椅子腿<u>坏</u>,他马上就说:"你放在那里我来修。"

(4′)#她饿了。我给她找吃的东西,谁知冰箱的牛奶坏,不能吃。

(5′)#我新买的一音响坏。

就母语习得者的释解取向而言,光杆儿的形容词"坏"更容易被听话人解读为"缺点多的、使人不满的"之意。例如:

(6)数这丫头坏! 没准上次就是她接的电话。(王朔《修改后发表》)

由此,如说某对象坏,我们只能理解为有缺点,不能令人满意;假如表达受到破坏、变质或有故障的话,只能说成某对象坏了。也就是说,这里的"谓词+ø体标记"①与"谓词+体标记'了'"的对立不再单纯地表现在语法层面,而更多地属于词汇层面,从而诱发新词项的诞生。这种现象有助于表明,"了"参与了词汇意义的建构,已演化成为一种词内成分(intra-word component)。

孟琮(1986)很早就注意到了口语中"得"和"得了"的用法差异,并认为口语中的"得"来源于"表示完成的动词'得'"。随着语法化(包括词汇化)研究的蓬勃发展以及逐渐兴盛,"X了"的词汇化现象引起了学界的关注,并从语言的历时演变视角来审视和解释语言共时平面上的差异。语法化这一理论无疑极大地开拓了汉语研究者的视野并深化了学人的认识理念,认为一些"形容词/动词+体标记'了'"可以词汇化并进一步形成话语标记(董秀芳2004),并有多位学者先后对"好了"(彭伶楠2005、2006;孙瑞霞2008)、"完了"(李宗江2004;高增霞2004,方环海、刘继磊2005;彭伶楠2006;余光武、满在江2008)、"行了"(彭伶楠2006)、"算了"(刘红妮2007;汤晓玲2008)、"对了"(刘焱2007)和"罢了"(彭伶楠2006)等的词汇化、语法化的演变进行了深入的描写和分析,将汉语词汇化的研究推向了一个新的高度。综观前期的研究，其共同点是将考察视点都放在"X了"的个案成词过程上（有的文章偶尔会论及实词"X"的词项变化），但对促成"X了"发生演变的关键构件"了"则没能给予应有的关注，缺乏深入的考察和分析。

前人的个案研究成果为我们综合考察和分析"X了"中的"了"的语法属性奠定了坚实的基础。本文依据语法化的理论，将"X了"中的"了"视为一种再语法化现象，重点考察其演化路径以及再语法化的后果。

2　"了"再语法化的演化路径

2.1　现代汉语里"X了"的句位分布

"了"在语法化之前，是一个动词，表示"完毕"、"终结"。这种用法的"了"现在还可以看到：

(7) 母亲乐于向别人谈自己的家乡。一谈就没完没了。（梁晓声《表弟》）

不过，作为动词的"了"无论是组合功能还是使用范围都受到极大的限制，只是历史用法的残存。在现代汉语中，"了"的主要语法职能还是助词。按汉语语法学界通行的看法，可以分为两个：1) 动态助词的"了"（记为"了$_1$"），用在动词的后面，其功能是表达动作的状态和情貌；2) 事态助词的"了"（记为"了$_2$"），用于句尾，主要肯定事态出现了变化，或即将出现变化，有成句的作用（参看吕叔湘1999）。就助词"了"的句法分布而言，前者后附于动词（包括部分形容词），后者后附于句子。因此分别被称之为词尾的"了"和句尾的"了"。这与我们所要讨论的"了"的情况有细微的差别。本文

"X了"中的"了"都是附在谓词之后,但并不能据此界定为都是词尾的"了"。在现代汉语中,"X了"主要分布在三个位置:谓语位置、补语位置和句首位置。例如:

(8)a. 到横滨只剩两角钱,写了封挂号信寄到东京请友人底姊姊来接,钱就<u>完了</u>。(白薇《我投到文学圈里的初衷(二)》)

b. 张全义守在金秀身后,等她量<u>完了</u>血压,报出了度数,又等她数了脉搏,这才出去洗脸刷牙。(陈建功、赵大年《皇城根》)

c. 张全义一边往胡同里走,一边还回头跟他喊:"现在就来呀,揭我的短儿来呀!<u>完了</u>咱们就上派出所,来呀!……"(同上)

由于处于句首位置的"X了"中的"X"和"了"具有不可剥离性,且整体呈现独用性质,在话语中不再影响句子的真值语义,所以显然是语法化了的产物。由此,我们将句首的"X了"中的"了"视为是语法化了的后果,重点考察谓语位置和补语位置上的"X了"中"了"的语法性质和语法化条件,试图给出从谓语位置和补语位置"了"演变为词内成分的演化路径。

2.2 谓语位置上的"X了"

在现代汉语中,"X了"充当谓语时来自两种不同的概念结构:1)表述单一事件的谓词;2)做表示条件和结果的复合事件中的后一子事件的谓词。

2.2.1 单一事件中的谓词"X了"

在表述单一事件时,"X了"独立做主要谓词,充当句子的谓语:

(9)a. 碗里的南瓜糊早已完了,老通宝瞪着一对大廊落落的眼睛望着那小河,望着隔河的那些冷寂的茅屋,一边还在机械地啜着。(茅盾《秋收》)

b. 这女佣人蒙了冤枉,来求张先生算一卦。张先生算了,说戒指没有丢,在你们家炒米坛盖子上。(汪曾祺《故乡的食物》)

c. 现在我既然跟你好了,就不会再理他。(方方《埋伏》)

d. 中国使馆拒签的理由,竟然是我在南非总统大选时,有过间谍活动。鬼知道,我根本就没去过什么南非。过了几个月再签,又行了。(姜丰《爱情错觉》)

从谓词的义项层面看,处于单一事件中的"X"表述的都是本义或引申义:(9a)的"完"表示"消耗尽;没有剩的",b 的"算"表示"推算、推测",c 的"好"表示"相好",d 的"行"表示"可以"。单动结构中的"X"都具有动作性,属于相对比较具体的行域范畴。句子中的"了"主要表述动作或事件的完成或实现,属于助词。可以说,单一事件中的"X"与"了"都保持着相对独立的语言单位身份,是两个词,即 X/了。

2.2.2 复合事件中的谓语"X 了"

现代汉语"X 了"中的"X"大多具有"完结"意味,所以在表述原因/条件和结果关系的复合事件中,"X"常常做结果子事件的谓语:

(10)a. 一个有经验的知青叫她张大嘴,她就拼命地把嘴大张开来,那知青说很小的一根鱼刺,喝口醋就好了。于是就给她喝了一口醋,果然就好了。(崔晓《麻子阿哥》)

b. 如果是正面 200 米,子弹打中钢盔,人也就完了。(方军《我认识的鬼子兵——一个留日学生的札记(3)》)

(10a)的"她喝了一口醋"是原因,"果然就好了"是结果;b 的"正面 200 米子弹打中钢盔"是条件,"人就完了"是结果。句子表述的是一种事理上的因果和条件关系,句中的谓词"好"和"完"都还是本义,仍属于行域范畴的概念。这里的"了"在北京口语中仍然可以读作"lou",是一个补语成分。在现代汉语中,这种由相对独立小句表述的因果和条件复合句形式也可以用单句形式紧缩化:

(11)a."没醉,我只不过是稍微多喝了一点,吐了就好了,吐了就头脑清醒。"马林生笑眯眯地说。(王朔《我是你爸爸》)

b. 我这剪了发的巡警在他们眼中还不和个臭虫一样,只须一搂枪机就完了,并不费多少事。(老舍《我这一辈子》)

(11a)是因果紧缩句,b 是条件紧缩句。紧缩句的句法形式折射的是概念结构的简约化,也就是说形式的简化是意义虚化引起的结果,具体表现为子事件间事理关系的弱化而推理关系的凸显,比如例(11a),如果不联系上下文语境的话,听话人会优先按知域理解:我觉得吐出来就没事了。这是由于因果关系是客观事物间一种已然联系,原因是导致结果产生的客观事实;而条件关系仅表示事物间抽象的、有规律性的联系,不涉及现实性。从现实句到非现实句是意义虚化的表现,是"去语义化"(desemanticalization)现象,而"去语义化"则是典型的语法化过程。"X 了"的虚化就是在表示条件关系的紧缩句中实现的。

李宗江(2008)在讨论近代汉语完成动词"休、罢、了、得、好、完、够、结、有、齐、成、妥"等向语气词或类似语气词的句末虚成分演变时发现,在其实现演变的过程中,这些词都是从表示条件和结果关系的"SP+(ad+V+了)"的后半段"ad+V+了"演化而来的。这为共时观察"X了"的虚化提供了历时的佐证。根据李宗江的描述,格式中的SP代表主谓结构,也可以是省略主语的谓词性结构,ad为关联词语,主要有"始、方、才、则、即、便、就、也",V为表示许可意义的动词,表示完成意义的动词进入这个结构为许可动词。不过,就现代汉语的语料而言,表示完成意义的动词进入表示条件和结果关系的"SP+(ad+V+了)"格式并不一定表示许可意义,所以也就无从虚化。看来这一格式并不是"X了"虚化的充分条件,应该还有更为苛刻的语用限制:

(12)a.我又建议把它抱到床上盖上被子睡一觉,出点汗也许就好了;焉知道不是感冒呢?(老舍《四位先生》)

b.丁小鲁对马青说,"你要早点来就好了,那咱就一起入会了。现在只怕他们都在分头进行创作,怕受打扰不见人。"(王朔《一点正经没有》)

(12)的"出点汗也许就好了"和"你要早点来就好了"都是"SP+(ad+V+了)"结构,语义上都表示条件和结果关系,满足李宗江(2008)所给的虚化条件。不过我们不难发现,(12a)中的"好了"并没有出现虚化的迹象,而b中的"好了"则表现出语法化的端倪。究其原因,我们认为与概念域有关:(12a)"出点汗"是言者要求说话时间之后实现的事件,是逻辑推理的前提,"好了"则是言者推断的结果,属于知域的"SP+(ad+V+了)"条件紧缩格式。由此,"好"在这里仍是本义,"了"是一个助词,二者仍存在着明显的语言单位边界,即"好/了"。作为历史的证据,李宗江(2008)指出,早期的"SP+(ad+V+了)"构式并没有"了"(le)。(12b)则需按言域来理解,"你早点来"只是言者声称"就好了"的充分条件,言者只是在表达一种意愿(volition)。"好"在这里语义已经开始虚化,但仍具有一定的实在意义,"了"在很大程度上也不是典型的体或时态成分,二者已经开始融合,词的边界随之变得模糊,"好了"表达的只是非真实性成分或非现实性状态。这时的"X 了"可以描述为"X·了"。我们认为,"了"正是在言域的"SP+(ad+V+了)"条件紧缩格式环境中逐步实现其再语法化的。例如:

(13) a. 局长,他的命在你手里,你积德就完了!(老舍《新时代的旧悲剧》)

b. 晓荷,在亦陀发表意见的时候,始终立在屋门口听着,现在他说了话:"我看哪,所长,把招弟给他就算了!"(老舍《四世同堂》)

c. 人们想起爱社劝大家的话,便很是后悔,很是感激,都说,当初要是听爱社的话就好了。(乔典运《香与香》)

d. 他走到门口时又说了一句:"需要什么时叫我一声就行了。"(余华《夏季台风》)

e. 所以咱们就别跟老爷子说得那么实在啦,就说是他看走了眼不就齐了?(陈建功、赵大年《皇城根》)

在言域义中,由于条件分句的"你积德"、"把招弟给他"、"当初要是听爱社的话"、"需要什么时叫我一声"等只是代表说话人的一种主观意愿,而结果分句的"就完了"、"就算了"、"就好了"、"就行了"等也只是表达说话人的一种主观态度,并没有多少实际的语义内容。由此,条件和结果的关系不再显得重要和显赫,复合命题失去了赖以生存的语义基础,于是形式上开始单纯化,紧缩复句被重新分析为单句。从语用层面上审视,始源的条件(SP)和结果(V+了)关系更像是一个话题和说明的关系(参看李宗江2008)。尤其是当关联词语"就"脱落,由"SP+(ad+V+了)"变为"SP+(V+了)"后,"SP"与"V+了"的逻辑关联被进一步阻隔,弱化了"X了"的概念语义的表述,催化了单句化的进程:

(14)a.又冲白度嚷:"别找了,我送你回家<u>完了</u>。"(王朔《千万别把我当人》)

b."出了这个胡同就是个小饭馆,好歹吃点东西<u>算了</u>。"说完他把铺子锁好,带着马威去吃饭。(老舍《二马》)

c.我孑然一身,死了不会给任何人带来痛苦,你们把我的命拿去<u>好了</u>。(王朔《枉然不供》)

d."她叫宫敏章,我爱人,叫她'小宫'<u>行了</u>。来,吃饭吧,看凉了。"(刘军《张伯驹和陈毅的交往》)

e.余:得。有您这句话<u>齐了</u>。(王朔《编辑部的故事》)

我们不难发现,(14)处于句末的"完了"、"算了"、"好了"、"行了"和"齐了"等已经完全不参与句子真值语义的表达,由命题成分变成了非命题成分,也可以说由始源的处于前台的前景性信息退居为后台的背景性信息。在形式上"X"和"了"也不能再分离,"X"的语义出现了虚化和泛化,"了"不再表述体意义,二者凝固成一个整体,共同表述抽象的情态意义,完成了从"X/了"到"X·了"再到"X了"的整合。由此,"了"也实现了由一个动词到动态助词再到词内成分的蜕变。

2.3 补语位置上的"X了"

"X了"做补语可以出现在两种构式中:a)单句构式,b)复合构式。由于"X了"在不同的构式中其句法地位不同,我们分别讨论。

2.3.1 单句构式

句法结构和概念结构属于不同的层面。在共时平面,形式和意义总体上是对称的,但也会因为形式和意义发展的不平衡等诱因而导致不对称,出现形义扭曲。就补语的情况而言,有两种情况:a)补语与谓语动词虽有直接成分的结构关系,但却不发生直接的语义联系,如"馒头吃完了"。从语义指向的视角审视,属于语义指向事物,即补语与句中的事物发生联系。b)补语与谓语动词既存在着直接成分的结构关系,也发生着直接的语义联系,如"我们吃完了"。这种形义一致构造在补语的语义指向上属于语义指向谓词,即补语的语义与句子中的谓词发生联系。(张国宪 2005)不同的语义构式中"X"的句法性质和意义并不相同。

a)语义指向事物的补语

在汉语中,这种语义指向事物的补语多属于结果补语范畴,虽然结果补语隐含着"实现/完成"的语义特征,但其基本语义是表示动作的结果(参看吴福祥 1998):

(15)a.有时馄饨皮包完了,他就把馄饨馅一小疙瘩一小疙瘩拨在汤里下面。(汪曾祺《日规》)

b.吃饭的时候,一家人聚齐了。纷纷来见过爸爸和我,寒暄几句后,便各到各的地方吃饭去了。(张平《姐姐》)

c.一块残旧的老式机械表修好了,他居然觉得自己是在创造一个新的乾坤,建立一门新的哲学!(中杰英《怪摊》)

d.车撞坏了,亏得车速较慢,林立果没有受伤,气得他连声骂娘。(余晓芸《林立果上海"选美"记》)

(15a)和 b 的补语表示事物的数量变化,c 和 d 的补语则是描述事物的状态变化。在信息结构层面,大部分语义指向事物的补语都是焦点成分,而谓语动词只是补语所述语义实现的方式或手段[如(15a)的谓语动词"包"是补语"完"的语义"了尽"的方式],并不是言者所要提供的主要信息,因此删除并不影响信息主旨(如 a:"有时馄饨皮完了,他就把馄饨馅一小疙瘩一小疙瘩拨在汤里下面。")。这种处于焦点位置上的补语通常都呈现着基本的谓词词项意义,与动态助词"了"不构成直接的结构关系,"了"不出现的场合十分常见,[如:"一旦这些粮食吃完,尤其是冬季来临,自然界找不到食物时,不少人因长期得不到足够的食物而先后死去。"(阴法鲁、许树安《中国古代文化史》)]。由此,这种动补结构的句法层次应分析为"V·R/了"(V 表示谓语动词,R 表示补语,由 X 充任)。我们认为,尽管在这种形式相悖的动补构式中补语"X"与动态助词"了"具有"结构邻近"(constructional contiguity)的语法化条件,但却不具备发生语法化的"语义相宜"(semantic suitability)平台,所以,"了"的再语法化难以在这种构式中实现和完成。

b)语义指向动词的补语

语义指向动词的补语可以是结果补语也可以是动相补语,但以后者为常。动相补语的基本语义表述动作的实现或完成。

(16)a.陈主编拿着份稿子从他的套间里出来,对李东宝说:"这稿子我看完了,还不错。"(王朔《修改后发表》)

b.清明已过了,大概是;海棠花不是都快开齐了吗?(老舍《微神》)

c."老赵,我可跟人家约好了,明儿下午五点鹫峰,不见不散。"(王朔《顽主》)

d. 几天后,赵彬兴冲冲地找到她:"我和总经理谈妥了,请你到公司任公关小姐!"(青杨《倩女幽谍》)

(16a)的补语"完"可以看成结果补语,表示"稿子"的页数因动作而引发的量的变化,即"了尽";也可以类同于 b、c、d,看成动相补语,表示动作的完成,侧重于时间的变化。看成结果补语还是动相补语有着不同的信息结构,形成动词和补语的焦点镜像。动相补语结构的焦点在谓语动词上,动相补语主要提供的则是"体"或"态"这一语法信息,所以不是必需成分(如:"这稿子我看了,还不错。")。这与上面所谈到的结果补语的信息结构迥然不同。从语法化的角度我们不难领会,动相补语比结果补语具有更高的虚化程度。尽管如此,但充任动相补语的"X"与动态助词"了"仍是"结构邻近"的两个词,与结果补语后面的"了"一样,脱落的情况随处可见[如:"徐太太急忙追过来:'伯贤!我没那意思……你吃完早点再走还不行啊?'"(陈建功、赵大年《皇城根》)],仍应分析成"V·R/了"。不过,由于动相补语的语法意义是表述动作的完成和实现,这就与动态助词"了"的语法意义出现了重合,从而奠定了"语义相宜"的基础,为"X 了"的融合即"了"的再语法化提供了可能。

2.3.2 复合构式

就一般语法化通则,语法化大都经历过由分散视点到整体视点的嬗变和整合,比如具有两个主要小句的并列结构演变成主从复合句等,被语法化成分多是在语义和构式领域竞争和整合中失败的"成员"。我们注意到,做补语的"X 了"除了可以出现在单句构式中之外,还可以出现在表示连动的"(V·R+了)+SP"(V 为表示意义的动词,R 是补语,由 X 充任,SP 代表主谓结构,也可以是省略主语的谓词性结构)构式中,"(V·R+了)"和"SP"语义上通常表示一种条件和结果的关系。大量的言语事实表明,补语的"X 了"正是在这种句法环境中完成了融合和词汇化的,从而促成了"了"再语法化的实现,使得"X 了"蜕变为语法化程度更高的话语标记。

(17)a.吴胖子嘟哝,"写完了再翻译。"(王朔《一点正经没有》)

b.随后笑笑说:"小邓,把衣裳穿齐了再忙事儿吧,大小咱们也是个衙门不是,来个人看见招人笑话!"(邓友梅《记忆中的老舍先生》)

c.即使跑到那里,渡船已经离岸一丈或是两丈,只要叫他一声,他仍然可以把船拢过来。他还会殷勤地叮咛着:"不用忙,靠好了您再上来。"(靳以《渡家》)

d.和衣倒在床上,觉得房屋旋转,想不得了,万万不能生病,明天要去找那位经理,说妥了再筹旅费,旧历年可以在重庆过。(钱钟书《围城》)

上述例句都是一种表述条件和结果的非现实句,需按言域理解。在这种构式中,动态助词"了"与做补语的"X"仍处于游离状态,仍可脱落,"X 了"还是在表示动作的完成或实现。由于在概念的性质上典型名词所代表的事物概念是自足的,而典型谓词所代表的概念则是依附的。按照 Langacker(1987、1991)的说法,体词代表的是"事物"(thing),谓词代表的是"关系"(relation)。所以,听话人完全可以凭借"关系"去激活(activate)相关的事物,从而回溯出事件的完成或实现:

(18)李东宝回来,对林一洲说:"主编在接一个电话,完了就过来。"(王朔《修改后发表》)

这里的"完了"听话人可以认定是因语境信息的提供而导致的语用上的谓语动词缺省,从而补出一个谓语动词"接",说成"主编在接一个电话,接完了就过来",但也可以认定是"主编接电话"这一事件的完成或结束。当作为后一种认定识解时,"完了"就不再是补语了,而发展成为连接两个事件的连接成分:

(19)a. 张全义一边往胡同里走,一边还回头跟他喊:"现在就来呀,揭我的短儿来呀!<u>完了</u>咱们就上派出所,来呀!"(陈建功、赵大年《皇城根》)

b. 五分钟,买一油饼儿啊吃碗老豆腐,<u>齐了</u>,就过来了,过来打开门儿,扫扫地,归置归置屋子,打扫打扫柜台,顾客就算开门儿了。(口语语料)

c. 不用问!叫你做什么,做什么!把电灯捻开!不用开柜房的电门!<u>好了</u>,你上里屋去,没我的话,不准出来!(老舍《二马》)

"X了"在这里连接事理上先后发生的事件,主要起承接和连贯的作用。谓语动词的缺省或丢失,客观上为"了"的再语法化提供了形式上的演化条件并失去了分析为"V·R/了"的可能,从而推进了"X"和"了"的融合进程,最终重新分析为一个词。然而作为新词项的"X了"并没有就此停息,而是进一步虚化,发展成为言域的话语标记,以衔接意念上认为有先后关系的两个言语行为:

(20)a. 汉子骑着条凳坐下:"早听说你发了,一宣布改革我第一个想到你,<u>完了</u>,这小子要扇起来。……"(王朔《无人喝彩》)

b. 我现在非常理解那些坚持谎言的人的处境。做个诚实的人真难呵!<u>好了</u>就这么决定了,忘掉真实吧。(王朔

《动物凶猛》)

(20)中的"完了"和"好了"主要起话语组织功能,说话人在用"X了"来标志前一个话题的退出和新话题的切入,从而完成话题的切换。这时"X"完全丧失了原先的词项意义,"了"也不再是动态助词,不再表述动作的完成或实现。至此,我们可以说,"了"最终完成了从动词到助词再到词内成分的语法化嬗变。

2.4 小结

本节讨论了助词"了"再语法化的演变路径,认为:1)言域的"SP+(ad+V+了)"条件紧缩构式是引发"了"再语法化的句法环境,关联词语"就"脱落,阻隔了"SP"与"V+了"的逻辑关联,弱化了"X了"概念语义的表述,最终使得助词"了"再语法化为词内成分,以建构"X了"新词,其语法性质为语气词。2)动相补语为动态助词"了"的演变奠定了"语义相宜"的基础,表示条件和结果关系的"(V·R+了)+SP"构式为"了"的演变提供了句法环境,"V"的脱落创造了"X"与"了"融合的条件,从而促成了"了"再语法化的实现,使得"X了"蜕变为语法化程度更高的话语标记。语气词的"X了"和话语标记的"X了"遵循了不同的演化路径。

有人认为有些话语标记来自句尾语气词。刘红妮(2007)在讨论"算了"的标记功能时认为,"'算了'语法化为具有情态功能的语气助词后,又进一步发生语法化,产生话语标记功能",其动因是"当'算了'词汇化后,它经常位于句末位置,这就使得它有了游移的可能,再加上高频使用,'算了'就有可能脱离于整个句子之外,从小句末的位置漂移出来,可以处于句与句之间,这样,就有了虚化为话语标记的可能"。就我们考察的始源具有完成义的"X"与"了"构成的"X了"而言,句尾的语气词与句首的话语标记具有不同的演化路径,语气词与话语标记之间不构成演化链。对于刘文给出的演变路径,一种可能的解释是"算"的始源不是完成动词。不过,"算(了)"虚化为句末语气词却遵循了与"完"等完成动词相同的路径(李宗江 2008)。另外,据汤晓玲(2008),直到清代,"算了"位于句尾用作语气词的用例还十分少见,但居于句首做话语标记则已相当普遍。刘文也承认,语气词的用法"一直到现代汉语可能才出现并较多运用",用于句首"最早的用例应该在《红楼梦》中出现"。此外,语气词的"算了"语法意义较为单纯,而话语标记的"算了"则极为丰富,其跨度很大。难以想象低频的、语法意义单纯的语气词会向高频的、语法意义丰富的话语标记演进,有违语法化的一般规律。由于"算(了)"不具有充当补语的句法功能,所以与"完(了)"等虚化为话语标记的路径可能会有所不同,值得进一步的研究,以寻求话语标记演变的具有普遍意义的语法化模式。

3 "了"再语法化的后果

3.1 强黏着性

以往的研究(太田辰夫 1958;梅祖麟 1981;曹广顺 1986;吴福祥 1996;李讷和石毓智 1997 等)表明,体标记脱胎于用作结果成分的独立动词,然后在主要动词后这一句法位置上逐渐完成了形态化的历程。[②] 由于"动词+体标记"是由两个独立的句法单位融合而成的,所以动词与体标记之间并非浑然天成,仍可窥见到先天具有的词汇边界的痕迹,二者的融合度较低。在形式上跟其他有形态语言的最大差异是缺乏高黏着性,保持着良好的分立特性,因此只要有适宜的环境体标记就可以自由消隐。据李兴亚(1989)的观察,有五种因素可以导致"了"的自由隐现。[③]不过这只是就句法环境的角度归纳出的体标记隐现条件,其实汉语体标记的隐现并不仅限于句法环境束缚,促动脱落的条件远比这要宽松得多,语体就是导致体标记消隐的重要因素之一(张国宪2006)。比如在新闻语体中,新闻标题和正文就遵循了不同的句法操作:

(21)a.日本媒体称朝韩高官8月中旬曾进行秘密接触(http://www.sina.com.cn 2010年09月12日08:50,《环球时报》)

b.据韩联社9月12日报道,日本《朝日新闻》12日援引多数消息人士的话报道表示,朝韩两国高官8月中旬在开城进行了秘密接触,其中韩方要求朝方就"天安"号事件道歉,而朝鲜方面则要求韩国重新实施"阳光政策"。(同上)

(22)a.安东尼小斯同场观看美网 甜瓜拒绝向掘金表忠心(南海网 http://www.hinews.cn 时间:2010-09-13 12:27,来源:网易体育)

b.据《纽约每日新闻报》消息,当地时间周六,安东尼现身纽约,到场观看了美网女单决赛,同时值得一提的是,小斯也同场观看了这场比赛。(同上)

(23)a.多哥共和国前总理访问河北保定"中国电谷"(中国新闻网 2010年09月12日)

b.9月11至12日,多哥共和国前总理埃德姆·科乔访问了河北保定"中国电谷"。(同上)

a句是新闻标题,b句是正文,形成句对的a和b表述相同的过去事件。不过,在标题句中,"进行、观看、访问"等动词后面都没有出现体标记,而在正文里,这些动词的后面都附着体标记"了",

二者形态上的差异并没影响听话人对体意义的正确解读。因此，就体意义的表述而言，"动词＋体标记"与"动词＋ø体标记"形式并不构成严格意义上的对立，后者往往蕴涵着前者。按照普通语言学理论，对立是构成语法范畴的基础，正因为缺乏一贯性，所以汉语体标记的非强制性一直为人所咎，甚至有些学者认为汉语中并不存在"体"这一语法范畴。④动词体标记的非强制性特性诱发我们有理由把汉语中"动词＋体标记"视为一种句法·语用现象，而不是单纯的句法规则。

我们再来看一下"X了"中"了"的句法表现。

(24) a. 马老先生病好了以后，显着特别地讨好。（老舍《二马》）

b. 爸，您放心好了，也该睡觉啦……金枝就是淋了点儿雨，没出别的事儿……您放宽心休息吧。（陈建功、赵大年《皇城根》）

(25) a. "饭桶！你坏了我的大事！"张国焘说完急三火四地向庙里走去。（李欣《许世友智救朱德、刘伯承》）

b. 得了学位就上欧洲来了，先上了法国；到了巴黎可就坏了，国内打起仗来，官费简直的算无望了。（老舍《二马》）

(26) a. 屋顶灯已经熄了，马锐也早做完了作业，此刻正躺在屋里的大床上看书。（王朔《我是你爸爸》）

b. 司徒聪忽然紧闭着眼睛，伏在桌上，片刻，抬头，一副疲乏不堪的样子，"完了，这女人像石头一样难以穿透。"（王朔《痴人》）

(27) a. 你猜我带什么回来了，在口袋里，猜对了归你。

[《北京人在纽约》(电视剧记录)]

b.倒是金枝突然想起了什么,收住脚步,看了看张全义,说:"哦,对了,有一件事我倒要求你帮我。"(陈建功、赵大年《皇城根》)

(28)a.他拿在首都体育馆演出为例,算了一笔账:这个场馆能容纳1万2千人,门票以50元一张计,一场门票达40万元,两场80万。(殷金娣《众说纷纭的明星出场价》)

b.既然我们双方都不想尽义务,那就算了吧。(刘心武《白牙》)

在上述例句中,尽管a和b的相关谓词后面都黏附着"了",但两个"了"有着本质上的差异,是完全不同的语言单位。前者属于语法层面,表述"动作的完成"或"状态的实现"这一体意义。不过,正如我们在上文谈到的,这种体意义也可以用零形式表达:

(24)a′.病好以后,霍沧粟就一直消瘦——至今如此;性格由极度外向变为极度内向。(莫怀戚《陪都就事》)

(25)a′.宁宁:后悔我坏你好事儿了?[《北京人在纽约》(电视剧记录)]

(26)a′.她很懂事,不偷懒,做完功课便练琴。(郭济访《肖华和她的〈往事悠悠〉》)

(27)a′.打人就不对。(《编辑部的故事》)

(28)a′.算一下账,我略有亏损,朋友输掉50元,见识了如此难以想象的世面,吃、住、玩了整整两天,应该说至少与"老美"打了个平手,可以知足。(黄桂元《在赌城"服刑"》)

不难发现,a′句尽管没有体标记"了",但仍表示与a句相同的体意义。比如(24 a′)"病好以后"的语义解读就是"病好了以后"

[=(24 a)]。这种现象表明,(24)—(28)a 句中"了"的附着都不是强制性的,具有隐现的自由。换句话说,体意义的内涵不一定必由"了"来承担,而完全可以由语境规定。这种现象折射的是构式中"X"与"了"的分立性。b 句则不同,"了"属于词汇层面,不能被隐遮,(24b)的"您放心好了"就不能说成"您放心好"。不过,据李宗江(2008),在演变过程的早期,处于句末的"X"后面并没有"了"。综上我们可以说,如果以"了"为视点,从 a 到 b 是"了"的分立性特征弱化、黏着性特征强化的过程,是"了"再语法化的形式后果;如果以"X 了"构式为视点,则是"X"与"了"由松散自由变为紧密融合,从而为"X 了"的固化并且词汇化的可能奠定了语形基础。

3.2 体意义的悬空

古代表示"完毕"和"终了"意义的动词"了"到了近代白话中,在句法位置的分布上发生了明显的变化,一方面继续单独做谓语动词,另一方面增加了在谓语动词的后面充任补语的功能。补语这一句法功能的实现为"了"后来的语法化实现创造了语义和句法条件。又由于补语成分所处位置的不同,从而导致了后来"了"走向事态助词(通常称作"了$_2$")和动态助词(通常称作"了$_1$")的分化。目前,汉语语法学界对于"了"的语法意义尚未形成共识,较为通行的解释是,"了$_1$"表示"动作的完成"(吕叔湘 1999)或动作行为、状态的"实现"(刘勋宁 1988);"了$_2$"则是"主要肯定事态出现了或即将出现变化"(吕叔湘 1999)。由于两个助词之间至少有一部分的始源是同一个表示完成、结束的动词,所以无论是"了$_1$"还是"了$_2$"都存在着"完成或实现"的意味,区分只在于前者是"动作"的完成或实现,后者是"事件"的完成或实现。⑤这种区别来自句法位置,是"了"在不同的句法位置上语法化而沾染的必然后果。近年来国内外关于"了$_2$"也是一种体或态的标记的基本认识正是这一观念的佐证。可以说,"了"从动词到助词再到词内成分的语法化过程就是"完成"义从词汇义到语法意义不断弱化以至消亡的过程。

3.2.1 句尾"X 了"中的"了"

金立鑫(2003)用浙江奉化(溪口)的方言说明,句子如果以动词结尾并且有"了"的话,有两种形式:(1)句尾的"了"(了$_2$);(2)词尾"了"+句尾"了"("了$_{1+2}$")。不过,只用某一单点方言来证明普通话并不十分地充足和可靠,如果按照吕叔湘(1999),仍然可能存在着第三种形式:(3)词尾的"了"(了$_1$)。根据李宗江(2008),近代汉语中的一部分完成动词"休、罢、了、得、好、完、够、结、有、齐、成、妥"等向语气词或类似语气词的句末虚成分演变。尽管在演变的早期,这些词的后面没有"了",但稍微留心我们不难发现,当完成或临近完成演变时大都变成了复音的"X 了",如"得了、好了、完了、有了、齐了、成了"等。这些完成动词"X"在情状类型上属于有界的终结动词,作为始源具有"完毕"和"终了"意思⑥的"了"在现代汉语中附在"X"之后主要并不是为了表述其动作的完结:⑦

(29)a.我先刮完,可是舍不得走,掏掏耳朵吧。掏净一个耳朵,他们都完[笔者按:指(洗澡、刮脸、掏耳朵)结束]了。(老舍《裕兴池里》)

b."红中!我这字头没完了。"(王朔《一点正经没有》)

这些例句是表述单一已然事件的现实句,其事态从绝对时制的角度看都是在说话时间之前已经完成或成为现实的,句尾"了"的主要作用不是表示动作的"完毕",而是在于肯定当前事态的出现,其辖域是整个句子,是典型的"了$_2$"。其实,在未然的非现实句中,句尾的"了"仍然可以表示新事态的出现,这种"了"需在知域或言域中去理解:

(30)母亲忧愁地说:"我天天地惦记它们,留给六婶的糠与米恐怕也快要<u>完了</u>。"(苏青《归宿》)

上例是一个表述单一未然事件的非现实句,其事态在说话时间之前并没有完结,但这里的"了"仍属事态助词,表示将这种言语行为作为一种事态提供给听话人,是一种新言态。在现代汉语中作为未然事件,"了"更多出现在表示原因/条件和结果关系的复句形式的结果分句里:

(31)a. 如果再不下雨,今年的秋庄稼就又<u>完了</u>。(《北京晚报》2001)

b. 戈玲同情地望着南希说:"女人要叫人扣上这么顶帽子就<u>完了</u>。"(王朔《谁比谁傻多少》)

c. 中国的事不必太认真,我就不在乎,你有本事你厉害,我不理你就<u>完了</u>。(王朔《人莫予毒》)

上述例句表示的都是条件和结果的关系,形式上 a 句是典型的条件复句,b 句和 c 句则是引发"了"再语法化的紧缩条件复句,即"SP+(ad+V+了)"构式。我们先看(31a),"了"后附于结果分句,表示在条件分句"再不下雨"事态发生时"今年的秋粮将会颗粒无收"这一虚拟的结果事态的出现,显然属于事态助词的"了$_2$"。再看 b,这个句子和 c 一样,后一动词"完"的前面缺失陈述的对象,所以可以有不同的解读:一种是将"完"的陈述对象视为 SP 中的"女人",即"女人要叫人扣上这么顶帽子这女人就完了","就完了"在语音上仍需重读。在这种情形下,"了"的辖域是整个结果事件"这女人就完",其语法性质是"了$_2$"。另一种是将"完"视为言者对 SP"女人要叫人扣上这么顶帽子"这一现象的主观评判,"就完了"读得较轻,其"了"的辖域只涉及动词"完",表示状态的实现,属于动态助词"了$_1$"。这个句子的"了"可以描述为"了$_{1/2}$"。最后我们看一下 c,与 b 的不同在于,动词"完"的前面补不出陈述的对象,只是言者表达情态的主观性成分,表达了言者对事件"我不理你"的主观态度。从语用层面看,始源的条件和结果的逻辑关系被话题和说明关系取代。不难理解,这里的"了"只是针对动词"完"的,是动态助词的"了$_1$"或者类词内成分。我们可以看到"了"真正词内成分的实现是在"SP+(ad+V+了)"构式的 ad 成分"就"脱落之后,其构式被重新分析为一个简单的非现实句,"V 了"也词汇化为一个句末语气成分。

(32) a. 刘会元说,"反正也没外人,咱们互相对不起<u>完了</u>。"(王朔《一点正经没有》)

b. 你自己排队几天也不一定挂到号,还不如痛快一点找我弄个号<u>完了</u>。(《北京晚报》2001)

动词"完"在(32)中已经失去了其词项意义,与"了"一起共同构筑新的语法意义。至此,居于句尾的"了"完成了从表述"事态的变化"到"动作的完成或实现"再到语法意义悬空的意义嬗变,同时也最终完成了由事态助词到动态助词再到词内成分的身份转换。

3.2.2 补语"X"后面的"了"

"X(了)"做补语可以占据两个句法位置:一是句尾,一是句中。我们先看句尾的情况:

(33) a. 等他进门,我已经吃<u>完了</u>。(张贤亮《绿化树》)

b. 大家在杯盘狼藉的桌前笑闹时,他深深地叹了一

口气,说:"光阴似箭,一只鸡一转眼就吃完了。"(曾卓《诗人的两翼》)

补语"完"在 a 中表示动作的"完结",是动相补语;在 b 中表示事物的"完了",是结果补语。李宗江(2004)认为无论是 a 还是 b 层次构造都是"吃完/了"。如果从"了"所表述的语法意义上看,a 的"了"与动态助词"完"没有直接的组合关系,它表述的对象是整个句子,表明"我已经吃了$_1$"这一事态的出现,是"了$_2$";b 的"了"居于句尾,固然可以解读为"了$_2$",但也不是没有解读为"了$_1$"的可能。因为这里的"完"是指"消耗尽;没有剩的",尽管终结动词自身有终结点,但在终结点出现之前仍有一个变化的过程,这里的"了"可以理解为标注这一动作的实现,其层次构造分析为"吃/完了"也未尝不可,[⑧]属于动态助词"了$_1$"。即便如此,"X"与"了"仍是两个词,补语"X了"居于句尾的句法环境诱导并迁移了"了"的语法意义的解读,阻碍了体意义的淡化和悬空,从而切断了"了"再语法化成为词内成分的演变可能。

助词"了"语法意义的淡化乃至悬空的实现是在"(V·R+了)+SP"构式中完成的,因为"了"的句中位置阻断了解读为事态助词的可能性,从而使得其语法意义趋于单纯。

(34)a. 我自己也吃了饭,吃完了我还得马上下地,我对苦根说:"你睡上一觉会好的。"(余华《活着》)

    b. 盛粥的是一位 60 来岁的老妇人,她热情地说:"您看,我们用的是保温桶,一共 3 个,您吃完了还可以再来要。"(《人民日报》1995)

(34)"完"的补语语义类型同(33),a 是动相补语,b 是结果补语,但是由于"了"处于句中的语法位置,这里只能按动态助词来解读,而不能如同(33)理解为事态助词。以"完"为代表的"X"从表示词汇意义的"完成"到表示语法意义的"结果"和"动相"是意义的虚化,一些重要的体标记都经历过"动词＞结果/趋向补语＞动相补语＞体助词"这一相同的语法化过程。(吴福祥 1998)就词的独立性而言,越是处于演化链的右端也就越具有黏附性,所以结果补语与谓语动词的紧密度要弱于动相补语。也就是说,前者分析成"V/R 了"的概率远远高于后者。这就是语料中屡现谓语动词脱落的句法原因,同时也是"VR/了"实现"V/R 了"重新分析的佐证:

(35)a. 你要是不管它,哗啦一倒,它就先尽吃料,完了再吃草,就不想了!(汪曾祺《王全》)

b. 小雷回艇打开锚链仓,把他们的战备啤酒都提来了,众人一气猛灌,完了把瓶子统统扔进海里。(李钢《过生日吹蜡烛》)

a 句可以补出个"吃",b 句可以补出个"灌"。谓语动词的脱落客观上进一步拉近了"完"与"了"的语义距离,使之趋于融合。不过,由于谓语动词的脱落,结果补语的语法意义只能靠语境得以找回,但当谓语动词难以确认时,"结果"这一语法意义也就失去了得以生存的语义基础,"皮之不存,毛将焉附",殃及表示动作"完成"或"实现"的动态助词"了"也无"结果"可述,"完了"随之也发生了语义异化:

(36)a."别哭,亲爱的,今天不许哭,谁也不许哭,完了再哭。"(王朔《永失我爱》)

b. 小张笑道:行行,看把您给急的,我这就去让小陈放他走。

杨清民说:完了就让小陈和胖三他们躲几天,先别来所里了。(谈歌《城市警察》)

"完"的前面没有确切的动词可补,陈述的是一个事件,标志了事件的先后顺序。如果说这里的"完了"还残留着丁点儿"终结"意思的话,下面的例子则连这点意思也荡然无存了:

(37)a.是挺紧张的,中午基本不休息,完了下午接着开。(转引自高增霞 2004)

b.有三排楼房,最前面一排是初中部的教室,然后(完了)是我们高中部的教室,最后一排是教师办公室。(转引自李宗江 2004)

例(37a)正如高增霞(2004)所言:"'完了'前面是一个否定形式'不休息',当然不能补充出现在'完了'的前面。""'完了'的'终结、结束'意义完全消失了,只是表明上一句话或上一件事说完了,下面还有话说。"不难看出这里"完了"已经从表现事件的时间先后关系[如(36)]衍生到表述抽象的言语单位的心理先后关系。b 更是将始源动词"完"的语义虚化到了极端,用于主观地表现事物的空间关系。这里的"完了"不再具有真实的客观语义,而是衔接两个言语行为的话语标记。由此,助词"了"的语法意义没了表述的需要和生存的空间,只是作为词内成分共同建构新的语义。

3.2.3 小结

本节以动词"完"作为"X"的典型个案进行描述是因为:1)"完"是完成动词的典型语义成员;2)"完了"虚化得最彻底,历经了从动词到助词再到话语标记的整个语法化过程;3)"完了"作为动词、语气助词和话语标记的语法身份得到了汉语语法学界的基本认同。由此,我们可以透过"完"与"了"的语法关系嬗变,窥见"了"语法意义的变化和消失,给出语法意义悬空的语义和句法条件,以预测"了"在其他组合中再语法化为词内成分的可能。通过考察我们发现,"了"遵循了"事态助词＞动态助词＞词内成分"的虚化路径,这种演化走向符合历史语言学家所揭示的"句尾＞词尾＞词缀"的语法化斜坡(cline),"了"只是这一斜坡的一个示例。不过,值得注意的是,作为分析-孤立型语言的汉语并没有完全遵循形态发达的屈折型语言的演变路径,将语法词/附着词的后续演变"形态化"(morphologicalization),而是经历了一个"词汇化"(lexicalization)的过程(吴福祥 2005)。

3.3 语音空壳的滞留

语法化往往伴随着语音的"销蚀"(erosion),这是一个被普遍接受的观点。古今大量的语言事实证明:"了"随着语用-语义层面的"去语义化"(desemanticalization)和形态-句法层面的"去范畴化"(decategorilization),在语音-音系层面发生了语音形式的弱化和简化。陈鹏飞(2007)依据"了"在当今地域语言中的表现将其语音弱化分为三个阶段:

第一阶段:liau(lia liə lio)

第二阶段:lau (lə ləu lou lɯu lao)

第三阶段:lə? (lɣ lеʔ lʌʔ lеʔ lɛ)

第一阶段的语音表现为声韵齐全,介音保存,只是声调变为轻声。第二阶段表现为失落介音,但韵母仍是元音。第三阶段表现为韵母单元音化、央化,在有入声地区甚至带上了-ʔ尾巴,有的方言中声母受前一音节韵尾的影响,声母 l 发生语流音变而失落,音变与"了"的语法化程度相对应。更为值得关注的是,陈文将河南获嘉方言中动词 D 变韵视为是零形式[如"炒[-au]/[-ɔ]一盘菜"(炒了一盘菜)],并且指出在获嘉方言中可以有 D 变韵的那些音节,在河南林州方言中其后继词尾"了"几乎都可以失去声母而变成一个央化的/ə/,进而推断获嘉方言也曾经历过类似林州方言的变体形式。在印欧语中由句法成分到词缀再到零形式的转变比比皆是,Givón(1979)就曾提出过一个演变模式:章法成分→句法成分→词法成分→形态音位成分→零形式(→章法成分)。汉语也不乏其例。江蓝生(2000)以"V+X+NL"句式中引介处所补语的介词(X)为例,依据近代汉语文献和现代汉语的方言读音探讨了音变与语法化程度之间的对应关系,成功地证明了作为分析-孤立型语言的汉语也存在着"语法词＞词缀＞零形式"的演化。

现代汉语中"X 了"中的"了"是再语法化的后果,我们关心的是作为词内成分的"了"的语音表现,或者说是否也发生了零形式抑或会发生零形式。我们知道,在普通话里"[lə]"这一语音形式表现的是事态/动态助词的语法意义,但处于"事态助词＞动态助词＞词内成分"语法化演变链末端的词内成分"了"则失去了原有的语法意义,可以说"事态助词＞动态助词＞词内成分"的演变历程其实质就是语法意义流逝的过程。不过,就词内成分"了"的语言现状而言,尽管它在意义层面已经失去了[lə]赖以生存的语法意义,但其本身的语音形式并没有随着语法意义的流逝而发生弱化和异化,仍然停滞在与事态/动态助词的语法意义相对应的助词阶段,出现了音义扭曲,[lə]作为一个不表述任何语法意义的语音空壳参与了新词的建构。在韵律层面,尽管词内成分"了"终止了其自身的语音-音系演化,断送了进一步虚化为零形式的可能,但作为音义扭曲的补偿,转而引发了"X 了"整体的语音变化。在现代汉语中,一些"X了"可以重读,也可以轻读。

(38)a. 对吗,没关系,一会儿散场的时候,我再给你四块钱现金就得了。(朱文《我爱美元》)

b. "好,你说他长得丑,就叫他'丑儿'得了。"(钱钟书《围城》)

(38a)的"得了"在句子中读重音,表示条件和结果的关系;b的"得了"在句子中读轻音,其本身没有什么概念意义,"主要作用应该说是语气方面的作用。表示一种建议、请求、决定的语气,有商量的意味"(孟琮 1986)。"好了""算了""完了""对了""罢了""行了"等也都有轻重两种读音,聊举几例:

(39)a. "木材是领导要的,有什么问题?别人有意见,我付钱好了。"(吕雷《火红的云霞》)

b. "告诉她,让她晚上来好了。"姐姐轻轻一挥手。(张平《姐姐》)

(40)a. 实在治不了,也只好离婚算了。(王小波《阴阳两界》)

b. 他身心交瘁地倒在椅背上。"识时务者为俊杰。我只有洁身自好,学个陶渊明算了。"(池莉《你是一条河》)

(41)a. 娘说,恁大个瓜让城里人吃,能给块把钱;自个吃,一泡尿就完了。(胡红一《小小》)

b. 大家乐:"爱谁谁谁吧,甭搭理他完了。"(王朔《玩的就是心跳》)

a多重读,b多轻读。尽管"了"在轻读的"X了"中韵律表征没有发生丝毫的变化,仍保留其原表述事态/动态语法意义的语音空壳,但它的贡献在于引发了"X了"的意义革命,出现了概念意义的淡化和意义表述的转移,随之诱导了"X了"整体语音形式弱化的音变现象,以轻音形式来对称其变化了的语义表述和语法功能。我们不难察觉,作为轻读的"X了"都减弱或丧失了客观意义,增强或仅表述主观意义,实现了语义的重新调整(realignment),重读和轻读形式表征实质折射的是语法化程度的差异。我们可以说,只有在轻读的"X了"新词项中"了"才真正实现了从动词到助词再到词内成分的身份嬗变。

附　注

① 这里的"ø"表述的是"无"而不是省略。

② 在动词后逐渐完成形态化的说法是一种宽泛的表述,其实对于体标记形态化的句法环境学者们尚未达成共识。以"了"为例,太田辰夫等认为"了"首先在宾语后面开始趋于虚化,然后移位,最终在"动+了+宾"格式中完成了体标记的形态化;吴福祥等则认为并没有经历过一个移位的过程,形态化原本就是在"动+了"格式中产生的。

③ 参看李兴亚《试说动态助词"了"的自由隐现》,《中国语文》1989年第5期。

④ 见《中国大百科全书·语言文字》第471页,中国大百科全书出版社,1988。

⑤ 曹广顺(1995:90)。又,这种完成或实现可以是行域的,也可以是知域和言域的,如"事态即将出现变化"多是从知域或言域的角度说的。

⑥ 曹广顺(1995:16)。这种"完毕"和"终了"意义大约是在汉代以后产生的。

⑦ 我们用典型的完成动词"完"代表"X"来说明"了"的体意义的失落。

⑧ 这种层次构造在现代汉语中并不少见,如"挖/浅了、砌/矮了"等表示"某种预期结果的偏差"时都如是分析。有些动补结构可以有两种不同的分析,如"挖深/了"和"挖/深了",不同的层次表现不同的语法意义。参看陆俭明《"VA了"述补结构语义分析》,《汉语学习》1990年第1期。

参考文献

曹广顺　1987　语气词"了"源流浅说,《语文研究》第2期。
──── 1995　《近代汉语助词》,北京:语文出版社。
陈鹏飞　2007　组合功能变化与"了"语法化的语音表现,《河南社会科学》第2期。
陈前瑞、张　华　2007　从句尾"了"到词尾"了"——《祖堂集》《三朝北盟会编》中"了"的用法发展,《语言教学与研究》第3期。
董秀芳　2004　《汉语的词库与词法》,北京:北京大学出版社。
方环海、刘继磊　2005　"完了"的虚化与性质,《语言科学》第4期。
方环海、刘继磊、赵　鸣　2007　"X了"的虚化问题——以"完了"的个案研究为例,《汉语学习》第3期。
高增霞　2004　自然口语中的话语标记"完了",《语文研究》第4期。
江蓝生　2000　语法化程度的语音表现,见《近代汉语探源》,北京:商务印书馆。
金立鑫　1998　试论"了"的时体特征,《语言教学与研究》第1期。
──── 2003　"S了"的时体意义及其句法条件,《语言教学与研究》第2期。
李　讷、石毓智　1997　论汉语体标记诞生的机制,《中国语文》第2期。
李宗江　2004　说"完了",《汉语学习》第5期。
──── 2008　近代汉语完成动词向句末虚成分的演变,《历史语言学研究》第一辑,北京:商务印书馆。
刘红妮　2007　非句法结构"算了"的词汇化与语法化,《语言科学》第6期。
刘勋宁　1988　现代汉语词尾"了"的语法意义,《中国语文》第5期。
──── 1990　现代汉语句尾"了"的语法意义及其与词尾"了"的联系,《世界汉语教学》第2期。
刘　焱　2007　话语标记语"对了",《云南师范大学学报》(对外汉语教学与研究版)第5期。
吕叔湘　1999　《现代汉语八百词》(增订本),北京:商务印书馆。
马希文　1983　关于动词"了"的弱化形式/·lou/,《中国语言学报》第一期。
梅祖麟　1981　现代汉语完成貌句式和词尾的来源,《语言研究》创刊号。
孟　琮　1986　口语里的"得"和"得了",《语言教学与研究》第3期。

彭伶楠　2005　"好了"的词化、分化和虚化,《语言科学》第3期。

——　2006　《现代汉语双音节"X了"的虚化与词汇化研究——以"好了"、"行了"、"完了"、"罢了"为例》,上海师范大学硕士学位论文。

孙瑞霞　2008　话语标记"好了"的语法化过程及无标化分析,《沈阳航空工业学院学报》第6期。

太田辰夫　1958　《中国语历史文法》,东京:江南书院。

汤晓玲　2008　《"算了"的词汇化过程考察》,华中师范大学硕士学位论文。

吴福祥　1996　《敦煌变文语法研究》,长沙:岳麓书社。

——　1998　重谈"动+了+宾"格式的来源和完成体助词"了"的产生,《中国语文》第6期。

——　2005　汉语语法化演变的几个类型学特征,《中国语文》第6期。

余光武、满在江　2008　连词"完了"来源新解——兼谈"完了"与"然后"的异同,《语言教学与研究》第1期。

张国宪　2005　性状的语义指向规则及句法异位的语用动机,《中国语文》第1期。

——　2006　《现代汉语形容词功能与认知研究》,北京:商务印书馆。

Givón Talmy 1979 *On Understanding Grammar*. New York: Academic Press.

Langacker. R. W. 1987 & 1991 *Foundations of Cognitive Grammar*. Vols. Ⅰ & Ⅱ. Stanford University Press.

从错配到脱落:附缀"于"的零形化后果与形容词、动词的及物化[*]

张谊生

(上海师范大学语言研究所)

0 前言

0.1 现代汉语中,由介词"于"构成的"于X"短语,①虽然有时也可以充当状语,但主要还是充当动词、形容词的补语。从分布来看,"于X"充当补语有两种格式——间隔式与紧邻式:

S1 集众家所长<u>于</u>一身/融古今中外之优点<u>于</u>一体/集中精力<u>于</u>生产建设/阻击敌军<u>于</u>国门之外

S2 生<u>于</u>革命战争年代/霜叶红<u>于</u>二月花/只好求助<u>于</u>心理医生/更适合<u>于</u>上了年纪的老年患者

毫无疑问,只有在紧邻式中,"于X"才有可能与前面的动词、形容

---

* 本文曾在第五届汉语语法化问题国际学术讨论会(上海师范大学,2009 年 8 月)上宣读,根据匿名审稿人与《中国语文》编辑部的意见,本文又作了较大的修改。本项研究是国家社科基金项目(07BYY048)"近 30 年来汉语虚词的发展变化及其演化趋势研究"和上海市哲社项目(2006BYY006)"语法化理论与汉语虚词的发展与演化"的阶段性成果之一,并获得上海市重点学科(S30402)的资助。对于所有帮助与资助,作者一并表示由衷的谢忱。

词或者动素、形素(下面统一用 V/A 标示)连用。② 而且,同样是"于 X"同"V/A"紧邻连用,由于"V/A"的音节、性质和用频不同,导致的后果也不同。当"于 X"位于单音节 V/A 后面时,"V/A$_单$＋于"虽然都可以构成双音节韵律词,但句法上一部分"于"仍保持介词不变,比如"建于、优于"的"于";而另一部分则已分界转移(boundary loss),虚化为构词后缀。比如"位于、陷于、敢于、勇于"中的"于":③

  S3 位于浑源县境内的悬空寺,建于半山腰的悬壁上/女性在声音定位、色彩辨别方面,要明显优于男性。

  S4 如果货币循环一旦停止,社会经济就会陷于瘫痪/敢于尝试、勇于承认失败,是通向成功的必由之路。

差异在于"V/A$_单$"的黏着度以及跟"于"的共现率,黏着度、共现率越高,"于"越可能成为词缀。

  当"于 X"位于双音节动词、形容词后面时,一部分"于"仍然维持介词不变,比如"纠缠于、消失于"的"于";但也有一部分已转移后附,已成为或接近一个类后缀,比如"取决于、有利于"的"于"。与"V/A$_单$＋于"最大的区别在于,"V/A$_双$＋于"构成的是个三音节的超音步结构体,所以,无论是仍保留着介词性还是已接近类后缀,这两类"于"都有可能脱落而不在表层出现:

  S5 既然如此,又何必纠缠于表面的各种各样的数字呢?/如今忽然走红,日子反而过得累了,要顶住行内的骂声,纠缠( )各种官司,还要操心演出的场地和观众。

  S6 梅雨期的长短和雨量的多少,取决于冷暖空气的强度和进退的时间/一个人是否能够成功,除了天分、努力之外,还要取决( )其他一些主观和客观的因素。

0.2 本文讨论"V/A$_双$"(下面简为"V/A")后面的"于"在零形化过程中是如何导致形容词、不及物动词功能转变的。依次从四个方面分析:首先考察"V/A 于"的构成、类别及其"于"的性质,然后探讨"于"附缀化和零形化的历程以及历时演化与共时变异的关系,进而分析形容词和不及物动词因"于"脱落而获得的及物性功能,最后探讨导致附缀"于"错配与脱落的动因。

0.3 本文例句分别引自陕西师大编制的"汉藉全文检索系统"(二)和北京大学语料库以及通过网络搜索到的当前新闻报刊中的用例(长句略有删节)。为了便于核对,例句均注明出处。

1 类别——构造方式与附缀特征

1.0 本节考察"V/A 于"的类别及"于"的性质。根据结构方式,可以将"V/A 于"分为专用和通用两大类;④ "V/A 于"的"于"则分别处在"介词→后附缀→零形式"连续统的某一阶段。

1.1 "V/A 于"的类别。专用类"V/A 于"都是前有"不、有、无"等专用语素的三音节语法词。

根据语素之间的结构和层次关系,大致可以细分为两个小类:a 类都是由专用语素"不/有/无"+词根"V/A$_单$"+类后缀"于"构成的三音节语法词。主要有"不安于、不亚于、不便于、不次于、不等于、不甘于、不利于、不善于、不少于、不同于、不限于、不易于、不至于、有别于、有负于、有愧于、有碍于、有利于、有益于,无异于、无益于、无愧于"等⑤。例如:

(1)……昨日该片在宁试片,观众以及业内人士都对这部影片给予了较高的评价,认为《机器侠》有"笑泪并收"的效果,

不亚于刘镇伟的经典之作《大话西游》。(《〈机器侠〉在宁试片获肯定》,2009年08月15日)

(2)彭清华对中华民族复兴大业势不可挡的深刻描述……有益于香港社会认识国家、认识国家和香港的关系,从而抓住机遇,再创辉煌。(《国家发展启示深 香港机遇要抓紧》,2009年07月24日《文汇报》)

(3)作为年轻人,我们应以此次活动为契机,重温前辈的惊天伟业,追随先烈的光辉足迹,做一个无愧于先烈、无愧于历史、无愧于时代的人。(《向那些陌生的面孔说一声"抱歉"》,2009年07月21日《人民日报》)

a类三个语素间的构造层次,既有"(不/有/无＋V/A$_单$)＋于",也有"不/有/无＋(V/A$_单$＋于)"。a类的"于"可以脱落,专用语素也可以不用;所以,还可以兼有双音节词"V/A$_单$ 于"。例如:

(4)而中国移动也不得不面对这个现实:几乎所有的用户都在指责其资费过高,按流量计费不便于统计,以至于上网本和上网卡市场反应远低于预期。(《电信为时长计费"伤脑"》,2009年07月20日《第一财经日报》)

(5)而这个"上级"又往往或因为距离太远不便( )监督,或因为对于自己选拔的干部过于信任不会监督,或为了不担待失察之名而不愿监督。(《腐败"年轻化"监督权力缺失是主因》,2009年07月24日《法制日报》)

(6)要把工业园区作为重要载体,园区搞好了,可以实现土地的集约经营,便于各种经济要素的集约管理和科学配置,有利于吸引外来投资。(《经济平稳较快发展来之不易》,2009年07月17日《重庆日报》)

b类也是由专用语素"不/有/无"+词根"V/A$_单$"+类后缀"于"构成的三音节语法词,但b类"V/A$_单$"跟"于"不能单独组配。主要有"不齿于、不啻于、不绝于、不下于、不屑于、有悖于、有待于、有害于、有求于、有赖于、有损于、有助于、无助于、无损于、无疑于"等。例如:

(7)当厂方展开调查时,孙应该遭受了很大的压力,从某种程度上讲,这种压力<u>不啻于</u>接受正式的警察调查。(《富士康25岁员工跳楼自杀 厂方有多大调查权限》,2009年07月23日《法制日报》)

(8)如果指望外部力量,比如行政部门为学术界制定规则、建立制度,本身就<u>有悖于</u>学术活动的基本原则。(《六教授联合举报学术共同体的道德自觉》,2009年07月25日《新京报》)

(9)钱要么流入了上海股市这个赌场,要么用于维持破产营建商的性命,这<u>无助于</u>带动世界走出低迷。(《正在变化的中国改变着一些人的看法》,2009年07月10日《中国青年报》)

b类三个语素间的构造层次,只有"(不/有/无+V/A$_单$)+于",而没有"不/有/无+(V/A$_单$+于)"。b类也有"于"的脱落式,但专用语素是必需的;所以,均不能构成双音节词"V/A$_单$于"。例如:

(10)有人计算,胡士泰处心积虑地"为虎作伥",给国家带来的经济损失<u>不下于</u>上百亿。(《间谍门主角胡士泰一生谨慎 防偷听很少用手机》,2009年07月20日《重庆晚报》)

(11)在印尼棉兰,拥有地方教育局发出准字的中文补校约有50多家,没准字的或只有小规模的合起来大约<u>不下</u>( )百来个单位。(《中文补校是传授中文的"火把"》,2009年07月31日《人民日报(海外版)》)

总体上看,专用类"V/A于"除了构造较为特殊、数量相对封闭外,还有一些不同于通用类"V/A于"的特点:首先,专用类"V/A"跟"于"的共现率及其"于"的附缀化程度要略高一些。其次,由于"于"的脱落大多比较自由,所以,"于"的零形式的使用率与接受度也相对较高。

除了少数专用类以外,现代汉语中一般的"V/A于"都属于通用类。根据"于"前"V/A"原来的功能类别,可以分为三个小类:形容词、不及物动词和及物动词。例如:

(12)前不久,听说西部某地居然要打造"大唐文化"。听了一惊,口气大得没边儿。人家"大唐文化"早在一千年前就<u>辉煌于</u>世界了,用得着你来打造?(《文化可以打造吗》,2007年07月01日《人民论坛》)

(13)对于国内网游的运营模式,一直都是游戏开发商"伤透脑筋"的问题,绝大部分都是<u>徘徊于</u>按时间收费还是免费两者之间。(《国内多数网游涉嫌博彩 免费网游猫腻多》,2009年07月29日《中国信息报》)

(14)著者对史料长期坚持不懈的搜集整理,使该书具有充实的史料基础。书中反映的50%以上的人物传记和背景资料属于首次<u>披露于</u>出版物。(《保定军校将帅录:"发现"近代史》,2007年11月15日《广州日报》)

通用类是完全开放的,不仅数量众多,而且内部构造也多种多样。大多数通用类"V/A于"尽管在认知心理上乃至读音上"于"已跟

"V/A"组块(chunk),但在句法上还是应看做介词"于"先跟"X"一起构成介词短语,然后再充当"V/A"的补语。上面"辉煌于、徘徊于、披露于"的"于"都还保留着一定的介词功能和属性,"于"不能随意省略。当然,也有一小部分通用类的"于"已接近于类后缀,可以跟"V/A"一起构成三音节语法词,"X"可以分析为该动词的宾语。比如下面"热心于、从师于、接近于",虽然语文词典不收,但都可以分析为正在词汇化的三音节语法词。

(15)……戴安娜是英国王储之妻,热心于公益事业,拥有姣好面容,绯闻和话题也是不断。(《迈克尔·杰克逊生对了时代》,2009年06月29日《长江日报》)

(16)作为一名古典音乐的演唱家,戴玉强在艺术事业上所取得的成就令人难以望其项背。他先后从师于颜可婷、韩德章、马秋华、金铁霖、吴其辉等多位名师。(《戴玉强"高"到你心里去》,2009年06月24日《广州日报》)

(17)"黑客"这个词在10年前词义更接近于"大侠",但在今天的话语体系中基本等同于"罪犯"。(《黑客培训欲走入阳光 拿到千万风投震动互联网业》,2009年07月23日《中国青年报》)

如果着眼于"于"前的"热心"、"从师"和"接近"原来的词性和功能,可以认为三者分别是形容词、不及物动词和及物动词,但是,如果认为"热心于"、"从师于"和"接近于"正在或将要凝固成词,那么,也可以认为这三个"V/A 于"功能是一样的,都是及物动词。本文要着重探讨的,正是此类演化过程中的后两种"V/A 于",尤其是"于"脱落前后"V/A"的功能差异。例如:

(18)目前该村"和事老"协会会员已有17名……会员均

熟悉法律知识、热心( )公益事业,有的持有法律服务工作者执业证。(《中国首现"和事老"协会》,2009年07月14日《新京报》)

(19)同时他还是一位闻名军界的书法家,耄耋之年开始钻研书法,从师( )名家,经过20多年的历练,积累了近千幅书法作品,形成了自己独特的风格。(《吴西 百岁将军结墨源》,2005年04月20日《北京青年报》)

(20)若拿10万元投资地方债,以1.8%的利率计算,三年后可获得收益5400元,而这笔钱三年定存之后,以目前3.33%利率计算,可获利9990元,接近( )地方债收益的两倍。(《国内地方债缘何交易冷清》,2009年05月21日《人民日报海外版》)

从上面的对照可以看出,就"于"脱落引起的句法后果而言,及物性功能的从无到有,只对原不及物动词、形容词起到决定性的作用;至于原及物动词,不管"于"脱落与否,一般只会引起表达方式的改变。因此,原V是及物动词的"纠缠于、披露于、接近于"等,均不在下面讨论之列。

1.2 "于"的性质归属。由原形容词、不及物动词构成的通用类"V/A于"数量庞大、性质各异,其中的"于"由介词到类词缀构成了进化的连续统,所以,绝大多数"V/A于"的"于"都处在介词与词缀依违两可之间。那么,应该怎样认识这些处在过渡阶段的"于"的性质呢?我们认为,无论是从历时进化还是从共时变异的角度来看,严格意义上的介词和词缀都是少量的,绝大多数演化中的类后缀"于",其实质就是一个介乎于虚词和词缀之间的后附缀(enclitic)。⑥刘丹青(2008a,2008b:547—560)指出,动词后的前置词成为附缀(clitic),其宿主(host)不是后面的直接成分,而是前面的更高层次的支配整个介词短语的动词;韵律上前置成分与直接成分相分离,并导致其结构的分离。据此,可以这样认为:由于虚化成分本来就具有强烈的后附倾向,作为一个频繁地紧跟在谓词后面的介词,"于"在语音上又要受制于汉语特有的重音支派规则(冯胜利 2000:42—58),被前面的谓词所吸引。这样一来,附缀"于"在句法结构和韵律构造上就出现了附着方向和构造层次的错位:一方面,作为前置词的"于"仍是介词宾语 X 的直接成分,另一方面,作为后附缀的"于"与宿主"V/A"在音段上构成了临时的韵律词(prosodic word),进而组合成了动态的语法词。

由此可见,既然从"V/A"+"于 X"补语到"V/A 于"+"X"宾语之间存在着一个"介词→后附缀→零形式"的连续统,既然这些谓词后面的这个"于"是一个处于错配和脱落过程中的附缀,那么,从介词到后附缀之间的区别度以及零形式的接受度必然会相对含糊。这是因为:一方面客观现象本身一直处在不断变化之中,另一方面人们的主观认识也必然会有一定的差异。试比较:

(21)英国著名电视选秀节目《英国达人》脱胎于美国选秀节目《美国达人》,而《美国达人》的创意又来自红了八年的《美国偶像》。(《综艺节目又掀新浪潮 各大卫视开始差异化竞争》,2009 年 07 月 08 日《华商报》)

(22)在各个环节,最重要的不是一时的特殊待遇和条件,而在于长期、可持续的良好环境和适宜于创新的土壤。(《能否引来人才,全靠环境》,2009 年 04 月 29 日《人民日报》)

(23)从历史上看,各民族密切交往、和谐相处的时期……民族大家庭的经济越发展、社会越繁荣,越有利于促进各民族的

平等、团结和进步。(《共同团结奋斗 共同繁荣发展》,2009年07月24日《人民日报》)

三个"于"都呈现出附缀化倾向,前"于"还保留一定的介词特性,后"于"是典型的附缀,中"于"已经由前置转向后附,尽管附缀化程度还不高;这三个"于"都可以脱落。由此看来,除非"V/A"后的"于"还是典型的介词,否则,不管附缀化程度的高低,绝大多数由形容词、不及物动词构成的"V/A+于"中的"于",在一定的语境中都是可以脱落的。总体而言,除非能够进化为定位、黏着的词缀,否则,"于"的介词性越强,越不容易脱落,附缀化程度越高,越容易脱落。例如:

(24)2003年7月的南街村,仍然是一种异常于别的村庄的寂静。(《南街村:1.78平方公里上的"大同"》,2003年08月08日《南方周末》)

(25)改革开放30年来中国的迅猛发展,向世界充分展现了迥异于西方文化的东方文明,催生了全球"汉文化热"。(《巧实力、"3D"和柔性外交》,2009年06月11日《人民日报》)

(26)动画片《三国演义》出品方负责人周凤英介绍,《三国演义》集结了中日两国一流的动画设计团队,忠实于原著、场面宏大。(《动画〈三国演义〉原创动画首进成人电视剧领域》,2009年07月23《北京青年报》)

首句的"于"还是典型的介词,一般不能脱落;末句的"于"附缀化程度比较高,可以自由脱落;中句的"于"正处在后缀化的起始阶段,可以脱落但不够自然。由此可见,虽然"于"的零形化现象很早就已出现,而且,从韵律化和双音化的角度来看,无论这个"于"目前是介词还是后附缀,在一定的前提条件下,或者说发展到一定的阶段,都有可能脱落而成为零形式,但毕竟现在还有相当一些"V/A＋于 X"中的"于"的前置性强于后附性,还是不能随意省略而不用的。

总之,从介词到词缀是个附缀化(cliticization)过程,可是汉语三音节"V/A＋于"的实际情况却是:a. 还保留着严格意义上的介词特性的"于"非常之少;b. 绝大多数双音节谓词后的"于"都具有附缀化倾向;c. 几乎没有一个"于"能够真正转化为与"V/A"凝固的构词词缀;d. 由于受音步制约,有相当一部分的"于"在附缀化阶段会一再地脱落而逐渐消失。因此,不管是专用类还是通用类,除了少数典型介词外,"于"的零形化现象在附缀"于"演化的各个阶段都有可能出现,而这样的进程和变化正是汉语介词在双音节谓词后面的一个重要的类型特点。

2 发展——进化历程与演化性质

2.0 "于"的错配和脱落,从产生到发展既是一种共时的现象也是一段历时的过程。因此,本节将历时与共时结合起来,从纵向的角度观察和分析"于"的附缀化和零形化的历程与性质。

2.1 进化的历程。从历史发展上看,"于"的错配与脱落现象古已有之,形容词、不及物动词的及物化在古汉语中已初露端倪,但中古以前偶有出现,主要还是在隋唐以后的近代汉语中。例如:

(27)初,邈至长安,盛称东郡太守曹操忠诚于帝,操以此德于邈。(《后汉书》卷42·光武十王)

(28)夫善著则祚远,勋彰故事殊。以宣孟之忠,蒙后晋

国;子文之德,世嗣获存。故太尉冲,昔藩陕西,忠诚( )王室。(《晋书》卷74·桓彝)

(29)帝不自反,而迁怒于脱欢,此则狃于功利之习,不能为世祖讳者焉。(《新元史》卷114·列传第11)

(30)俄御史周家栋指陈时政,语过激,帝迁怒( )元珍等,皆除其名。(《明史》卷231·列传第119)

不过,总体而言,文言文中"于"的脱落现象并不普遍,这是因为古人写文言时的基本心态和做法是拟古和泥古,所以,有些"于"的零形化现象即使在当时口语中已经出现,写出来的文言大多还是会保留"于"。值得注意的是,由于大多数双音节形容词、不及物动词本身的词汇化在中古汉语中还没有彻底完成,因而出现了一些"VO+O"脱落式与"V+OO"双宾式的纠葛现象。⑦例如:

(31)欲起,因失衣,不能言,昼漏上十刻而崩,民间归罪赵昭仪。(《汉书》卷97下·外戚下)

(32)时人说皇甫嵩之不伐,汝豫之战,归功朱俊,张角之捷,本之于卢植,收名敛策,而己不有焉。(《后汉书》卷71·皇甫嵩、朱俊)

上面的"归罪+X"和"归功+X",从句法结构看,既可以分析为脱落式,也可以分析为双宾式。然而从语言进化历程看,汉魏时期的"归罪"和"归功"都还未词汇化,"归功于+X"和"归罪于+X"还很少出现,所以,分析为双宾式更符合语言实际。当然,像下面这样叙述同一件事情,不同的作者先后采用了两种相近的格式,显然不会是双宾式,而是应该分析为附缀"于"的脱落式:

(33)其文章一以气为主,博而敏,直而不肆,自成一家言。而于诗文尤有法,尝语学者曰:"诗当取材于汉魏,而音节则以

459

唐为宗。"(《元史》卷190·列传第77·儒学二)

(34)黄溍评其文,博而敏,直而不肆。载亦谓溍曰:"子之文,气有未充也,然已密矣。"溍叹服。尤工诗,尝语学者曰:"诗当<u>取材( )汉魏</u>,而格律则以唐为宗。"(《新元史》卷237·列传第134·文苑上)

相对而言,古白话更接近于当时的口语,双音节形容词、不及物动词的词汇化程度也比较高。所以,大多数白话体裁的小说、笔记当中的带宾格式,都可以分析为附缀"于"的脱落式。例如:

(35)有命在身,而浪游如是,虽近于放纵者之所为,然世之奔走京华,<u>热心( )利禄</u>者视之,能无愧否?(清·胡思敬《栖霞阁野乘》)

(36)疏奏,圣祖恻然,凡议绞者改编成,汪灝以曾<u>效力( )书局</u>,赦出狱;方苞编旗下;尤云锷、方正玉免死,徙其家。(清·佚名《康雍乾间文字之狱·戴名世之狱》)

到了晚清、民国,甚至在《清史稿》这样比较正式的文体中,脱落现象也已相当普遍了。例如:

(37)昔李光地有此请,朕以为不可轻举者,盖北方水土之<u>性迥异( )南方</u>。(《清史稿》卷49·李光地传)

(38)道光六年,张格尔复<u>求助( )浩罕</u>入寇,约破西四城,子女玉帛共之,且割喀什噶尔酬其劳。(《清史稿》卷529·列传316·属国四)

到了现代汉语,错配和脱落现象发展速度明显加快;尤其是进入新世纪,语言的交际方式进入了互联网时代,传播的方式和频率大大加快,附缀"于"的各种零形式,出现得更频繁了。

2.2 演化的性质。从演化过程看,偶尔乃至频繁出现的脱落现象毕竟还是语用变异,这些"V/A"在其他的分布中,还是会按照其以往的功能参与搭配与分布。所以,上面分析的"忠诚、热心、迥异"、"迁怒、取材、求助"等,一直都被认为还是形容词、不及物动词。譬如韩国学者金鐘讚(2004:37)就认为:"《进明中韩大词典》将'归罪'立为动词是有问题的,'归罪'如同'归功'一样,不能独立运用而只能跟'于'结合在一起出现。"其实,"归罪、归功"早在明清就可以不带"于"了:

(39)边洪带刀跟出门外,即抽刀砍死孙翊。妫览、戴员乃归罪( )边洪,斩之于市。(《三国演义》第38回)

(40)自幸有功于女,复请先容。夜间,女来称谢。杨归功( )王生,遂达诚恳。(《聊斋志异·连锁》)

由此看来,通过零形化而获得的及物性功能,由于分布不广、用频不高等原因,重新分析(reanalysis)往往较难实现,所以,尽管也有一些词的功能改变已经得到了语法学界的承认,⑧但是还有相当一些词因"于"脱落而形成的语法后果或者说功能变异,至今还没得到语法学界的重视与认可。

从个体的进化看,即使某个"V/A"后的"于"已经可以脱落,但零形化是个渐进的过程——从个人的、临时的语用手法发展到普遍的、固定的语法功能,需要相当一段时间。因此,零形式在不同的发展阶段必定会存在不同的出现率和接受度。比如形容词"快乐、痛苦、放肆"后的"于",虽然在一些当代博客上已经可以看到其零形化的端倪,但其出现率和接受度都还是比较低的:

(41)感情的事真的不能勉强,只有两情相悦,才会真心关心、欣赏对方,才会快乐( )对方的快乐,痛苦( )对方的痛苦,而如果只有你在乎,他不在乎,那注定受委屈的、受痛苦的都是

你。(《我忍受了你两年的虚伪》,2005年07月08日天涯社区)

(42)同样,道德制度的崩溃,会导致任何人都可以<u>放肆( )欲望</u>而没有约束,更严重的,有野心的人会窥伺大权而无需任何借口。(《"评论随笔"嘉靖大礼议事件始末》,2007年04月04日天涯论坛)

不过,尽管此类用法还不是很常见、很自然,但毕竟代表着这三个词动词化的发展方向。再比如:

(43)我伤心的不是你现在不爱我了,是<u>伤心( )你的态度</u>,你知道吗?你的态度伤害了我。(《真的是这样吗?》,2007年02月17日新浪博客)

(44)我不在乎他是否救人,他能自救也是不错,<u>寒心( )他事后的高论</u>。换个角度,如果范美忠是你的爱人、儿子,你会期待他如何做呢?(《那一刻地动山摇》,2009年5月《新教育》)

"伤心"和"寒心"作为曾经的形容词,其带宾分布的出现率和接受度都还不太高,但由于"于"的脱落,至少已经开始获得及物功能。比较而言,"伤心"的及物性用法才刚出现,而"寒心"的动词化进程的重新分析过程也已经完成。可见,错配和脱落是附缀"于"演化的两个阶段,错配是前提,脱落是结果,无论前项是不及物动词还是形容词,介词"于"从附缀化到零形化,都要经历一个从个人到大众、从变异到惯用、从临时到恒定、从语用到语法的演进定型过程。

3 后果——词性转类与功能扩展

3.0 "于"的零形化后果就是,一部分形容词和不及物动词的功能及物化——从近代一直到当代,由于"于"的零形化,一些形容词的词性发生了转变,一些不及物动词的功能得到了扩展。

3.1 二价形容词的及物化。总体而言,二价形容词在语义上都需要关涉另一个对象成分,在动词化之前,由于一般不能带宾语,其关涉的对象如果要想在句法表层中出现,就必须借助于介词(或称"格标记"),要么借助于前置的"对",要么借助于后置的"于"。还以"忠诚"为例:

(45)在回答大学生还应提高哪些素质的问题时李肇星说,当代大学生首先要对祖国忠诚,不要问祖国会给自己什么,而要问自己会给祖国带来什么……(《李肇星受聘青岛大学兼职教授》,2008 年 05 月 04 日《青岛早报》)

(46)杨庆文用生命谱写了忠诚于祖国、忠诚于事业的人生壮歌。(《碧波映忠魂》,2009 年 07 月 16 日《经济日报》)

随着协调音节或语用表达的需要,"忠诚于"的"于"在某些搭配中就可以甚至须要脱落。例如:

(47)编队副指挥员殷敦平说,我们的军舰驶向大洋之际,都要举行向祖国宣誓的仪式,以激励官兵忠诚( )祖国,不辱使命。(《祖国,请等候我们好消息》,2008 年 12 月 29 日《解放军报》)

"于"的零形式用法一旦被推广、认可,曾经的二价形容词也就成了二价及物动词了。再比较:

(48)……要忠实于法律和制度,忠实于人民利益,忠实于事实真相;要保证人民在自己的法律面前人人平等,不允许任何人有超越法律的特权。(《人民共和国的制度特征与发展进程》,2009 年 08 月 04 日《红旗文稿》)

(49)西南法学论坛在规则中明确提出:"不得相互吹捧,忠实( )事实和学术",这让西南法学论坛以学术争鸣激烈、学术批评狠辣在法学界名声大噪。(《以狠辣著称的学术论坛大变味》,2005年08月18日《中国青年报》)

在通行的语文词典中"忠诚"和"忠实"都被明确标注为形容词,但根据二者的分布和用频,我们有理由认为"忠诚"和"忠实"的动词化功能在形成中,而且已接近于完成。据调查,正在或已经转化的形容词,除了专用类"V/A"之外,主要有"惊奇、惊疑、惊异、惊骇,热心、痛心、专心、伤心、寒心,忠诚、忠实,痛苦、难受、难过、淡漠、快乐、高兴、兴奋,适宜、适用"等。

除了涉及对象的二价形容词以外,一些表示异同类的二价形容词"迥异、相似、相同、类似"等,也可以通过"于"的脱落而及物化。比如"迥异"后"于"的脱落,在清季就已经出现:

(50)此蜀党之学,所以<u>迥异于洛党</u>,亦毋庸执一格相绳。(《四库全书总目提要》卷120·杂家类四)

(51)故所取甚约,而大义已皆赅括,<u>迥异( )后来钞撮朱子之说</u>,务以繁富相尚者。(《四库全书总目提要》卷35·四书类一)

发展到现代汉语,一些在形容词后引入比较对象的"于",也已经开始出现脱落的现象。例如:

(52)对此,在国外有人高调赞誉中国模式,我们应保持足够的清醒,在有人夸奖中国模式<u>优越于以美国为代表的西方模式</u>面前,我们更应主动卸下"模式对立"的负担,辞谢未必符合中国发展实际的虚誉。(《国际观察:不必忙着给发展中国家传授中国模式》,2009年07月01日《长江日报》)

(53)学习古人,了解我们祖先的伟大艺术创造,并不是让我们找到什么心理平衡,面对我们先人曾<u>优越( )</u>西方的发明创造,面对发达国家飞速发展的科技,想想今天我们国家科技发展的水平位置,我们需要做得更多的是借鉴、继承、发扬,再发明,再创造。(《核舟记·语文教案》,2006年04月18日中学语文教学资源网)

随着"于"的零形式分布呈现常态化、当带宾语分布占据相对优势、及物性动词功能得到普遍认可之时,这些形容词就会正式转变为及物动词,原形容词也就转化为形、动兼类词了。

3.2 VO型不及物动词的及物化。二价不及物动词的构词模式上有一个相当明显的特点,大多数都是原VO型动宾短语固化而来的,这类动词的及物化现象最为普遍。试看VO式动词"钟情":

(54)名士沉沦,美人坠落,怜卿怜我,同命同心,此侯朝宗所以<u>钟情于李香君</u>,韦痴珠所以倾心于刘秋痕也。(《玉梨魂》第4章·诗媒)

(55)兹更录数篇,借此可见卧子<u>钟情( )河东君</u>,一至於此也。(《柳如是别传》第3章)

再譬如,在近代汉语"归功、归罪"及物化的类推作用下,现在"归咎、归位"也已及物化了。

(56)在禽流感的阴影下,人类理所当然地采用了莫菲法则:遇到功劳留给自己,碰到难题(灾难)<u>归咎( )他人</u>。(《湿地是人类抵御禽流感的屏障》,2006年01月24日《新京报》)

(57)大家都很文明,看完了,不买的,就<u>归位( )原处</u>;要的,就规规矩矩付钱;从没有发生孔乙己之类的事。(《城南旧事:京城逛旧书店》,2004年11月10日人民网·读书沙龙)在当代汉语中,甚至连"签约、致敬"这类才刚词汇化的VO型动词,也都可以直接带宾语了。例如:

(58)几年前,叶蓓以她那与生俱来的清新和未泯的稚气被高晓松发现,<u>签约于麦田旗下</u>,从此走上了歌手之路。(《叶蓓稚气未脱》,2003年12月19日今晚网)

(59)原"达达乐队"主唱彭坦日前以个人身份<u>签约( )太合麦田</u>,单飞的彭坦目前正在制作新专辑《少年故事》,首支主打单曲《风儿带着我们飘》已于日前曝光。(《"达达"乐队解散主唱彭坦单飞<u>签约( )麦田</u>》,2007年05月24日中国娱乐网)

"有N$_单$于"与前加专用语素的专用类"有/无/不 V/A$_单$于"不尽相同,也可归入VO型。⑤例如:

(60)对<u>有志于扎根基层</u>、服务农村的优秀大学生"村官",进行重点培养,通过程序选任村"两委"负责人。(《图解重庆大学生"村官"工作》,2009年07月31日《中国人事报》)

(61)城乡教师待遇如此"冰火两重天"……也难怪那些<u>有志( )扎根农村教育</u>的应聘学生,更青睐于珠三角富裕县区,而不愿去贫困县区。(《城乡教师待遇缘何"冰火两重天"》,2009年06月03日《检察日报》)

根据调查,除了那些专用类的零形式以外,已经或正在及物化的原VO型不及物动词主要有:"献身、投身、置身、委身、效力、致力、着力、得力、得利、钟情、移情、寄情、听命、受命、领命、就业、就职、起兵、起事、求学、服役、求诊、着眼、露面、立意、埋首、埋头、倾心、醉心、脱胎、从师、执教、受聘、供职、媲美、毗邻、栽赃、取材、寄望、毕业、领先、造福、嫁祸、还政、感恩、有志、有恩、有功"等。这些 VO 型动词原来也都是二价动词,都要涉及另一个对象,只是受构词方式的限制不能直接带宾语,所以,功能及物化之后,语义上并没有增价。

除了 VO 型不及物动词外,还有少数非 VO 型的二价不及物动词,借助"于"的脱落也及物了。比如"服务、就学、就读、局限、倾向、浸润、惊异、折服、受制、相交、共现"等。例如:

(62)比如,为了让互联网更好地服务于人们,胡锦涛总书记就曾专门作过指示:要把互联网建设好、管理好、发挥好,让互联网真正为人们所用,造福于人们。(《官员上网不能叶公好龙 网络优势应成执政生产力》,2008 年 08 月 29 日《法制日报》)

(63)金头相说,"就像上海世博会口号一样,'城市让生活更美好',幸福集团牢记'正直'的社训,坚持正道经营,秉承'用最高品质的产品,以最完善的服务来实现人类健康'的经营理念,服务( )人们的美好生活"。(《韩国幸福株式会社会长金头相:瞄准中国银发经济》,2007 年 12 月 17 日《中国经济周刊》)

从上面的分析可以看出:形容词转变为及物动词与不及物动词转化为及物动词,从支配论元的角度来看,二者具有内在一致性,二者都是本来不能直接带宾语的谓词,通过"于"的附缀化和零形化,在句法上获得了可以直接支配对象论元的能力,实现了及物化。需要指出的是,形容词和不及物动词逐渐获得带宾功能转向及物动词,是汉语形容词、动词的一个重要的发展趋势,这一功能的形成有着多方面的原因,其中附缀"于"的零形化,无疑是其中最

467

重要的促发因素之一。

4　动因——韵律制约与语用驱动

4.0 导致"于"脱落的基本动因就是"V/A 于"受到双音节音步的韵律节奏制约,次要的动因就是因附缀的"于"的功能羡余性和"V/A+X"格式表达的经济性而形成的语用需求的驱动。

4.1 双音化趋势与韵律化制约。认知心理学的研究表明,人的大脑理解语言是一个信息加工的过程,为了增强记忆和运用的效率,人们总是尽可能地将能够组合相邻的语言单位放在一起,这就是认知心理学所说的组块(chunking)过程(陆丙甫 1986)。就附缀"于"的情况而言,"于"跟宿主"V/A"本来并不在同一个句法构造当中,由于紧邻共现和类推效应[⑪],在心理上和认知上就有可能被压缩到一个附缀化组块之中,这是汉语谓词后介词的一个基本的类型特点。然而,从韵律的角度看,根据冯胜利(2000:146—198)的观点,韵律现象中最小的独立单位就是音步(foot),音步是由音节(syllable)构成的,音步与韵律词之间的关系是一种实现关系,汉语的韵律会促发句法的运作和调节。这就导致了同为"动介组块"的"V/A$_单$+于"和"V/A+于"呈现出完全不同的结果:在"V/A$_单$"和"于"的组合中,附缀构造与韵律音步正好契合,所以,相当一部分附缀"于"完成了向词缀"于"的转化,"于"进入词内得以保留,汉语中出现了"位于、勇于"等一批词根+构词后缀的"V/A$_单$ 于"式双音节词。然而,双音节"V/A"和"于"的附缀构造,除非"X"正好是单音节的,比如"忠诚于党、受命于天",也可以实现为整齐的音步,否则,就会形成矛盾:附缀化的后果是形成了一个个超音步的构造,而韵律制约的作用却是要将超音步压缩为一个或两个音步。这样一来,一方面三音节的"V/A 于"不断地出现进而凝固成语法词,另一方面许多即将定型的甚至尚未定型的三音节"V/A 于"的"于"又脱落了。在这一此消彼长的过程中,后附缀很难完成向词缀的转化。附缀化的作用就在于从操作工序上先将介词"于"纳入宿主"V/A 于"的组块之中,尽管从分界转移到成为词缀是个漫长的甚至难以完成的过程,但附缀化为此后的"V/A 于"在韵律上受制约,并最终导致"于"的脱落,奠定了语音上乃至结构上的基础。请比较:

(64)初,谭元澄为岚州刺史,尝<u>有/恩/于/晟</u>,后坐贬于岳州;比晟贵,上疏理之,诏赠元澄宁州刺史。(《旧唐书》卷133·列传第83)

(65)张昭曰:"可差人往鲁子敬处,教急发书到荆州,使玄德同力拒曹。子敬<u>有恩/于/玄德</u>,其言必从;且玄德既为东吴之婿,亦义不容辞。若玄德来相助。江南可无患矣。"(《三国演义》第58回)

(66)我倒觉得,实际上,农民为我们国家的发展做出了相当大的牺牲,做出了巨大的贡献,应该是农民<u>有恩于/国家</u>,<u>有恩于/中华民族</u>,更有恩于/中国的工业化和城市化。(《国家政策要对得起付出巨大牺牲的农民》,2007年07月10日《中国经济时报》)

(67)谁都无法否认金昶伯对中国女曲的贡献,但在2008夺金的死命令下,女曲主帅的易人成为必然。长达4年的厮守,就这样黯然告别。到底谁对不起谁,恐怕没有答案。老金<u>有恩( )/中国</u>,没有金昶伯,就没有中国女曲的今

天,更没有北京奥运夺冠的妄想。(《谁对不起谁?》,2004
年11月11日《球报》)

首句"有"、"恩"、"于"都是独立的词;次句"有恩"已凝固成词,"于
X"做补语;三句的"于"虽然仍是介词,但"有恩于"已组块而结合,
末句"有恩中国"的"于"因韵律制约而脱落了。

总之,无论是介词还是附缀,"于"一旦跟"V/A"构成三音节
的"V/A于",在读音上就成了一个超音步。可是,自古以来双音
化一直是汉语中最基本和最普遍的韵律取向,三音节的超音步自
然是不稳定的,一旦有可能——结构上和表达上不会引起误解,就
有可能脱落,由偶然、临时的脱落逐渐发展成为经常、定型的零形
式。比较一下 VO 式动词"委身"后附缀"于"的隐现:

(68)俶扰之后,浓委身於立动大将家,易姓章,疏封大国。
绍兴中,左因觅官赴阙下,暇日行天竺两锋间。(《词苑萃编》
卷13·纪事四)

(69)後稼委身( )立熏大将,易姓章,对大国。绍兴中,因
觅官行阙,暇日访西湖两山间,忽逢车舆甚盛,一丽人搴帘顾
誉而謦曰:……(《蕙风词话》卷4·意内言外)

两句说的是同一件事,"于"的使用与否显然具有一定的任意性。
再看形容词"痛心"后的"于":

(70)观夫武氏称制之年,英才接轸,靡不痛心于家索,扼
腕于朝危,竟不能报先帝之恩,卫吾君之子。(《旧唐书》卷6·
本纪第6)

(71)龙川痛心( )北虏,亦屡见于辞,如水调歌头云:"尧
之都,舜之壤,禹之封,于今应有,一个半个耻和戎。"(清·冯
煦撰《蒿庵论词·论陈亮词》)

"痛心"与"痛心于"相比,不用"于"显然更为严整、更加简洁,所以也就没有用"于"。同样,现代汉语"忠诚于 X"和"忠诚 X"的选择差异,也可以证明附缀"于"脱落的韵律动因:

(72)我军是党缔造、领导和指挥的人民军队,<u>忠诚于党(比较:? 忠诚党)</u>是人民军队最根本的政治要求,是当代革命军人核心价值观的灵魂。(《建党88周年:人民军队永远忠诚于党》,2009 年 07 月 01 日《解放军报》)

(73)……无论是在野战部队还是在地方部队,无论是当通用学员、一般干部还是担任领导职务,我始终坚持<u>忠诚祖国(比较:? 忠诚于祖国)</u>、牢记使命。(《祖国,我想对您说》,2009 年 07 月 21 日人民网·军事频道)

(74)改革开放 30 年来,我潜艇部队不断提高应对多种安全威胁、完成多样化军事任务的能力,在波涛汹涌的洋面上下,谱写了一曲曲<u>忠诚祖国(比较:忠诚于祖国)</u>和人民的壮丽凯歌。(《军报披露海军潜艇训练范围已超越第二岛链》,2008 年 12 月 18 日《解放军报》)

(75)在思想上、行动上时刻与党中央保持高度一致,坚决贯彻落实中央的方针政策和决策部署,<u>忠诚于党</u>、<u>忠诚于人民</u>、<u>忠诚于祖国(比较:? 忠诚祖国)</u>。(《今天我们怎样学习焦裕禄》,2009 年 05 月 20 日《人民日报》)

"忠诚于党"和"忠诚于祖国"结构关系是一样的,但韵律节奏不同,前者正好两个音步,后者是一个音步加一个超音步;所以,首句的"于"不宜省略或者说不能脱落;次句如果出现"于"反而不协调;三句可以补出"于",不用更为简洁;末句后两个"于"可以不用,但表达上有点不协调。上述句法选择,正好可以回答为什么"于"在单音节谓词后可以直接由介词转化为词缀,在双音节谓词后面却很难转化为真正的词缀,而只能处于介词→附缀→零形式这一不断变化的连续统当中。

4.2 功能的羡余性与表达的经济性。Hopper & Traugott(1993:168)曾经指出:"He(指 Givón,引者)proposed(1979:209)a path of grammaticalization of the type:discourse＞syntax＞morphology＞morphophonemics＞zero."(他提出了这种类型的语法化途径:话语成分＞句法成分＞构词成分＞形态音位成分＞零形式)沈家煊(1994)也曾指出:"语法化格的各种表现形式可以排成一个等级,语法化的程度越高就越倾向于采用形尾和零形式:词汇形式(＞副词)介词＞词缀/形尾＞零形式。"可见,无论从哪个进化序列来看,零形式无疑都是语法化发展的最后阶段。汉语由于没有形态变化,"于"如果不能成为"V/A 于"的构词成分,也不可能成为形态成分,就只能脱落,走上了零形化道路。既然是语法化的最终阶段,那么,发展这一阶段,附缀"于"在句法上和语义上已完全羡余化了,只是在语音上保留一个音节,因此,发话人在使用"V/A 于 X"构造时,只要不违背韵律节奏,就可以根据不同的语用需要对"于"加以保留或予以省略。例如:

(76)人受命于天,固超然异于群生,入有父子兄弟之亲,出有君臣上下之谊,会聚相遇,则有耆老长幼之施。(《汉书》卷56·董仲舒)

(77)朕受命上天,安养万姓,思遵圣法,以德化人,朝夕孜孜,意在于此。(《隋书》卷73·循吏)

后句的"于"在韵律上不是必需的,所以,根据匀称简洁的语用需要就可以略去。再看现代用例:

(78)山西变废为宝,每年利用的煤层气已经达到1.2亿立方米,随着煤层气开发利用力度的不断加大,这一曾经的矿难杀手将更好地造福于人类。(《科学发展:立足山西优势实现转型发展》,2009年07月16日人民网)

(79)在干细胞研究以及其他领域的科研活动中,应该坚持"对人的生命和尊严的维护与尊重"的原则,既不阻碍科技的发展,又加以约束,保证科学技术用来造福人类。(《爱因斯坦的忠告》,2009年07月17日《人民日报》)

既然"于"在句法功能上已经不起作用,那么,"造福于人类"的"于"就完全是羡余性的,可以自由脱落,而且,不用"于"反而显得更简洁、更顺畅。再以VO型不及物动词"感恩"为例:

(80)人是社会的人,社会和祖国给予我们和谐安定的良好环境,我们自然要回报于社会,感恩于祖国。(吕旭峰《关于感恩意识与感恩教育的思考》,2006年第5期《上海师范大学学报》)

(81)生活中要感恩于父母。生命乃父母所赐,成长皆父母之劳,这种养育之恩一生也报道不完。俗话说"滴水之恩,当涌泉相报"。(《组工干部要常怀感恩之心》,2008年07月14日中国共产党新闻网)

"感恩"作为原不及物动词,要表达"感恩"的对象,不用前置的"对X"就要用后置的"于X"。然而,下面都用"感恩X"格式,这一方面与韵律有关,另一方面也是出于经济性的语用需要:

(82)据工作人员介绍,"感恩祖国"水墨组画由八十多位画家集体创作完成,在历时四个月创作中,有的画家不顾年老多病坚持创作,有点画家白天上班,夜晚加班,不下一线,只是为了"表达作为灾区艺术家感恩祖国、感恩世界的虔诚之心"。(《"感恩祖国"水墨组画现杭州》,2008年11月20日《大公报》)

(83)据理工大学附属学校校长杜欣介绍,10月份以来,学校的每个班级都陆续设计、开展了以"感恩父母"为主题的班会活动。……在采访中,记者发现,感恩父母的教育不仅给学生带来了很大的变化,学校的教师们也深受感染。(《感恩教育让学生学会感激》,2005年11月21日《大连日报》)

相比于"V/A于＋X","V/A＋X"不但结构更加紧凑、简洁,而表达也更加直接、有力。再比较:

(84)面对从基层到首都的惊人一"跃",这位博士感到很知足,但这并不等于满足,而是一份深深的珍惜与感恩之情,感恩于自己的艰苦努力终有回报,感恩于社会的公平、公正,感恩于父母以及故乡水土的养育。(《组工干部应做"知足、知不足与不知足"的模范》,2008年08月05日中国共产党新闻网)

(85)因此,我们首先要感恩父母。对父母的感恩是儒家精神的根本性意识,是一种心理情感的境界。……感恩父母的支持,感恩父母的鼓励,感恩父母的无私的爱。我们说,感恩父母是做人之本。(吕旭峰《关于感恩意识与感恩教育的思考》,2006年第5期《上海师范大学学报》)

总之,"于"的脱落跟韵律有关,也跟"于"的羡余性及"V/A＋X"的经济性适合特定语用需要有关。

5 结语和余论

综上所述,可以归纳为:首先,从构造层次看,汉语中存在着专用和通用两类三音节的"V/A于"词语连续统;而且,由于几乎所有的附缀"于"在形成中就会脱落,所以,真正的"V/A于"三音节词汇词几乎没有。其次,从进化性质看,从附缀"于"脱落到"V/A"功能的及物化是个发展的过程,从附缀体"V/A于"到零形化"V/A"要经历由语用变异到语法规则的演化过程。再次,不管"于"的附缀化程度如何,脱落的后果都是导致原形容词和不及物动词的及物化。最后,双音节音步的韵律制约是导致附缀"于"脱落最基本的动因,附缀"于"的羡余性以及零形式表达的经济性能适合严整、简洁的语用需要,也驱动了"于"的零形化发展。

就语法化的一般机制来看,当实词转化为虚词以后,如果该虚词进一步发展,最终往往是进入词的内部成为词内成分,这一点汉语表现得比印欧语更为充分。在印欧语系中,语法化发展到最后阶段,许多虚化成分往往成为形态成分,而汉语由于没有严格意义上的形态成分,虚词发展到最后的阶段,不能进入词内就只好成为零形式。附缀"于"零形化的句法后果是:赋予"V/A"的及物性并制约"V/A+X"的韵律性。从整个发展过程来看,虽然零形化的"于"脱落后在形式上是彻底消失了,但是,就其产生的影响而言,"于"在零形化乃至附缀化进程中所留下的句法后果却实实在在地保留了下来,因为"于"的零形化并不是简单地压缩掉一个介词,正相反,它在脱落的过程中已经对前面谓词的功能施加了深刻而重要的影响。就这个意义而言,零形式的"于"作为隐性的语迹(trace),化作句法功能已被保留在那些功能转变和扩展的形容词和不及物动词中了。

如果将附缀"于"的进化程序与后果跟北京话附缀"在/到"相

比较,就可以发现,"V/A$_单$"+"在/到"的演化导致有三条途径、三种后果:一条是语音弱化后经重新分析,成为专用附缀"得"(de)(赵元任 1979:178);另一条跟"于"相似,由介词而附缀,由结构错位而导致脱落,走上了零形化的道路,比如"放在桌子上～放桌子上,倒到水缸里～倒水缸里"(郭熙 1986);再一条是有少数"在/到"保持原读音由分界转移而进入词内,构成"好在、来到"等双音节词。这样看来,动词后面不能有地道、紧邻的介词短语存在(刘丹青 2008a),固然是汉语介词的基本类型特点,但不同介词或同一介词的发展和演化,却可以有不同的途径与结果。由此可见,零形化这种语法化现象,虽然在汉语中要远少于进入词内成为构词成分,但绝不是只有"于"一个,也不是只有一种模式,所以,深入研究汉语虚词的零形化在汉语语法化中的性质和作用、地位与价值,无疑具有深刻的理论意义和相当的实用价值。

附 注

① 在汉语史上,"于"和"於"的来源、读音和用法曾有一定的区别,但从先秦起就开始趋同乃至通用,到了近、现代,介词"於"大多并入"于"。由于本文主要研究近、现代汉语的"于",所以,不加区别一律用"于"。

② 位于介词"于"前面的动词、形容词与位于后缀"于"前面的动词性语素、形容词性语素之间,存在着依存进化关系,两者之间界限相当模糊,见仁见智,为便于行文,本文一律用"V/A"来标示。

③ 为了使本文分析中提到的形容词、动词的词类地位和词性的判断有一个比较客观的标准,凡是本文讨论中认为成词的"V/A$_单$ 于",如"陷于、勇于",都是《现代汉语词典》(2005 年版)和《现代汉语规范词典》作为词条立目的;凡是本文分析时提到的各个形容词、动词的词性,认定标准也都是以这两本词典的词性标注为依据的。

④ 金鐘讚(2004)、龚娜(2006)根据各自的标准都是将"X 于"分为三大

类,但都没有区分通用类与专用类。

⑤ "以至于、以便于,有关于、甚至于"的构造层次与专用 a 类较为相似,但分别是连词、介词、副词,不在分析之列。另外"何至于、何止于"的构造也与专用 a 类比较接近,但"何"不是专用语素,本文也不予讨论。

⑥ 关于附缀的性质和作用以及与汉语虚词尤其是与动词后面介词的联系,笔者主要受益于刘丹青(2008a、2008b)的介绍和分析。有兴趣的读者还可以参看 Zwicky, Arnold & Geoffrey Pullum(1983)Cliticization vs inflection: English n't. *Language* 59(3)以及 Zwicky, Arnold M. (1985)Clitics and particles. *Language* 61(2)的相关论述。

⑦ 汉语中的"VOO"构造,到底是"V"带双宾还是"VO"带宾,存在着一定的纠葛。我们认为,这个问题涉及"VO"词汇化的时代过程,必须以历时发展的具体演化进程为基准,不同时代的用例,需要作不同的分析。

⑧ 在《现代汉语词典》、《现代汉语规范词典》中"淡泊、充实、方便、熟悉、稀罕、满足、宽大、便利、清醒、寒心、用心、有心、惊心、忧心、痴心、担心、恶心、小心"等词,均已标注了形容词、动词两种词性。同样,在这两本词典中,"起草、跃居、侨居、立足、成立、闻名、称霸、造福"等词,也已经列出了及物动词用法了。表明这些曾经的形容词和不及物动词,功能转化与重新分析已经完成,得到了语法学界的普遍认可。不过,正因为处在转类过渡期,所以,有时也会出现认识的分歧,比如两本词典对"适销"和"适用"分别标注为动、形与形、动。

⑨ "有恩、有志、有功"也可以归入专用 b 类,但"恩、志、功"是名素,所以,归入 VO 型动词更确切些。

⑩ 主要是受一大批的"V/A$_{单}$+于"已经由结构错配而组合成块,进而凝固成词汇词的类推化影响。

参考文献

董秀芳　2006　古汉语中动名之间的"于/於"功能的再认识,《古汉语研究》第 2 期。

方　梅　2005　认证义谓宾动词的虚化——从谓宾动词到语用标记,《中国语文》第 6 期。

冯胜利　2000　《汉语韵律句法学》,上海:上海教育出版社。

龚常木　2001　也谈语法中的零形式,《江西师范大学学报》第 4 期。

龚　娜　2006　《"X于"结构的多角度考察》,湖南师范大学硕士学位论文。

郭　熙　1986　"放到桌子上""放在桌子上""放桌子上",《中国语文》第1期。

金鐘讃　2004　试论"双音节＋于"的句子成分,《语言研究》第3期。

李宗江　2003　句法成分的功能悬空与语法化,《语法化与语法研究》(一),北京:商务印书馆。

刘丹青　2008a　《从普通语言学看虚词的性质和汉语虚词的分类》,第三届汉语虚词与对外汉语教学研讨会(浙江湖州,2008年5月1—3日)大会演讲稿(根据会议记录,未经本人审核)。

──────　2008b　《语法调查研究手册》,上海:上海教育出版社。

刘红妮　2009　汉语词汇化研究的发展历程,《上海师范大学学报》第5期。

陆丙甫　1986　语句理解的同步组块过程及其数量描述,《中国语文》第2期。

邵龙青　1984　汉语语法分析中的零形式,《语文研究》第1期。

沈家煊　1994　"语法化"研究综观,《外语教学与研究》第4期。

孙茂松　1998　"取决"与"来源"小议,《中国语文》第6期。

吴福祥　2006　语法演化的共相与殊相,见《语法化与汉语历史语法研究》,合肥:安徽教育出版社。

谢雯瑾　2009　"X于"中"于"进一步语法化对"X"配价增值的影响,《南开语言学刊》第1期。

赵元任　1979　《汉语口语语法》,吕叔湘译,北京:商务印书馆;英文原版1968年。

Heine, Bernd, Ulrike Claudi and Fruederike Uünnemeyer 1991 *Grammaticalization: A Conceptual Framework*. Chicago: The University of Chicago Press.

Hopper J. Paul & Elizabeth Closs Traugott 1993 *Grammaticalization*. Cambridge: Cambridge University Press. (《语法化学说》,外语教学与研究出版社,剑桥大学出版社,2001年)

后　　记

2009年8月21至22日,第五届汉语语法化问题国际学术讨论会在上海师范大学举行。此次会议由中国社会科学院语言研究所、上海市高校比较语言学E-研究院和上海师范大学联合主办,上海市重点学科汉语言文字学学科承办,商务印书馆协办。来自美国、日本、新加坡及中国内地、台湾、香港等地的70余位代表出席会议,会议收到论文70篇。

现将部分会议论文辑录成《语法化与语法研究》(五),收入本集的论文都在这次会议上宣读过,会后又经过作者认真修改。由于各种原因,还有一些会议论文未能收入本集,这是我们引以为憾的。

本论文集的编辑和出版得到商务印书馆的大力支持,谨致谢忱。

《语法化与语法研究》(五) 编委会

2011年元月

图书在版编目(CIP)数据

语法化与语法研究.5/吴福祥,张谊生主编.—北京:商务印书馆,2011
ISBN 978-7-100-08278-5

Ⅰ.①语… Ⅱ.①吴…②张… Ⅲ.①汉语—语法—文集 Ⅳ.①H14-53

中国版本图书馆 CIP 数据核字(2011)第 062808 号

所有权利保留。
未经许可,不得以任何方式使用。

YǓFǍHUÀ YǓ YǓFǍ YÁNJIŪ
语法化与语法研究
(五)
吴福祥 张谊生 主编

商 务 印 书 馆 出 版
(北京王府井大街36号 邮政编码100710)
商 务 印 书 馆 发 行
北京市白帆印务有限公司印刷
ISBN 978-7-100-08278-5

2011年7月第1版 开本850×1168 1/32
2011年7月北京第1次印刷 印张15⅛
定价:33.00元